ティラノサウルスを発見した男
バーナム・ブラウン

ローウェル・ディンガス＋マーク・A・ノレル

松本隆光 訳―坂田智佐子 監訳

BARNUM BROWN

THE MAN WHO DISCOVERED TYRANNOSAURUS REX

LOWELL DINGUS, MARK A. NORELL

国書刊行会

ティラノサウルスを発見した男
バーナム・ブラウン

目次

【付録】

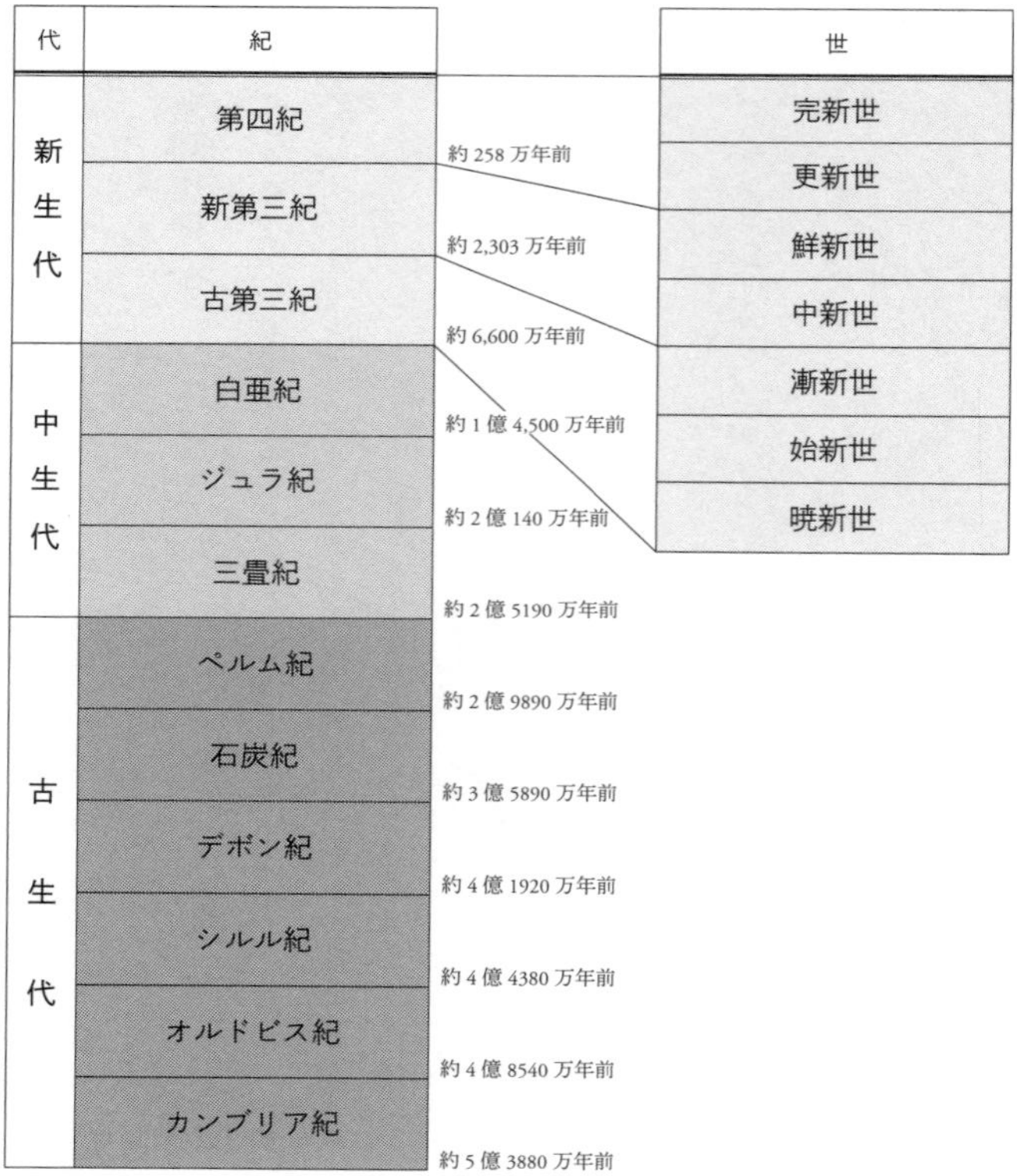

地質年代表
(「国際年代層序表」2023 年 9 月版　国際層序委員会より)

ティラノサウルスを発見した男　バーナム・ブラウン

凡例

［　］は著者補足。〔　〕は訳者補足及び訳註を示す。

プロローグ　バーナム・ブラウンの考え方

バーナム・ブラウンがこの世から去って四五年強。モンタナ州ヘルクリーク層のバッドランドから彼が苦労の末にティラノサウルス・レックスを蘇らせて百年が経つ。その名声は時の流れに輝きをやや失いつつあるものの、ファンたちから「ミスター・ボーンズ」の名で親しまれたブラウンは、二〇世紀半ばにおいて世界で最も有名な科学者の一人だった。ブラウンが恐竜化石の採集にフィールドにやってくると、彼をホテルやキャンプ地に送ってゆきたい人たちが駅に殺到した。[*1] また、多くのファンたちがラジオの前に集まり、フィールドで話をするブラウンの生放送に耳を傾けた。彼の最新の活躍や、恐竜を求めて何十年も探検した話が聴けるのだ。ある意味、自分が発見した恐竜と同じくらいブラウン自身が有名になっていたと言える。

誰しもがブラウンを史上最高の恐竜ハンターと考えていた。それは当時も今も変わらない。精悍な目に禿げた頭の一八〇センチを超えるがっちりとした体は、まさしくこの仕事をするのにぴったり。[*2] 育った農場も、教育を受けた大学も、どちらもカンザスの辺境であったことから、恐竜探しという仕事が彼のなかですんなり馴染んでいった。このような環境で育ったからこそ、フィールドにおいてひとりきりでも活動できた。ひとりで活動するのがブラウン自身が好むスタイルだった。そのほうが、化石探しに集中できたし、恐竜や石油を探して世界中を飛びまわることができた。さらには、アメリカ政府のための諜報活動も自由におこなえたのである。

フィールドワークを好んだブラウンであるが、古生物学研究に役立つ重要な学術論文も数多く残している。例えば、初期の角竜類であるプロトケラトプスの成長パターンに関する彼の研究は、恐竜の個体発生の重要性を初めて考察したものであり、現在でもさかんに研究されている分野である。また、ティラノサウルスや、その後に登場した小型哺乳類を産出したモンタナ州の岩層に関するブラウンの分析は、六六〇〇万年前の非鳥類型恐竜の絶滅に関するその後の研究の足がかりとなった。たしかに同時代の研究者に比べてブラウンが発表した論文は少ないかもしれないが、だからといってブラウンのことをたんに「史上最大の恐竜ハンター」と言っては、研究と採集の両面で古生物学に与えた彼の影響を過小評価することになる。ブラウンは恐竜のほかに、実にさまざまな脊椎動物化石を発見しているのである。例を挙げるなら、(つい最近まで)最大のワニ類や、先史時代のバイソンとそれを仕留めて遺骸のそばに残されていた旧石器時代の尖頭器〔槍の先端に付ける石器〕などである。

このようなブラウンの業績を振り返ってみると、彼の一生を描いた伝記が今まで書かれていないのが不思議である。素晴らしきティラノサウルスの発見から一世紀となる今こそ、ブラウンのことを語るに機は熟したと言える。私たちの記述のもととなるのは、アメリカ自然史博物館(AMNH)のアーカイブに保管された、ブラウンのフィールドでの書簡や調査レポートである。私たちの仕事と人生にこれほどの影響を与えてくれた人物の生涯をたどれるのは、私たちにとってこのうえない特権であり、よろこびである。ブラウンの生涯には、一〇年以上にわたり霧に包まれて判然としない部分もあるが、彼の行動には明快な要素が一つある。すなわち、化石を求めてフィールドに行くためなら、今あることを放りだし、どんな危険も顧みないという姿勢である。それが地球のはるか向こうでの探検であればなおさらだった。

だからこそ、こんなことが起こった。一八九八年一二月七日、二五歳のバーナム・ブラウンは朝起きると雪の積もったニューヨークの街を歩いて、仕事場のアメリカ自然史博物館に向かった。まさか、この日に船に乗ってニューヨークを出発するなど夢想だにせずに。この日のことをこんなふうに回想している。


その日は……いつもと変わらない冬の日の朝で、通りには雪が高く積もっていた。いつもどおり九時に博物館に着くと、まだ帽子もとらないうちにオズボーン教授からオフィスに呼ばれた。

「ブラウン、今日きみにプリンストン大学の遠征でパタゴニアに行ってもらいたい……船は一一時に出るが、行ってくれるな?」

「オズボーン先生、急な話ですね。わかりました、その船に乗ります……」[*3]

博物館の代表として海外遠征に参加したいと、ブラウンはもうかれこれ一年半にわたって言い続けてきていた。そしてついに、上司のヘンリー・フェアフィールド・オズボーンが首を縦に振ってくれたのだ。短い旅にはならないだろう。オズボーンがブラウンに告げたように、一年半行ったきりになるかもしれない。[*4]ただひるむことなく、ブラウンはただちに博物館スタッフに手伝ってもらって必需品を揃えた。初めての海外だった。こういう機会が来るかもしれないと、オズボーンがブラウンにほのめかしていたかどうかは現存する文書からは不明だが、ブラウンはこう言っている。「また遠征の機会があるかもしれないと、カンザス州西部のフィールド旅行で使ったブーツ、鞍、手綱、ウィンチェスターライフル、毛布、大きな防水シートを持ち帰っていた」[*5]
この遠征での、アメリカ自然史博物館の代表はブラウンだけだった。探検隊には、リーダーであるプリンストン大学のジョン・ベル・ハッチャーおよび、その助手のオラフ・A・ピーターソンという二人の経験豊富なフィールド探検家がいた。二人とも前回のパタゴニアにおける発掘調査に参加していた。

ほどなくブラウンは次のことを知った。自分が乗っている船はグレース・ラインの貨物船「カパック号」であり、南米南端の、マゼラン海峡のチリ側の海岸にあるプンタアレナスという小さいけれどもにぎやかな港まで、ノンストップで一ヶ月間の旅になるらしいと。長い船旅はブラウンにとってはつらいものとなった。のちにこう言っている。「自分はそれまで船旅をしたことがなく、すぐに船酔いに見舞われた。最初は死にたいと、次には死にたくないと思った[*6]」

時間つぶしと気晴らしのため、ブラウンは同僚たちとよくトランプをした。ただ、ハッチャーが「ポーカーの名人」であることを知らなかった。実はハッチャーは、牧場の使用人たちにポーカーを教えて、これまでの三回のパタゴニア探検の費用を稼いでいたのである[*7]。同僚たちからは気難しいと評されるハッチャーだが、ブラウンによれば「背はふつうで、痩せていて、年齢は三五歳くらい。人間というものをよくわかっている人物」だったそう。ポーカーの卓では、ハッチャーの表情は「読むことができなかった。だからボブテールフラッシュなのかフルハウスなのかまったくわからなかった」。あるときなどハッチャーは一回の勝負で「年収分」負けてしまい、次の勝負でそれを全部取り戻すと宣言したという話もある。航海の最初の頃、まだブラウンがハッチャーの実力を知らないとき、こんなことがあった。

ピーターソンがやってきて、一緒にポーカーをしないかと誘ってくれた。ポーカー好きの私はゲームに加わったのだが、あることを確かめるのを忘れていた……賭け金のレートだ。ゲームが終わったとき……私の負けは一六ドルになっていた。

以来、航海のあいだ私たちは朝晩とポーカーをしたが、ハッチャーの一人勝ちだった。「ブラウン、きみの月給が五〇ドルしかないのを知っているから、きみからはお金をとりたくないのだけれどもね」と言った。そのとき、最後のゲームで……ピーターソンと船長がゲームを降りて、私とハッチャーだけが賭け続けた。ベットはつり上がり、最後にハッチャーがコールすると、彼の手は一〇のスリーカード、私はクイーンのスリーカード……こうして私は航海中に負けた金のほとんどを取り返すことができた。[*8]

パタゴニアに着いてしばらくすると、ブラウンは一人きりになった。ハッチャーとピーターソンは、発掘作業を終えてアメリカに帰国してしまったからだ。たった一人で外国に残って作業しなければならないにもかかわらず、ブラウンはそれから一年以上、オズボーンや博物館のために哺乳類化石を探し求めるのである。

化石を探しに新しいフィールドに行けるチャンスがあるのなら、今あることを簡単に放りだすブラウンの考え方は、彼の性格と仕事への情熱の両面を表している。こうしてパタゴニアの荒野で経験した一人旅は、この先ブラウンが生涯にわたっておこなうことになる一人旅の先例となった。

しかしながらこのパタゴニア行きのように、急な行動がすぐさまとれるブラウンの性格は、ニューヨークではじまったものではない。このような能力を、大都会とはまったく異なる環境のなかで長いあいだ培ってきたのだ。それはほかでもない、出身地のアメリカ西部である。

第1章 辺境に育つ

1873–1889

九〇歳に近づいたバーナム・ブラウンは、自伝を書くためのメモをまとめはじめた。未刊となったものの、何十年と地球を駆けずりまわり恐竜を追い求めていた自分にとって、この作業は波乱万丈の人生を振り返るよい機会となった。このなかで、人生においてたった一人でこの世界を探検するようになったブラウンは、この世界との最初の出会いも自分一人だけだったと記憶している。ブラウンは記す。「私が覚えている最初の記憶。それは、ある木の下で洗濯かごに横たわり、見上げると葉がさらさらと揺れていたという記憶だ。二歳にもなっていない頃だったのではなかろうか」[*1]

フィールドで史上最高の成功を収めたブラウンが、生まれて最初に認識したのが自然だったというのは、古生物学者としてのその後の人生を暗示していよう。そして、ブラウンにとってラッキーだったのは、家族のうちで自然を相手にしているのが自分一人ではなかったことだ。アメリカ中西部の山と草原が続く辺境で幼年時代を過ごしたブラウンに、野外で活動する力を育くんでくれたのは、ほかならぬブラウンの両親だった。

バーナムが生まれる二〇年ほど前にさかのぼる。バーナムの父親は定住者がわりと多かった東部の地を離れ、当時話題になっていたアメリカ西部の広い土地を探すという賭けにでた。ブラウンは父親のことを

「最も忘れがたい人物」と自伝メモに書いている。ブラウンは父親の冒険心を素晴らしいと感じていた。と同時に、父親の責任感の強さを深く尊敬していた。ブラウンはこう説明する。

> 私の両親は二人とも開拓者の家系だった。父のウィリアム・ブラウンは、一八三三年にバージニア州で生まれた。馬などの家畜、畑や故郷をこよなく愛する人だった。開拓者たちのなかには、ただ漫然と西へ向かう者も多かった。東部でうまくいかなくて逃げてきたか、あるいは西部に行けばなにかしらただで手に入ると考えている連中だった。……しかし、父にはしっかりとした目的があった。勤勉かつ商売の才覚があったのだ。常にチャンスをうかがい、時間と頭と体を使うだけの価値があるかどうかを見極めていた。

一八四〇年代後半、メキシコ戦争やカリフォルニア・ゴールドラッシュを契機に、西部への移住の波が急速に高まりつつあることを知ったウィリアム・ブラウンは、二一歳のとき、幌馬車に牛を乗せて西部へと向かった。一八五四年のことである。これは、スティーヴン・A・ダグラス〔イリノイ州出身の政治家。民主党大統領候補となるが、一八六〇年大統領選挙で共和党候補者のリンカーンに敗れた〕がカンザス・ネブラスカ法を提案し、カンザス準州が設立されたのと同じ年だった。ウィリアムの目はカンザスに向きつつも、まずウィスコンシン州まで移動した。途中、三万人の住人でにぎわうシカゴを経由し、「自分より前の世代の開拓者たちが辺境でどのように問題を解決してきたか」を事前に確かめておいた。ウィスコンシン州の豊かな大地には、立派な農場がすでに立ち並んでいた。その農場の一つを所有していたのがチャールズ・シルヴァーである。

シルヴァーは陸軍士官だった人で、「一八一一年にティッペカヌーの戦いで一兵卒としてテカムセ〔ネイティブ・アメリカンの酋長〕と闘った」こともあった。翌一八一二年の戦いで大尉の地位を得て、その後、一八三二年のバッドアックスの戦い〔アメリカ合衆国と土地を奪われ植民地とされたネイティブ・アメリカンとの「ブラック・フォーク戦争」のなかの、悪名高き合衆国側による虐殺の戦い〕に参加し、ソーク族とフォックス族の伝説の酋長ブラック・ホークと闘った。一方、軍役の合間を縫って、シルヴァーはグリーン郡に大きな酪農場を作り、チーズ小屋のオーナーとなった。このシルヴァーの一五歳の娘クララと、バーナムの父ウィリアムが一八五五年に出会ったのである。このときウィリアムはカンザスへの旅に備えて資金と家畜を蓄えている最中だった。こうして二人はこの年に結婚。その四年後、この若き夫婦はカンザスへと向かうことになる――メリッサという娘を連れて。

> 家畜以外の財産を幌馬車に積み込み、それを牛に引かせて西に向かった。……一日平均約一六キロの道のりでカンザス準州までやってきた。そして、オーセージ郡のリックスキレットという町のそばで、二番目の姉アリス・エリザベスが生まれた。一八六〇年一月四日のことである。それから父は、よさそうな土地を探してオーセージ郡周辺を駆けまわった。……そしてついに、ある丘陵地帯に土地を見つけた。その丘の斜面に石炭の鉱脈が露出していたので、開拓者たちはここをカーボンヒルと名づけた。……父は奮起して作業にとりかかった。丸太小屋が建つまでのあいだ、家族は荷馬車で生活した。丸太小屋の窓は油紙、テーブルと椅子は食料などを入れていた木箱や樽でまかなった。それでもまごうことなき「家」だったのだ！

ブラウン一家の暮らしは幸せだったものの、彼らが移り住んだカンザスは幸福とは言えない状況だった。なぜなら、カンザス準州ではとりわけ奴隷制をめぐって人々の対立が大きかったからである。その頃すでにカンザス・ネブラスカ法によってミズーリ協定は無効となっていた。ミズーリ協定とは、北緯三六度三〇分以北に関して新しく州になる場合、奴隷制のない「自由州」とすることを定めたものである。これに対し、鉄道建設を推進するスティーヴン・ダグラスは、新州が奴隷制を禁止するかどうかは「住民」(といっても実際には「無断居住者」だが)が投票で決めるべきだと主張し、カンザス・ネブラスカ法を提案した。実は、これには裏の意味もあった。すなわち、ダグラスは最初の大陸横断鉄道をシカゴに通したいと画策していたのだ。一方、南部の人々はダグラスの目論見に反対することが予想され、ニューオーリンズから南カリフォルニアまでのルートを望んでいた。その勢力を抑え込むため、ダグラスは南部の人々がよろこぶカンザス・ネブラスカ法を打ちだしたのである。つまり、奴隷制を禁じるか否かをカンザス・ネブラスカ準州の住民が投票で決めればよいことにすれば、ミズーリ協定を完全に葬り去ることができる。そうなれば南部の人々からの支持が得られるとふんだのだった。ネブラスカでは奴隷制廃止を望む住民が多数を占めていたので、この準州はすんなり自由州となった。

しかしながら、カンザスでは事情が違った。ブラウンは自伝メモにこう書いている。北部からも南部からも、農場を作りたい移住者たちの波がカンザスに押し寄せた。大勢の「ヤンキー」たちが「廃止論者[として送り込まれ]……反奴隷制を形成しようと」駆りたてられた。これに対して、奴隷制支持の民兵による一八五六年のローレンス襲撃のような暴動が起き、その直後にポタワトミー川沿いで奴隷制支持者五人がジョン・ブラウン〔アメリカの奴隷制度廃止運動家〕に虐殺されるという報復攻撃が起こった。

「流血のカンザス」と呼ばれるこの一連の騒乱は、一八五八年イリノイ州上院選挙でのリンカーン-ダグラス討論に発展した。論点の中心は新州における奴隷制の問題だった。ダグラスは「人民主権」という主張を繰り返したが、リンカーンは新しい州・準州に奴隷制を採り入れることに反対した。二人の雄弁さもあって、この論争は多くの人々の目にすることとなり、一八六〇年にリンカーンが大統領にまでのぼりつめる原動力となった。そしてまもなく、南軍がサムター要塞を砲撃し、南北戦争の口火が切られた。

アメリカ史に残るこれら一連の出来事は、カーボンヒルでの生活にも大きな影響を及ぼした。バーナムはこう記している。

カンザスは一八六一年に自由州と認められた。しかし、無法者のゲリラなど、いろいろな侵入者たちがやってきては作物を盗んだり家畜を殺したりした。これでは立ちゆかなくなると、父はこの逆境を利用することを考えた。父は賢い人で……荷馬車を連ねて物資を輸送する経験に長けていた。頑強な幌つきの荷馬車を手に入れて、動物たちが盗まれぬよう厳重に見張り、さらに政府と契約を結んだ。南北戦争が続くあいだ、冬は家にいたが、春、夏、秋には物資輸送の仕事をした。フォートレブンワースの鉄道駅から、三角形を描くルートで、カンザス州西部、ネブラスカ州、ワイオミング州、コロラド州、サンタフェなどの町々まで物資を運び、オーセージ郡に戻ってきた。軍が注文するものはなんでも運んだ……トウモロコシ、小麦粉、砂糖、コーヒーのような主要な食料品［もあった］。父の輸送隊は大きな幌馬車五台からなり、それぞれが六トンの積荷を運ぶことができた。また、荷物を引っぱる牛六頭と、信頼のおける馭者もついていた。

家族は豊かになったものの、戦争のあいだじゅう、ウィリアムがほとんど家にいなかったので、妻のクララや幼い二人の娘にとっては困難な日々が続いた。一八五〇年代後半の対立や暴力の構図が、南北戦争のあいだもカンザス州やミズーリ州で続いていたからだ。オーセージ郡にいる兵士たちには、合衆国〔北軍〕や連合国〔南軍〕に所属する者だけでなく、いずれの正規軍にも属さないゲリラや民兵たちもいた。合衆国支持のゲリラたちはジェイホーカー（Jayhawker）と呼ばれた。これはカンザス大学のスポーツチームのニックネームとして今も残っている。一方、連合国支持のゲリラはブッシュワッカー（Bushwacker）と呼ばれた。これはたとえばカーボンヒルのような田舎で敵を待ち伏せる、彼らのお得意の戦術からきた呼び名だった。

バーナムは記す。「母は戦争中よくこんなことを言っていた。食べ物を求めて、午前中に北軍兵たちが、昼には南軍兵士たちが、夜にはブッシュワッカーが来たと。母は心情的にどちらに味方しているかけっして口にしなかった。一度口にすればかならずや報復を受け、家族は射殺され、家は焼かれ、全財産をもっていかれるに決まっているからだ」

こうして南北戦争が終わると、この辺境の風景も変わった。これまで幌馬車が通っていた道に、大陸横断鉄道や地方鉄道の線路ができた。ブラウンはこう説明する。

戦後の数年間で、それまで儲かっていた荷馬車での運送はその終焉を徐々に迫られることになった。一八六九年にユニオンパシフィック鉄道がセントラルパシフィック鉄道とつながって、アメリカ初の大陸横断鉄道が開通した。一八五九年に設立されたアッチソン・アンド・トピカ鉄道も一八八〇年頃にはサンタフェまで延びていた。……サンタフェから家に戻ってきたのが、父の運輸の仕事としては最後だった。父が通った道はサンタフェトレイルという名で、数年前までその痕跡を見ることができた。いまやこの道を通っていた牛たちも荷馬車の馭者たちも消えてしまった。ただ、現在でも牧草地が残るところには、夏になると金色のメキシコアザミがこの消えた道の姿を見せるかのように咲きほこり、歴史的なトレイルの名残りが見られる。つまりは、かつて牛たちがその足についた種を落としながら歩いた跡である。

国に平和が戻り、家に対する時間ができたので、父ウィリアムは土地を広げ、農場の作物の種類を増やした。かつて荷馬車を引いていた牛たちに鋤《すき》やスクレーパー〔土を削りならす農耕器具〕を引かせ、畑を整備した。また、燃料用の石炭を掘り出し、家で使うほか、買付人に売ったりした。さらに、妻クララと二人の娘たちの生活を快適にしようと、家を新築した。それは「レンガと羽目板の……ソルトボックス型〔正面が二階建て、背面が一階建の切妻屋根の住宅〕のモダンな家だった。一階に大きな部屋が二つ、切妻屋根がのる二階に寝室があり、地下には貯蔵庫もあった」。やがて、ウィリアムはカーボンヒル周辺に約二・六平方キロの土地を所有するようになり、「そこで五〇〇頭の牛と多数の豚を飼い、またいつでも冷たい水が出る井戸もあった」。この様子は、一九七二年に発行されたカーボンデール百年誌にメアリー・スネルとロザリンド・メッツラーが詳しく書いている。一八八三年の郷土史料によれば、ブラウンの家は「当時この地方で一番立派な邸宅」だったという（スネルとメッツラーが続けて書くには、残念なことにこの家は一九七一年に焼失してしまった。「家の改修のため、火炎噴射機でペンキを落としていた際」のことだったという[*2]）。

さて、こうして家が大きくなっていくとともに、家族も増えた。ウィリアムとクララの最初の男の子フランクが一八六七年に誕生した。そしてその六年後、その長男フランクが家族とともに心待ちにしたのが、新しい兄弟の誕生である。その頃、フランクには興味を惹かれる大事なイベントが別に一つあった。なんとこれが、新たに生まれてくる子に、一生消えない印章を押すことになるのである。これについて、バーナムの娘フランシスが一八八七年に簡潔に書いた父の伝記のなかで説明している。

> 一八七〇年代のはじめ、P・T・バーナム〔アメリカ稀代の興行師。さまざまな見世物興行をうち、とりわけサーカス「地上最大のショー」で著名〕の名前はニューヨークからアメリカ内陸部にいたるまで響きわたっていました。「バーナムのトラベリング・ワールド・フェア」……の興行があちこちでおこなわれていたのです。……公演が近づくとポスターがいたるところに貼られました。家畜小屋、木々、町の建物など、目につくところにはかならず貼ってあるのです。……もちろんトピカの町の家畜小屋などにもありました。六歳の少年〔フランク〕が目を輝かせて……ポスターの派手な絵を見ていたのも当然のことでした。実際に見に連れていってもらえるなら、こん

図1　バーナム・ブラウンと家族、1880年頃。カンザス州カーボンデールの家に暮らしていた頃で、バーナムは4歳くらい。右の家族写真には1881年というラベルがあるが、左の写真では家族写真と同じ服を着ているものの「4歳？」とあり、すると1877年ということになる。前列（左から）母クララ、バーナム、長男フランク、父ウィリアム。後列（左から）次女アリス、長女メリッサ

なに嬉しいことはありません……。

一方、両親にとっては、次男が無事に生まれてくれたことのほうが大きなよろこびでした。一八七三年二月一二日のことです。……フランクも、もちろん弟ができたのをよろこんだのです。これまで二人の姉の下でずっと我慢していたけれども、これからは弟をこき使えるだろうと思ったのです。しかしながら、フランクは間近に迫るP・T・バーナムのショーのほうにどうしても関心がいってしまうのでした。すると赤ちゃんの名前が家族のなかでなかなか決まらないでいるときに、「バーナムにしよう」と言いだしたのは、このフランクだったのです。[*3]

名前というものは人につきまとうもので、興行師の名前をつけられた少年バーナムは、九〇年近く経ったあとで自分の人生をこう振り返った。「名前には不思議な力があるのだろう。私はずっと化石という見世物でショービジネスをしてきたのだから」

バーナムが育ったのは辺境の地ではあったが、子どもの頃はいつも大勢に囲まれていた。自分の家族以外に、三一人の男たちがウィリアムの農場経営を手伝っていた。また、食事の準備の手伝いに、地元の娘を一人雇っていた。食事風景はさながら盛大な儀式のようであり、大きな食堂に三八人が二手に分かれて座るさまは見ものだった。準備ができると大きな呼び鈴でみんなを呼び、大勢の食事がはじまる。

朝食は、ベーコンエッグ、コーンシロップをかけたパンケーキとコーヒー。正午の昼食が一日のうちのメインで、ステーキ、じゃがいも、畑からとってきた新鮮な野菜、もしくは缶詰の野菜、アップルバター、ジャム、ピクルス、ザワークラウト、豆、厚切りのパン、はちみつとバターのたっぷりかかった山盛りのビスケット、オーブンで焼きたてのアップルパイ、ピーチパイ、ブラックベリーパイ、ラズベリーパイ、パンプキンパイのいずれか、などなどがテーブルに並んだ——すべて手作りだった。六時になると夕食で、フリカッセ〔鶏肉や野菜をクリームで煮込んだフランスの家庭料理〕かフライドチキン、フライドポテト、はちみつとバターたっぷりのホットビスケット。デザートには朝早く摘《つ》んできた野いちごとホイップクリームがトッピングされたホットショートケーキ。牛乳は一ガロン〔約三・八リットル〕のピッチャーが長いテーブルに並んでいた。ブラウン家の食卓から空腹のまま席を立つ者など誰一人いなかった。

とはいえ、農場の生活がいつも「バラ色」だったわけではないとブラウンも正直に認めている。「病気、干ばつ、洪水、飢饉」によって家畜が死んでしまうと家計は苦しくなった。ブラウンはこう痛感した。「農民はみなギャンブラーだ。自分で気がついていようがいまいが、胸のうちはギャンブラーで、やっていることもギャンブラーだ。来シーズンになにが豊作かに賭けている。いったいどんな値がつくかに賭けている……それでいて、自分たちが買うものの値段には一切口を出せない。ああ、農民とはなんて哀れな存在なのだ！」

なかでも、鳥コレラなどの鶏の病気は大損害を生んだ。干ばつの年にはトウモロコシが胴枯《どうがれ》病になり、これが牛の気腫疽《きしゅそ》の原因となった。気腫疽とは、土の中のバクテリアが口から入り込むことで引き起こされる牛の病気で、これにかかった牛は流産するか、最悪死に至る。またバーナムの記憶では、干ばつは周期的に起こり、四年間「たっぷり」雨が降る年が続くと、次の三年間は干ばつとなって「あまりの雨の降らなさにトウモロコシは芽さえ出なかった」。井戸が干上がってしまうこともあった。「呼び水の管を見て貯水槽の水の残量をチェックした。……家畜のために、八キロ北にあるワカルーサの町まで水をとりにいかねばならず、一日に二、三往復することもあった」

逆に雨が多い年には、まるで天地創造のような異常気象になることもあった。バーナムは思い出す。

「ある年の春、四〇日間ずっと雨が降り続いた。するとベリークリークが氾濫し、谷間のカーボンデールの町は大きな被害に遭った。私たちは洪水をさけて山の上に避難したが……家畜は泥まみれになって、雄牛と雌牛の区別も、黒豚と白豚の区別もつかないほどだった。……それでも、これらの異常な大雨が大量の地下水となって、翌シーズンの作物の収穫はよくなるのだ」

年齢が上がると、バーナムは家の仕事を手伝う頭数に入れられた。まだ幼くて末っ子だったからだろうか、まずは母親の監督のもとで仕事をすることになった。「女の仕事」と言われがちなものであっても、バーナムは幼くして自分に役割が与えられたことを自伝メモに誇らしげに書いている。「[母は]私のことを一番の『娘』だと言っていた。というのも、姉のメリッサは恋ばかりしている乙女だったし、アリスは女に生まれたことを嘆いて男の仕事を好んでいたからだ。彼女は弟のフランクの助けを借りながら自分で牛を育てていた。……だから一番下の弟にたくさん家事がまわってきたのだ」

母の手ほどきを受けて、バーナムは農場で働く大勢の食事の準備ができるようになった。加えて、この辺境の地の豊かな自然についていろいろ知るようになった。自伝メモには、母がいかに動物や植物を愛していたかについて書かれている。さまざまな動物や植物が生活に潤いを与えてくれていたのだ。

母は家を明るく楽しくしたいと、美しく鳴く鳥を捕まえては自分で飼っていた。ショウジョウコウカンチョウは攻撃性が強く、鳥かごに鳥がいると特にその性質がでる。母の捕まえ方はこうだ。窓を開けて、鳥を入れた鳥かごを窓に近づける。すると、外にいた鳥が家の中に入ってくる……攻撃しようとするのだ。母はさっと窓を閉め、部屋を飛びまわるその鳥を捕まえ、鳥かごに入れてしまう。ショウジョウコウカンチョウは鳴き声が美しく、母はその明るい調べが大好きだった。……また春の訪れには、りんごや桃の花の香りに混じって、コマドリやコリンウズラの初鳴きが聞こえた。牧場ではマキバドリが鳴き、家の周りをルリツグミが飛んでいる。しばらくすると、電柱をつつくキツツキの音が聞こえてくる。

幼い頃のバーナムの仕事のうちには、母の庭園の手入れもあった。

母も私も花が大好きだった。家の周りの白いピケットフェンス〔囲い柵〕にはスイカズラが絡んでいた。大きな花壇には、ペチュニア、フロックス、赤いバラ、白いバラが植えてあった。小道沿いにはキョウチクトウとヤブデマリが咲いていた。そして家の前には松と杉の木が立ち、裏には大きな桑の木があり、夏には美味しい実をつけた。外トイレまでの道には、片側にライラック、もう一方にコンコードぶどうの蔓《つた》が格子垣に絡んでいた……。

　庭の東の隅には家庭菜園があり、レタス、大根、ビーツ、インゲン豆、玉ねぎ、トウモロコシを育てていた。その畝のあいだにかぼちゃやスカッシュ〔ズッキーニに似た野菜〕の蔓が延びていた。さらに東に行ったところで、大量のジャガイモ、サツマイモ、ピーナツ、トウモロコシを作り、さらに私が毎年大量に作るザワークラウト用のキャベツも育てていた。

ブラウンのフィールド日誌の破れかけたページをめくっていると、花を愛でる気持ちをその後もブラウンが失っていなかったことがわかる。日誌には学術的な活動の記録が多くなくあっさりと記されていて私たちをいろいらさせるが、しかしときに、ページのところどころに気に入った植物を押し花にしてあるのが見つかるのだ。

　さらに年齢が上がると、体力を使う仕事がバーナムのレパートリーに入ってきて、父親のもとで仕事をするようになった。

一〇歳くらいになると農場の仕事を手伝えるようになった。夏の終りには、朝晩二〇頭の牛の乳を絞ることもあった。一本脚の椅子に座っての作業だったので、牛に蹴られたらひとたまりもなくひっくり返っていただろう……。

収穫シーズンになると、ソリに乗ってトウモロコシを刈った。両側に刃のついたV字型のソリで、根元から二〇センチくらいのところの茎を切っていくのだ。近代的な収穫機械はうちにはなかったから。父と私で両側に乗り一頭の馬に引かせて、トウモロコシを二列同時に刈り取っていった。

家でのバーナムの相棒は「ブルーノという、毛むくじゃらの大きなニューファンドランド犬」だった。体重はバーナムの二倍の六〇キロくらい。いつも元気に走りまわっていた。ただ、その元気も農場の仕事と関係ないところでが多かった。あるとき、野ウサギをおどかすのが大好きなブルーノは深追いしすぎて、痛めた足を引きずりながら「へとへとになって」夜遅くに戻ってきた。これにはバーナムも大爆笑だった。また、家族のもうひとりの仲間に、猫のマルチーズがいた。ネズミを捕るのが上手な牝猫で、しかしながら「薬物中毒」という難点があった。「マルチーズは樟脳の匂いが大好きで、それを嗅ぐと酔っぱらいのようによろよろと歩きまわる」のだ。

あるとき、兄のフランクが芝刈機でうっかりこの猫を轢《ひ》いてしまい、脚を一本切り落としてしまった。あわててフランクは「傷口を押さえ……止血しようとした。そして、家の中に連れていって、包帯を巻いてやった」。しかしそれからというもの、マルチーズはネズミを捕らなくなってしまった。そのかわり母クララが飼っていたひよこを殺すようになった。こうして、「かわいそうなことに、フランクはショットガンでマルチーズを射殺するという悲しい仕事をさせられた。これがネズミ捕りの名手マルチーズの最期だった」。

こんなふうに怪我をするのはペットたちに限ったことではなかった。バーナム自身も負傷することがあった。ある年の怪我はとりわけ深刻なものだった。

八歳くらいのある日……兄フランクが私のかかとの上に誤って芝刈機の鉄製の車輪を落としてしまった。腱までむきだしになる大怪我だった。主治医がやってきて傷の手あてをしてくれた。私は三ヶ月間横になって過ごさねばならなかった。犬のブルーノが傷口を舐めたがったが、主治医によれば、害はなく、治療の効果もあるらしい。ブルーノの舌触りは滑らかでとても心地よかった。……この怪我がまだ完全に治らぬうちに、ある朝、階段のカーペットに靴底の鋲《びょう》が引っかかり、あと三段というところで転げ落ちてしまった。ドアの柱に肘をぶつけ、左腕の三本のすべての骨が折れてしまった。当時レントゲンはなく、〔麻酔に〕クロロホルムを使って、医者のウッド先生が私の腕を戻してくれた。一所懸命やってくれたが完璧にはほど遠く、私の腕は今も曲がったままだ。

さて、バーナムが通いはじめたのは、家から歩いて一・五キロほどのところにある、教室が二つしかない地元の学校だった。友だちと一緒に悪ふざけをするのが本当に楽しかったようだ。「校長先生はA・V・スパーホーク先生で、立派でいい先生だったが、一つだけ難点があった。それは嚙みタバコを嚙むことだ。教室の廊下の向かいに大きなストーブがあり、先生は授業中に廊下に出てはそこに唾を吐きにいく。私たちはこれを知っているので、わざと朗読を長く続けたり、とんでもなくたくさんの質問をしたりした。すると先生は答えるときにタバコの汁を飲み込まざるをえないのだ」

しかし、その優秀な校長先生にも答えられない質問があった。ブラウンの伝説的な生涯の土台を作ったとも言えるその疑問が湧いたのは、家の仕事をしているときだった。

父は、大きくて頑強な牛を二〇頭以上飼っていた。政府関係の運輸で使っていた荷馬車用の牛だ。父はこの牛たちに今度は鋤やスクレーパーを引かせ、石炭の鉱脈を覆う表土を取り除くのに役立てた。鉱脈があらわになるまで五メートルほどの堆積物を取り除かねばならないこともあった。すると、この表土の中に、貝などの無脊椎動物の化石がたくさん混じっていたのだ。私は五歳の子どもだったが、これに興味をもち、スクレーパーのあとをついていっては、出てくる化石をすべて集めていった。箱に入れて家に持ち帰り、キャビネットの引き出しにしまっておいた。自分が見つけた二つの化石をお客さんたちに誇らしげに見せたのを今でも覚えている。一つは七・五センチほどの角《つの》のような形をした円錐形の化石で、もう一つは蜂の巣のようなもので蜜蠟構造も見えていた。……あとになって、これらが二つとも古代の海の珊瑚の化石だったことを知った。のちに石炭となる森林があった土地に海が入り込み、石炭の上に海底の沈殿物が堆積したものだった。父は、地質学の素養はなかったけれども、とにかく私にこれらの化石を集めさせた。一番近い海といえば一〇〇〇キロほど離れたメキシコ湾しかないこのカンザスの丘の上で、なぜ海の貝の化石が出るのか解明できると考えたのだ。そうこうするうちに私のコレクションは種類も数も増えて、母は私にそれらをライティングデスクの引きだしから、外にある洗濯小屋に持っていくように言った。こうして、私の最初の博物館ができたわけだ。お客さんたちにこの化石の宝物を見て楽しんでもらうのが、私の興行師としての初仕事だった。ほかにも、トウモロコシ畑を耕すときに拾ったインディアン〔ママ〕の矢じりや削器〔薄片石器〕などがあった。

現代の地質図をみると、ブラウンの家があった石炭や化石の出る地層は、三億年前のペンシルベニア紀〔古生代石炭紀後半〕ワバウンシー層群内にあり、セバリー頁岩またはハワード石灰岩のものだろう。*4 現存する写真でカーボンデール周辺の炭鉱作業の様子を見ると、穴は深いだけでなくあちこちにあり、かなり広範囲にわたる大変な作業だったことがわかる。この作業をするにはそれなりの理由があった。遠く離れたアパラチア山脈から石炭を運んでくる費用を考えれば、地元で石炭が採掘できればどれだけ貴重な燃料になるかわかろうものだろう。

やがてバーナムは青年期を迎え、古生代の無脊椎動物のコレクションも増えていった。両親は、カンザスの丘で貝が出る謎を解くとなれば、バーナムは進学する必要があると考えた。しかしながら、この田舎では教育を受けられる機会は限られている。バーナムの子ども時代、カーボンデール付近には人口およそ二〇〇〇人の町しかなかった。その目抜き通りには、銀行と二つの教会、食料品店が数軒と「肉屋が二軒あり、ステーキ肉を一ポンド〔約四五〇グラム〕一〇セントで売っていた。猫や犬に食べさせる骨、レバー、『モツ（内臓）』はただでつけてくれた」。

この町には地元の新聞があった。『アストニッシャー・アンド・パラライザー』紙で、「南北戦争の退役軍人で、文句の多い二人」が経営していた。この二人のトンチンカンなところがブラウンには面白く、晩年になっても二人のことを話題にしていた。とりわけ「購読料滞納のみなさんへ」という二人のお願いをバーナムはよく覚えている。「パンを練《ね》る人は手袋をしています。パンを練る人は服を着ています。しかし、購読者のみなさんがお金を出してくれないと、私たち編集者は、寝るときになにも身につけられないのです」

この新聞には、家畜や作物の価格、そしてさまざまな出来事が書かれていた——この町には「酒場が一八軒もあり、そこで鉱夫《マイナー》に出すウイスキーやビールはけっして安物《マイナー》ではなかった」などと。とにかく、この町ではいろいろなことが起きた。ブラウンの思い出にこんなものもある。シェイディ通り……はこの町の赤線地区だった。客足の鈍いある夏の日、名の知れた農場主が外の柱に馬をつないで一軒の店に入っていった。選んだ女の子に彼が夢中になっているあいだに、別の女の子が服を脱ぎはじめ、馬をほどいて農場主の馬車に乗り込んだ。そのまま馬を町の中心部まで走らせ、さらに抜けて向こうの山の上までいき……また目抜き通りを抜けてシェイディ通りまでスッポンポンで戻ってきた。退屈な一日になりそうだったのがにわかに活気づき、町の人たちの反応もさまざまだった。こんなふうに『アストニッシャー・アンド・パラライザー』紙は金のかからぬ記事を何度か載せることができた……そのおかげでシェイディ通りは大いにもりあがり、しばらく商売繁盛した。多くの人に知らせることで金儲けにつながることがわかった。

このように、この町にはいろいろな公的施設があったものの、ある重要な施設が欠けていた。それは高校である。一八八九年にバーナムは、カーボンデールで受けられる学校教育の最終学年を終えていた。両親は秋からバーナムを高校にいかせるつもりだったが、「父は、古き良き西部が消えていく前に、私にそれを見せておきたいと考えていた。自分が若いときに訪れた土地を息子に見せて、家から三〇キロ以上遠くに行ったことがない私の視野を広げたいと思っていたのだ」。

(最後の箇所にはやや誇張があるように思われる。ブラウンは子どもの頃、元大尉だった母方の祖父がいるウィスコンシン州を訪れた話をしているからだ。そのなかでバーナムは祖父の軍功を誇りに思いつつも、そのウィスコンシン州の農場を訪れてショックを受けた。祖父は「なんと大尉の軍刀でチーズを切っていたのだ！　これを見た私は、その軍刀を不名誉な使われ方から救いだし、軍服の肩章や銃剣や武装具があるところに一緒にしまっておいた」。)

さて、こうして四ヶ月に及ぶ父との西部への旅がはじまった。この旅には新しい牧場の候補地を探す目的があったが、青年バーナムにとっては輝かしい未来へと進む壮大な冒険のはじまりだったと言える。そこでは、父親が開拓を進めるにあたりどんな仕事をしてきたのかを知ることができた。父が物資を運ぶ仕事をしていたのは、まだバーナムが小さいときだった。その頃は「幌馬車の荷台に立って手を伸ばしても、アーチ型の枠や幌の布は、はるか頭上にあった」。しかし今は、一人前のパートナーとしてこの素晴らしい旅を経験できるのだ。

しかし実は、少年時代の話としてバーナムが挙げているこれらの理由とは別に、この旅には父と姉とのあいだの訴訟事件が関わっていた可能性がある。一八八九年四月二五日、メリッサ・テイラー(旧姓ブラウン)は、八ヶ月前に父親による近親相姦行為があったとして、カンザス州オーセージ郡のJ・M・プレザント治安判事に父親のウィリアム・ブラウンに対する正式な告訴状を提出した。[*5] このときメリッサは三二歳になろうというところで、ウィリアムは五五歳くらい、そしてバーナムは一五歳だった。[*6] 告訴状は以下のとおりである。

一八八八年八月一五日にウィリアム・ブラウンは、

メリッサ・テイラーを姦淫という不法かつ重罪となる行為をした。前記ウィリアム・ブラウンは前記メリッサ・テイラーの実父であり、前記ウィリアム・ブラウンと前記メリッサ・テイラーは血縁関係にある者であり、血縁の父と娘の婚姻は近親婚にあたり無効であると法律で定められている。前記ウィリアム・ブラウンは、前記メリッサ・テイラーが実娘であることを知りながら、前記メリッサ・テイラーを不法に姦淫するという重罪を不法かつ背徳的かつ故意に犯したものである。[*7]

同日、告訴状に記載された宣言供述に基づいて刑事訴訟状がJ・M・プレザントによって作成され、カンザス州対ウィリアム・ブラウンの公判（第二一号）がはじまった。[*8] その文書によれば、四月二五日の令状がある保安官補によって四月二六日に送達されウィリアム・ブラウンを逮捕し、治安判事の前に連れてきたという。そしてこの公判に関するその後の経過についても記録されている。まず、四月二六日にウィリアムとメリッサの両者がウィリアム逮捕後初めてプレザント判事の前に現れた。どちらの側も次回の公判が五月八日になることに同意し、指定された日に出廷することの担保にウィリアムは一〇〇〇ドルの保証金（現在の貨幣価値で約二万一〇〇〇ドル）[*9]を支払うことを約束させられた。文書によれば、その保証金をウィリアムが払えなければ五月八日まで収監されるという内容だったが、ウィリアムは一〇〇〇ドルを関係当局に支払い、指定された公判の日には、ウィリアムもメリッサもそれぞれ弁護士をともなって現れた。次回の審問は五月一七日となったが、プレザント判事はウィリアムに「次の出廷のための保証金一〇〇〇ドルを再び払うように命ずる。それを遅延なく前回と同じ保証人を立てて支払い、私が認めれば被告は指定された日までに釈放される」と言った。

　ところが次の審問にウィリアムは出廷せず、判事は次のように宣告した。

原告は……P・E・グレゴリー［弁護士を伴って］……出廷したが、被告は出廷せず、本件の審理のため前記誓約書に記載された時刻を一時間以上経過しても現れなかったため、すべて不履行となった。そこで、前記不履行が記録されること、並びに、その記録は前記誓約書とともに同郡の地方裁判所によって証明されることを原告は求め、その通りにおこなわれた。訴訟記録一覧の謄本は本件のすべての書類と前記誓約書とともに同郡地方裁判所書記官の事務所にただちに保管される。

カンザス州対ウィリアム・ブラウンの裁判での保証金没収を記録した文書が一八八九年五月二〇日に、オーセージ郡地方裁判所書記官によって提出された。[*10] 訴訟に関してこれ以上の文書は残っていない。二〇〇〇ドルの保証金の没収をもって裁判は終わったようだ。その二〇〇〇ドルはメリッサが手にしたものと思われる。ウィリアムがこうした保証金の没収という選択をしたのは、自分の罪を認めたためかもしれないし、これ以上裁判を続けたくないという気持ちの表れだったのかもしれない。これ以外の罰金や収監の記録は見つからない。

この事件については、アメリカ自然史博物館に保管されているどの文書においても、ブラウンは一言も触れていない。ゆえに、父親の犯罪や裁判のことをどう感じていたのかはまったくわからない。ただ、少年時代の話をするバーナムの語り口からわかるように、父親を深く尊敬していたのは間違いない。どうやらウィリアムは保釈金を没収された直後に、新しい牧場をはじめる土地を探してバーナムと西部を彷徨したようだ。ちなみにバーナムも、その後一九一九年に同じようにしてフィールドに逃げ込んだことがある。父ほど致命的なことではないが、当時恋人だったと思しき女性とのスキャンダラスな訴訟に巻き込まれたときにだ。もちろんこの二つの話はなんの関係もないが、似たような話で興味深い。

なにはともあれ、一八八九年の晩春もしくは初夏に、バーナムとウィリアムは「軽量の荷車」を改造し、アーチ型のフレームを付け、キャンバスの幌をかぶせた。着替えなどの入ったトランクを荷台の後ろに固定し、その上に「砂糖、ベーコン、小麦粉、トウモロコシ粉、豆、レーズン、コーヒーなど」の食料を入れた「食料箱」を乗せた。調理用の鉄製コンロを食料箱の上に紐でくくりつけ、「なべ、やかん、コーヒーポット、フライパン」も準備した。こんなふうに改造した荷馬車の荷台には、干し草とキャンバス布が敷かれ、寝るときのベッドになった。馬の餌を入れる箱は、荷馬車の後ろにボルトで固定した。さらに、荷馬車の下に布を両側から渡して、道中で乾いた牛糞を拾い集め、燃料用に蓄えられるようにした。こうして、ブラウンが七〇年後に懐かしく語るように、父と息子は「家族を離れ、馬を荷馬車につなぎ、［バーナムにとっては］初めての遠征に出発した」のだった。

二人は夜明け前に起き、父親が馬に餌をやったり馬具を付けたりするあいだに、バーナムが朝食を準備した。朝食はたいてい、「コーヒーとベーコン、そして道中で買うかもらった卵」だった。皿を洗うと、まだ子どものブラウンは朝が寒いのでまた毛布にくるまった。そのあいだに父親が手綱を引いて荷馬車を道路まで出してくれる。最初の数時間を快調なペースで進む。そうすれば昼頃には、馬が草を食べられる土地が見えてくる。そこで止まって昼食をとり、再び歩みを進めれば夕方にはいい牧草地が見つかる。馬たちを休ませ、バーナムは、豆とベーコンと卵というといつもの夕食を準備する。ネイティブ・アメリカンの地域では、夜になると馬を荷馬車の車輪に鎖でつなぎ南京錠をかけておいた。

ネブラスカ州ミドルループ川沿いを行くときは、トラブルを避けて一切立ち止まらずに進んだ。そこは大きな家畜会社が放牧地を独占しており、旅行者の馬が自分のところの草を食べるのを嫌うのだ。また、チェリー郡のサンドヒルでは「散兵線〔ライフル兵が横に広がった隊形〕のような銃声」が鳴り響き、最初は不安になったが、「狩りをするハンターたち」だとわかり安堵した。「水路や湖の背の高い草むらにいる雷鳥を撃って」東部の市場に持っていき儲けようというのだ。

南北戦争中とその直後の、ウィリアムがまだ政府のための物資輸送をしていた頃は、平原にまだバイソンがいたという。「偵察が父に、バイソンの大きな群れが……荷馬車のほうに近づいてくることを告げると、みんなで荷馬車を円形に並べて牛や馬をその内側に入れた。そうすれば押し寄せてくるバイソンの群れに襲われずに済む。また、あるときバイソンの大きな群れが……ミズーリ川を渡っているのを見た、と父は話してくれた。あまりに数が多くて、船が進めないくらいだったそうだ」

ところが、一八六五年初頭に大陸横断鉄道などの路線が建設されると、「鉄道会社はバイソンを殺す者たちを雇った。毛皮をとるハンターたちもいて、さらには有刺鉄線の柵が設けられ、無数にいたバイソンの群れは一八八九年には五四一頭まで減っていた。……私たちが通る地域ではバイソンはすでに絶滅していた。……私たちが目にするのは、もじゃもじゃの毛と丈夫な皮をつけたバイソンの頭が、小さな樽のように草原のあちこちに散らばる光景だけだった」。

ワイオミング州北東部に入ると、サウスダコタ州デッドウッドとモンタナ州ビリングス間を走る政府の駅馬車が、ブラウン親子を風のように追い抜いていった。頑強な馬四頭で引っぱり「一マイル〔約一・六キロ〕一六セントの料金で郵便物や人を」運んでいた。しばらくすると、二人はリトルビッグホーンの戦い〔一八七六年六月二五日にモンタナ州リトルビッグホーン川流域でおこなわれた米軍第七騎兵隊とネイティブ・アメリカンの戦い〕があった場所の付近まで来た。いまや百周年を目前にしたアメリカ人を驚かせたこの戦いでは、ジョージ・カスター少将率いる第七騎兵隊二五〇名以上が、スー族とシャイアン族の約二〇〇〇人の戦士たちによって殺された。その戦士たちを統率していたのは、シッティング・ブル、クレージー・ホース、ゴールなどの伝説的な酋長たちであった。皮肉なことに、バーナムたちがこの戦場付近に来たのが、その一三年後の独立記念日だった。一人のネイティブ・アメリカンが二人をビッグホーン川の浅瀬まで案内して、クロウ族による戦いの再現の催しを見ることができた。

この種族は白人に対して友好的だったが、指揮官は安全策をとっており、守備隊の二つの中隊を武装させ、二台のガトリング砲を戦場に備えていた。

このときのことをよく覚えている。戦場の周りにはインディアン《ママ》の女性たちが赤ん坊をおんぶしたり抱っこしたりして座っていた……。

その晩は川の近くでキャンプした。幌馬車に寝そべっていた私は、このときまさか自分がもうすぐアメリカ自然史博物館のために恐竜化石を探して、同じ土地でキャンプすることになろうとは夢にも思わなかった。

このあと、二人の旅はイエローストーン川沿いに西へと向かい、ビリングスと今のリビングストンを抜けて、のちにイエローストーン国立公園の北の入口となるところまで到達した。ここは、現在でも当時と同じく蒸気と泡を吹き出すマンモス温泉《ホットスプリング》という人気スポットを少し上がったところである。そこにアメリカ騎兵隊の一団が駐屯していたのだが、ブラウン親子は目減りしてきた食料品をそこで補充することができなかった。というのは、隊の規則で、需品係が外部の人間に品物を売ることは禁じられていたからだ。仕方なく、二人は先に進み、イエローストーン川の源流の湖まで上がっていった。途中、バーナムは「大量のレイクトラウト〔淡水性イワナの一種〕を釣ることができた。一匹九〇〇グラムぐらいあり、一度に二匹かかることもあった」。ベーコンの脂で焼き、塩漬けにして小さい樽に入れておくと、いつもの卵とベーコンと豆というおきまりの食事から目先が変わって、とても美味しく食べられた。また、この魚を使って物々交換もできた。バーナムはこう思い出す。

当時このあたりは荒涼とした田舎で、［騎兵たちは］気晴らしに狩りに行くことも釣りをすることも許されていなかった。私たちが戻る途中、魚があることを指揮官が聞きつけて、魚と交換に好きな食料品を持っていっていいと言ってくれた……トラウトは騎兵たちにとっても目先の変わる食べ物だったし、私たちも需品係が売ってくれなかった新鮮な食料品を必要としていた。念ずれば通ずということだ！　手に入れたもののなかにとても贅沢なものがあった。大きな瓶に入ったピクルスだ。私たちは酸っぱいものに飢えていて、私は自分の分を一度に食べてしまった。

名残りを惜しみつつも、ロッキー山脈の雪かぶる山頂を見上げながらの牧歌的な滞在を終え、バーナムと父親は帰路についた。今回はビリングスから南に向かい、行きとは異なったルートでカンザス東部を目指した。「新しい景色がどんどん出てきて、毎日が素晴らしい冒険だった。そして家に戻ると、そこには愛する家族がいた。私たちは一日平均およそ四〇キロのペースで進み、約五〇〇〇キロの旅をした。出発してから戻るまで四ヶ月余りかかった。素晴らしい経験だった。これは父からの最高の、しかも手作りの贈り物だった」

この西部の辺境への初めての旅を、バーナムがなぜこれほど貴重なものだと感じたのか。それは容易に想像できよう。少年時代のこの成功が、すでに今後の彼の成功を約束してくれたのである。「毎日新しい景色を目にする」素晴らしさを感じたことで、死ぬまでいろいろなところに行きたいという彼の気持ちが強まっていったのだ。

さらに言えば、バーナムの子ども時代はすべて同じレンズを通して見ることができる。すなわち、イエローストーンへの旅は別にして、バーナムが自伝メモに記した出来事は、すべて辺境に育つ子どもなら日常的にやっていたことにすぎない。ただそうであっても、すべての出来事が素晴らしい人生を歩んでいく道を開いてくれたのだ。国内だろうが海外だろうが、化石を見つけるためなら地球上どこでも探してまわる、という彼の素晴らしい人生への道である。

まとめてみよう。父が家族の住む家として選んだのが、たまたま不思議な化石や地層のある場所だった。これによって、バーナムのなかに好奇心の種が蒔《ま》かれ、芽を出した。そして、父親が後押しし、また母親の自然を愛する心に導かれて、どんどん育っていった。家畜の世話から馬車や農具などを操る農場の仕事をするなかで、バーナムは遠く離れた土地を旅したり、そこで暮らしたりする力を伸ばしていった。母を手伝って、農場で作業する人や石炭を掘る人たち大勢の食事や世話をすることで、のちの化石発掘作業で大勢のクルーに飯を食わせたり、性格もばらばらな集団をまとめあげていったりする力も育った。父親から学んだビジネスの才覚で、博物館の遠征でも、石油会社や鉱山会社のための偵察でも、金銭面での取引を抜け目なくおこなうことができた。そして、父親が言いだした幌馬車でのおよそ五〇〇〇キロの長旅こそが、バーナムの技量と本能を間違いなく鍛えあげた。だからこそ、のちの人生において、危ない橋を渡りながらもバーナム・ブラウンは世界中のバッドランドで恐竜を発掘することができたのだ。

第2章

優等生……とは言えないけれど

1889–1896

バーナム・ブラウンの大人への第一歩は、西部フロンティアへの壮大な旅をしたあとにしては、それほど意気揚々たるものではなかった。アメリカ西部の荒野から戻ってすぐ、一八八九年に一六歳で高校に入った。カーボンデールには高校がなく、両親は新州となったカンザスの学問のメッカであるローレンスに彼を送り出した。そこはちょっと前に建てられたカンザス大学の周りにできたにぎやかな街だった。これは辺境の子どもにとってめったにない機会であった。平原で暮らす多くの若者たちにとって、教育というのはすなわち、教室が一つしかない地元の学校で学ぶことでしかなかったのである。ほとんどの家庭が絶望的に貧しく、農場では季節ごとの作業があって、学問などという道楽はとても無理な話だった。このようにしてさらに上の教育が受けられる特権を得たブラウンだが、なぜか彼の自伝メモには高校時代についての言及が少ない。

さて、ブラウンは一人きりで高校の勉学に向かったのではなく、カーボンデールから来た仲間と一緒だった。実際、ローレンスでは、同郷の二人と家賃の安い家をシェアしていた。カーボンデールとローレンスは四〇キロほど離れており、平日は学校、週末は家に帰る生活だったようだ。そして一八九三年に卒業し、その秋カンザス大学工学部へと進んだ。[*1]

高校時代に関する説明があっさりしている反面、カンザス大学の学生（ジェイホーク）としての日々の思い出については、ブラウンはとても嬉しそうに話している。懐かしそうに語る大半は、主任教授でアカデミックアドバイザーだったサミュエル・ウェンデル・ウィリストン教授のことで、ブラウンはウィリストンが大好きだった。ブラウンがのちに語るに、「大事な」化石コレクションを家から脇に抱えてカンザス大学にやってきたブラウンが、すぐに「指導を受けたのが……ウィリストン先生だった。……先生のおかげで、やっと私は、自分がなりたいのが古生物学者であり地質学者なのだと気づくことができた」[*2]。二人の関係は、辺境からやってきたこの青年のものの見方を永久に変えてしまうほどだった。ブラウンは亡くなる日まで、自分がウィリストンの弟子だったことを誇らしげに話していた。父との壮大な旅で体験したよりも、風景においても距離においても歴史的視点においても大きく上まわるような経験をこれからブラウンはしていくわけだが、ウィリストンはそれを支える大きな役割を果たしたのだ。

図2　バーナム・ブラウン、1897年。ウィリストン教授のもとで学んだカンザス大学のアルバムより

二人は一世代分離れていたが、育ってきた背景と経歴には多くの共通点があった。当時カンザス州を自由州にするためニューイングランドの農民を移住させる計画があり、その一環としてウィリストン一家は一八五七年にボストンからカンザスに移ってきた。ブラウンの両親ウィリアムとクララが同じようにして移ってきたのがその二年後だった。一家の生活は苦しく、ひと部屋しかない小屋に家族六人がひしめき合い、

食べるのがやっとの暮らしだった。「兄弟たちに比べて本が好きだった」ウィリストンは、一五歳のときカンザス州立農学校に入学した。[*3] そこで、州で最も著名な地質学者であり古生物学者であるベンジャミン・フランクリン・マッジの指導を仰ぎ、昆虫や化石の収集に興味をもって、そこから学問の道がどんどんと開かれていった。

ウィリストンとブラウンが生きていたのは、古脊椎動物学がアメリカで最初に花開いた時代だった。ブラウンが西部の辺境で子ども時代を過ごしていた頃、東海岸では古生物学の二大巨人——イェール大学のオスニエル・チャールズ・マーシュと、フィラデルフィア自然科学アカデミーのエドワード・ドリンカー・コープ——が、しのぎを削っていた。実にマーシュとコープの主戦場は、カーボンデールの西、まさにブラウン親子が横断の旅をした土地であった。

この二人のそれぞれの人生の軌跡を見ると、コープは上方から下方へ向かった歩みに対し、マーシュはその正反対の下方から上方へのそれであった。[*4] マーシュは一八三一年にニューヨーク州北部の農家の家に生まれた。三歳のときに母が亡くなり、彼の養育は父と、のちに義母になる女性、そして大勢のおじとおばによってなされた。青年時代に、エリー運河の管理を手伝っていたある技師と出会い、無脊椎動物の化石を一緒に集めたことが、マーシュの好奇心に火をつけた。また、おじのジョージ・ピーボディの手厚い保護を受けられたのも幸運だった。ピーボディは海外とのビジネスをしていて、のちにロンドンの銀行家になってひと財産を築いた人物である。

一八五二年マーシュは、ピーボディから母の持参金をもらい受け、フィリップス・アカデミーに入学した。つまり、学問に関して遅咲きのマーシュの向学心の高まりと、ピーボディのポリシーとがうまく嚙み合ったのである。ピーボディは、ピーボディ教育基金やナッシュビルの大学を設立するなど、教育活動に積極的に取り組んでいたのだ。一八五六年マーシュはフィリップスで学んだあと、イェール大学入学のため再びピーボディに援助を求め、おじもよろこんでこれを承諾した。加えて卒業後のヨーロッパでの大学院進学をも援助してもらった。当時、ベルリンやヴロツワフ〔ドイツ。現在はポーランド〕の大学には新進気鋭の古生物学者たちがいて、化石コレクションを調査している博物館も多かったのである。さらにこの二人の関係が最も高まったのは一八六五年のこと。マーシュはイェール大学内にイェール・ピーボディ自然史博物館を建ててほしいとおじに頼み、アメリカ初の古脊椎動物学の教授となることができたのである。こうして、世界的化石コレクションを展開しようという野心に満ちた計画の準備は整った。

一方、コープのほうは、一八四〇年にフィラデルフィアを拠点とする海運業者の裕福な家庭に生まれた。[*5]マーシュと同じくコープも母親を彼がまだ三歳のときに亡くしたが、恵まれた家庭環境のおかげで、早熟な好奇心は育まれていった。父はコープに農業関連の仕事をしてほしいと考えていたが、この少年は六歳にしてすでにフィラデルフィア自然科学アカデミーにある魚竜類の骨格化石を見て観察メモをとっていた。そして、クエーカー・ウェストタウン・スクールとペンシルベニア大学（正式な学位はとっていない）で教育を受け、一八歳のときにはもう最初の学術論文を書いている。南北戦争においては、自分のクエーカーの信念を貫き兵役を拒否し、イングランドとヨーロッパを旅して博物館や大学のコレクションを研究した。このときにドイツを訪れた際にマーシュと出会い、二人はときどき文通するなどして個人的にも仕事上でも仲良くなっていった。[*6]そして一八六四年にコープはアメリカに戻り、クエーカーの学校であるハバフォード大学で教壇に立った。しかし、コープはのんびりした環境でより多くの時間を研究に費やしたいと考え、まもなくフィラデルフィア自然科学アカデミーに入った。

コープとマーシュの二人の関係は一八七〇年代初めにおいては友好的だった。ところが、それぞれが恐竜や哺乳類の化石を探し求める一八七〇年代後半から一八八〇年代になると、仕事のうえでも個人的関係においても泥仕合の様相を呈しはじめた。こうして二人の確執の導火線は一八七七年に点火された。あるときアーサー・レイクスというコロラド州の教師が、ロッキー山脈のフロントレンジのモリソンという町を出たところでジュラ紀の恐竜の骨を採集した。レイクスは、それをコープとマーシュの両方に送ったのである。[*7] コープはすぐにその化石に関する論文にとりかかった。一方マーシュは違う方法をとった。マーシュはレイクスを化石ハンターとして雇い、この場所での化石発掘を将来にわたって保障する契約を提示したのである。大よろこびのレイクスはコープに手紙を書き、状況が変わったので送った化石をマーシュに転送してほしい旨、要請した。コープは当然、怒り狂った。しかしながらこの取引を止める力はもっていなかった。

ほどなくしてコープは、O・W・ルーカスというコロラド州の教師から、同じ岩石層から採集されたジュラ紀の恐竜の骨を受け取った。コープは大いによろこんだ。それは、モリソンから約二〇〇キロ北西に行った、キャノンシティ付近のガーデンパークで採集されたものだった。しかも、ルーカスが送ってきた標本のほうが大きさも保存状態もよいものが多く、マーシュは激怒した。すると今度はマーシュのところにまた、別のジュラ紀の恐竜の骨がやってきた。それらは、W・H・リードとW・E・カーリンという二人の鉄道員たちが、古脊椎動物学の歴史に今も燦然と輝くワイオミング州コモブラフから送ってきたものだった。こうしてその後、一八七〇年代から一八八〇年代まで、コープとマーシュのフィールド隊員たちは、コモブラフをはじめワイオミング州やコロラド州など化石がよく出る西部の地域で、たがいに優位に立とうと競い合ったのだった。

二人ともフィールドに行く時間はあったが（コープのほうがマーシュより多かった）、このライバルたちは普段はフィールドでの競争から遠く離れた東海岸の象牙の塔にいた。資金集めのため、地質資源を管理する、国の機関に根まわしをすべく、新聞や政府機関において激しい非難の応酬となり、ますます二人の確執は高まっていった。政治力はマーシュのほうが優勢だった。マーシュは一八八二年にアメリカ地質調査所の古生物学主任となり、その後十年間、政府の基金を管理できたので、比較的自由にフィールドへ行くことができた。また、名高い米国科学アカデミーの会長にもなった。一方コープのほうは、最終的にはアメリカ科学振興協会の会長となったものの、政治力はマーシュには及ばなかった。

二人の確執のプラス面を挙げるならば、新しい恐竜が次々と発見され、多くの出版物が刊行されたことだろう。一億五〇〇〇万年前から六六〇〇万年前にかけて北米に生息していたジュラ紀と白亜紀のさまざまな恐竜たちに初めてスポットが当たったのである。それらの恐竜たちの名は、今も恐竜ファンの頭の中に刻み込まれているものだ。それはステゴサウルス、アロサウルス、ディプロドクス、トリケラトプス、ブロントサウルス（現在はアパトサウルスと呼ばれる。アパトサウルスのホロタイプ標本は若い個体で、その後マーシュは成熟した大人の個体をブロントサウルスとして別種とした）〔その後一九〇五年に両種は同種とみなされ、あとから命名されたブロントサウルスが無効名となった。しかし二〇一五年、両種は区別されるべきでブロントサウルスの学名を復活させる研究が発表された。すると、本書中のアパトサウルスの一部もブロントサウルスの可能性があるが、ここでは同定できない。本書執筆時のブロントサウルスを無効とする立場に基づいて表記することとする〕などなど。二人の発見と論争をきっかけに、恐竜をはじめとしてさまざまなトピックの学術論文が次々と発表された。マーシュは二七〇本の論文を書き、その大部分は恐竜と哺乳類化石に関するもの、一方コープは約一四〇〇本の論文を書き、恐竜と哺乳類化石のみならず、現生の魚類、両生類、爬虫類も扱っている。二人を比べてみるならば、当時最も偉大な爬虫類学者として広く認知されていたコープのほうが、学術的な最前線でマーシュを凌いでいた。[*8] しかしながら、コープは亡くなる前に全財産を使いきってしまい、彼のコレクションはアメリカ自然史博物館に売却された。一方、マーシュのコレクションの多くは、イェール大学内の彼のおじが建てたイェール・ピーボディ自然史博物館に今なお残っている。

かくしてこの二人の争いに巻き込まれたのが、ブラウンの指導教官であるサミュエル・ウィリストンだった。ウィリストンはベンジャミン・マッジの推薦もあって、イェール大学でマーシュの研究室の第一助手の地位を得た。ウィリストンにまかされたのは、指導者のマッジとともに、マーシュのフィールド作業の責任者となることだった。ただ、ウィリストンは古生物学だけに関心を寄せているわけではなかった。彼は一八九〇年にイェール大学を去るまでに、昆虫学の博士号、医学の学位を取っており、四年間解剖学を教える経験もしていた。[*9]

やがてウィリストンは、コープと自分の上司マーシュとの争いに辟易するようになった。加えて、研究や執筆を手伝った助手たちの名をマーシュが出版物に入れようとしなかったことに、ウィリストンはうんざりした。たしかに当時は、ヨーロッパの慣習に倣って、研究室でおこなわれた研究については、監修した教授の名前のみを記すのが伝統的ではあった。しかしながらそうすると、研究に携わった者たちの努力が一般に知られぬままになってしまう。昇進に必要な論文数もカウントされなくなってしまう。ウィリストンは、指導教官であるマーシュから知的支援も昇進の後押しもしてもらえず、自分のキャリアが宙ぶらりんになっていると感じた。すると、こうした鬱屈をコープが目ざとく見つけ、マーシュのもとにいる者たちに、自分たちの悲惨な状況を世間に訴えるよう促した。ウィリストンの伝記によれば、ウィリストンは返事を渋ることが多かったのだが、「なにげなく［ウィリストンは］一八八六年のコープへの手紙のなかに、マーシュは『嘘だとわかっていても目的が果たせるなら平気で嘘をつく』と書いてしまった。あろうことかコープはこの手紙を新聞記事にしてしまった。当然のことながら、これでウィリストンがイェール大学で古生物学者として活躍する可能性はついえた」。[*10]

一八九〇年ウィリストンはイェール大学を去り、平和な環境のカンザスに戻ってきた。この頃カンザス大学の理事会が新しい学長を探しており、科学と数学の教授であり、また昆虫学者でもあるフランシス・スノーに白羽の矢が立った。将来を見通す力のあるスノーは、実質的な後継者としてウィリストンの雇用を理事会が承認することを条件にその職に就いた。こうしてウィリストンは、再びローレンスの地で、マーシュに干渉されることなく古生物学の探検をはじめられることになった。[*11] しばらくすると、ウィリストンは、フィールドで道具を運んだり化石を発掘したりキャンプの準備をしたりする学生を募集しはじめた。こうして、ウィリストンがカンザスに戻った三年後に、情熱と志高き若者バーナム・ブラウンがウィリストンのもとに飛び込んできたのである。

一八九四年にウィリストンは、すでに知られていた露頭〔むきだしになった崖のこと〕から新生代古第三紀の哺乳類の化石を狙って、サウスダコタ州ホワイトリバーバッドランズへの遠征を計画していた。多くの化石を産出する露頭は、白や薄褐色や灰白色の砂岩と泥岩からなる険しい尾根や、ごつごつした渓谷、織りなす尖峰などであった。これらは、約三五〇〇万年前から二三〇〇万年前にかけての漸新世において河川によって堆積したものである。このまるで絵画のような露頭は、現在ラピッドシティの南東およそ一二〇キロにあるバッドランズ国立公園の風景となっている。今なお熱心な古生物学者のグループが、とりわけ春の終わりから秋の初めにかけてフィールド調査に訪れている。夏はときに四〇度を超え、日中は雷や雹《ひょう》、暴風をともなう激しい雷雨に見舞われることも多い。平原育ちのブラウンはこうした状況には慣れていたものの、まずは厳しい条件下で学術探検においてその能力を発揮できるかどうかが問われていた。

ブラウンはウィリストンの授業を受けたことがなかった。にもかかわらず、その後に発揮する交渉術のうまさの片鱗を見せ、九人の学生クルーのリストにちゃっかり載っていた。ここにようやく、真の古生物学者としての人生を味わうチャンスがブラウンの目の前にやってきたのだ。

ブラウンがフィールドで詳細なメモをとらないことについては研究者たちの不評を買っているが、この旅においてはおそらくウィリストンの指示からだろう、思いのほかブラウンはメモを残している。それによると一行は六月一三日にローレンスから列車でカンザスシティに行き、そこからミズーリ川を船で行き、ネブラスカ州リンカーンに着いた。ネブラスカ大学近辺でのんびりしていたのだろうか、フィールドに到着した日付は六月二四日となっている。「洗濯と雑用。朝は雨。昼を食べて発掘に出かける。オレオドン類の頭骨四点と齧歯類の化石数点」。オレオドン類は羊に似た草食の哺乳類で、漸新世から中新世にかけての三四〇〇万年前から五〇〇〇万年前くらいにアメリカ大陸中部に生息していた。化石としては平凡なもので、たくさんの標本が見つかっている。同じ日のメモを見ると、ブラウンが美しい化石に対する目を養っていただけでなく、その後の人生において長く続く性《さが》とも言うべきものも育くんでいたことがわかる。「今日はプリンストンの女子学生が来なかった。せっかく靴に油を塗って水洗いしたのに、とても残念。美しい夕日を見る。夜には［フィールドでも同じことをするのだが］『カーマイン』などのカレッジソングを歌ってネブラスカ［隊の一人］を追い払う」[*12]

翌日は重要な一日となった。ブラウンの学友で、のちに著名な古生物学者となるエルマー・S・リッグスとの生涯にわたる友情がスタートした日となったからである。「朝食をとる。皿を洗う。リッグスと私は昼食をとり、一日歩いて南に向かう。オレオドン類の見事な頭骨を見つける。……リッグスと私は命がけで岩場を登る。素晴らしい景色が見える。北のほうは一〇〇キロから一二〇キロくらいだろうか見通せる。東のほうには針や槍のごとく岩々がおよそ二四〇メートルの高さでそびえ立つ」[*13]

一九世紀においても古生物学の競争は激しかった。ブラウンの六月二六日のメモからすると、ウィリストンはイェール大学からカンザス大学に移ってもフィールドでの争いから完全には避けることができなかった。この旅におけるライバルはネブラスカ大学の調査隊だった。彼らを率いるのは三八歳のアーウィン・ヒンクリー・バーバー。彼も以前はマーシュの助手であり、哺乳類化石を専門とする古脊椎動物学者である。ブラウンが「下界と同じくらい暑かった」と嘆くこの日、ウィリストンはティタノテリウム［サイに似た奇蹄類。現在はメガセロプスに分離されている］が出る層準での発掘のため、隊をキャンプ地から北へ向かわせていた。彼らはすでにこの場所を調査しており、この日はあらためて標本を採集しようとしていたのだろう。しかし、そのあいだにバーバーたちのクルーもこの一帯の探索をしていた。「われわれが見つけていたたくさんの骨化石にネブラスカというタグが付いていた」のにブラウンたちは腹を立てて、「われわれはそのタグをすぐに引きちぎってやった」と報告している。

はたから見れば、古生物学の探索は冒険的でロマンチックな宝探しのように見えるかもしれない。しかし、そのイメージには、作業の困難さや日々の退屈さ、人里離れた地域で作業する苦労などが一切考慮されていない。焼けつくような暑さのなかでは、まず水を確保することが生死に関わる問題だった。ブラウンがのちに記すように、「これらのいわゆる『バッドランド』では雨が降らず、水飲み場の水位はどんどん下がっていき、とうとう私たちは一本の棒で調べた。もし棒が倒れたらまだ水［がある］と私たちは判断した」。棒が刺さったら、それは泥なので、私たちは六四キロほど離れたホワイトリバーまで戻らねばならない」[*14]。

暑さや脱水症状はあったものの、フィールドワーク四日目の六月二七日には、すでにブラウンはウィリストンの片腕としてフィールドで重要な役割をまかされていた。この教授は採集する価値のある化石を見つけると、「母岩から化石を取り出そうとするも、すぐにそれを私に渡してこう言った。『ブラウン、きみが掘り出してくれ。私はよい化石があると、それを見たいあまりに発掘のときに傷つけてしまいそうなのだ』」[*15]。こうして、ブラウンは化石を発掘する際の大事なスキルを、この旅のなかで身につけていった。当時の発掘は、まずツルハシで化石の周りを掘り、骨の近くの母岩をタガネで削り、小麦粉を溶いたペーストに浸けた麻袋を切って帯状にしたものでその化石を覆う。こうすることでしっかりと化石を保護することができるのである。ブラウンはこういった作業を手慣れたものとし、ウィリストンの標本ならびに彼自身の標本の、発掘リーダーの役割を果たした。こうした、化石を発掘して包むという仕事だけでなく、大きなものを動かすといったことも彼にとっては農場で幾度となく経験してきたことだった。だからブラウンは、壊れやすい標本を傷つけることなく急勾配の危険な露頭を下っていくのも上手だった――包まれた標本は二〇数キロ、ときには一〇〇キロを超えていたことを考えるとそう簡単な作業ではなかったが。ブラウンはフィールド日誌にその模様をこのように記している。

同じ地層に戻り、自分たちが掘り出した骨をきれいにする。私が見つけた「おそらくオレオドン類の」頭骨を箱に詰め、尾根の上からピケットロープで約三〇メートル下に降ろす。ネブラスカ〔つまりバーバー隊〕は自分たちがタグをつけた標本をわれわれが持っていったと耳にしたらしいが、もともとはわれわれが先に見つけていたものだ。……先生は私が見つけた頭骨を見てよろこんだ。これまでで最大の発見だ。

今朝は作業に出かけ、プレーリードッグの巣穴に、バーバー隊の化石の穴というタグをつけてやった。[*16]

この「化石の穴」というのは、堆積物の中に埋め込まれるように岩が大きなコルクスクリュー〔ワイン抜き〕のような形状になっているものである。これは、デモネリックス、すなわち「悪魔のコルクスクリュー」と呼ばれている。その成因に関してはこの時代にかなりの論争があり、バーバーもこの論争に加わった重要人物だった。一八九二年から一八九七年に書かれた一連の論文のなかで、バーバーはデモネリックスの構造に関する自分の観察と分析を顕微鏡写真を添えて提示した。バーバーは最初これらを海綿動物ではないかと考えていた。[*17] しかし一方で、植物の根あるいは根茎かもしれないという考えももっていた。一八九五年に、テオドール・フックスがこれらの説明に疑問を呈し、これはホリネズミのような中新世の齧歯類の巣穴だと主張した。加えてフックスは、バーバーが一八八二年の論文で図解したデモネリックスの一つから、ジャックラビットと同じくらいの大きさの齧歯類の骨格化石が出ていることにも言及している。ゆえに、フックスの目からすると、この謎の答えは最初から明白だった。しかし、バーバーは必死に応戦し、この構造は植物化石であり、現存するものもしないものも齧歯類にこのような完璧な形の螺旋状の穴が掘れるとは考えられない、と主張した。また、デモネリックスが明らかに植物の維管束の細胞構造をもった物質を含んでいることを証明する顕微鏡写真も示した。*18

バーバーの反論は一八九五年六月に出版されたが、当時論争がもっとも加熱していたときである。したがって、この話題はウィリストンと学生たちのあいだでも、旅の途中、とりわけリンカーンに着いて北に向かう準備をしていた頃には、ホットな話題となっていたのではなかろうか。現生のプレーリードッグの穴を「バーバーのデモネリックス」と冗談で印を付けるというのは、ブラウンがプロの同業者をからかうことをなんとも思っていなかったことを示しているだろう。このようなブラウンのいたずらに加え、旅を続ける宗教団体の訪問もあって、六月二八日のキャンプは非常に盛り上がった。

それからおよそ七〇年経った一九六二年にブラウンは、ウィリストンの伝記のために資料を集めていたウィリストンの親戚に宛てた手紙のなかで、この自分が犯した罪を次のように告白している。ウィリストンの馬車がゆっくりとフィールド地帯を走っているとき、ブラウンと仲間のリッグスは後部座席に座っていた。そしてプレーリードッグの集団を見つけると、こっそり飛び降り、ある穴に「デモネリックス」と書いた札を立てておいたのだ。あとからやってきたバーバーは、そのタグを見つけてウィリストン隊のけしからぬ行為にかんかんになった。「その晩、バーバー先生が血相を変えてわれわれのキャンプに乗り込んできて怒鳴った。『ウィリストン先生、プレーリードッグの穴にデモネリックスというラベルを付けるなんて、あなた方の振る舞いはまったく紳士的ではない。私はあなたを解任してもらうようにする！』。するとウィリストン先生は、『あのう、バーバー先生、私にはなんのことを言っているのかさっぱりわかりません！』。本当にウィリストン先生は知らなかったのだ。そこでリッグスと私は、自分たちが犯人で、冗談半分にプレーリードッグの穴にタグを立てたことを白状した。こう説明して、この問題はなんとか丸く収まった[19]」

その後の一週間は穏やかに過ぎた。やがてフィールドにもアメリカ人にとっての儀式の日が近づいてきた。七月三日、「オーバートンが……四日の独立記念日のためにビール一ケースを抱えて町から戻ってきた。ネブラスカ隊がクーラーボックスにアイスクリームをいっぱい入れて持ってきた。マコーミックは上質の牛肉を四分の一頭分送ってくれた」。翌日、フィールドの一行はこの国の誕生日を祝った。以降、この儀式はこの先ずっと、ブラウンが自分のフィールドでおこなう伝統となった。

われわれはこの輝ける七月四日を二〇発から三〇発の銃声で祝った。これを聞いたネブラスカ隊はスー族が迫ってくるのかと思ったようだ。

……今朝みんなでビールを開ける。先生も仲間に加わっていた。

……ネブラスカ隊がキャンプにわれわれを招待してくれた。靴下の交換という儀式があり、われわれは靴下を洗っておいた。彼らのテーブルにはテーブルクロスとひまわりのブーケが飾ってあった。食事の最初に出てきたのはポテトスープで、次にローストビーフとジャガイモと豆、パンとコーヒー、次にラズベリーとさくらんぼ、それからアイスクリームと三種類のケーキ……。

夕食後にネブラスカ隊の三人が私たちのところにきて、ボトル数本を開けて楽しい時を過ごした。[20]

ブラウンのフィールドの記述は七月五日で終わっている。のちの生涯においてメモをとることを嫌がったブラウンが、死ぬまでこのメモを大切に持っていたことから、彼にとってこの旅がいかに重要なものであったかがわかろうものだ。それは、自分の伝説的な人生の土台となる、ウィリストンとの師弟関係のはじまりであった。ブラウンにとって、ウィリストンは明らかに見習うべき模範となっていた。しかしながら、ときにだらしない部分も見せることがあり、リッグスはこの教授のフィールドでの服装に関して次のように指摘している。

> 化石を取り出し包んで持ち帰るときは、麻袋を切って帯状にしてそれを小麦粉のペーストに浸けるというのが最良の方法だ。そうして、化石全体をそれで覆って乾かすのだ。そのとき両手が小麦粉のペーストまみれになる。気になれば、手を土に擦《こす》りつけセージのブラシで拭き取る。だが、われわれの先生は意に介さぬ実用的な考えの持ち主なので、自分のズボンで、両手を無駄なく上下に動かし、ときには前後の動きに変えて拭き取っていた。数日経つと曲げられるのは膝の部分のみとなり、「ズボンを」脱いでベッドに潜り込むときには、「そのズボンを」テントにもたれかけさせていた。*21

陽の目を見なかった自伝のためのメモのなかで、この初めてのフィールドへの旅が「先生にも学生たちにも輝かしい日々」となった、とブラウンは懐かしんでいる。

いろいろな愚行もあったが、この遠征は学術的に大成功であり、それはカンザス大学の『学生ジャーナル　一八九四年夏号』に記録されているとおりである。一行は「自分たちの命を危険に晒《さら》して、科学の利益のためフィールドでの殉教者となった」と、記事はドラマチックに述べ立てている。これはきっと過酷な暑さや落雷、そして飲料水がたびたび不足したことなどを言っているのだろう。持ち帰った輝かしい成果は枚挙にいとまがない。

エロテリウム［現在はエンテロドンに分類されている］の完全な頭骨。サーベルタイガー［ホプロフォネウス］の全身骨格に近いもの――これは今までに発見された唯一の標本である……そして、爪のある反芻動物という非常に特異な動物の骨格の大部分……。
これらの標本はもちろん非常に価値あるものであるが、ほかにもいろいろな発見があった。白亜系からのモササウルス類の完全な頭骨、下部中新統からの四つの異なった種類の爬虫類、ネズミの大きさからゾウの大きさまでさまざまな二四の異なった属の哺乳類。これらの標本は［カンザス大学の］博物館の一つのケースを埋め尽くしてしまうほどである。

エロテリウムは大きなイノシシに似た動物で、エンテロドンと呼ばれるグループに属している。記事中の爪を持った反芻動物とは、おそらくモロプスのようなカリコテリウムだろう。カリコテリウムというのはウシとオオナマケモノをかけ合わせたような奇妙な動物である。

こうしてフィールドワークの興奮に満ちた日々を思い出に、ブラウンはまた大学の授業に戻った。一八九七年のアルバム写真ではブラウンは神妙な顔つきをしているが（図2）、きっと彼が受けている授業や教授たちがそうさせたのであろう。ブラウンは自伝メモでこう語っている。ウィリストンだけでなく「カンザス大学には素晴らしい教授たちがいた――英語のエドウィン・M・ホプキンス先生の授業はすべてとった。歴史のフレデリック・ホッダー先生、ドイツ語のウィリアム・H・キャルース先生、化学のエドガー・ヘンリー・サマーフィールド・ベイリー先生、植物学のウィリアム・チェイス・スティーヴンス先生などが、今でも記憶に残っている先生たちである[*22]」。

当然ながら、キャンパスでは真面目一辺倒ではなかった。自伝メモで授業のエピソードをいくつか挙げているが、そのなかに、ルイス・リンゼイ・ダイチェ先生の授業のことが書いてある。ダイチェは精力的な収集家であり、地域の生物のアーカイブで大学の教育・研究用のコレクションの土台を作った人物で、現在カンザス大学の自然史博物館には彼の名前が冠されている。剥製師としても有名なダイチェは、カスター将軍が乗っていたコマンチェという名の、リトルビッグホーンの戦いで生き残った馬を剥製にしたことで知られる。第七騎兵隊はダイチェに支払う七〇〇ドルを用意できなかったので、この剥製はカンザス大学に保管されていた。

ブラウンは、ダイチェが教えていた一般動物学の授業についてこう記している。とても人気のある授業だったのは、それが「ちょろい」ことで有名だったからである。

> 授業は週三回あり、授業の終わりの五分間は質問が許される時間だった。学生の一人のベーカー君はコウモリに関する前回の講義を欠席しており、ほかの学生から教えてもらってメモをとっていたが、卵生と胎生という用語をまだ覚えていなかった。なにか質問はないかと言われ、学生たちに沈黙が広がったとき、ベーカーが立ち上がって言った。「ダイチェ先生、コウモリは卵を産みますか、それとも×××しますか？」「ベーカー君、コウモリは×××します」とダイチェ先生は答えた。女子学生たちはまるでハンカチを飲み込んだような表情になり、ベーカーはからかわれるのが嫌で、一週間学校を休まなければならなかった。[*23]

若き日のブラウンのユーモアセンスをくすぐる同じような出来事はほかにもあった。「ウィリストン先生は、双翅目（ハエ）やほかの昆虫に関する分野でも権威だった。大学院生のコーラ・ベッカーが博士号の研究のため昆虫標本の引き出し《ドロワー》をいくつか家に持ち帰っていた。ひととおり標本を見終わって、彼女はウィリストン先生のドアをノックした。学長の息子のフランク・スノーがドアのところにいき、ドロワーを持ったベッカーを見るなりこう言った。『ウィリストン先生、ベッカーさんがズロース《ドロワー》を下げてここに来ています。見てほしいそうです』と」[*24]

もちろん自分でいたずらを仕掛けるのもブラウンは嫌いではなかった。その一つに、部屋用便器への闇討ちがある。当時のカンザス大学は小さな学校で学生寮は一つしかなく、「一階は女子、二階は男子となっており玄関は別々だった……トイレは分かれていなかった」そうだ。

ある年、私はルームメイトと一緒に二階の部屋で暮らしていたが、その部屋を暖房するストーブのパイプは一階にいる二人の女子学生の部屋からきていた。私たち二人は早くからベッドに入るのだが、下の女子学生たちは私たちを寝かさないように毎晩そのストーブのパイプをバンバン叩くので、私たちはいらいらしていた。

化学の授業でナトリウムは水に触れると火がつく〔発火する〕ことを習ったばかりだった。私たちは女子学生たちがその晩夕食を食べているあいだに部屋に忍び込み、ベッドの下に置いてある便器の水を念入りに拭き取ると、その中にナトリウムのコイルを置いた。彼女たちが寝る時間になって、彼女たちの部屋から絶叫が起きた。女子のうちの片方が、シューシュー音を立てる蛇の上に座ったと思ったのだ。このいたずらが誰のしわざか彼女たちにはわからなかったが、うち一人が化学の授業をとっていたので、上の階の男子学生だろうと疑った。それからというもの、私たちは勉強が終わると静かに眠ることができた。[*25]

年が明けると、ウィリストンはまた夏にフィールドに出る計画を固めはじめ、今回はワイオミング州東部を目的地とした。そして、この夏の調査の目的は哺乳類の化石ではなく、もっと大きくて華々しい獲物、すなわち恐竜であった。これには学術的な理由もあったが、個人的な理由もあった。すなわち、ウィリストンはイェール大学のO・C・マーシュの組織から離れて自由となった今、カンザス大学の自分の旗印のもとで恐竜を採集することに情熱を燃やしていたのだ。ニューヨークのアメリカ自然史博物館やシカゴのシカゴコロンビアン博物館〔現フィールド自然史博物館〕など、ほかの州の多くが自然史博物館の建設を進めているなかで、ウィリストンはカンザス州も遅れをとってはならぬとの決意をもっていた。ウィリストンがマーシュを超えることを目指すとすれば、ワイオミング州の白亜紀の露頭への探検を率いること、それが唯一の方法だった。ウィリストンの伝記編纂者たちは言う。「ウィリストンは、トリケラトプスの発見にまつわる歴史に精通していた——頭骨が見つかったときの模様は、［一八八八年に］馬に乗ったカウボーイが土手から突き出ているのを見て、手が届かないところだったので投げ縄をして角と頭骨の一部を取り出し、それをイェール大学のマーシュのところに送ったということであった」[*26]

マーシュは、前年の一八八七年にコロラドから送られてきた同じような角を、絶滅したバイソンのものだと考えていた。そして一八八八年に、マーシュ直属の化石ハンターでありウィリストンの元同僚であったジョン・ベル・ハッチャーは、ワイオミング州ラスク付近で後期白亜紀の露頭を偶然目にした。するとハッチャーは、カウボーイが取り出した例の角が、砂岩のコンクリーション〔堆積岩の隙間に鉱物が凝集してできた球状の団塊。ノジュール〕に埋まっている巨大な頭骨に付いていたものだったことを発見した。[*27]ハッチャーはその角をマーシュに送り、マーシュはその角がバイソンのものではなく、ウィリストンなどの助手たちが主張するように、新しい恐竜のグループのものであることを理解した。マーシュはハッチャーに、ラスクに戻って一トン以上の重さがある巨大な頭骨を採集するよう指示した。ハッチャーはそれをイェール大学に送り、マーシュはその後有名となる、トリケラトプスのタイプ標本として記載したのである。

一八八九年から一八九二年にかけて、ハッチャーはマーシュのために五〇点の角竜類の頭骨や骨格を収集し続けた。頭骨のなかには重さが三・五トンあるものもあり、ハッチャーは優れた化石ハンターとしての、そしてマーシュは角竜類の卓越した専門家としての地位を確立させた。[28] 実際には、角竜類の研究の真のブレーンはハッチャーであり、マーシュのもとを離れたあと、彼は死後の一九〇七年に発行された角竜類に関する最終的研究論文の筆頭著者《シニアオーサー》となった。

さて、一八九五年当時は、まだトリケラトプスを一般に展示しているところはどこにもなかった。ウィリストンの伝記編纂者たちはこう言う。「頭骨があれば大学の小さな博物館でも華を添えることができる。ウィリストンは一般の人々が古生物学に強い関心をもっていることを理解していた。人気のある雑誌に記事を載せることで、自分の名声を高めると同時に、銀行の預金を増やしていければと願った。それで、一八九五年にイラスト入り旅行記を出版したいと考え、その目的でガラス板のついた大きな箱型カメラを購入した」。[29] このようなカメラの使用は、ブラウンの刺激になったにちがいない。ブラウンはフィールドメモはあまり残さなかったが、写真は非常にたくさん撮っている。実際、ブラウンの数多くの探検や発見の記録として私たちが目にできるのは、博物館のコレクションにある写真とネガ、あるいは詳細な会計報告だけである。

前年の夏の遠征で経験を積んだバーナム・ブラウンを、ウィリストンは西への旅の先遣隊として選んだ。ブラウンは馭者と馬車をフィールドまで道案内した。六年前に父親と旅したのと同じルートだったのだ。一方ウィリストンとほかの隊員はデンバーまで列車でいき、そこから北へワイオミング州まで移動して、ブラウンと物資を運ぶ馬車と合流した。毎日の平凡な雑務、天候との闘いから地元民との交流まで、この古生物学者の卵であるブラウンは、旅のなかで思ったことを細長い薄いノートに律儀に記録していった。しかし現在では消えかかったコピーしか残っていない。

まだ二二歳ではあったが、ブラウンが父親との旅のなかで得た知識を背景にして、自分に与えられた役割に自信をもってあたっていたことは最初のページからして明らかである。「ロジャーと私は五月二九日水曜日の朝、芦毛の馬が引く約四五〇キロの馬車に二七〇キロほどの食料を載せてワシントン〔ミネソタ州ミネアポリスの北東の町〕を出発した……私たちは野営の一二×一七〔フィート〕のテント一張と七×七〔フィート〕のシブレーテント〔円錐形のテント〕一張を持っている。食卓用に小さなミシン台、調理器具、四つ穴の鉄製ストーブなど、キャンプに必要なものはほとんど揃っている」。北上し州境を越えてネブラスカ州に入ったとき、ブラウンは草原が干上がってしまっている状況を見て嘆いた。ゆえに、最初のキャンプの夜に大雨で先に進めなくなったとき、ブラウンとロジャーは口を固く結び、「雨が降ることをありがたく思うべきだと考え、愚痴を言わなかった[*30]」。

五月三一日にプラット川に向かっていると、ブラウンの目を引いたのは干ばつにやられた草原だけではなかった。「女性を二人見つけたと思って近づいてみると少女たちだった。乗るように誘うと二人は馬車に乗ってきた。ネルソンまで行くとのことだった。彼女たちが一四歳であることなどがわかったが、一人は本当に美人だった。楽しいっていったらなかった。ずっと一緒には行けないと言うので残念ながらスマーナで二人と別れ、夕食のためにキャンプをした[*31]」。この一節は明らかにブラウンの女性に対するまなざしを示している。古脊椎動物学者たちのあいだで、ブラウンは無論今までで最高の化石ハンターとして認められている。それと同時に業界中の最も有名なドンファンという称号も長く与えられている。彼が化石を求めて世界中をとびまわったあとに多くの隠し子が生まれたという噂は今も絶えない。はたして、ブラウンが本当にそれほどの色好みだったかの具体的な証拠があるかどうかは疑問のままである。

ブラウンの女性関係についての基本的な部分はわかっている。二度結婚し、最初の妻とのあいだにフランシスという娘をもうけた。ただ、その全体像を捉えようとすると問題点が浮かび上がる。難しい点は、ブラウンがなんでも打ち明けた腹心の友人はいまや存命の人は少なく、たとえ存命であっても忠誠心に厚く私生活について詳しく明かそうとはしないことである。また娘のフランシスも子孫を残さずに亡くなったので、詳細を語れる者がいない。こうして、ブラウンの不謹慎な行動の物語は、派手で愉快な伝説として語られ、多くは教授たちから学生への又聞きによって伝えられていったのである。

アメリカ自然史博物館の古脊椎動物学者たちのあいだでとみに知られるのは、一九六三年のブラウンの死の直後に起きた事件である。当時博物館の学生で、現在は爬虫類化石のキュレーターを退職したユージン・ギャフニーによると、ブラウンが最も信頼をおいていた助手のギル・スタッカーが死去の知らせを聞くなりバーナムのオフィスに飛び込んできて、関係のありそうな写真や手紙をすべて集めて持ち去っていったという。これはスタッカーがブラウンの負の遺産を「浄化」したこととして伝えられている。そして、スタッカーが集めたものはブラウンの娘フランシスのもとに送られたらしい。フランシスがスタッカーに宛てた、スタッカーへの謝礼と物品をたしかに受け取った旨の手紙があるが、現在も古脊椎動物学部門のアーカイブに残っている。ただ、スタッカーがフランシスに送った文書がどこにあるのかは行方が知れない。

スタッカーの試みは成功したが、それでも彼の指のあいだからこぼれ落ちたか、あるいはその「浄化」のあとにアーカイブに追加されたものがいくつかある。署名も日付もない、JGS——このイニシャルは明らかにバーナムの二人の妻のものではない——というイニシャルの人物からの愛の詩である。また、ラベルの貼ってない何枚かの女性の写真もあり、これはおそらく二人目の妻と結婚しているときに、フィールドの出納帳のカバーの裏に滑り込ませておいたものだろう。これらはとても興味深いものではあるが、ブラウンの疑惑を具体的に証明するものとまでは言いがたい。

さて、ブラウンは道沿いで出会った少女たちを再び引っかけようと、馬車をネルソンまで走らせたのだろう。そこでは「先生からの連絡はなく、二人の女の子にも会えなかったが、別の女の子を見つけた」——つまりその女の子に夢中になったらしい。翌日も、バーナムは追いかけ続けた。「今日の午後、われわれはヘイスティングスに入り、若くて綺麗な女の子たちに会った。馬車の横にカンザス地質探検隊と書いてあることが話題となった。みんな私たちを巡業サーカスの動物園だと勘違いしていた[*32]」

ブラウンの地質学サーカス隊の旅は続き、カーニーを北西に抜け、ノースプラット川とサウスプラット川の分岐に向かっていった。しかし、六月七日、スカウトレスト牧場に着く頃には資金が底をつきかけた。ブラウンは「ウィリストン先生から連絡も金も届かず非常に失望している。ロジャーと私は六〇セントしかもっておらず食料も尽きた。朝までここにいてなにか受け取れるかどうか確かめる」と書いている。[*33]

おそらくブラウンはウィリストンに危機を伝える便りを送っていたのだろう。ウィリストンは馬車のクルー宛に四ドル（現在の貨幣価値で約九〇ドル）を送金してきた。これでバーナムはトウモロコシを買い、「食料代二〇セント」を支払うこともでき、一行はなんとかノースプラット川沿いにワイオミング州東部を目指して出発した。[*34]

ブラウンの記録は六月一三日で終わっている。ただ、ウィリストンに同行したカンザス大学の評議員J・P・サムズの記述があり、それによると、六月一六日にブラウンとロジャーはほかのクルーとワイオミング州バジャーで合流した。そして一行はラスクの北のほうにあるトリケラトプスの地層を目指して出発し、到着は、年に一度のお祭りにちょうど間に合ったという。ブラウンはのちにこう回顧している。

「七月四日。一行は昨夜ラスクに到着……キャンプを設営し、ここで祝うことを許可してくれるなら日曜日も作業することで合意。今朝は町に出かけた。酒場が五軒、菓子屋が二軒、金物屋一軒と肉の市場。ベイカーブラザーズで買い物をして、ミニーの父親から肉を買う。先住民たちは[*35]……」

残念なことにブラウンの日誌はページが破れてしまっており、この時点までで切れてしまっている。したがって、祝祭の様子やミニーというのが誰なのかについては、サムズの日誌がなかったら後世に伝えられなかっただろう。サムズは酒を好まず「酒場での馬鹿騒ぎ」が嫌いだったので、「荒くれた西部」のこの一角に馴染めなかったようだ。独立記念日の前夜、サムズは「暗くなるとすぐに蹄《ひづめ》の音が聞こえ、いたるところからカウボーイたちが祝福をするためにやってきた。すぐさま大きな焚き火が大通りの真ん中にでき、いろいろな花火の音が響きはじめた。身を斜めに馬に乗った連中が馬を走らせながら焚き火に向けて拳銃を放ち、火が舞い上がるのを見てよろこぶ。こんな乱痴気騒ぎが夜を徹して続けられ、われわれはほとんど眠れなかった」と述べている。[*36]

　サムズは翌朝、酒の入らない催しに出席した。そこでは「独立宣言が町娘のミニー・シュワルツによって読みあげられた。彼女は一四歳で、背は高いが容姿はそれほどでもなく、白い衣装を着て、巻き髪仕上げのショートヘアで……それでも私はどこか彼女を気に入っていた」。サムズが彼女を気に入ったのは、ミニーという名前が自分の妻と同じだったからである。しかし、フィールド隊の学生たちにしたらなんの足枷もないし、「ダンスしたい」という気持ちから、この町娘とひと踊りしたのではなかろうか。[*37]

　次の週になってクルーはバッドランドの奥深くを探索した。七月八日のサムズの日誌にはこうある。[*38]

「今日われわれは全員で作業を開始し、夜になって、一番高い絶壁の砂岩に埋まって、化石が二つ顔を出していたのを見つけた。こいつの現代名はトリ・サリ・トプス〔トリケラトプスの誤記か〕」

　サムズの日誌からは、ブラウンがトリケラトプスの頭骨の発見や発掘にどのような役割を果たしたかは不明である。ただ、露頭でピスヘルメットをかぶったブラウンが、岩塊を一つ荷車に乗せ、大学に輸送する準備を手伝う写真が一枚残っている。バーナムがこのサムズという評議員に好印象を与えたことだけは確かであろう。「うちの学生たちは全員素晴らしく忠誠心のある働き手だ。リッグス、ブラウン、ゴーウエルは屈強な若者たちで、移動中であろうと野営であろうと、どんなにつらいことにも耐えられる。大学での勉強にも一所懸命取り組み、好感のもてる青年たちだ。私は彼らが成功することを強く願い、もしこの先彼らが選んだ道で名誉ある地位を得るための手伝いができるのであれば……私はよろこんで彼らにで

図3　カンザス大学の遠征におけるウィリストンの調査隊、ワイオミング州南東部、1895年。ここでトリケラトプスの標本を発見・採集した。ヘルメットをかぶって岩のてっぺんに座っているのがブラウン。向かって左に少し離れてもたれかかっているのがエルマー・リッグス。右から2番目に座っているのがウィリストン教授

きるかぎりのことをしてあげたい」[39]

今回の旅もまた、計り知れないほどの大成功となった。この事業を支援してくれた州財政からの出費を正当化したかったきらいはあるものの、『カンザス大学ウィークリー』は「ビジネスという面からも、「この遠征が」持ち帰った化石の市場価値は、遠征にかかった費用の数倍にもなる」と声高に語っている。特に「長さ約一・八メートル、幅約一・二メートル、厚さ約九〇センチ」の巨大なトリケラトプスの頭骨の説明は詳しく、加えて「非常に貴重な標本がカンザス州西部で見つかり、それは絶滅したバッファローの完全な骨格二体である。それらは現存のものより約六〇センチ体高が高い。……また、歯のついた鳥類の頭骨も見つかったが、これは非常に珍しく価値が高い——おそらく世界で最高のものだろう。あわせて五トンの化石が運び込まれ、ウィリストン博士はこの成功をよろこんでいる」[40]とある。

ワイオミング州から戻るとすぐに、ウィリストンはバーナムを気に入って、自分の家に彼の部屋を与えた。家族との手紙のなかで、ウィリストンの妻がこう書いている。

「昨年自分のクラスにいて、昨夏と今夏に一緒に発掘作業をしたバーナム・ブラウンという生徒の力になりたいとウェンデルは考えたのです。……バーナムはキャンプでいろいろな世話をしてくれました。ほかの人が思いつかないようなことも」[41]

大成功に終わったフィールドでの二回の夏を終えて、ウィリストンは研究の遅れを取り戻す必要を感じ、「[来年の]夏は東部かヨーロッパで」博物館をめぐり、そこにあるコレクションを研究して過ごすという計画を立てた。[42]そしてこの一八九六年にウィリストンがフィールドワークに出なかったことが、ブラウンのキャリアの軌道を永遠《とわ》に変えることになったのである。

第3章 比類なき見習い実習生

1896–1898

一八九四年にサウスダコタ州のバッドランドへ遠征した際、ウィリストン隊は、ライバルのネブラスカ大学のほかにもいろいろな調査隊に遭遇していた。そのなかにジョン・ベル・ハッチャー率いるプリンストン大学もあった。ハッチャーはウィリストン同様、最初マーシュのもとで化石ハンターや助手をしていた人物である。そしてとりわけ重要なのは、ニューヨークにあるアメリカ自然史博物館の調査隊にも出くわしていたことだ。この隊を率いていたのは、以前コープのもとで化石ハンターをしていたジェイコブ・ワートマンだった。[*1]

一九世紀の古生物学者の大半がそうであったように、ワートマンも脊椎動物化石に興味をもつ前は医学を学んでいた。[*2] 当時は、科学に関心のある学生は卒業後に医学校に進むのが一般的だった。医学校には自然史に関連するコースもあったのだ。ブラウンによれば、ワートマンは「無口で陰気な感じの人物」だった。かたくなな反ユダヤ主義者で、ジェイコブ・レヴィという名を両親につけられたことをひどく残念がっていた。古生物学の仕事に関しては、ワートマンは職場を転々とした人だった。一八九一年にアメリカ自然史博物館のスタッフとなり、後年オズボーンと衝突して一八九八年にピッツバーグのカーネギー自然史博物館に移った。[*3] その後化石に飽きたのか、一九〇八年には古生物学をやめてしまい、テキサス州ブラウンズビルでドラッグストアを開き、残りの人生を過ごした。[*4]

さて、このワートマンの大事な助手だったオラフ・ピーターソンを、一八九六年にハッチャーがアメリカ自然史博物館から引き抜いてしまった。そこでワートマンは代わりの人物を探さなければならなくなった。ワートマンはウィリストンに手紙を書き、二年前に出会ったカンザス大学の学生のなかにこの仕事ができる者がいないか尋ねた。おそらくワートマンにはある学生のことが念頭にあったと思われるが、ウィリストンはしれっと別の学生を候補に挙げた。

ブラウンは、私とこれまで遠征に二回行っていますが、フィールドでこれほど役に立つ者はいません。エネルギッシュで、忍耐力もあり、一日五〇キロほど歩いても疲れを知りません。なにをするにもそつがなく、非常に誠実な学生です。私は彼に、解剖学、地質学、古生物学を教えていますが、学業も優秀です。前回の遠征では、私は本当に助かりました。馬の世話、食料や［荷馬車も含め］装備品の管理などすべてやってくれて、彼のことはどれだけ褒めても足りません……。

先生がダコタで覚えているという学生はおそらくディキンソンだと思います。彼もたしかに学内ではとても優秀な学生ですが、フィールドではまったく役に立ちません。[*5]

こうしてウィリストンの推薦が結果功を奏し、ブラウンはこの年の夏、アメリカ自然史博物館のフィールド隊に加わることになったのである。このとき自分を褒め称えてくれたウィリストンに、二〇年以上経ったあと、今度はブラウンが称賛の言葉を送る時がくる。ウィリストンの訃報を聞き、ウィリストン夫人に送った手紙である。

このような時になんと言ったらよいか本当に言葉がありません。私の深い悲しみは奥様とともにあり、偉大な先生を失った今、先生にどれほど感謝しているかということだけは、ただ、どうしてもお伝えしたいと思います。

私は、先生のお宅に住まわせていただき、教室でもフィールドでも同じ時間を過ごしました。まるで私は友人と相談者と恩師を一度に失ってしまった気持ちです。私たちの多くが、学生時代に先生から教えていただいたことを振り返り、先生が自分たちの模範であり理想だったと感じております。

つき合ってみるとだんだん魅力がなくなる人とは異なり、ウィリストン先生は一緒にいることで常に私たちに刺激を与えてくれる人でした。先生は私たちに、人生とはリアルで真剣で価値あるものだと教えてくださいました。先生のこれまでの多種多様な価値ある業績を振り返ると、教えを乞うた私たちは、前に進み、先生を見習い、追いつこうという気持ちになるのです。[*6]

いよいよバーナムの真価が問われるときがきた。アメリカ自然史博物館で働くというのは目の前に現れた大仕事であった。それは、まるでカンザス東部の田舎の少年が古生物学界のニューヨークヤンキースの入団テストを受けるようなものだった。このチャンスを絶対に逃すまいとブラウンは心に決めていた。

コープとマーシュの諍いが続いているあいだ、アメリカ自然史博物館はずっと傍観者に甘んじていたので、ここでのヤンキースは、これからのと言ったほうがいいかもしれない。一八六九年に設立されたアメリカ自然史博物館は、最初の約二〇年間は、古生物学以外の分野でのコレクションの構築を進めてきた。しかし、アメリカ西部で発見される恐竜化石の評判を無視することができなくなっていたのである。

恐竜化石の流れに遅れをとったことに気づきこれに追いつこうと、一八九一年に博物館が古脊椎動物学部門の立ちあげのために雇ったのが、プリンストン大学出身で新進気鋭の科学者ヘンリー・フェアフィールド・オズボーンだった。[*7]オズボーンは堅実な起業家の家系に生まれた。[*8]母ヴァージニア・リード・スタージェスは、商人としてニューヨークで大成功を収めたジョナサン・スタージェスの娘だった。一方、父ウィリアム・ヘンリー・オズボーンは、最初は海外貿易で富を築き、一八五〇年代になるとスタージェスと一緒にイリノイセントラル鉄道に出資し、この鉄道会社を再編し大きな成功を収めた人物だった。[*9]つまり、オズボーンの家には莫大な富があり、ニューヨークの実業界と幅広いつながりをもっていたということだ。これが利用できれば博物館にとって非常に大きなメリットになるのだった。

オズボーンは、ニューヨークの上流階級出身であるため、尊大で扱いにくい人物だったと評されることが多い。オズボーンの伝記を書いたロナルド・レインジャーは、彼を実に権威的な人物として描いている。

自分自身や自分の部門を売り込むときのオズボーンは、貴族のような振る舞いだった……。オズボーンはよく自分のステータスを鼻にかけた。……助手たちの暮らしぶりをけなすこともあった。……オズボーンは、自分のことを偉い人間だと信じ込んでいる金持ちであり、ほかの科学者たちを見下すような態度をとることが多かった……。

また、オズボーンは自分の研究には大きな価値があり正しいものだと確信するようになった。……時が経つにつれて……自分の研究を批判的に見つめることをまったくしなくなった。……まるでダーウィンやハクスリーなどの偉大な生物学者たちと同じであるかのように自分の研究を語った。オズボーンは、一八七九年にハクスリーの研究室でダーウィンと会ったことを……何度も話していた。だんだん自分のことを巨人たちの後継者だと考えるようになっていったのだ。学術的に重要な発見をし、社会的にも学術的にも名声を得る、そんな模範的な人生を自分は送ってきたのだと考えた。『我が研究の五十二年間』(*Fifty-Two Years of Research*)という彼の自伝のような著書は、若い研究者たちへの教訓であり、自分の人生を参考にしろと言わんばかりの説教臭い独善的な文章である。オズボーンは、自分で自分を偉大な人物だと考え、そう思っていることをまったく隠すこともなく、自分に都合よくそれを利用した。[*10]

とはいうものの、保管されている手紙を読むと、オズボーンは部下のブラウンたちと温かい人間関係――ときに尊大で頑固な態度があったにせよ――を築いていたことがわかる。伝記を書いたレインジャーも、オズボーンのスタッフの「比較的若いメンバーたち」にはオズボーンに対して忠誠心や敬意があったことに触れている。そのなかには、やがてほかの施設に移っていくO・A・ピーターソンたちもいた。ピーターソンはのちにブラウンが一緒にパタゴニア探検にいく人物である。オズボーンへの敬意は、彼らがキャリアアップしたり研究をおこなったりする際に、オズボーンが「部分的な独立」を容認してくれたことからきている。[*11]

オズボーンの人となりについては、ブライアン・リーガルがもう少し踏み込んでまとめている。オズボーンは、その不適切な過去の振る舞いから、尊大で独善的な人物と言われてきた。これはあながち間違った評価とは言えないが、そのように一面的には語れない複雑な部分もオズボーンにはあった。言ってみれば彼は矛盾に満ちた人間だったのだ。チャールズ・ダーウィンが大好きでありながらダーウィン主義者ではなかった。敬虔なクリスチャンでありながら原理主義には強く反対していた。ノルディシズム〔北欧人種の優位性を説くイデオロギー〕と優生主義の信奉者でありながら、どの人種にも才能がありそれを開拓し伸ばしていくべきだと主張した。移民の子どもたちの流入に眉をひそめながら、そういう子どもたちを教育する公立学校制度を改善する運動をしていた。運命が進化を支配していると信じる一方で、個人の動機や意志によって進化の道筋を変えられると考えていた。鼻持ちならない貴族でありながら、一方で多くの部下のキャリアアップの手助けをした。[*12]

オズボーンの学術研究や社会哲学のさまざまな側面については、優生主義運動に参加したことや人類の古生物学的な起源を見つけようとしたことなど、レインジャーとリーガルの二人の伝記作家が深く掘り下げている。したがって、これらについては深入りしないが、いったいオズボーンのこういった特性はどのようにしてできあがったものなのだろうか。

プリンストン大学に入ったオズボーンは、科学研究の道に進むつもりはなかった。[*13] 父親は当然ヘンリーが家業を継いでくれるものと考えていた。[*14] ところがヘンリーは、クラスメイトで親友のウィリアム・ベリーマン・スコットとともに、地質学と古生物学に関心を抱くようになった。二人は一八七六年、有名なアーノルド・ガイオの講義を受け、イェール大学にコレクションを見せてもらいに行った。[*15] ところが、マーシュは迷惑そうに二人を迎えた。未発表の標本を二人に見せなかっただけでなく、二人が博物館をまわっているときに寝室用のスリッパを履いてこっそりあとをつけ、指定した場所以外に行かないか確かめていたのだ。これですっかりマーシュのことが嫌いになり、[*16] 二人はマーシュのライバルであるコープの弟子となった。恐竜を求めて「ボーンラッシュ」がはじまった一八七七年、二人はワイオミング州ブリッジャー盆地での哺乳類化石採集の遠征に出かけた。[*17] その後プリンストン大学大学院で一年学んだあと、スコットはイングランドに渡り、ケンブリッジ大学で比較解剖学を二人の巨匠のもとで学んだ。ダーウィンの進化論の熱心な支持者であるトーマス・ヘンリー・ハクスリーと、有名な発生学者のフランシス・バルフォアである。[*18]

すぐにオズボーンもこの二人の教えを乞いにあとを追った。一八八一年、オズボーンはプリンストン大学大学院で博士号をとり、同大学の自然科学の助教授となった。[*19] スコットはヨーロッパから戻るとプリンストン大学に戻り、その後ずっとそこにとどまった。これに対しオズボーンはプリンストン大学を離れ、コロンビア大学に職を得て、一八九一年に動物学部と大学院を設立した。そして同じ年に、アメリカ自然史博物館の古脊椎動物学部門の設立に挑んだのである。[*20]

オズボーンがアメリカ自然史博物館に目を向けたのにはさまざまな理由があった。一つには、父親がオズボーンの将来を心配したことが挙げられる。プリンストン大学では活躍の場が限られており、もし息子のヘンリーが科学者になるのであれば、「社会的にも有用で、かつ家名を汚さぬ」ような経歴を積み上げなくてはならない。[*21] 父ウィリアム・オズボーンはニューヨークの実業界にネットワークをもっており、それを使えばヘンリーが博物館の古生物学スタッフを自力で集める資金は調達できる。そうすれば、フィールドで大規模なプロジェクトもできるし、大々的な展示を公開することもできるのだ。[*22]

オズボーンがアメリカ自然史博物館で最初に手がけたのは、自分の専門である古哺乳類学のプログラムを展開することだった。これには、発掘のための遠征、関連する研究、公開展示などが含まれていた。[*23] オズボーンは、化石を求めて西部を徹底調査するチームを作るため、経験と実績のある化石ハンターたちをすぐに雇った。そのなかでオズボーンの右腕となったのがワートマンだった。

またオズボーンはほかにも重要なメンバーを雇っている。生きていたときのように骨格を組み立てる有能なプレパレーター〔発掘された化石を母岩から取りだす作業やレプリカを製作するなどの専門職〕のアダム・ハーマンもその一人だ。さらに、ルドルフ・ウィーバー、アーウィン・クリストマン、そしてフリーランスのチャールズ・R・ナイトらの芸術家たちもいた。彼らは、絶滅した動物たちのイラスト、壁画、彫刻など、古生物《パレオ》アートを博物館に飾るという前例のないことをはじめ、これはアメリカ自然史博物館の伝統になっていった。[*24]

オズボーンが目指すのはマーシュを凌ぐことであった。それは、より優れたコレクションを展開するということであったが、もう一つ、実物化石の展示や、関連する古生態を復元したアート作品の展示を通して、進化の歴史について人々の知識を高めることであった。これはマーシュがやってこなかったことである。[*25] こうして、一八九六年までにこうした先見性をもったさまざまな努力が積み上げられ、ここでオズボーンとワートマンの玄関のドアを叩いたのがバーナム・ブラウンだったわけだ。

アメリカ自然史博物館での試用《トライアウト》のため、ブラウンは学期の途中でカンザス大学を離れることになった。ある意味この決断は、彼のその後の人生の先例となった。すなわち、家に残って研究を続けるか、それとも博物館の雑務から逃れてフィールドに向かうかの選択に迫られると、きまって彼はフィールドのチャンスを追いかけるほうを選ぶのである。ブラウンがカンザス大学を離れることについては、ウィリストンの妻が娘に宛てた手紙にはこうあった。「ブラウン君は今晩ふるさとに帰って、日曜日にはコロラドに出発してしまう。そこで［ワートマン］先生やニューヨーク博物館〔アメリカ自然史博物館のこと〕の人たちと合流して、『犬の骨みたいな化石』を集めにいくの。キャンプするにはまだかなり寒いのに、アリゾナかニューメキシコに行こうとしているわ[*26]」

古生物学の大規模な遠征は、費用がかかり危険もともなう活動である。だからこそ、人員、装備、食料、期間などの要件を考慮し、慎重に計画を立てることが極めて重要だ。また、遠征の計画や実行には達成すべき目標がある。もちろん、すべての目標が達成されるとはかぎらないし、思ってもみない発見をすることもあるが、遠征をはじめる前にはリサーチと計画を積み重ね、探検のための総括的な実施計画を作りあげるのである。

オズボーンが今回の調査で立てた実施計画は、アメリカ自然史博物館が一八九二年におこなった第一回遠征と同じ地域から、さらに多くのコレクションを持ち帰るというものだった。当初オズボーンがワートマンに指示したのは、ニューメキシコ州サンファン盆地にある新生代古第三紀暁新世および始新世の氾濫原堆積物の広範囲の露頭から、哺乳類化石を採集することだった。概して、これらの標本は、非鳥類型恐竜の絶滅直後の哺乳類進化の初期段階をオズボーンが解明するのに役立つものだった。より具体的に言えば、遠征後のワートマンとオズボーンの報告書にあるように、「今回の調査の目的は、可能であればコリフォドンの頭骨など博物館にない骨格部分を確保することだった。コリフォドンは、後期ブリジュリアン期のウインタテリウム類の祖先である。たしかに博物館にはすでにコリフォドンの化石は数多くあるが……それらはすべて断片的であり、全身の組み立て骨格を作るには不十分だった」[*27]。コリフォドンは、牛くらいの大きさの四足歩行の草食動物で、大型恐竜が白亜紀に絶滅したあと登場した最初の大型哺乳類である。トリケラトプスのような角竜類やハドロサウルス類〔カモノハシ竜〕の消滅によって空いた生態系の隙間に入り込んだのだ。

この遠征では、ワートマンとブラウンのほかに、ウォルター・グレンジャーというもう一人の「新人」がいた。グレンジャーは、のちに一九二〇年代の中央アジア探検（CAE）でロイ・チャップマン・アンドリュースの右腕となる人物である。グレンジャーは、モンゴルのゴビ砂漠にあるフレーミングクリフと呼ばれる場所で、恐竜の卵と巣を初めて発見したことで世界的に有名になった。彼は五〇年近く博物館の古脊椎動物学部門の中心となって働いた。

こうして、「極端に寒く、迅速な移動には不向き」な四月中旬から、焼けつくような夏の日差しの六月下旬にかけて、調査隊は、ラバが引く荷馬車一両と二頭の馬で、サンファン盆地の荒涼とした集水域や分水嶺を移動した[*28]。そしてバッドランドに入ると、ラバや馬の餌を十分に確保するのが困難になった。牧草地がほとんどなく、穀物はとてつもなく高価だったのだ。

一九世紀の終わり頃は、荷馬車とそれを引く動物たちが古生物学の遠征では生命線だった。今日でも移動手段の問題は遠征時のアキレス腱である。馬やラバたちが食べる草や穀物が足りなくなるのは、遠く離

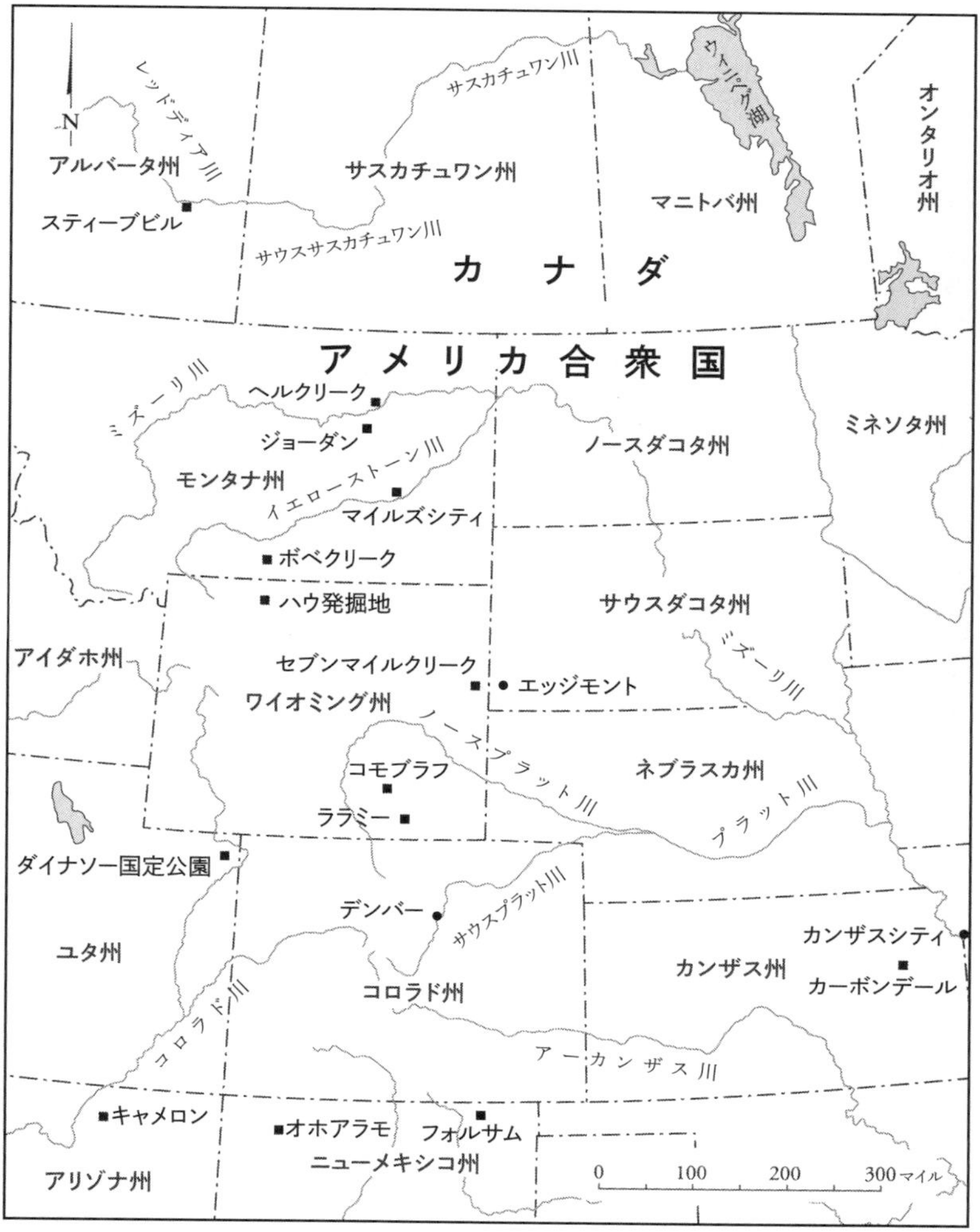

地図１　ブラウンの化石発掘地点、アメリカ北西部

図４　コリフォドンの標本を発掘するリッグスとブラウン、ワイオミング州ビッグホーン盆地のワサッチのバッドランドにて。アメリカ自然史博物館の遠征、1896 年

れた化石の発掘地に出入りするうえで深刻な問題だった。そのうえさらに苦労があったことを、ブラウンは自伝メモに残している。ラバの馬具と荷馬車の大事な部分が壊れてしまったのだ。

> 砂の深いところを進んでいるとき、ウィップルツリー〔馬と荷馬車をつなぐ横木〕が折れてしまった。これを取り替えるためにはファーミントンの町まで戻らなければならなかった。これが起きたのはインディアン〔ママ〕の野営地の近くで、男の子がミルクの入った小さなバケツを持ってやってきた。これは夏のあいだずっとコンデンスミルクで我慢していた私たちにとってはとても嬉しいことで……これと交換にトウモロコシの粉をバケツに入れてやった。その晩、私とグレンジャーは乳搾

図5　荷馬車が見えるビッグホーン盆地グレーブル川沿いのワサッチのバッドランドの麓。アメリカ自然史博物館の遠征、1896年。コリフォドン、ヒラコテリウム、フェナコドゥスの標本を露頭から発掘した

りの様子を見にいった。……小さな子がヤギの後ろ脚［を捕まえて］……母親は……ヤギの両脚をつかんで広げ、指に唾をつけてヤギの乳をぎゅっと握った。指に唾をつけミルクに浸してというのを、乳が出なくなるまで繰り返した……ときどきヤギの糞がミルクに落ち、彼女は私たちにミルクを渡す前に指でそれを掬《すく》いとった。この一部始終を見てしまうと生のミルクを飲みたい気持ちも失せてしまったが、それでもインディアン［ママ］たちにはミルクと交換に食べ物をやり続けた。[*29]

フィールド地域にいる先住民たちとうまくやっていくことは、当時も今も、遠征隊にとっては重要なことである。地元民たちに敵意をもたれずに化石発

掘やキャンプをするのはとても難しいことだ。しかしながら、地元民たちはその土地の道や水などの資源について貴重な知識をもっている。彼らの援助と助言こそ成功の鍵であり、プレゼントや食料の交換は現在でもよくおこなわれている。ただ、そうやってうまくつき合っていくなかで、衛生上のリスクもある。地元民にもらう食べ物は、保存や調理が適切でないかもしれないのである。

作業の進捗についてワートマンはこう報告している。「非常に厳しい状況のなかで一ヶ月間作業したが、ほとんど成果があげられなかった。残念ながら、われわれが懸命に確保しようとした動物の化石は、数も少なく、ばらばらで断片的でしかない」。コリフォドンの骨格が見つかると期待していた始新世初期（ワサチアン期）の堆積物を諦めて、調査隊はさらに年代の古い暁新世初期（プエルカン期）の層準を探索した。すると、赤粘土質の地層から絶滅した哺乳類の化石が出てきた。プシッタコテリウム、プロトゴニア、パキアエナ、パントラムダ、ミオクラヌスなどである。これでワートマンも「［プエルカン期での］この発見で、これまでかかった費用はもちろん、われわれの苦労も十分報われた」と報告できた。ただまだ成功とまでは言えなかった。ワートマンは無念そうにこう続けた。「今回の主な目的、すなわちコリフォドンの……未発見の部分を確保するという点では、この遠征は失敗だった。……それでわれわれは、ワイオミング州ビッグホーン盆地のワサッチ層に行ってみて、われわれが望むコリフォドンの化石を探してみることにした[*30]」

自分がよく知っているワイオミング州で活動できることをブラウンはよろこんだ。加えて、カンザス大学の級友エルマー・リッグスが調査隊に加わったことで、さらに元気がでた。七月一〇日、ワートマン隊は新調した荷馬車でキャスパーの町からビッグホーン盆地に向かって進みはじめ、「一八日にグレーブル川沿いの発掘現場に到着した[*31]」。この発掘現場からは、すでに一八九〇年にアメリカ自然史博物館がおこなった遠征で、コリフォドンの骨盤、前肢、後肢などの部分骨格が見つかっており、今回もよい標本が出るはずだとワートマン隊が考えるのももっともだった。
ワートマンたち一行は、この始新世初期の露頭を六週間にわたって調べていった。そしてついに、ワートマンが「最高に満足のゆくもの」と胸を張る成果があった。後肢がないだけで頭骨もついたコリフォドンの全身骨格に近い素晴らしい化石を、ブラウンが見つけたのである。またワートマンも「ほぼ完全と言える頭骨」の付いたほかの標本を二点見つけていた。これで全身の組み立て骨格が作れるとワートマンは胸おどらせた。[*32]
もちろんこれでブラウンはオーディション合格だった。なんといっても、この遠征で目玉となるものを見つけだしたのだ。調査隊はさらに「絶滅したウマ、サル、肉歯類、［そして］食肉類の化石」も見つけだし、冬が近づく九月にキャスパーの町に戻った。そこで解散し、各自の家に帰っていった。[*33]
ブラウンの自伝メモにはこの一八九六年の遠征についての言及が少なく、次のように簡単にまとめている。「大量のコレクションを採集した。今まで知られていない標本も多い。冬にプレパレーション作業〔化石の剖出作業については日本では「クリーニング」の用語が使われてきたが、欧米では「プレパレーション」の語が使われ、従来のクリーニングに加え標本作成までの広い意味を含む〕をして、展示、記載、目録作りに備えた」[*34]。そしてこのときブラウンは、ワートマンという博物館での強い味方を得た。ワートマンはブラウンの化石を見つける能力やフィールドでの技量に強く印象づけられたのだ。またブラウンは、遠征のあいだワートマンに楽しみのもとも提供していた。それは、カーボンデールの家族から送られてくるさまざまなもので、なかでも「ワートマンが一番楽しみにしていたのは、両親が手紙と一緒に送ってくる週刊の新聞『アストニッシャー・アンド・パラライザー』を読むことだった」[*35]。
隊の解散後もブラウンはしばらく残ってララミー近辺にいたことが、ワートマンに宛てた手紙からわかる。[*36] これにはワートマンが資金を送っており、オズボーンも了承していたようだ。ブラウンは、九月下旬から一〇月いっぱいまで、ときおり鹿狩りを楽しみながら、ほとんどの時間を、この地にあるジュラ紀のモリソン層から哺乳類や恐竜の化石を翌年に採集できるかの事前調査に費やしていた。これらの一億五〇〇〇万年前の砂岩や泥岩は、現在のロッキー山脈の前身となる山々が浸食され、大小の河川によって隣接する氾濫原に堆積したものである。すでに一八七〇年代終わりに、マーシュの調査隊がコモブラフにある古い堆積物から夥しい数の恐竜化石を発見していた。特筆すべきは、マーシュの化石ハンターたちがこの露頭から採集した竜脚類や剣竜類の化石だった。また発掘現場の一つの、ある後期ジュラ紀の地層から、顎や歯は拡大してみないと構造が識別できないくらいの極めて小さな哺乳類も発見され、これはオズボーンの興味をひいた。ほかにどんなものが見つかるか、この地を調査したいとオズボーンは思ったにちがいない。

この頃、アメリカ自然史博物館で初の〈哺乳類化石ホール〉ができたのを受けて、オズボーンはすでに一八九五年に恐竜化石の採集の基礎固めをはじめていた。博物館の理事たちに手紙を送り、自分の部門を古脊椎動物学のすべての分野を網羅できるように広げていきたいと言った。それには恐竜も含まれ、新たにできる〈爬虫類化石ホール〉に展示するという内容だった。理事たちはこれを了承した。これについて、オズボーンには三つの目標があった。第一に、人々が恐竜に興味をもてば、展示や科学記事を通して進化について大衆に教育する道筋ができること。これはマーシュがやってこなかったことだ。第二に、コレクションと研究の両面でライバルのイェール大学を凌ぐこと。アメリカ自然史博物館が「世界でトップクラスの爬虫類化石コレクションの中心地」になれば「マーシュの業績をできるだけ潰す」ことができるのだ。そして第三に、恐竜の発見や展示の人気が高まれば、資金調達の面で非常に役立つということだった。[*37]

さて、一八九六年のフィールドシーズンが終わる頃、モリソン層を事前調査するブラウンをウィリアム・リードが手伝ってくれた。以前マーシュのもとで化石ハンターをしていて、このときはララミーにあるワイオミング大学で仕事をしていた人物である。ここでの発掘に見込みがあることを売り込むために、ブラウンはワートマンにこう知らせた。「発掘のチャンスはいっぱいあります。化石もたくさんあります。道も運搬に適しており、これは化石を扱うにもキャンプを張るにもとても大事なことです。たくさんの木と山の水もあります。私が調べた地層はララミーから約五〇キロ西にあり、泥岩と石灰岩です。すでにリードとナイトがこの地層でかなり作業をしています……リードによれば、もっといい露頭があり、私をそこに連れていってくれるそうです。なかでも、ララミーの約八〇キロ北で哺乳類の顎がたくさん出ると」。哺乳類化石に関心を寄せるオズボーンにアピールし、納得してもらおうと、ブラウンはワイオミング大学を覗いてみたところ新しい標本がたくさんあったと付け加えた。そして「ジュラ紀の哺乳類には私が思ったよりもはるかに広い研究分野があります」と結んでいる。[*38]

ブラウンは一一月半ばの学期途中にローレンスに戻り、再びウィリストンの家で生活しながら大学の授業に復帰した。一方ニューヨークでは、翌年の夏のワイオミング州への遠征の計画が着々と進んでいた。一八九七年の早春になって、オズボーンは初めて直接ブラウンとコンタクトをとった。その手紙には、ブラウンの夢が叶ったような提案が書かれていた。

ブラウン君へ

この夏と冬のきみの活動について、ワートマン博士とも十分に話し合ってきた。もしよかったら……こうしてはどうだろうか。夏の発掘作業が終わった時点で、きみには学位取得に向け「コロンビア」大学の授業を受けてもらう。さらに「アメリカ自然史」博物館での仕事もしてもらい、夏の報酬に加えて生活費も支払おう。すぐに願書を提出し、ウィリストン教授からの強い推薦がもらえれば、大学の奨学金も可能だ。つまり授業料免除ということだ。ただ、これには希望者が多いので、どうなるかはわからないところがあるが。

ワートマン博士から手紙がいったと思うが、きみにジュラ紀の哺乳類を産出する地層に関するレポートを送ってもらいたい。ただこのことについて、ウィリストン教授と話をするのはかまわないが、少しわけあって、ほかの人には話さないでほしい。……きみに望むのは、なるべく完全な形の化石を採集する意気込みをもってフィールドに入ってもらうことだ。この化石採集は非常に困難で繊細な作業となるが、学術的成果もそれに比例して大きな重要性をもつ。現在そのようなコレクションは大英博物館とイェール大学にしかないのだ。

今度の冬に関しての私の考えはこうだ。きみには大学院に行ってもらう、それにきみの時間の半分を使ってもらう、つまり、週三日勉強するということだ。そして、残りの三日は博物館で、自分がフィールドで採集したコレクションのプレパレーション作業をしたり、古生物学の専門技術を学んでもらいたい。

……もしこの条件でよければ、四月一五日までにローレンスを離れられるかどうか連絡してもらいたい。[*39]

それから一週間のうちに、ブラウンは求められた「レポート」を書きあげ、ウィリストンのほうは夏期の入学に向けて推薦状を送った。おそらく奨学金についても後押ししてくれていただろう。この手紙のやりとりこそ、重要な瞬間を示していた。すなわち、ブラウンの人生を照らすトーチの灯が、ウィリストンからオズボーンに手渡された瞬間である。ブラウンのレポートには、オズボーンの求めに応えたいという強い思いや、オズボーンの申し出に対する感謝の気持ちがにじみ出ている。「私の学業はほぼ終わっておりますので、四月一五日、いや必要とあらばもっと早く私はここを出発できます。……先生のご親切なお申し出に深く感謝しております。大学での勉強と博物館での仕事ができるというのは、まさに私が望んでいたことです」[40]

ブラウンとウィリストンは、手紙のやりとりで、ワイオミング州オーロラの南のコモブラフ沿いにある、有名な第九発掘地というマーシュが手がけた哺乳類化石の発掘地を再発掘する計画を立てていた。しかし、そのためにはマーシュたちが前回の作業の終わりに埋め戻した土石を掘り出し、後壁の表土を削って、化石が産出する地層をより多く露出させる必要があった。ただブラウンは、この地域の別の場所の、恐竜のよい化石が出てきそうなポイントを発掘したくてたまらなかった。そこで、オズボーンに手紙を送った。

「爬虫類に関して言えば、どれだけでも化石が出てくると思います。……リードと一緒に昨年ララミーの西にある発掘地で数日間作業しましたが、文字通り化石が積み重なっていて、すべて保存状態も良好です。……ララミー平野の西端と北端に沿った急斜面にはジュラ紀の地層がたくさんあります。私が調べたのはそのうちの数ヶ所だけですが、どの地層も見込みがあるものばかりでした」[41]

しかしながら、ウィリストンの考えは違っていた。「まだブラウンは化石を見つける場所や方法がわかっていない」として、次のように述べた。

私の考えでは、ブラウンが［哺乳類の］発掘地を再発掘するのが最善です。まだ発掘しつくされていません。私は絶対に見つかるこの場所を指示しました。……哺乳類の歯は、ララミーの地層と同じような堆積物から出てきます。砂利や小さな骨と一緒に砂岩の……母岩に入っています。ブラウンは二年前にワイオミング州で白亜紀の歯を多数見つけました。だから彼にはどこを探したらいいかわかっています。……哺乳類の歯は、爬虫類［恐竜］の大きな骨のあるところでは見つかりません。こういう場所で恐竜化石を探すのは時間のむだです。哺乳類よりも爬虫類の化石が必要というのであれば話は別ですが。[42]

実はオズボーンが手に入れたかったのはその両方だった。未刊の自伝メモでブラウンはこう回顧している。「このときまで、進化や類縁関係を研究するには哺乳類化石しか役に立たないというのが学術的な考え方の主流だった。しかし、オズボーン教授は、哺乳類化石の採集を続けながら恐竜化石にも注目するよう私に指示した[*43]」。この指示に応えるかたちで、ブラウンは自信たっぷりにオズボーンに手紙を書いた。「私にぴったりの計画です。ウィリストン先生と話をしたのですが……低賃金でそれなりの人たちを雇えると考えておられます。ただ、そのあと爬虫類の地層で作業をするとなると、それに詳しい人間が必要です。『病んだ』［保存状態が悪い］化石を慎重に扱える人たちを揃えるのはなかなか難しいです。私が望むような丁寧な仕事をしてくれる化石ハンターは本当に少ないです[*44]」。ブラウンは加えて、カンザス大学の級友ハロルド・W・メンケを雇って恐竜化石の採集を手伝ってもらうことを提案している。

これに対しオズボーンは、ひびの入った恐竜化石をブラウンが「病んだ」と形容したのに笑いをこらえつつ、この若き見習い実習生を支えてやりたいと感じたのだろう、哺乳類化石の発掘地に関しては経験のある助手は必要ないだろうとブラウンに太鼓判を押した。そして、「病んだ化石を扱うのに手助けが必要だというのであれば、私がそちらに行ってから、メンケ君を雇う件について一緒に話をしよう」と書いた[*45]。

ブラウンはララミーに五月初旬に着き、マーシュの哺乳類化石の発掘地に突撃したくてうずうずしていた。オズボーンはこの遠征の陣頭指揮をブラウンに執らせた。これで見習い実習生ブラウンにかかる責任はかなり重くなった。さらに、リードの話を聞いて青ざめた。この発掘地についてウィリストンから伝えられた情報は古く不正確なことが判明したのだ。この遠征がうまくいくか否かによって、自分のフィールド作業の能力のオズボーンへの第一印象が大きく変わる。フィールドで生きていくことこそ、自分が心から求めているものなのに。ブラウンは狼狽しつつ、オズボーンに長い手紙をしたためた。

今リードと相談をしているところです。ウィリストン先生と一緒にマーシュの発掘を手伝った人物です。リードから、現場の状況がとても残念なことになっていると聞きました。ウィリストン先生や私が手紙でお知らせした内容とは大きく違っていたのです。このような事態に、私自身とても混乱しています。先生には間違った情報をお伝えしていたことになります。リードによれば……マーシュは自分が去ったあともある人間に一年間作業を続けさせたそうです。約六メートルの堆積層にぶつかるまで数メートル断崖を掘り出し、現在これはすべて崩れ落ちてしまっているとのことです。……当然、取り除かなければならない土砂の量は掘り進めるほど増えていきます……。

人と馬を雇うのに一日三ドル［現在の貨幣価値で約七〇ドル］かかります。人だけなら月二五ドル［同約五七五ドル］と食事代で雇えます。……馬と荷馬車と馬具をおよそ八五ドル［同約一九五〇ドル］で買うこともできますが、発掘作業が何日も続くことを考えるとその余裕はありません。この通り、本当に手足を縛られたような状態です。自分がどれだけの費用を使ってしまうのか、先生にほかにどんな手段が思い浮かぶのか、まったく見当がつきません。どうすべきか早急にご連絡ください。私は博物館のために一番よいかたちになるようにしたいです。装備一式を揃えるにはさらにお金がいります。しばらくのあいだは、できるだけ情報を集めて、必要となれば自腹を切ってもちこたえます。[*46]

この二日後、オズボーンからの返事を待たずに、ブラウンは再び手紙を書いた。もうこのときには、自分の考えはまとまっていた。

こんなに貴重な時間を無駄にして、自分が思った通りに事が運ばないというのは本当にじれったいです。

……［ウィリストン先生は］この［哺乳類の］発掘地と、同じ斜面上にたくさんある爬虫類の発掘地の一つと混同していました……。

オズボーン先生はすべてに関して最善策を私みずから判断するようアドバイスくださいました。先生が状況を正確に把握するまで私がここで待機したのは正しかったと思います……。

しかしながら今は、ここで装備を購入するべきだというのが私の考えです。もし一つ前の私の手紙に対する先生のご返事がその旨に沿っていたら、すぐに購入したいと思います……。

哺乳類の地層はほかにもたくさんあり、爬虫類の化石も大量にあります。すべて採集してはいけませんか？*47

オズボーンの返信の書簡は見つかっていないが、シーズン後に彼が書いた報告書を読むと、ブラウンの計画を概ね認めていたことがわかる。

この遠征はしばらくのあいだカンザス大学卒のバーナム・ブラウンが統括した。同じくカンザス大学卒のH・W・メンケを助手として、必要な装備を購入したのち五月初旬にワイオミング州ララミーを出発してオーロラに向かった。オーロラは、UPRR［ユニオンパシフィック鉄道］の小さな駅があるコモ湖付近の町である。

シーズン前半は哺乳類の発掘地での作業を中心におこなった。その場所の特定に関しては、ワイオミング大学のウィルバー・C・ナイト教授とウィリアム・リードの協力を得た。シーズン後半に、オズボーン教授がキャンプを訪れ、哺乳類の発掘地からわずかに離れたところでオズボーン教授とブラ

図6　バーナム・ブラウン（左）とヘンリー・オズボーン、ワイオミング州コモブラフにて。アメリカ自然史博物館の遠征、1897年。アメリカ自然史博物館の恐竜コレクションに初めて登録された恐竜標本ディプロドクス（AMNH223）の発掘風景。手前の化石はその後肢

ウン君が巨大な爬虫類［のちにディプロドクスと同定］の骨格を発見した。[*48]

私たちが知るかぎり、見習い実習生ブラウンとその監督者オズボーンが顔を合わせたのはこのときが初めてである。二人を撮った写真がある。まるで獲物を持ってポーズをとるハンターたちのように、二人とも斜面に座って、初めて発掘した現場での成功を味わっている際の様子だ（図6）。オズボーンは、肢骨の後ろに座って、ほんのわずかに微笑みを浮かべてはいるが、くぼんだ目で横柄にカメラをにらんでいる。一方、ブラウンは膝をつき、真面目な顔をしているものの誇らしげであり、一部があらわになった骨化石の端っこでハンマーを握りしめている。

オズボーンは作業全体を点検し、発掘隊員たちに感謝の言葉を述べ、ここからの調査活動も当面ブラウンにまかせることにした。このあと、六月一四日の進捗レポートで、ブラウンは再び大きな驚きを記すことになる。「コープの発掘地［ディプロドクスの化石を含んでいる］はまさに宝の山です。目の前は化石だらけです。状態のいい骨格化石だけ掘り出そうと思います。およそ九メートルの背骨を露出させました。……私たちが大腿骨を見つけた場所の東です。……コープの発掘地で化石を見つけてからというもの、哺乳類の発掘地では二日しか作業していません」[*49]

大きな成果が見込まれ、残りの期間で大量の作業が必要となることから、オズボーンは人員を増やすことにした。前年と同様に、ブラウンはワートマンと組むことになった。ワートマンは六月下旬にヒューファノ盆地から呼び寄せられ、数週間にわたり精力的に発掘を進めた。その結果、最初の骨格が出た場所からさほど離れていない場所で、ワートマンとナイト博士が別の骨格を見つけた。[*50] この骨格はアパトサウルスもしくはブロントサウルスであることがわかった。

作業量は増える一方で、シーズンの終わりが近づき、オズボーンはさらに人員を増やした。[*51] 昨夏も一緒

図7　発掘作業の進むディプロドクス、ワイオミング州コモブラフにて。アメリカ自然史博物館の遠征、1897年。写っている女性は1904年に結婚したマリオンと思われる。ただこの遠征に彼女が参加した記録はほかに見つかっていない

に発掘作業したグレンジャーがブラウンに合流した。また、アルバート・トムソンとも初めて一緒に作業することとなった。数十年後に再び組むことになる人物である。グレンジャーとトムソンは、作業していたネブラスカ州ヘイスプリングの哺乳類の発掘現場を閉じ、こちらの作業に加わったのである。

それからそのすぐあとに、ウィリアム・ディラー・マシューがカンザスからやってきた。銀縁メガネをかけ、聡明で物腰のやわらかいマシューは、コロンビア大学でオズボーンに師事し、哺乳類化石を専門としていた。大学院を終了して一八九五年にアメリカ自然史博物館に入り、最初はオズボーンの助手、その後アシスタントキュレーターになった。マシューは、フィールドワークにおいても研究においても丁寧な仕事をし、ウマなどの哺乳類の進化に関する研究や生物地理学に関する理論的研究で、のちに最も影響力のある古生物学者のひとりとなる。博物館でオズボーンとともに、ブラウンの最も親しい同僚になっていく人物である。

さて、八月中旬になると、ブラウンは次のような報告をした。

ワートマン博士、メンケ、グレンジャーで大きな竜脚類を発掘しています。すでに大腿骨、恥骨、肩甲骨、烏口骨を掘り出しましたが、ジュラ紀の地層からこれほど完全な形で出てきたのを見たことがありません。大腿骨は長さ一八〇センチほどあり……今化石を箱に詰め、また斜面に戻っていくところです。

私は「ディプロドクスの」発掘地で単独作業をしています。私のやり方はこうです。まず、背骨の上部と側面にある骨を露出させ、これを紙で覆い、セメントと石膏を流し込みます。全体を板で補強してから下を掘っていきます。……しっかりと固定できるように注意を払いながら……生皮《ローハイド》をきつく巻いて板に釘で留めます。乾いて縮んでくると石のように固くなるのです。

会計処理は私がまだ担当していますが、ご指示通り口座はほかの者が引き継ぎました。[52]

人員を増やしたことで作業は急ピッチで進み、八月の終わりには標本の発掘を一つ完了し、さらに九月下旬に別の標本を発掘したことをオズボーンは概略報告書《サマリーレポート》に記している。竜脚類の骨は大きさも重さも相当なもので、本当に骨の折れる作業だった。最初の大きいほうの化石を発掘し終えると、一部のメンバーは重労働から解放され、引き続いてマーシュの哺乳類の発掘地を重点的に発掘しはじめた。ただ、化石を見つけるには、「硬い粘土層や砂岩を七メートル以上掘削して、哺乳類化石が見つかる薄い層まで到達」しなければならなかった。「砂岩層は、厚さが二メートルほどあり、完全に取り去るには爆薬を使って硬い層を爆破する必要があった……これが［終わると］、岩［約一八・五平方メートル］を切り取って梱包する。その半分はアメリカ自然史博物館に研究のために送られ、残り半分はオーロラのメンケ君が調べることになる」。さらにオズボーンは、ブラウンが大きな化石のジャケットを作って採集する手順を称賛している。「私が知るかぎり今までになかった、まったく新しい方法を導入して採集をおこなった。……骨格に関して言えば……これほど完全な形で採集されたものは今までなかっただろう。展示をするに最適な素晴らしい化石だ[53]」

このときの作業について、ブラウンは六〇年以上経ってから自伝メモに簡単に記している。このときの自負と達成感が言葉のはしばしに表れている。

コモブラフの隆起した土地の北端で私が作業をはじめたのは、以前イェール大学でO・C・マーシュの化石ハンターをしていたビル・リードが発見した哺乳類の発掘地だった。そこでは哺乳類の歯を数点見つけることができた。しかし、それ以上に幸運だったのは、恐竜の部分骨格を見つけられたことだった。これはディプロドクスだとわかった。アメリカ自然史博物館で恐竜を発掘したのは、これが初めてのことだった。また、私は化石の発掘に石膏を用いるという方法を導入した。それまでは小麦粉のペーストが使われており……。

夏にオズボーン教授が訪れ、ディプロドクスの骨格を見つけたのは一緒にいるときだった。骨格の一部は急斜面と平行に埋まっていたが、その先は崖の真下に向かって曲がっていた。そこで、石炭を掘るときと同じように、上部と側面を支柱で支えて採掘作業を進めなければならなかった。

四〇年後にこの場所に戻ってみると、私がそのままにした穴がまだ残っていた。そのときの材木もそのままで、あまり変わっていなかった。[*54]

脊椎動物化石のジャケットを石膏と麻布で作るという方法を発明したのはブラウンだと、オズボーンもブラウン自身も疑わなかった。しかしながら、R・T・バード『バーナム・ブラウンの恐竜化石』(*Bones for Barnum Brown*)の注釈でジェイムズ・ファーローが指摘するように、「一八八〇年頃には……マーシュの化石ハンターたちはみな、石膏に麻布を浸してジャケットを作り化石に巻いていた」[*55]という。ともあれ、ブラウンは弱冠二四歳で、のちに世界中に名を轟かせる恐竜化石のコレクションでもって、その第一歩を踏み出したのである。加えて、一億五〇〇〇万年前のディプロドクスの脆《もろ》い化石を、頑丈な石膏ジャケットで包み、さらに木枠で補強するという方法は、現在でも世界中の古生物学者たちが用いる発掘技術となった。

これだけの業績をあげた一方で、ニューヨークに戻ったブラウンには試練が待ち構えていた。すなわち、東部の大学で学業を進めなければならなかったのだ。おそらく強力なコネを使ったのだろう、オズボーンはブラウンのコロンビア大学での奨学金を確保していた。六月一四日付のオズボーンへの手紙で、ブラウンは事務的に「奨学金支給の通知を受け取りとても感謝しています」とだけ報告している。
実際のところ、カンザス東部から来た田舎の青年にとって、コロンビア大学は茨の道だった。一年後、奨学金の更新に関して、オズボーンから学部長に宛てたと思われる手紙が残っている。

［ブラウンは］ロッキー山脈への遠征のメンバーで、とても優秀なフィールド隊員です。素晴らしい爬虫類化石を見つけ、それは今博物館の展示用にプレパレーション作業に入っています。西部にいたブラウン君は勉強できる機会が少なく、当然ながら東部の学友たちには及ばないので、今年度の彼の成績がふるわなかったのも当然でしょう。しかしながら、徐々にではあっても、彼はだんだん力を伸ばしていき、私たちの支援に応えてくれる学生であると信じています。[*56]

オズボーンはブラウンの本質をつかんでいたと言える。実際ブラウンがカンザス大学の学位を取るのに、ここからさらに一〇年がかかっている。フィールドワークのことで彼の頭はいっぱいで、学業は二の次だった。オーロラの町からオズボーンに宛てたフィールドからの最後の手紙を読むと、ブラウンは、まだコロンビア大学に通わなければならないにもかかわらず、もっと遠くを目指していたとわかる。「ワートマン先生から、オズボーン先生が南アフリカに誰かを送り込む計画だと聞きました。ワートマン先生には私が行きたがっていることを伝えてほしいとお願いしました。また南米への探検にも立候補したいです。発掘についてうまくできる自信がありますし、今年の冬は私にとって好都合です。コロンビア大学の奨学金を棒に振ってもかまいません」[*57]
国内最高の力をもった学者オズボーンが自分のために苦労して奨学金を確保してくれたというのに、なんとも厚かましいことをブラウンは言ってのけた。しかしながらブラウンが望むのは、常に自分がプレーヤーでいることだった。さて、これに対して尊大なオズボーンはどう反応するのだろうか。

第4章

地の果て

パタゴニアへ

1898-1900

海外遠征に参加したいというブラウンの想いについて、オズボーンとブラウンがどのような話し合いをもったかわからないが、オズボーンがすぐにこの願いを受け入れなかったことは確かだ。ブラウンはニューヨーク市に移り住み、コロンビア大学の大学院の講義を受けはじめた。そして、一八九八年夏のフィールドシーズンが来ると、博物館の有望株であるウィリアム・ディラー・マシューの指導を受けるよう、オズボーンは指示した。オズボーン同様、哺乳類の進化に関心をもつ人物だった。

先にも触れたが、マシューは、一八九五年にオズボーンの助手として博物館に入り、すぐに古脊椎動物学部門の知的支柱となった。のちに長くブラウンの上司となる人物でもある。[*1] 一八七一年にカナダのニューブランズウィック州セントジョンで生まれたマシューは、父親の影響で地質学に興味をもった。父は、市の税関で事務と測量の仕事をするかたわら、地域の地質学や自然史に関する研究もおこない、論文も出していた。[*2] マシューは、「色白で頬が赤く、薄茶色の髪をしていて、茶色の目に銀縁の眼鏡をかけた小柄な青年」だったという。ニューブランズウィック大学の教養科目を二年で修了し、「八九年の天才」と称され、[*3] 優れた知性をもち人格にも優れた人物だった。自分を「半分カナダ人で、半分アメリカ人である」とし、「相互依存の世の中にあって、人生を幅広く、現実的に、寛容に見る」ようになった。[*4]

一八八九年にコロンビア大学に入学し、学部に進んだ一八九一年にオズボーンの目にとまった。マシューは鉱物学や岩石学を学ぶつもりだったが、一八九三年にオズボーンの哺乳類の骨学の講義を受けた。このときのことを家族にこう知らせている。「オズボーン教授は私の将来性を認めてくれているようだ。基礎科学の学問の教員たちのなかで最も影響力のある人物なので、来年またフェロー〔奨学金を受ける大学院生〕でいられるように、できるだけ彼と仲良くしておこうと思う。ただ、骨化石というのは、結構おもしろいテーマではあるけれども、私はそれほど情熱を傾けられない」[*5]。しかし、オズボーンのほうは博物館の要員としてマシューに目をつけていた。一八九四年にオズボーンの力添えでマシューのフェローシップが更新されたところで、マシューが古生物学の世界に入り込まざるをえないように仕向けた。すなわち、マシューをノースカロライナ州の鉱山に送り、三畳紀の哺乳類を探させたのである[*6]。哺乳類は見つけられなかったが、マシューはルーティオドンというワニ類に似たフィトサウルス類の化石を発見した。

　こうして舞台は整い、一八九五年にオズボーンはマシューを博物館に雇い入れた。マシューの仕事は、オズボーンがその年に購入したコープコレクションの哺乳類標本について記載や分類を再評価することだった。さらに、博物館に展示される標本のラベルを作成するなどもした[*7]。

　当然フィールドワークもやることになった。オズボーンは、一八九五年と九六年に、博物館の理事たちに対し、ウマの化石を採集して進化について研究するプロジェクトをはじめる資金として一万ドルを要請した。その結果、一八九八年にカンザス州北西部、ネブラスカ州南西部、コロラド州東部の岩層を調べる遠征が組まれた。マシューの最終報告書によれば、この調査の目的は「中新世と漸新世のバッドランドから、ウマやラクダの祖先などの哺乳類の化石を採集すること」だった[*8]。なぜウマだったのか。一番の理由は、すでにコープやマーシュが集めているウマの仲間の化石が、進化論を裏づける有力な標本となっていたためである。この時点で最高のコレクションをもっていたのはマーシュであり、そのコレクションには、二〇年前の一八七六年にイェール大学を訪れたハクスリーさえ感嘆の声をあげた。オズボーンにとってはこれは耐えがたいことであり、アメリカ自然史博物館のウマ・プロジェクトによって自分が「マーシュを超えることができる」はずだと考えた。オズボーンの伝記作家レインジャーはこう記している。

> オズボーンはできるだけ多くの学術的な情報を手に入れ、それを広く人々に知らせたいと考えていた……［そうすれば］理事たちの利益にもかなうだろう。ウマ目の変遷は、自然界の偉大な進化の法則を伝えやすい手段だったし、アメリカ大陸の動物相《フォーナ》の重要性を明らかにするテーマだった。また、ウマは多くの理事たちが個人的に興味を寄せるテーマでもあった。なぜならオズボーンの家では馬を飼っており、乗馬もしていたし、理事たち……ウィリアム・C・ホイットニーやコーネリアス・ヴァンダービルトも馬をこよなく愛する人たちだった。

支援を求めるオズボーンの願いは最初聞き入れられなかったが、「一八九七年にホイットニーが、採集、研究、展示などのウマに関するプロジェクトに一万五〇〇〇ドル出してくれた。……その結果、マシュー、ウォルター・グレンジャー、アルバート・トムソンがウマの化石を求めてコロラド州、サウスダコタ州、テキサス州に行くことになった」[*9]。

オズボーンの構想は、ゆくゆくはウマに関する不朽のモノグラフ〔一つの主題について詳細に書かれた研究論文〕を発表することだった。そのため、マシューと、他にもう一人のプリンストン大学卒の若き古生物学者ジェイムズ・W・ギドリーの協力を得るつもりでいた。しかしながら、進化に関するオズボーンの考え方はダーウィンとは実質的に異なっており、マシューが支持していたのはダーウィンのほうだった。伝記作家のリーガルによれば、ヘンリー・オズボーンの「人としての振る舞いや、ビジネスライクな生き方のお手本」は父親であったが、彼の宗教的な考え方に最も大きな影響を与えたのは母親のヴァージニアだったという。そして、それが進化に関するオズボーンの考え方にも間接的に影響を及ぼした。母ヴァージニアは「勤勉、努力、自由意思の行使によって人は救済される」のであり、がんばって努力しなければ「なんの進歩も得られない」と考えていた[10]。息子のヘンリーもこれを信じ、獲得形質の遺伝に基づくラマルクの進化論の修正版を打ちだした。要するに、リーガルが言うように、「科学者ヘンリー・フェアフィールド・オズボーンは、進化論の土台を作る際に、無意識のうちに母親が信じる救済の信条《クレド》を使ってしまったのである。「プリンストン大学の教授たち、」なかでもエドワード・ドリンカー・コープのもとで学ぶうちに……オズボーンは宗教的信念と科学理論をごちゃまぜにしてしまった……科学と形而上学を組み合わせたようなかたちで、生物が環境と格闘するなかで、生まれもった生物学的特徴を超えようとする場合にのみ進化が進むと、オズボーンは主張した[11]」。

一方マシューは、コープやオズボーンのネオ・ラマルキズムへの傾倒を嫌った。マシューの伝記を書いたE・H・コルバートは「マシューにとっては、ダーウィンの進化論こそ生涯自分を導いてくれる星だった」と言っている[12]。したがってマシューは、フィールドワークをまかされ、アメリカ自然史博物館やコープが収集したウマのコレクションを層序学的かつ比較解剖学的に分析する仕事をしていたものの、オズボーンとは進化に関する理論の点で相容れず、やがては共同研究を離れ、オズボーンの仮説を批判するようになる[13]。

とはいえ、このような対立は一八九八年の遠征においては影響していなかった。この遠征はもっぱらウマなどの新生代の哺乳類の新しい化石を発見するためのものだった。そしてこれらの標本は、のちにマシューがウマなどの哺乳類の系譜に関する論文を書くのに役立つものとなった。

さて、ブラウンがこの遠征でどのような活動をしたのか、詳細な記録は残っていない。ただ、最終報告書には「調査隊は［カンザス州とネブラスカ州では］あまり成果をあげられなかった。すでにこのあたりは前に来た調査隊たちが取り尽くしていた」と書いてある。そこで、六月末にマシューは、ほかの隊員を引き連れ、コロラド州北東部にある漸新世と中新世のバッドランドへと向かった。「ルイスクリーク、シーダークリーク、ホーステールクリーク、ポーニークリークの源流［付近］」である。[*14] ここでの発掘はうまくいき、一ヶ月後マシューはブラウンに三人のチームをまかせてニューヨークに戻った。ブラウンはマシューに、さらに発掘がうまく進んでいることを手紙で伝えた。「作業は順調に進み、収集量もどんどん増えている。オレオドン類の化石が多い。メリキュスやメリコエルスの頭骨多数。……上部の地層にはサイの顎の保存状態のよいもの数点、頭骨が二、三点ある。……食料はまだたくさんあり、現金も二五ドルほど」。[*15] さらにひと月経ち、シーズンの終わりが近づいた頃、ブラウンは再びマシューに手紙で報告した。「ラクダのいい化石を掘り出した。……プレパレーションすれば立派な展示になるだろう。……サーベルタイガーの頭骨と……ヒエノドンの特徴をもった肉食動物の完全な頭骨も出た」[*16]

冬が近づくと、ブラウンは博物館に送る標本の梱包をはじめ、マシューに今夏の採集量が「全部で二七箱、重さにして一五六五キロほど」になったと報告した。[*17] オズボーンは発掘隊の奮闘に大よろこびだった。報告書にこう書いている。「作業はこのうえなく困難だったが、その成果は期待をはるかに凌ぐものだった。主な発見は、キリンのような大きな体のラクダと、アライグマの祖先の完全骨格などである」[*18]

このように力を合わせたことで、二歳年上のマシューとブラウンは親密な関係となり、たがいに敬意を払うようになった。この関係は、マシューが博物館内での地位があがるにつれても、このあとずっと続くことになる。ともあれ、作業を終えたブラウンは再びニューヨークに戻り、コロンビア大学のつらい授業を受けなくてはいけないのだった。

ところが、プロローグに書いたように、この予定はすんなりとそうはならなかった。一八九八年一二月七日、オズボーンは旧友のウィリアム・ベリーマン・スコットがはじめたプリンストン大学のパタゴニア探検に、ブラウンを参加させることにしたのだ。オズボーンが最も強く望んでいたのは、北米以外のところから哺乳類化石を集めることだった。[*19] パタゴニアの化石が有名になったのは、一八三〇年代にチャールズ・ダーウィンがビーグル号航海中にこの地で採集したことによる。その後、一八九〇年代に再び哺乳類進化の研究で脚光を浴びることになった。というのは、アルゼンチンの古生物学者フロレンティーノ・アメギノが、哺乳類の起源の発祥はアルゼンチンであり、脊椎動物の進化や広がりもアルゼンチンからだったと、挑発的な主張をしたためだ。これに対し当然、北米やヨーロッパの古生物学者たちの多くが反発した。オズボーンもプリンストン大学のスコットも、これらの問題をはっきりさせたいと考えた。この熱い論争において、アメリカ自然史博物館が大きな役割を果たすことをオズボーンは目論んだのだった。[*20]

ブラウンがアメリカ自然史博物館から探検に参加する唯一の代表となったことで、フィールドでブラウンを指導していたジェイコブ・ワートマンは激怒した。ワートマンも自分が参加したい旨をオズボーンに伝えていたのだ。[*21] オズボーンがあまりにもブラウンにフィールド活動の機会を与えていたことで、ワートマンはブラウンに対しても反感をもち、よくは思わなくなっていたのだろう。ワートマンにしてみれば年功序列の軽視であって、これをきっかけにワートマンはアメリカ自然史博物館を去り、カーネギー自然史博物館に移ってしまう。

さて、ブラウンを案内するのが二人の経験豊富な探検家だったことは、オズボーンを安心させたにちがいない。探検のリーダーは、プリンストン大学のジョン・ベル・ハッチャーだった。オズボーンが一八九〇年にマーシュのところから引き抜こうとして失敗した人物である。そして、ハッチャーの助手が、以前アメリカ自然史博物館で化石ハンターをしていたオラフ・A・ピーターソンだった。二人ともすでにパタゴニアでの発掘経験があった。[*22] ブラウンはこれまでの人生ですでにハッチャーにもピーターソンにも関わりをもっていた。ハッチャーには一八九四年に会っている。ウィリストンのカンザス大学隊がサウスダコタ州のバッドランドで、ハッチャー率いるプリンストン大学隊と遭遇していたのだ。そして、ピーターソンは実はブラウンの運命を変えた人物だった。なぜなら、このピーターソンをハッチャーがアメリカ自然史博物館のワートマンから引き抜いたことで、ブラウンに今の仕事が舞い込んできたのだから。

ハッチャーとブラウンは経歴が似ていて面白い。二人とも少年時代を中西部で過ごしている。ハッチャーは一八六一年にイリノイ州で生まれ、小さい頃家族とともにアイオワ州に移り住んだ。ブラウンと同様に、ハッチャーも石炭と一緒に出る古生代の化石に興味をもち、炭鉱夫の仕事までして学費を貯め、グリネル大学に入った。一八八一年にイェール大学シェフィールド科学学校に移り、これまで集めた化石数点がマーシュの目にとまり彼の助手となった。一八八四年に卒業すると、マーシュのもとでウィリストンと同じ時代を過ごした。そして、ウィリストンと同様にハッチャーも、助手たちの研究を論文にさせてくれないマーシュのやり方に幻滅するようになった。

一八九〇年にオズボーンがアメリカ自然史博物館に古脊椎動物学部門を立ちあげたとき、ハッチャーをスタッフに迎え入れようとした。しかしながら、ハッチャーとオズボーンのあいだで合意に至らなかった。その後ハッチャーは一八九三年にイェール大学からプリンストン大学に移り、古脊椎動物学のキュレーターになった。三年後、彼はパタゴニア探検を計画し、資金集めをはじめた。そして一八九六年から一八九九年にかけて計三回の遠征をおこなった。第一回と第三回のときに、義弟のO・A・ピーターソンを助手にした。そして前述のように第三回の探検に、ブラウンが参加することがオズボーンの一存で決まったのだ。[*23]

さて、こうしてブラウンを乗せてはじまったパタゴニアへの航海は、サルガッソ海で船が海藻に絡まって少し遅れたことを除いては、おおむね順調に進んでいった。途中、陸地が見えたのはブラジル沖ペルナ

地図２　J・B・ハッチャー率いるパタゴニア探検隊の化石発掘地点、1899 年

ンブーコ付近で一度きりだった。三〇日間の航海を終え、一行は一月五日にプンタアレナスの港に到着した。[*24] 未知の海の雰囲気がこの港にはあったが、活動拠点となるこの町にブラウンはほっとするところがあったようだ。ブラウンのメモによれば、メインストリートには「……銀行、素晴らしいオペラハウス、ナイトクラブ、ホテルなど大きな商業施設がたくさんあった」。この町は、この地方の経済を支える牧羊業の貿易と流通の中心地だった。南アメリカ南部の外交の要衝でもあり、ヨーロッパ、北米、南米の国々の本部も置かれていた。「イギリス商人、ドイツ商人、ラテン系の商人」などが行き交い人々の国籍もいろいろだった。[*25]

すぐに一行は品揃えのよい店を見つけることができた。「いろいろな形のマカロニ……米、豆、砂糖、コーヒー、マテ茶、ベーコン、スモークジャーキー、羊の生肉を売る店。牛脂やロウソクを売る店。キャンプ用品、馬具、革製品を売る店。コンロ、シャベル、ツルハシ、バールを売る店。棚にウイスキーや……イタリアワイン、スペインワインの瓶が並ぶ店」などがあった。一方とりわけ難しかったのは、丈夫な馬を見つけることだった。というのも、アルゼンチンのパンパ〔大平原〕に生えるシロガネヨシというイネ科の草にはあまり栄養がなく、たいていの馬が「弱々しくてスタミナ不足」だったからだ。世話をする馬主たちにも問題があった。「あるとき一人の馬主が……鞭の根元で［馬の］頭を殴った。それを見たハッチャーは『もう一回その馬を殴ったらお前を殺すぞ』と拳銃を構えて恫喝した。もしそうしたら、本当に撃っていただろうと思う」[*26]

当時は、丈夫な馬こそが探検の成功の鍵であった。ハッチャーたちは人里離れたこの荒涼たる土地にチャレンジするのだからなおさらだった。彼らが乗るのは「スチュードベーカー社製の荷馬車で、片側に水を入れた樽をくくりつけ、二連の馬たちに引かせていた」。十分な広さがあり、キャンプ用具、発掘用品、そして「数ヶ月分の食料」を載せていた。なかでもこの探検がユニークなのは、「この広いパタゴニアの

図8　プリンストン大学・アメリカ自然史博物館共同のパタゴニア探検隊でブラウン自ら荷馬車の手綱をとる、1899年。撮影J・B・ハッチャー

パンパ――広大で、樹木はなく吹きさらしの平野で、平らに見えるが実際には海岸からアンデスの麓に向かって少しずつあがっている――を横断する、初めての四輪馬車だった」[*27]ことだ。

パタゴニアで化石を探すにあたって、ハッチャー隊はダーウィンという輝かしい科学者の足跡をたどっていった。一八三二年のビーグル号の航海中、チャールズ・ダーウィンは氷河期の化石の数々を発見した。ハッチャーたちが作業をしているところよりだいぶ北の、バイアブランカ付近のプンタアルタに船が停泊したときである。[*28]グリプトドンと呼ばれる装甲哺乳類や、大型の地上性ナマケモノ、南米にしかいない有蹄類などの化石に若き日のダーウィンは魅了され、のちに自然淘汰による進化という理論を着想するきっかけとなった。

ハッチャー隊が通るバイアグランデ沿いには国道がなかった。それでも「かつて海だったところが隆起した際に水で浸食された平らな石」で地面は天然の舗装がなされており、バンチグラスのかたまりや、カラファテ〔パタゴニアを代表する低木〕の低い茂みがところどころに見られた。[*29] ただそうはいっても、渓谷の急斜面や、火山の噴石丘に溶岩が流れて固まり足場に困るギザギザになった箇所など、危険なところがたくさんあった。しかし、ここでもブラウンの馬を扱う技術が発揮され、探検は無事に続けられた。

ハッチャーは、前回の探検の終わりに発見した化石現場に少しでも早く着きたいと気持ちがはやって、およそ六四〇キロの道のりの先々で牧場主たち——のちにブラウンが泊めてもらうフェルトンもいた——のところに宿泊し、先に行ってしまっていた。それを、ピーターソンとブラウンは馬と荷馬車で追いかけるのだった。一行はプンタアレナスから北上し、アルゼンチン国境を越え、ガジェゴス川を越えてサンタクルスに到着した。そして、そこから北西にチコ川沿いを進み、アンデス山脈を目指した。[*30]

途中こんなことがあったのをブラウンは覚えている。「ある日荷馬車に乗っていると、ピーターソンが前方に見えた。固くて平らな地面を進んでいるようだった。私は彼に向かって馬を進めたが、四頭の馬がその地面に乗ると、一エーカー〔約四〇〇〇平方キロ〕の地表が波のようにうねりはじめた。私は轅《ながえ》〔馬車の前に突き出た棒〕を壊さぬように気をつけながら、できるだけ大きく馬の向きを変えた。しかしそれでも前輪が地表に食い込み、するとそこからやわらかいものが滲みだしてきた。もしこのとき馬や荷馬車がここに入ってしまっていたら、われわれはそこに沈み、どこに消えたか誰にもわからなくなっていただろう。これは、私たち西部の人間が『ソープホール』と呼んでいるものである」。[*31] 旅人への危険という点では、ソープホールはクイックサンド〔流砂〕によく似ている。砂というより、アルカリ性の泥でできた沼地である。

順調なときは一日に一六キロほど進み、チリ国境に近づくと、風景がまるで焼夷弾に爆撃されたかのようでブラウンは驚いた。厚さ九〇センチほどの溶岩が平野に流れ込み、ところどころに噴火口の跡がある。「半径約八キロ内に八つあった」とブラウンは思い出を語っている。「先史時代には目をみはる光景だった

図９　パタゴニアのプエイレドン湖の新第三紀中新世の露頭、1898 年。撮影Ｊ・Ｂ・ハッチャー

はずだ。これらの噴石丘から溶岩や火山灰が噴き出て、それが遠くまでパンパを覆い、動植物の命を奪っていったのだ[*32]」

アンデス山脈の麓までくると、小さな山々を迂回しながら北上し、プエイレドン湖付近の目的地を目指した。これはこの前年にハッチャーとアルゼンチン境界調査委員会がそれぞれ別々に見つけていた湖である[*33]。地勢が徐々に険しくなってくると、ブラウンとピーターソンは、身軽になるために、荷馬車を湖畔の乾いた土地に止め、馬に乗って丘を越え、ハッチャーの発掘現場に向かった。そうして三月三日に、森林限界より高いところにいるハッチャーと合流できた。ところが、すぐに暴風雪に襲われた。馬を一時的に避難させるため解き放し、三人は二日間同じベッドで体を寄せ合い、凍えるような寒さを凌いだ。やっと風と雪がおさまると、三人は山を下りたところで馬を見つけることができた。しかし、状況はまだまだ厳しいものだった[*34]。燃料にできるものといえば草の根しかなく、点《つ》けた火の上で一人がフライパンを持ち続け、コーヒーの湯を沸かしたりベーコンを焼いたりした。

この遅れを取り戻そうと、一行は急いで山の上の発掘作業をはじめた。ハッチャーが前年五月に夥しい数の化石を発見した場所だった。化石が出るのは、サンタクルス層と呼ばれる層厚二五〇〇メートルに及ぶ一八〇〇万年前の新第三紀中新世の地層である。残念なことに、また「吹雪に見舞われ、もうこれ以上、地層は調べられない」状況になってしまった[*35]（アンデス山脈南部では、このような暴風をともなう突然の嵐というのが一年を通して日常的に起こるのだ）。弱り目に祟《たた》り目で、ハッチャーが期待していたほどの化石が出ないこともわかった。二週間ずっとこの地層をたどって「懸命に探した」にもかかわらず、化石が豊富に出る場所を見つけることはできなかった。ブラウンはティポテリウム類の骨格の断片を四点見つけただけで、また暴風雪が山を襲い、全員撤退を余儀なくされた。

山に入る前に、一行は荷馬車に大きな防水シートをかけて「四本足の侵入者」〔つまり動物のこと〕を寄せつけないようにしておいた。ところがこの予防策は、二本足で食べ物を探しまわる人間には通用しなかった。すなわち、「荷馬車のところに行ってみると、アルゼンチン・チリ境界調査委員会がここに来ていて、われわれの砂糖をすべて持っていってしまったことがわかった。ブエノスアイレスで金を支払うという伝票だけが残されていた。砂糖なしのブラックコーヒーは、最初のうちは苦い薬にしか思えなかったが、海岸に着く頃にはもう誰もコーヒーに砂糖を入れたがらなくなっていた」。こんなふうに失うものもあったが、これを補ったのがブラウンの射撃の腕だった。「聖パトリックの祝日〔三月一七日〕に……私が覚えているのは……大きなオジロジカを私が撃ったことだ。これでわれわれは旅のあいだ、生肉を食べることができた。最後のほうは肉がとてもやわらかくなってフォークで切れるほどだった。この高度では、夏でも冷たい風が吹き……シカの体を棒に吊るして夜風にあて、翌日に防水シートに包んでおくと……冷蔵しなくても肉は傷まず、最後まで食べられる[*36]」

この方法は現在でも用いられている。モンゴルのゴビ砂漠の灼熱のなかでも、肉にした羊の残りを南京袋に包み入れて、ハエが卵を産みつけるのを防ぐ。そして夜は獣たちの手が届かない高さでトラックに吊り下げておく。そうすることで数日間はもち、しっかり調理すれば美味しく食べられる。

さて、調査隊は四月七日にサンタクルス付近の海岸に到着し、ハッチャーとピーターソンは輸送の日程を確認し、帰国の予定を立てた。一方ブラウンは、アンデス山脈の麓で成果の少なかったことを気に病み、付近にある海成層を調べてみることにした。すると、「頭骨、顎、背骨の状態のよいものを見つけた……アルギロケトゥス[*37]」。中新世のハクジラ類である。ほどなくして、ブラウンはサンタクルス南部でハッチャーとピーターソンに別れを告げた。ハッチャーの発掘現場が期待はずれだったとわかった以上、二人はここにとどまる理由がなかった。この地域のほかの場所はこれまでの遠征で発掘していたし、動物化石の代表的な標本もすでに採集していたからだ。

ブラウンがハッチャーと共同でフィールド活動をするのはこれが最後のものとなった。ハッチャーはアメリカに帰国後すぐにプリンストン大学を離れ、ピッツバーグにあるカーネギー自然史博物館に移る。そこで四年間、古生物学と骨学のキュレーターとして働いた。しかし、生まれつき体が弱かったハッチャーは、腸チフスにかかり一九〇四年の夏に四二歳で亡くなってしまうのだ。[*38] ブラウンはハッチャーの印象を次のようにまとめている。

［ハッチャーは］欠点が少なく、ほかの人にはない長所がたくさんある、本当に素晴らしいひとだった。非常に誠実な人で、ただ逆説的なところもあった。子どもの頃につらい思いをしていたらしく、契約書にサインしないかぎり実の父でも信用しないと言っていた。ただ私とのあいだでは、非常に気前がよく、別れるときに自分の装備をほとんど、いやすべて私にくれた……。
　作業をしているときのハッチャーは疲れ知らずだった。地図に載っていないような場所に一人でいき、持ち物は毛布と拳銃、ポケットいっぱいの塩だけで、その土地で獲ったものを食べながら旅していた。私が知るかぎり、地質に関する彼の観察は正確であり、化石ハンターとして彼を凌ぐ者は誰もいない。[*39]

マーシュの伝記作家たちもハッチャーのことを「最高の化石ハンター」と称している。ブラウンはハッチャーのプロとしての実力をすぐに見習い、生涯これを参考にした。[*40] 古生物学者のあいだでは、ハッチャーがパタゴニアでブラウンを置き去りにしたとして話が伝わっているが、ブラウンは一人残されたことになんの悪感情も抱いていない。ハッチャーのときおり棘のある性格と、一人でフィールド作業をしたいブラウンの性格を考えると、パタゴニアで二人が別れたことはおたがいによかったのではなかろうか。

いずれにせよ、これでブラウンは、祖国から遠く離れたところで、本能のおもむくまま自由に行動することになった。手紙のやりとりが困難だったため、残っている手紙は少ない。一八九九年四月二四日付でオズボーンが手紙を送ったことだけがわかっている。ハッチャーが帰国の途につき、ブラウンが一人でパタゴニアの海岸沿いで発掘をはじめた頃である。その手紙は、アーカイブのなかには見あたらないが、四ヶ月近くブラウンのもとに届かなかったらしい。これを受け取ったブラウンは不愉快になった。というのも、それは契約の修正を求める内容だったからだ。オズボーンへの返信にブラウンはこう書いている。

「この書類にサインする前に、書類の中身を確認したいと思います。また、私と博物館の関係についても話し合いがしたいです[*41]」

　ブラウンが探検に出るとき、オズボーンは相手方のプリンストン大学のウィリアム・ベリーマン・スコットと、ブラウンの参加について詳細を話し合い、採集された標本の分配方法についても協議していた。[*42]ブラウンはひと月最低五〇ドル（現在の貨幣価値で約一七〇〇ドル）の給料を受け取り、オズボーンが友人や博物館の理事たちから資金を調達できた場合は倍額になることになっていた。また、経費として五〇〇ドルを現金で受け取り、必要があれば最初の年にさらに五〇〇ドルをアメリカ自然史博物館の口座から引き出せるとされていた。またハッチャーとピーターソンが採集した標本はプリンストン大学のものになるが、ブラウンが発見したものについてはアメリカ自然史博物館のものになるはずだった。そして、これにはいくつかの条件がついていた。

　ブラウンによれば、最初に書かれた契約では「プリンストン大学にない標本については私〔ブラウン〕が研究し記載することができる」と規定されていた。つまり、それが「種」であろうが「属」であろうが、新たに発見したものはブラウンが記載し命名できるということである。スコットやハッチャーが『南アメリカの動物相のモノグラフ』(*Monograph of the South American Fauna*) という作成中の概略報告書に載せることができるのは、ブラウンの論文発表のあとということになる。ところが、オズボーンが四月に送ってきた契約書では、用語が少し変えられていた。ブラウンが論文にできるのは「プリンストン大学にない脊椎動物化石の［新しい］属」に限るというのだ。この修正に対してブラウンは直接オズボーンに抗議した。「この書類［修正された契約書］では、『属』がすでに記載されている場合、私がどれだけ新しい『種』を見つけても記載できないことになってしまいます」。また新たな地質情報を論文にすることに関しても書き換えられており、これにもブラウンは不服を申し立てた。

第四項では「パタゴニアの地質学に関する観察記録はすべてJ・B・ハッチャーが論文にする権利をもつ」と書いてあります。

これも、当初「ハッチャー自身の観察記録は」とあった契約と大きく異なっています。これは私自身が観察してノートに収めた事柄を考えるととんでもないことです。私が記録したものが、私の現在の仕事にも将来の仕事にも大きく関わることはおわかりでしょう。ハッチャー氏の観察記録ではなく、私自身の観察記録こそ重要なのです。[*43]

自分に関わる話し合いにおいても蚊帳《かや》のそとに置かれ、自分の将来に不安を感じたのであろう、ポーカーの名手たるブラウンは自分のカードを切ることにした。どうやらこの一連のやりとりが、オズボーンとブラウンの絆を深める契機になったようである。ウィリストンのもとで学び、またハッチャーと半年近くともに過ごすなかで、ブラウンはマーシュが助手たちを大事にしなかった話を聞いていたにちがいない。また、オズボーンが自分にコモブラフで指揮を執らせたり、今回のパタゴニア探検に参加させたりしたことに対して、ワートマンが不満を抱いていたことも知っていたはずだ。マーシュと同様にオズボーンもヨーロッパの大学院で学び、そこでは有力な教授が主人であり、助手たちは重要な決定に参加したり論文を書いたりできなかった。しかしながら、オズボーンは、たしかに「有無を言わさぬ親方」という側面はあったにせよ、助手たちにはマーシュより柔軟に優しく接していた。助手たちの利益になるように博物館の運営本部に働きかけたり、彼らの業績を古脊椎動物学部門のレポートで紹介したりしていた。[*44] 助手たちが深く関わった論文やモノグラフにオズボーンの名前しか載せないこともあったが、マシューやのちのブラウンたちのような多くの助手たちが自分の名前で論文を出すことができ、そこには共著者としてオズボーンの名前が入っていることもあれば、入っていないこともあった。

こういったすべてのことがらが頭の中で渦巻き、自分が壊れてしまいかねない現在の状況のなか、ブラウンは次の一手を考えていた。アメリカ自然史博物館での活動や将来について一枚の手紙にまとめ、丁重ではあるが力強くオズボーンに訴えていったのだ。自分の学業成績についても真面目に触れたこの手紙は、ブラウンのキャリアの方向性を定め、今後三五年間続くブラウンとオズボーンの仕事上の関係、さらには友情に結びつく相互の信頼と尊敬の土台となったと言える。

私は博物館に月給五〇ドルで勤務しもう三年になります。なんとか借金はせずに生活できています。オズボーン先生にはお金には換えられないたくさんのご厚情をいただいており、深く感謝しております。私はコロンビア大学で進級することができませんでしたが（苦い思い出です）、大学での時間はけっして無駄ではありませんでした。私はいろいろ手を出しすぎて忙殺されてしまいました。
　博物館での仕事を続けるにあたり、私が一番力を発揮できるのは体を使う分野だと思っています。南米での化石採集が終わったら……アメリカ自然史博物館では、さらなる化石展示のため、これから南アフリカ、オーストラリア、シベリアなどへの探検があるでしょう。しかし、これにかかる時間や手段は大変なもので、もし私がその仕事をするとなれば、ほかの活動をすべてやめて、博物館の給料だけで生きていかなくてはなりません。

　これを一〇〇ドルに満たない月給でやるというのは見合わないと感じています。五〇ドルで雇える人間ならいくらでもいるでしょう。ここ二年間、私は最高の仕事ができています。もしこれが五〇ドルの価値しかないというのなら、今すぐそう言ってください。私は自分が費やしている時間にはそれ以上の価値があると思っています。私は博物館が好きですし、同僚のことも大好きです。そしてこの博物館にはほかでは見つけることのできない素晴らしい点がたくさんあります。新しい標本を記載することは非常に大きな意味をもつというのに、私はフィールドから戻ったら、博物館の研究員でいられる保証すらないのです。これだけはご理解いただきたいのですが、金銭への執着ゆえにこの手紙を書いているのではなく、自分の現在の立ち位置を知りたいという気持ちでいっぱいなのです。*45


　これに対するオズボーンの返事は記録として残っていないが、ブラウンが退職までおよそ四〇年間博物館で働き、その後も関係をもち続けたことからすると、なんらかの折り合いがついたことは間違いない。ブラウンの著書目録のなかには、この探検の成果としてブラウンが単独で書いた「パタゴニアのサンタクルス層から産出された新種の貧歯目の化石」というタイトルの論文もある。*46

　一方でブラウンはこのようなごたごたもあったが、パタゴニアでの作業に集中し、この探検が意義あるものになるように、さらに多くの化石を発掘したいと考えていた。化石が出そうだと目をつけた地層は、やはりサンタクルス層にあり、海岸の崖沿いや、大西洋に流れ込んだアヨロ〔涸れ川〕沿いに露出していた。四月から翌年の二月のうち、南半球の春と夏のあいだには、ブラウンは南のリオガジェゴスから北のサンタクルスにいたる地域での発掘に力を注いだ。またほかにも、モンテ・レオン、カニョン・デ・ラスバコス（ブラウンはロスバコスと表記していた）、コイインレット〔インレットは入江の意〕と呼ばれた重要な発掘地にも行った。四月から一〇月中旬までは、サンタクルスの南にあるコイル川の河口周辺を重点的に探索した。[*47] モンテ・レオンとカニョン・デ・ラスバコスのあいだでは、戦車に似たグリプトドン類の装甲板の化石がばらばらに出てくるだけだった。ただ、その「数の多さ」から、このあたりにはグリプトドン類がたくさんいたことがわかった。[*48] カニョン・デ・ラスバコスにある垂直に切り立った崖の頂上付近ではこんなこともあった。

岩から骨格の一部が突き出ているのを見つけた。私はそれをタガネで掘り出し、ロープでそれを下ろさなければならなかった。この標本は非常に珍しいプロパレオホプロフォルスだということがわかった――アルマジロに似た動物〔グリプトドン類〕で、現在アメリカ自然史博物館にある。

小麦粉のペーストと麻布を使って標本を保存した。作業に夢中になっていて、ふと顔を上げると、一羽の大きな黒と白のコンドルが頭上を旋回していた。私のすぐそばで、狙いを定めたふうに翼を向けているのが見えた。私は襲われる恐怖に、ライフルをつかんでコンドルを撃った。

この大きなハゲタカは地上に落ち、その両翼を広げてみると、端から端まで四メートル以上はあった。[*49]

ブラウンはコイインレットの北での発掘を一〇月二〇日頃に終え、「サンタクルスで収集した一三箱、コイインレットで収集した一箱を、保管のためプンタアレナスに」送った。ブラウンはこうまとめている。「このコレクションはハッチャー氏が〔リオ〕ガジェゴスで採集したものより多種多様な動物相を示している。潰れている標本も少なく……これは素晴らしい展示になる」[*50]

一一月中旬にブラウンはリオガジェゴス近辺に戻り、年末までこの地域の発掘を続けた。[*51] ハッチャーがブラウンをフェルトン一家に紹介してくれていたことから、フェルトンの広いエスタンシア〔広大な牧場地〕をブラウンは活動拠点として使うことができた。フェルトンとブラウンは仲良くなり、ブラウンが牧場に探索に出かけるとフェルトンもよくついてきた。フェルトンのエスタンシアはパタゴニアのこの地方で最も大きく、ほかのエスタンシアと同様に「一六キロ四方ほどのパドック〔放牧場〕に分かれていて、その一部は海や川に面していた。冬のあいだも海からの風が雪を融かすので、羊たちは雪に覆われていない草を見つけられるのだ。それぞれのパドックには羊飼いの小屋があり、羊飼いは牧場をまわり、倒れて死んでいる羊がいないか、羊を殺しにくるピューマがいないかを確認していった」[*52]。

ハッチャーは前の二回の遠征で、フェルトンの牧場近くのガジェゴス川沿いの渓谷の斜面に露出した化石を大量に見つけていて、それらをあらかた採集してしまっていた。ただ幸い、この露頭がその後、風化浸食されて「化石がさらに大量に露出しているのを発見した。しかも、なかには未発見のものもあった」[*53]。

一方、海岸沿いでの発掘は大きな危険をともなう作業だった。なぜなら、化石の出る地層は大西洋に入り込んでいて、干潮のときにしか姿を現さないからだ。ある日こんなことがあった。

> 非常に珍しいアストラポテリウムの頭骨と顎が露出していた。これまでのパタゴニア探検でこの属の標本は見つかっていない。頭骨と顎は海底の硬い地盤に埋まっており、潮が満ちる前に急いで掘り出さなければならなかった。頭骨の周りを掘り出したのだが、重くて馬に乗せられず、私は現場にそれを残していかざるをえなかった。仕方なく馬に乗って、海岸沿いを牧場へと戻った。
>
> 翌日、手伝いの羊飼いと一緒に現場に戻った。貴重な化石はもうなくなっているだろうと思っていた。ところが、見つけたときと変わらず完全な形でそこに残っていた。[*54]

このアストラポテリウムはカバに非常によく似ているが、類縁関係はない。

干潮時に現れる露頭で作業していると、海底に空いた大きな穴に海の生き物がたくさんいるのをブラウンは見つけた。これは羊肉ばかり食べている彼の胃袋には嬉しいことだった。「ある穴に近づいていくと、馬の蹄《ひづめ》の音に驚いて大きな魚が三匹飛び跳ねた。馬から飛び降り、私はそのうちの二匹を捕まえて鞍袋に入れた。それからというもの、新鮮な魚を手に入れたいときは……こういう穴のところにまで馬でいって……いつでもたくさん捕まえることができた」。一方、馬のほうはのんきには構えてはいられなかったようだ。

ある日、私はこういう穴にいる海の生き物を捕まえていた……すると、ピクルスの容器くらいの大きさのタコを見つけた。……一所懸命それを瓶に入れようとするのだが、八本の足のうち二本をつかんでいるとほかの六本が出てきてしまうのだ。この格闘に夢中になるあまり、潮が上がってきていることに気づかなかった。

突然馬の嘶《いなな》きが聞こえ顔を上げると、私たちは海に囲まれており、海水は馬の腹まであがってきていた。瓶もタコも投げ捨て、急いで馬に飛び乗った。海水が穴を覆ってよく見えず、もしその穴に踏み入れたのなら、馬は一巻の終わりだ——そして私も。危機一髪だった。*55

このエスタンシアでの危険な出来事は、潮の満ち引きだけではなかった。発掘調査をしていたある日、ブラウンは子羊六〇頭が首を折られて殺されている光景を目にした。二頭の子を連れた大きなピューマの足跡が海の崖の上のところで消えていた。ブラウンはすぐに牧場へと引き返し、羊飼いに危険を告げた。二人で犬たちを連れて、銃とロウソクを持って現場に向かった。

〔道は〕一二メートルほどの崖の下の水路のところでなくなっていた。犬たちは私についてこようとしないので、ライフルを持った羊飼いと犬を崖の上で待たせ、私は拳銃とロウソクを手に海岸まで〔下りていき〕、ピューマを崖の上に追い込もうと考えた。

水路のそばまで来ると、そこにはピューマの糞や、死んだ羊の胴体、臓物などがたくさんあった。入口はかなり高く……。

私はロウソクを点《つ》け、拳銃を抜き、なかに入っていった。わずかに進んだところで突然ピューマの唸る声を聞いた。私の後方からのようだった。ロウソクをかかげ振り返ると、光る二つの眼が見えた。私はその真ん中めがけて撃った。……地面を蹴る音がし、やがて静かになった。

水路にこだました銃声に、羊飼いが駆けつけた。……たがいに銃をかかげ、ピューマがいたところに石を投げてみたが、反応はなかった。ピューマは死んだのだ。

(私の髪の毛がなくなったのは、この恐ろしい体験をしたせいだと思う――本当に恐ろしかったのだ[*56])


一九〇〇年一月初旬、リオガジェゴスの沿岸や渓谷での露頭調査を終え、ブラウンは海岸沿いを北上してコイル川まで戻った。しかし「ピーターソン氏がほんの数ヶ月前に作業していたところなので、化石はほとんど採集できなかった[*57]」。こうしてバイアグランデ湾沿いでのブラウンの作業は終了した。

ハッチャーとピーターソンは帰国する際、ハッチャーは荷馬車などの装備をフェルトンに売却してしまっていた。荷馬車もなく、オズボーンの承諾も得ていないことから、ブラウンはもう一度アンデス山脈に向かうつもりはなかった。したがって、名残り惜しくもフェルトン一家に別れを告げ、プンタアレナスに戻った。そこでブラウンは「ライフル、毛布、防水シート、日用品だけ手元において、馬や馬具は」売ってしまった。[*58]ところが、この旅のブラウンの冒険はまだ終わりではなかった。採集した大量の化石を梱包し、博物館に送る準備をしていたところ、ニューヨークに行く船はこの先四ヶ月間まったくないことがわかった。「そこで私はもう少し探索をしてみることにした」。この遠征にはポーカーがつきもので、ブラウンは宿泊先のホテルでソルトピアという名のギャンブラーと知り合った。しかし、ソルトピアという名前は本名ではないと、ブラウンにあけっぴろげに明かしていた。「以前は新聞記者だったと私に言っていた。指先の感覚を保つため、いつも手袋をはめていた。トランプのカードの縁には一枚一枚違いがあるからだ。彼は私とはポーカーをしなかった。プロのギャンブラーに勝てるはずがないと言うのだ」[*59]。ソルトピアはディケンズの愛読者だと言い、ブラウンが本の題名を挙げただけで小説のあらすじを言えるほどだった。

かれは六トンの船を所有しており、それは以前ニューヨークの監視船だったものを帆船に改造したものだった。ポーカーで時間をつぶせないなら「ホーン岬周遊」に連れていってくれと、ブラウンはソルトピアにせがんだ。するとそのためには、ソルトピアは船を取り戻す必要があるという。なぜなら、ある晩トランプをしているあいだに盗まれてしまったというのだ。難破船の引き揚げ《サルベージ》をしている「ヤンキー船長」という船乗り仲間にソルトピアが船の行方を尋ねたところ、「彼［ヤンキー船長］がサルベージしている船の風下に停泊している」ことがわかった。「船長が言うには……船に片腕の男がいて、ネイティブ・アメリカンの女たちを船に乗せている。そいつ［片腕の男］がこのヤンキー船長から［サルベージの］権利と食料を買い取った、ということだった」[*60]

ティエラ・デル・フエゴの南の沖にある難破船のところまで、ヤンキー船長がブラウンとソルトピアを連れていってくれることになった。そして二月二八日に彼らは船を出した。[*61]ところが、スパニアード港付近の現場に着き、いざ対面するといささか拍子抜けする場面となった。

現場に行ってみると、たしかに六トンの小さな船と片腕の船長がいた。……ソルトピアが「お前はこの船を持ち逃げしようとしたんだろう」と言うと、彼［片腕の船長］は「ああ、でももうこれ以上航行できないとわかった」と答えた。

ソルトピアは「この人はアメリカ自然史博物館の代表で、［ティエラ・デル・フエゴを］周遊したいと言っている。お前にも、一緒に乗って操縦を手伝ってほしい」と言った。すると、片腕の男は「いや、俺はいかない」と答えた。船を盗もうとしたことで、途中で島に置き去りにされかねないと恐れたにちがいない。[*62]

ソルトピアは船を取り戻し、ブラウンともう一人の乗組員とともに南に向かって船を出した。ところが、すぐに潮に押し流されて「荒れ狂う」ルメール海峡に出てしまった。[*63]

凍るような寒さのなか、帆を下ろす作業を数時間やって私は疲れきってしまい、自分のベッドに戻った。しばらくすると、ソルトピアが私を起こし、何度もタッキング〔船が風を受けジグザクに進むのに、船首を風上に旋回させ、風を受ける舷を変えること〕をしてみたが風が強くて外海に流されそうだと告げた。どうすべきか私の意見を聞きたいと。

……われわれはリーフィング〔メインセイルの面積を小さくすること。縮帆〕して再びタッキングを試みることにした。それが陸地に戻れる数少ないチャンスだった。ガンネル〔船の縁〕は六〇センチほど水に沈みつつも、タッキングのたびに少しずつ進むことができた。

すると、夜の漆黒に忘れられない光景を目にした。ネズミイルカの群れが船の前をゆき交い、蛍光を発するクラゲのいる海に銀色の筋を描いていく……。

やっとのことでスパニアード港に到着し、碇《いかり》を下ろした。みんな疲労困憊でベッドに潜り込んだ。[*64]

疲れきった乗組員たちが翌朝目を覚ます頃、ブラウンは海岸沿いの露頭に黒い筋が一本あるのに気づいた。これは石炭かもしれないと考え、彼は船にある救命ボートを漕いで調べにいった。十分な量の標本を集め、ふと顔をあげると、船の旗が上下逆さまに掲げられているのがわかった。これは緊急事態の合図で、「インディアン《［ママ］》たち」が現れるなど危険が迫ったときに船に戻るようブラウンに知らせるものだった。集めた石炭の標本を投げ捨て、ブラウンは急いで救命ボートを漕ぎだした。このときブラウンは知る由もなかったが、ソルトピアが見ていた気圧計の針が「まるでハンマーで叩いたように二段階」下がっていたのだ。

「……私が船に戻る頃には再び嵐になっていた。碇を上げ、船の向きを二回変えてみた。「なんとか狭い湾から出ようと」タッキングを繰り返した。しかし、三度目で船の向きが変えられず、われわれの船は波にもっていかれた。……岩にぶつかって側面に二メートルほど穴が空いた。……私は泳ぎができなかった。海の水はどれだけ冷たいことか。私はなんとか木の樽に乗って「岸まで」たどり着き、ほかの者たちはハッチの上蓋に乗って難を逃れた[*65]」

陸に上がって振り返ってみると、船のマストの先端だけが海面に突き出ていた。難破で置き去りにされてしまった人間は海岸をとぼとぼ歩いていくしかない。やがて「前日に通り過ぎた、金鉱を採掘するオーストリア人の居留地にたどり着き、そこで一六日間過ごした。そして、近海の貿易船に乗せてもらい……南に向かい、ホーン岬あたりまでやってきた――地の果てだった[*66]」。

この蒸気船がプンタアレナスに戻る際、ブラウンは風景とともに、そこで暮らす人々に目を奪われた。

そこには宣教師たちがいて、ヤーガン族すなわち「カヌー」ネイティブ・アメリカンや、オナ族などの先住民たちがいた。ブラウンはヤーガン族の慣習に深く興味をもちつつ、彼らの風貌と不潔さには嫌悪感をもった。ブラウンが言うに、ヤーガン族は「ほとんどカヌーに乗って生活しており、夜寝るときにだけ岸に上がる。常にカヌーを漕いでいるため彼らの上半身はとても体格がいい。それに対して両脚は運動不足のために発育不全だった。彼らが暮らすのはティエラ・デル・フエゴの島であるが……記録によると……一年三六五日のうち三〇〇日は雨である。樹木が濡れていて火をおこすのが難しく、彼らは［カヌーに土を敷いて］キャンプからキャンプへとくすぶった種火を運ぶ[*67]」

これに対して、オナ族のほうは「本土にいるテウェルチェ族の親戚」であり、このテウェルチェ族に以前ブラウンも遭遇している。実は、マゼランがこの地方をパタゴニアと名づけたのは、このテウェルチェ族の大きな体格からきている。パタゴニアとは「大きな足」の意味で、のちにアルゼンチンとなる場所の海岸沿いでマゼランが彼らの大きな足跡を見つけたことによる。

さて、不運な出来事はこれ以上起こらず、ブラウンとソルトピアは無事にプンタアレナスに到着した。そこからブラウンは四トン半の化石標本をニューヨークに送った。ブラウンの言葉通り、彼が集めた標本は、学術研究にとって重要な標本であるばかりか、展示をするにもほかに類を見ない見事な骨格標本だった。六六〇〇万年前の白亜紀末に恐竜〔鳥を除く〕が絶滅する前、南アメリカは陸島であり、約三〇〇〇万年前にパナマ地峡が形成されるまで、ほかのすべての陸地と切り離されていた。その結果、南アメリカでは独特の動植物相が進化したのである。

ブラウンが採集した標本は、おもに三つの哺乳類化石に分類できる。ナマケモノ、アルマジロ、アリクイなどを貧歯類と言うが、ブラウンが採集した貧歯類は、原始の地上性ナマケモノと、戦車に似たグリプトドン類である。現在でも、アメリカ自然史博物館の〈哺乳類・絶滅近縁種ホール〉には、ブラウンが採集した初期のグリプトドン類のプロパレオホプロフォルスや原始の地上性ナマケモノのハパロプスの骨格が、訪れる人の目を引いている。さらに、〈さらに進化した哺乳類ホール〉には、ブラウンが採集した滑距目（ディアディアフォルスとトアテリウム）と南蹄目（ネソドン）という珍しい植物食の有蹄類――現生の近縁種はウマ、サイ、シカ、ラクダ、ウシなど――が展示されている。

一九〇〇年の春を迎えると、ブラウンもさすがにもうこれ以上の滞在は望まなかった。

パタゴニアをあとにする決意をした。もう何ヶ月も文明から遠ざかっている。電信はないし、郵便もリバプール経由で届く。米西戦争に勝利したことより、私は自分が選んだライフワークを貫いたことのほうが嬉しかった。

私は金を手にした……これでヨーロッパに行く。というのも、ニューヨーク行きの船は数週間待たねばならないが、ヨーロッパ行きなら三日後に出る。船にベッドの空きがなかったが、談話室で寝泊まりするのでよければ乗せてやる、と船長が言ってくれたのだ。*68

もちろん、ブラウンには十分すぎる寝場所だった。そして、船がブエノスアイレスを出てリスボンに向かうときには、さらにいい客室をあてがわれた。

ヨーロッパに着くと、列車でパリまで行き、そのあとロンドンに向かった。道中ブラウンはさまざまな博物館を訪れ、幅広いコレクションをじっくり見てまわる機会に恵まれた。ヨーロッパにすぐに順応したブラウンは、ニューヨークに凱旋した際、かなり気どった身なりをしていたそうだ。娘のフランシスがのちに詳しく述べている。「父はスパニアード港付近で船が沈んだとき、着るものをすべてなくしてしまいました。それでパリで服を新調し、折りたためるシルクハットも買いました。口とあごにひげを生やして、教養あるヨーロッパ人きどりだったのです[*69]」

こうしていまやブラウンは文字通り「マン・オブ・ザ・ワールド〔世界で活躍する人〕」となったわけだが、このあとすぐに、その世界をさらにもっと驚かすことになる。すなわち、この地球上の遥かなる大陸を闊歩していた最強の肉食恐竜、その素晴らしい骨格化石を世界中に示すことになるのである。

第5章 ヘルクリークの奥へ

1900–1903

ブラウンには、ヤギのようなひげや新しいスーツをニューヨークのにぎやかな通りで見せびらかしたり、地球の裏側での冒険談を友人や同僚に話したりする機会がほとんど訪れなかった。というのも、一九〇〇年六月一〇日にパタゴニアから帰国すると、[*1] 七月初旬には再びフィールドに籠もることになったからだ。[*2] 今回オズボーンはサウスダコタ州とワイオミング州の境界沿いにあるグレートプレーンズ北部にブラウンを送り出した。途中でブラウンはカーボンデールの家族を訪れる機会を得たが、父親が「かなり弱っている」のがわかり、サウスダコタ州への到着を遅らせた。[*3] 現地に着いて白亜紀の恐竜を探しはじめると、ここでの恐竜探索がその後十年間に及ぶ彼のライフワークとなった。

ブラウンがすぐにフィールドに戻ったのには、いくつかの理由があった。まず、ワイオミングとサウスダコタ州境あたりは白亜紀の恐竜が出ることがすでに知られており、そのなかにはマーシュのためにハッチャーが採集したトリケラトプスもあった。このあたりの露頭は、ウィリストンとともにおこなった一八九五年の遠征でブラウンもよく知っていた。さらに、サウスダコタ州のブラックヒルズ南部にある露頭からは、首長竜類や、巨大な海のトカゲであるモササウルス類のような白亜紀の海棲爬虫類の化石がよい状態で出ていた。アメリカ自然史博物館には、ワイオミング州から持ち帰ったジュラ紀の恐竜の立派なコレクションがあったが、白亜紀の恐竜や海棲爬虫類についてはよい標本がなかった。この遠征はこのギャップを埋める第一歩となるものだった。

またそれだけでなく、ブラウンがパタゴニアにいるあいだに、恐竜展示をおこなう主要な博物館の序列が、二〇世紀のはじまりとともに椅子とりゲームのごとく入れ替わっていたのである。なかでも抜きん出たのがピッツバーグにあるカーネギー自然史博物館だった。鉄鋼業で富を得たアンドリュー・カーネギーは、自然史など多くのテーマに関して大衆を教育することに熱心だった。それは博物館だけでなく、アメリカ国内の地方の図書館に広く資金を提供したことからもわかる。[*4] とりわけカーネギーは、オズボーンたちが巨大恐竜を求めて冒険する話に魅了され、「できるかぎり大規模に」恐竜骨格化石の探索をはじめることを、新しく作った博物館の館長W・J・ホーランドに命じた。[*5]

ホーランドはすぐに古生物学の優秀な人材を集めはじめた。まずアメリカ自然史博物館からジェイコブ・ワートマンを引き抜き、古脊椎動物学の初代キュレーターとした。続いてまもなくジョン・ベル・ハッチャーも来た。そして一八九九年には、ワートマンはワイオミング州シープクリーク沿いのジュラ紀モリソン層に取り組み、ほっそりとして首の長い竜脚類ディプロドクスのタイプ標本となる化石を発見した。[*6] 前に触れた通り、ワートマンはオズボーンを毛嫌いし、ブラウンのこともそれほど好きではなかった。またハッチャーも、アメリカ自然史博物館に古脊椎動物学部門ができた当時に、そこに加わることを拒否した。このことから、そこには対立の空気ができあがっていたと考えても不思議ではない。しかし、一八八〇年代のコープとマーシュの確執から、誰も恐竜をめぐる表だったスキャンダラスな争いを再び引きおこすことには興味をもっていなかった。すべての博物館は競争相手に警戒の目を向けながら、もっぱら自分たちのプログラムを推し進めていた。

この新しい恐竜競争においてオズボーンのライバルはカーネギーだけではなかった。一八九八年に、シカゴの豪商マーシャル・フィールドが、ブラウンの元クラスメイトで親友のエルマー・リッグスを雇った。自分がシカゴに新しく建てたフィールド自然史博物館（当時はシカゴコロンビアン博物館と呼ばれていた）で、ブラウンと同様の恐竜発掘のリーダーをリッグスにやらせたのだ。翌年リッグスは、コロラド州メサ郡のモリソン層から恐竜化石が見つかったという噂を地元の歯科医の手紙で知った。そして一九〇〇年に、竜脚類のカマラサウルスの前肢と、当時最も背が高い竜脚類とされていたブラキオサウルスのタイプ標本となる化石を発掘していた。このように、試合はすでにはじまっていたのである。[*7]

これらの熱気を感じていたオズボーンは、ブラウンを西に送った。アメリカ自然史博物館のほかの化石ハンターたちの指導のもと、ジュラ紀モリソン層のボーンキャビン発掘地で継続的に調査がおこなわれていたが、オズボーンとブラウンはわれわれはジュラ紀の標本では優位に立っているとし、新たに白亜紀の発掘地を求めた。最も喫緊の具体的な目標は、トリケラトプスの頭骨を発見することだった。それは研究と展示の両方の目的だった。オズボーンの指示で、一九〇〇年のブラウンの調査期間は七月一日から一〇月一日までとなった。八〇〇ドルを超えないという予算だった――これは現在の貨幣価値で一万八〇〇〇ドルより少しうわまわる程度である。ブラウンの三ヶ月分の給料は予算に三〇〇ドルと計上されており、彼が望んだ昇給が果たされたことが示されている。[*8]

ブラウンは七月中旬にはすでにサウスダコタ州エッジモントで調査を開始していた。「乗用馬と完全な装備を……月に四〇ドルで」借り、助手を雇って調理や、キャンプの世話や、重たい荷物を載せる手伝いなどをしてもらった。[*9]ハッチャーの遠征でも一八九五年の遠征でも、発掘作業はワイオミング州南東部のシャイアン川の南側でおこなわれていたので、ブラウンはこの隣りの、エッジモントから西に約六五キロ行ったウェストン郡の川の北側の地域に集中することにした。[*10]

当時も今もこの地域は人もまばらな荒涼とした大草原で、ところどころにある浅い小川は、シャイアン川に向かって南に流れており、後期白亜紀のランス層を少しずつ削ってきた。その露頭は、約六六〇〇万年前に浅い内陸海路に接した氾濫原に堆積した茶褐色の砂岩やシルト岩でできていた。これらの露頭は、現在でも恐竜やほかの生物の化石を産出し古生物学者たちを魅了しているが、比較的起伏に乏しく、絵のようではあるが壮観とは言いがたい。小さなビュート〔差別浸食により形成された孤立丘〕が立ち並ぶあいだに、元気な牧場主たちが牛などの家畜を飼っており、さらにはプロングホーン〔エダツノレイヨウ〕やコヨーテがいて、空には鷹や鷲たちが飛んでいるという風景である。

ブラウンは、トリケラトプスの特徴的な角や頭骨の断片はたくさんあるにもかかわらず、完全な頭骨は見つけられなかった。最初の重要な発見は、アルカリクリークの支流であるセブンマイルクリーク沿いでだった。九月一日、ブラウンは興奮してオズボーンに手紙でこう知らせている。「クラオサウルスの骨格を発見したことをお知らせできるのは本当に嬉しいことです」[*11]。このカモノハシ竜の骨格は、頭骨、下顎、背骨、肋骨、またいくつかの肢の骨で、欠けているのは尾の先だけだった。この標本を閉じ込めている砂岩から引っぱり出すのに一〇月初めまでかかった。

この調査が終わりに近づいても、ブラウンはよりよいトリケラトプスの標本を求めて発掘を続けていた。ただ化石の神様は、どうやら違う思いを抱いていたらしい。一〇月四日にブラウンはオズボーンにもう一通の重要な手紙を送っている。「もう一つ［の種を］発見しました。骨はばらばらで広範囲に散らばっていますが、一体の骨格と言っていいと思います。これは肉食恐竜です。私は二週間これに取り組んで、肋骨七本、椎骨三本……肢の骨一本……そして、骨盤の一部、下顎、さらにいくつかの肋骨と椎骨を取り出しました」[*12]

発掘をさらに進めたブラウンは、一〇月半ばに次のように報告している。標本は「前回の手紙に書いたよりもずっとよいものでした」。ブラウンにとってよろこばしかったのは、この標本がどうやら「マーシュ教授の研究では記載のない肉食恐竜」らしいことだった。一見してブラウンはこれは「ケラトサウルスの祖先系」かもしれないと思った。[*13] しかし、ケラトサウルスはモリソン層から出るジュラ紀の恐竜なので、これは時代的にはおかしなことである。この標本についてブラウンはこうまとめている。「一・三センチから一五センチまでさまざまな［皮骨が］肋骨の外側にあり、皮骨からなる鎧を形成している。この鎧にはノドサウルスのような十字が入った特徴もみられるが、すべての部分にあるわけではない。また、なんの骨か同定できないほかの無数の骨もこの母岩には含まれている。確定できないものも多いが、そのような骨に混じって、ハドロサウルス類やパラエオスキンクスの歯と、魚の鱗や小さな骨なども散見される――これらはすべてこの動物が最後に食べたものの証拠である」[*14]

見つけた標本はすべて採集する決意で、ブラウンは吹雪で作業不能になる一一月半ばまで発掘を続けた。オズボーンは大変よろこんだが、同時に心配もしていた。

一一月二〇日のきみの手紙には興味をそそられた。きみが吹雪に襲われないか心配している。とにかく発掘がずっとうまくいっていることを祝福したい。その肉食恐竜は私たちにとって非常に価値あるものになるだろう。

そろそろ標本を梱包して、できるだけ早く帰ってきなさい。[*15]

しかし、寒さにも負けず、また冬がくるのを察した賢い馬たちが「先週キャンプから脱走し、八〇キロほど離れたところで見つかるまで五日間かかった」にもかかわらず、ブラウンはがんばり続けた。[*16] 馬たちを捕まえたあともブラウンの悩みは尽きなかった。「今朝二トン近くになる一番重いクラオサウルスの標本を町に運ぼうとした。三キロほど行ったところで横木が重さに耐えかねて折れ、荷物がすべて落ちてしまった。幸い化石は一つも壊れず石膏にも傷がほとんどつかなかった。私も少しあざができただけで、壊れた荷馬車から抜け出せた」[*17]

やわらかいコットンウッド〔ポプラの一種〕は二度と横木に使わないと固く決心して、ブラウンは「二五センチ角の樫のブリッジ材」を購入し、残りの石膏ジャケットを回収すべくキャンプに戻った。これらすべてのコレクションは「アルカリクリークの中心部から約八キロ以内」のところから出たとブラウンは報告をしている。[*18]最終的に約三〇箱を送ったが、ボルチモア・アンド・オハイオ鉄道の四〇八一六列車の三分の二以上を占める量だった。なかにはブロックが大きすぎて、ドアをはずさなければ入れられないものもあった。ハドロサウルス類だけでなく、下顎は揃っているが頭骨のない巨大な獣脚類を乗せた車両も、かなり重くなった。

ブラウンは、一九〇一年二月の第一週にニューヨークに戻ることにし、その前に二週間の休みをとって家族のところに立ち寄ることを許可された。[*19]一方オズボーンは標本を無料で運搬する手はずを立てていたようだ。この七ヶ月にわたる途方もない活動全体にかかった費用は約八〇〇ドルのみで、もともとの予算よりわずかに少なくて済んだ。[*20]

来年のシーズンになれば、二、三人の助けを借りて、なかなか見つからないトリケラトプスの骨格をこの同じシャイアン川の北側で発見・採集できると、ブラウンには自信があった。しかし、オズボーンには別の考えがあったようだ。五月半ばにはじまった次のシーズンに、ブラウンはスミソニアン協会に「貸し出され」、アリゾナ州のホールブルックとフラッグスタッフ近辺のリトルコロラド川沿いの三畳紀の露頭で、松ぼっくりの化石を採集する遠征の手伝いをすることになった。[*21]

ブラウンがなぜこの仕事を受けたのかはわからない。もしかするとオズボーンのなかでは、ジュラ紀と白亜紀には足がかりができたということで、中生代で最も古い時代の発掘を進めたかったのかもしれない。

数十年前にコープの化石ハンターたちがこの地域を発掘していて、オズボーンはコープのコレクションに三畳紀の化石があったことを知っていたので、この場所でさらに多くの化石を採集するのにブラウンを送り込んだとしても不思議ではない。ブラウンの報告では、「大量の樹木の化石」が見つかり、タナークリーク付近には「根を張って直立している木の幹が四〇本以上」あった。しかし脊椎動物の化石はほとんど出てこなかった。なんとか、ワニに似ているフィトサウルス類のベロドンの大腿骨、椎骨、皮骨などの部分骨格や、ほかの爬虫類の断片的な化石だけを見つけることができた。

七月中旬になると、ブラウンは、コロラド州スターリングに近い新第三紀中新世の堆積層に向け北上した。そこでマシューと合流して、ウマに関するプロジェクトの一環として一八九八年にはじまった発掘を終わらせることになっていた。ただ、本当はブラウンは、ワイオミング州南東部の白亜紀のランス層に戻ってさらなる調査をしたかったにちがいない。[*22] マシューが現れるのを待つあいだ、ブラウンは「状態のよいプロトヒップスの骨格の一部と頭骨を見つけた」。指が三本の、現在のウマの初期のウマである。また、ラクダの化石の一部も見つけた。[*23] さらに、八月の初旬には、アンテロープの断片的な頭骨や肢骨、カメの甲羅二点と頭骨一点、オレオドン類と齧歯類の頭骨を採集した。[*24] このラモケロスという属のアンテロープの頭骨は、ヒポヒップスというウマの骨格とともに、現在でもアメリカ自然史博物館の〈さらに進化した哺乳類ホール〉に展示されている。ブラウンは八月の終わりにはコレクションをニューヨークに送り、カーボンデール経由で帰還した。[*25]

ワイオミング州の白亜紀の堆積層をさらに発掘する機会を与えてほしいとオズボーンに催促したことからもわかるように、いまや恐竜こそがブラウンの最優先課題となっていた。しかしオズボーンは、白亜紀の恐竜のコレクションは重要な課題だと認めつつも、自分の研究のために哺乳類化石を手に入れたい相反する目標を捨てきれずにいた。

図 10　新第三紀中新世のウマであるヒポヒップスの骨格を採集するブラウン、コロラド州ポーニービュート付近にて。アメリカ自然史博物館の遠征、1901 年

そうしたなか、このグレートプレーンズ北部の白亜紀堆積層に戻りたいというブラウンの思いは、翌一九〇二年の春に、オズボーンのもう一人の弟子によって思いがけなく後押しされることになった。オズボーンは博物館で古生物学プログラムを運営する一方で、ブロンクス動物園を設立した団体のニューヨーク動物学協会の理事長も務めていた。この動物園のデザインと発展の指揮にオズボーンたち委員が選んだ人物が、ブラウンと同年代で三一歳のウィリアム・T・ホーナデイだった。スミソニアン国立自然史博物館で長年、主任剝製師として働き、この分野で国内最高の専門家であると広く認められていた人物である。

ホーナデイがスミソニアンにいるときに、バイソンの群れが消滅しつつあるという情報がアメリカ東海岸にも届いた。ホーナデイ曰く、「一八八六年三月、まるでハンマーで頭を叩かれたような衝撃を受けた。目を覚まして、しばらくぼうっとしていたところ、次のことが思い浮かび飛び起きた……バッファローの皮を目あてのハンターたちが、絶滅へと追いやってしまった。何百万頭のバイソンが『消えつつある』というよりすでに消えてしまった！……もし、西部のどこかにまだ殺されていないバイソンの群れがいたのなら、最後の一頭が殺されてしまう前に標本をとっておかなければならない[*26]」。

ホーナデイの指揮のもと遠征がはじまった。ホーナデイは九月に、理系の学生一人と三人のカウボーイを連れてモンタナ州マイルズシティに行き、狩りをはじめた。それから二ヶ月間、ヘルクリーク付近の、イエローストーン川とミズーリ川の分岐点の北側で狩りをした。彼らの目標は、博物館のコレクションのためにおよそ二〇頭のバイソンを集めることで、これは並大抵のことではなかった。何週間も空振りしたのちに、ホーナデイはついに究極の獲物を見つけることができた。

私は野牛を撃った……その大きな獣は頭から倒れ……よろよろと立ち上がって、脚を負傷しているにもかかわらず走って丘を越えていった……しばらく走ってわれわれが丘の上あたりで追いつくと、この獲物は立ち止まりこちらに向き直った。私は三〇メートルほど離れたところから、純粋な驚きをもって彼を見つめていた……その大きさからして完璧なモンスターであったが、ただ大きいというだけでなく驚くほどハンサムでもあったのだ。

……一頭の動物の命を奪うのは非常に不本意だったが、私はこの大きな獣の肺を撃ち抜き、彼は倒れて絶命した。[*27]

当時の動物の展示というのは、水平に置かれた木製の土台の上に静止した姿で標本が一つ置かれているのが普通であり、動物を生き物としてとらえ、躍動感ある展示にして見せようという試みはなかった。ホーナデイは自然史博物館の新しい展示手法を確立した。それには、このバイソンに敬意を払うという意味もあった。

ヘルクリーク付近で集めた六体の標本を使って、ホーナデイは、現在では生態展示とか生息環境展示と呼ばれる初めての展示を考えだし実行した。ホーナデイが目指したのは、たんに動物の多様な種を現すだけでなく、自分が野生のなかで見たのと同じようなかたちで動物たちを見せることだった。彼が考案した手法では、仕留めたバイソンを含めすべての動物たちが、まるで自然と水場に集まっているかのように並べられている。その光景をよりリアルにするために、ホーナデイはヘルクリーク地方の草原から大量の土と芝生を取り寄せた。そして、水溜りのそばの泥や土に実際の標本を使って足跡を作った。これは博物館展示において革命的な出来事で、メディアや人々のあいだで大評判になった。「訪れたスー族のインディアン《ママ》が『このバイソンは夜になると柵の中で動きまわっている。間違いない。こんなにくっきり足跡がついているのだから』と言ったという話まである」[*28]。ホーナデイの生態展示から、背景に美しい壁画を飾ったり、細巧なジオラマとともに標本を展示する、現代の自然史博物館の最初の一歩がはじまったのだ。

今日ホーナデイのバイソンは、アメリカ合衆国内務省の印章の中心を飾っている。また、三種類の切手にも描かれている。五セント硬貨の表のバッファローもこれかもしれない。

ホーナデイは一八九六年に、現在はブロンクス動物園として知られるニューヨーク動物園の設計者、そして初代園長になった。彼の主眼は、動物園での飼育プログラムを通して野生動物保護を推進し、バイソンなどの絶滅危惧種を護ることだった。ホーナデイはまた、ナショナル・バイソン・レンジの設立を支援したが、これは現在も運営されており、バイソンたちを絶滅の危機から救うのに貢献してきた。

一九〇一年、ホーナデイはオグロジカの生態を記録するため、有名な西部の写真家L・A・ハフマンとともにヘルクリークのバッドランドに戻ってきた。ところが、このときホーナデイの目を捉えたのはオグロジカだけではなかった。ホーナデイはのちにこう述べている。自分たちが家に泊まらせてもらったマックス・シーバーという人物が「集積した化石のブロックを三つ見つけ、それらを組み合わせると三〇センチくらいの長さの角のような塊が作れる……そして［シーバーは］私をある場所に連れていき、その近くで彼は、ひどく風雨に晒《さら》された状態の頭骨の化石を見つけたのだそうだ。それは成長途中のゾウの頭骨くらいの大きさで……その頭骨は手の施しようがないほどひどく風化していたが、近くにいくつか断片的な肋骨がとてもよい保存状態で横たわっていた」[*29]。

アメリカ自然史博物館が恐竜に関心を寄せていることを知っていたホーナデイは、ニューヨークに戻るとすぐにハフマンの化石の写真をオズボーンとブラウンに見せた。すると二人は、いくつかの骨が、博物館の新しい展示のために長いあいだ探し求めていた獲物、トリケラトプスのものだとわかった。ミズーリブレイクス〔断崖〕沿いのこの地域はまだあまり大規模な発掘調査はなされておらず、ゆえにモンタナ州でホーナデイが白亜紀の恐竜を見つけたとしても不思議ではなかった。

コープは一八七六年に現在ジュディスリバー層と呼ばれる後期白亜紀の露頭を著名な化石ハンターのチャールズ・H・スタンバーグ（本書でのちに登場する）とともに発掘をしている。[*30] リトルビッグホーンの戦いにおけるスー族によるカスター隊の虐殺の直後であったため、コープの調査隊は、撤退していく戦士たちの一団の動向を注意深く見守った。角竜類モノクロニウスの最初の標本を見つけた調査では、途中で戦士たちに見つかることはなかったが、化石をミズーリ川の船に載せるのに化石ハンターたちが露頭から戻る際に、退散する部族の残党を避けなければならないこともあった。[*31] コープは一八九〇年代に再びハドロサウルス類の標本を採集するためこの地を訪れていたが、一九〇二年のミズーリ川の北部、ビッグドライクリークの南部にあるこのバッドランドは、基本的にあいかわらず荒涼としていた。

一九〇二年五月に二人は会い、その後の手紙のなかで、ホーナデイはブラウンのためにできるだけ詳しく化石があった位置を伝えようとした。これらの手紙には、フォーサイスという小さな町の付近に恐竜の骨が発見された地点が書かれていた。「私は……L・A・ハフマン氏……からの手紙を受け取ったところだ。そこには、ハリソン氏が恐竜を見つけた地点が書いてある。ハリソン氏の地図を送るので、これを見れば、ランドオフィス社のモンタナ州地図でどのあたりか簡単に探せるだろう。しかし、地上で探すとなるとこれは大変だ！　でもきみならできると思う」[*32]

ブラウンは列車で翌月、マイルズシティに調査に向かった。モンタナ州には、いろいろな意味で開拓時代の西部の名残りがあった。わずか一三年前の一八八九年に州となったばかりで、一九〇〇年の人口はわずか二四万三〇〇〇人――これに対して羊の数は六〇〇万頭でモンタナ州はこの国の羊毛の一大産地――だった。卵一ダースが一四セントなのに対し、砂糖は一ポンド四セントだった。モンタナ州の平野部の人口は州のほかの地域に反比例して増加していたが、ブラウンは人里離れた未開の地に向かっていた。[*33]

ブラウンの目的地はヘルクリーク地域だった。そこは、バイソンの骨が散らばる大平原ではなく、強大なミズーリ川と静脈のように走るその支流によってグレートプレーンズに刻まれた渓谷であった。ルイスとクラークの探検隊によって初めて探検され、ミズーリブレイクスと呼ばれることも多いが、このパステルカラーのバッドランドは、ミズーリ川南部に数百平方キロにわたって延々と続くパノラマのように見える。鋭く切り立った尾根と険しい渓谷が地平線に向かって蛇行しており、いたるところに溝がある地面から上を見やると、黄、緑、茶色、灰色、漆黒の縞模様をした孤立した丘が谷と谷の間からそびえたっている。平坦なところには草や低木が必死にしがみつき、この厳しい環境に耐えられる樹木はほとんどない。南にあるランス川の風景と同様に、ヘルクリーク層の丘陵や尾根は約六六〇〇万年前に当時の河川によって形成されたものだ。その河川は山脈から西へ流れ、東は浅い内陸海路に流れ込んでいた。現在は、およそ四〇〜八〇平方キロに広がる草原とバッドランドに、牛や羊を飼う日焼けした牧場主たちの家族が暮らしており、ブラウンが尾根や渓谷を歩きまわっていた頃と同じように、プロングホーン、鹿、コヨーテ、キツネ、鷲などがブレイクスをさまよっている。

　さて、ブラウンはマイルズシティに到着するとすぐに、地元の人たちから、恐竜化石はこの町と北のジョーダンという小さな町とのあいだにたくさんあるという話を聞いた。六月一七日にブラウンはオズボーンに手紙を書いている。「昨日フォーサイスから八キロ以内のところで別の標本が見つかったと耳にしました。私は馬に乗ってその場所を探し、残骸を見つけました。骨格は土産ものにするために破壊されていました。それはクラオサウルスで……椎骨がとられ持ち去られていましたが、私が知るかぎりでは、頭骨［と頸椎〔首の骨〕］の椎骨は取りはずされて……スミソニアン協会に四年前に売却されたことがわかりました。どうやらバプティスト教会の日曜学校の教師がその頭骨を盗んで売ってしまったようです」[*34]

　この化石に恵まれた辺境での競争はすでにはじまっていたが、この時点ではほかに発掘調査する人間は見あたらず、六月一九日にはハリソンが見つけた「恐竜」の埋まっている場所が確認できた。[*35] 残念ながら、この地域からの、この標本とホーナデイのもう一つの標本は、ベアポー頁岩と呼ばれる茶色の海成泥岩から出た、ひどく劣化したモササウルス類であることが判明した。しかし、それは小さな失敗にすぎなかった。ブラウンが最も興味をもっていたのはここではなかったからだ。

彼はただちに夏のあいだのヘルクリークへの突撃に備えて装備を揃えはじめた。オズボーンへの手紙で、装備を手に入れる方法について熟慮したことを知らせた。「装備を買うべきかレンタルすべきか。一番安くてもレンタルに一日六ドルかかり、買っても同じくらい費用がかかります。ただ、私は三頭の馬とほかの備品は買おうと思います……装備は、二週間後に購入したいと思った場合は買い取ることを同意したうえで、レンタルしようと思います」[*36]

マイルズシティを出発した頃、実はこの遠征を取り仕切るにはあまりに課題が山積みで、ブラウンの段どり能力も限界に近づいてきていた。ブラウンはオズボーンに、自分はマイルズシティで手紙を書いたが「しかし昨日まだポケットに入っているのを発見しました。また新しいものを書きます」と申し訳なさそうに告げている。[*37]

七月七日には、ブラウンの調査隊はジョーダンに到着していた。この町には、新しい郵便局や店、そして酒場、レストラン、ホテルなどがありにぎわっていた。この旅には優秀な同僚がいた。オズボーンのもとで博士課程の学生をしていたリチャード・スワン・ラルである。ラルは背が高く、生まれつきのスポーツマンで、ブラウンより六つ年上だった。ブラウンがパタゴニアにいるときに、ラルはワイオミング州のボーンキャビン発掘地でオズボーンの一八九九年調査隊の一員として作業していた。ラルのほうが年齢も学歴も上だったが、フィールド調査はブラウンの方がまさっていたので、モンタナ調査隊はブラウンが率いることになった。結果的には、二人のあいだになんらかの緊張感が存在していたのだろう。ブラウンは、ラルのことをいくぶん尊大だと感じていた。それでも二人はこれをやり遂げて、この遠征のあと、ラルは特に角竜類に興味をもちはじめ、やがていくつかの学術論文を書き、これらの恐竜たちに関するハッチャーの長い研究論文を完成させることになる。

この辺境の町を新しく開拓し作りあげたアーサー・ジョーダンは、ブラウンとラルが来たときに会っている。自伝のなかでこう思い出を語っている。

> 一九〇二年五月〔七月か?〕初旬にバーナム・ブラウンとラル……が装備を持ってやってきて、いろいろな地層を探し求めてブレイクスに出かけた。私は夏に何度も彼らのもとを訪れ、作業を見学した。私もブレイクスでは化石になった骨をたくさん見てきたが、この二人の科学者は、どこを掘れば絶滅した巨大な怪物の完璧な標本を手に入れられるかがわかっていた。標本を目にするのは私にとっても非常に興味深かった。
>
> 当時のジョーダンは荒れていて、文明の光を避けてきたようないかがわしい連中がこの新しい町をうろつき、ふざけたりトラブルを起こしたりしていて、科学者たち一行にちょっかいをだす者たちもいた。ただ、町に郵便物をとりにきたラル教授を彼らが困らせたことはたった一度しかなかった。ところがある日、教授の手伝いをしている一人が郵便物と物資をとりにきたとき、彼らとトラブルになっているのを知った。私はその人にできるだけひっそりと町から抜け出すように警告した。するとその人は、すぐに丘の上まで登り……彼が逃げたことに気づいた連中はライフルをとりにいき、彼に向かって撃ちまくった。彼は馬車をうまく操って丘を越え、酔っ払ってわけがわからなくなっている馬鹿者たちから逃げていった。その後、その人はジョーダンの町に近づかなくなってしまった。[*38]

七月一二日には、ブラウンとラルは、ホーナデイの旧友のマックス・シーバーが以前所有していた、ジヨーダンの北にある牧場に到着していた。牧場へいく道は干上がった平野を下り、灼熱の夏のブレイクスの迷路（現在ではチャールズ・M・ラッセル国立野生動物保護区の一部となっている）のようだった。しかしすぐに、調査隊には成功が待ち受けていたのである。

私たちはミズーリ川から二七キロほど離れたヘルクリーク上流にキャンプを張っています。水曜日の夜にシーバー牧場に立ち寄りました。ラル博士と私は木曜日の朝に出発し、私は発掘すべきよいポイントを二つ見つけました。一つは粘土層で、まだそこでは作業をしていません。もう一つは、トリケラトプスやトロサウルス……まだ一日しか発掘作業をしていませんが、ここにはたくさん化石がある可能性があります……。

ブレイクスの上流域に沿っているここは、ワイオミング州のランスクリークにとてもよく似ています。ただ、主だった渓谷はかなりのバッドランドで、途方もなく困難な土地と言えます……。

この地域の大きな障害は、化石を運ぶ距離です。唯一の拠点となる町のマイルズまで二〇〇キロ以上あります。[*39]

このあいだオズボーンは、ブラウンがこれまで採集した恐竜の標本をアメリカ自然史博物館に展示する準備を進めていた。オズボーンは少々腹を立てていた。穏便ながら、実際は叱責となる手紙を七月二五日にオズボーンはブラウンに書いている。

ついによい発掘場所を見つけたという知らせを聞き、私も大変嬉しい。きみがこれらの化石を徹底的に調べ、採集する価値があるものかどうかをしっかり見極めてくれるものと期待している。

きみはがっかりするかもしれないが、きみが今まで苦労して集めてくれた恐竜はほとんど価値のないものだとわかった。……価値があるのは二つか三つくらいだろう。頭骨は完全に潰れていて判別不可能だ。

発掘したものをまとめて高い費用をかけて東部まで貨物で運ぶ前に、フィールドでもう少し注意深く標本をチェックしなければだめだ。きみは最善を尽くして標本を送ってくれたのだろうが、もう少し注意深く調べてほしかった。[*40]

ブラウンは自分がまずい状況になっていることをいまだ知らずにいた。このときは、トリケラトプスのよい標本を見つける可能性が非常に高いということだけはわかっていた。ホーナデイがトリケラトプスを見つけたのも、これと同じような起伏の多い尾根や渓谷だったからだ。そして幸いにも成功はすぐにやってきた。七月一九日にマシューとオズボーンに次のような報告をしている。

「運がよいことに、かなり状態のよいステロロフス［トリケラトプス］の頭骨と潰れていないよい状態の基部を見つけました。前部は枯れ木のようにやわらかい状態で……角の先は失われています……しかしこの標本を素晴らしい展示にすることができると思います」[*41]。この知らせがオズボーンに届くとすぐにブラウンの名誉は回復した。オズボーンは次の手紙では、トリケラトプスの頭骨のことをよろこんでおり、「これはこれから次々に発見される第一弾にちがいない。なぜなら、きみの手紙から、マーシュが『聖地』とかつて呼んだ場所をきみが掘りあてたことを確信したからだ」と書いている。[*42]

一方ブラウンは例のオズボーンの叱責の手紙を八月半ばに受け取り、謙虚に反省した。「ご指摘いただきとても感謝しております。これからは、膨大な時間はかかりますが、母岩はできるかぎり取り除き、より軽くしてから送るようにします」。加えて、ホーナデイの標本と新しいトリケラトプスの頭骨と下顎の

図 11　モンタナ州ヘルクリーク第 2 発掘地でトリケラトプスを発掘するブラウン。アメリカ自然史博物館の遠征、1902 年

採集について報告した。これらは十分魅力的であったが、ブラウンには報告すべきさらに目を見張るような発見があった。同じ手紙の次の段落で、ブラウンはオズボーンの叱責に対抗できる最高の切り札を出した。「第一発掘地からは、マーシュの記載にはない巨大な肉食恐竜の大腿骨、恥骨、上腕骨［の一部］、椎骨三点、同定できない骨二点が出ました……白亜紀の地層から今までこのようなものは見たことがありません。これらの骨は、火打石のような青い砂岩のコンクリーションに埋まっており、掘り出すのに大変苦労します[*43]」

発見した恐竜と発見者の彼自身の両方を一躍有名にした世紀の大発見を、反省気味だったブラウンは、このように淡々とした語り口で報告した。第一発掘地から出たこの骨こそ、かつて地球上を歩いていた最も威圧的な肉食動物、ティラノサウルス・レックスだったというのに！（ブラウンの報告については本書付録 2

を参照）

この発見の意義についてブラウンはすぐにわかった。しかし同時に、これほど巨大な骨格を掘り出して、轍《わだち》でこぼこになった道を二〇〇キロほど離れたマイルズシティの鉄道まで運ぶのは困難だということもわかっていた。かかる費用も抑えたい。ゆえにブラウンは、丈夫な馬三頭と新しい荷馬車とキャンプに必要な装備で二七五ドル（現在の貨幣価値で約六二四〇ドル）使ったことをオズボーンに報告しながら、それらはすべて「ほぼ買った値段で」転売できるとあわてて付け加えている。また倹約の努力をしていることを強調するため、木材と石膏の値段がとてつもなく高く、特にマイルズシティでは石膏が一バレル〔約一二〇リットル〕五ドルもするので、「私はできるだけ倹約しており……使えるところでは小麦粉を使っています」と述べている。[*44]

ジョーダンにある小さな店では、この古生物学者の客たちのほしいものすべてが手に入るはずがなかった。丈夫な木材と石膏は、化石発掘の必需品であり、輸送中に骨を保護する強靭な囲いを作るために欠かせないものだった。これは昔から続いているやり方で、現在でもヘルクリークから中程度の化石を掘り出すときに使われている。しかし、ブラウンの時代には、巨大な標本を掘り出すのに削岩機もバックホーもなかった。骨格を覆っている岩の大部分をダイナマイトで吹き飛ばさなければならなかった。ブラウンは九月五日にこう詳しく説明している。

> 私たちは今も第一発掘地で例の肉食恐竜を……。
> ……骨と骨の間にはたいてい六〇センチから九〇センチくらいの砂があり、それぞれの骨の周りには私が経験したなかでも最も硬い青い砂岩が、コンクリーションのかたちで付いています。
> 学術的に重要な、今シーズン最大の発見であることは間違いありません。……斜面をダイナマイト

図 12　モンタナ州ヘルクリーク第 1 発掘地で表土を除去するブラウン隊。ここでティラノサウルス・レックスのタイプ標本が産出した。アメリカ自然史博物館の遠征、1902 年および 1905 年

で崩さないといけないのですが、馬が入れないところなので作業がなかなか進みません。[*45]
（発掘時に撮影された保存用の記録写真には、ヘルクリークの東斜面を形成している急峻な砂岩の崖の頂上付近にある第一発掘地が映っている。現在は、発掘現場の壁は崩れ、ブラウンが荷馬車に乗せてブロックを運び出した道もなくなっているが、この崖自体は現在でもそこに立っている。その場所を歩きまわれば、いろいろな写真がどこから撮られたのかを確認することができる。ヘルクリークの向かい側にある絶壁の頂上に座れば、ブラウンたちの調査隊が何度も何度もコンクリーションを叩いて砕こうとしていただろう様子や、ダイナマイトで爆破するときに身を隠そうと崖をよじ登ったり、発掘地から荷物を積んだ荷馬車を懸命に引っぱり出そうと馬たちを急きたてただろう光景が容易に思い浮かぶ。付近には、マックス・シーバーの退避小屋の礎石が、ヘルクリークを挟んだ西側の斜面に残っている。また、別の二つの小屋の跡もすぐ北と南に残っている。これらはブラウンの遠征後に建てられたもので、エングタール一家とマクドナルド一家が住んでいた。彼らの息子たちが一九七〇年代後半から一九八〇年代前半にかけて一帯の牧場を所有していた）

発掘作業中には怪我や病気の問題もあった。それらにきちんと対処できず、ただ耐えるのみだった。例えば、一九〇二年のシーズンには、ブラウンはひどい痛風に悩まされ、「馬に乗るのもやっとで、毎晩ベッドに入るにも助けが必要だった。発掘地で作業するのもこのうえなくつらかったが、まもなくすると治った」[*46]。

秋から冬の降雪が近づくと、ラルはニューヨークに戻り、ブラウンは調査隊のメンバーたちに化石の一部をマイルズシティに運ばせはじめた。マイルズシティにはオズボーンが用意した空《から》の有蓋貨車があった。そのあいだ、ブラウンはヘルクリーク周辺で発掘を続け、恐竜が出る岩層の上位の層から「ワニ類」の骨格四体を見つけた。これらの標本の一つは、チャンプソサウルス類（ワニに似ているが近縁種ではない）で、現在、アメリカ自然史博物館の〈脊椎動物の起源ホール〉に展示されている。この探索では、ほかにトリケラトプスとカモノハシ竜のアナトティタンも発掘され、その二つの骨格は博物館の〈鳥盤類恐竜ホール〉の中央に鎮座している。

一〇月の初めには冬の空気になっていた。ブラウンはこの気候の変化を「涼しくて爽快だ」と感じていたが、いずれにせよたくさんのお宝を持ち帰らなくてはいけない時期になっていた。一〇月一三日にオズボーン宛に手紙を書いている。「残りの化石とともに今マイルズに到着しました。全部でおよそ一九箱になり、それでも詰めきれませんでしたが、重さは約四・五トンから六・八トンほどになっています。マイルズからニューヨークまでの運賃が一〇〇ポンド〔約四五〇グラム〕あたり三ドル一三セントなので、少なく見積もっても三〇〇ドル以上の荷物になります」[*47]

さすがのオズボーンもその量に対し文句はつけなかった。史上最も有名な恐竜になろうというものに払う額としては微々たるものだった。運搬費を除いた、調査隊の旅費、装備、食料、馬、労賃などの費用の合計は一三四五ドルとなり、それは現在のアメリカの貨幣価値で三万ドルを少しうわまわる額である。こうしてこの標本は、二〜三年かけてプレパレーション作業し分析されたのち、オズボーンによる二つの科学論文で全世界にティラノサウルスの発見として発表されたのであった。

ニューヨークに戻ると、次のシーズンへの準備が進められていた。一九〇三年五月初旬にオズボーンはブラウンに「北部、特にワイオミング、ダコタ、モンタナ州での爬虫類を探索する遠征」に向かうよう指示した。さらにオズボーンは「ジュラ紀の恐竜が出る新しい地域を見つけることも強く望んでいる」と付け加えた。[*48] 五月一八日にはブラウンは慣れ親しんだサウスダコタ州エッジモントに到着し、装備を月五〇ドルでレンタルし、料理人を一人雇い、この町の約三〇キロ南にあるピエール層、ニオブララ層の後期白亜紀の海成頁岩の探索に備えた。
この地域は海棲爬虫類、特にモササウルス類の宝庫であることがわかった。[*49] ブラウンがいた二ヶ月半のあいだに、シャイアン川の南、アルカリクリークのパインリッジの北の約七七平方キロの範囲で、約四・五メートルの全身骨格や、頭骨を少なくとも三点など、あわせて一〇点もの標本を採集することができた。冗談半分に、ブラウンはオズボーンに「この調子だと博物館にモササウルス類のホールが必要になります」と自慢した。[*50]
さらにブラウンは首長竜類の部分的な骨格を四体見つけたが、彼やオズボーンの期待に反して、頭骨があるものは一つもなかった。手紙のなかで、オズボーンは研究目的でも展示目的でも「最も望んでいるもの」は頭骨だと言っていた。[*51] また、ブラウンは調査のはじめ頃において「翼竜類の断片的な骨で［すなわち骨を見つけて］、またストライクをとった」とボウリングにたとえて宣言した。その骨は断片ではあったが、壊れていても同じところにまとまっていたので、この翼竜類のものに間違いなかった。[*52] その後、ブラウンは翼の指の末端の骨四点を発掘している。[*53]
エッジモント南部での滞在が終わる頃、ブラウンのもう一つの海外遠征についての議論が進んでいた。七月三日の手紙で、ブラウンは自分が単独で博物館の代表となることを直接アピールした。「南アフリカ遠征に関してですが、私には国内だけでなく南米での経験もあり、グループより独りのほうが博物館にかかる費用も少なく……私はそのほうが効率よく作業できます。装備も少なくて済むし、自分が思ったところに行けるからです。これまでの記録を見ていただければ私が言っていることが立証できると思います。今まで以上に時間がかかり大変な作業なので、この仕事はけっして簡単なものではありません。……でも、そんなことはまったく気にしません」[*54]
アメリカ自然史博物館が南アフリカに関心をもったのは、ロバート・ブルームの直近の発見に触発されたからだ。ブルームは、スコットランド生まれの古生物学者で、以前は医者としての訓練を受けていたが、一八九六年に南アフリカに渡り、カルー砂漠のペルム紀〜三畳紀の堆積物で化石発掘をはじめた。一九〇三年までにブルームは、哺乳類の初期の仲間である古代の単弓類の見事なコレクションを蓄え、さらには恐竜も採集していた。[*55] これらの発見に、オズボーンやブラウンたちは大いに関心を寄せた。

一方、ブラウンは七月半ばに、スパーホークという人物からもたらされた、ジュラ紀の素晴らしい恐竜化石があるという話を確かめるため、ワイオミング州バッファローに向かった。残念ながら、これは竜脚類の肢の一部にすぎないことが判明した。「事実関係を調べてみたところ、この男は骨を二つ見ただけで……あとの骨格はただの想像にすぎなかった。スパーホークというのは、バーに入り浸り、野生の馬の取引に関わりながら、将来大儲けを夢見るような人物だった」[*56]

この失望をふり払うかのように、ブラウンはバッファロー南部から北西に向かいモンタナ州プライアーにかけて、ビッグホーン山脈の側面にあるジュラ紀の露頭の調査をはじめた。探索を続けるなか、ブラウンはボベクリーク沿いのキャシェン牧場で一つの成果をあげた。そこで見つけたのは「ステゴサウルスに似た剣竜類の化石だったが、背中の板の形がマーシュの想像したものとは異なっていた」。さらにブラウンは、小さなカンプトサウルスの骨格の一部と、「巨大なモロサウルス［カマラサウルス］の四肢［と椎骨七点］を非常によい状態で」見つけた。[*57]

この時点で、ジュラ紀の化石の新しい露頭を見つけるというブラウンの目標は達成された。これらはモリソン層に属しているとブラウンは考えていたからだ。しかしながら、この川に沿って低い尾根を形成しているパステルカラーの印象的な地質年代は、やがて白亜紀初期のクローバリー層と再指定されることとなる。ブラウンたちは、このあとの数十年間、何度となくこの地に戻ってくることになり、そして鳥類の進化の起源を明らかにする驚くべき発見をする日がやがてやってくる。

七月の終わりにブラウンは再度オズボーンに南アフリカ行きを催促した。実は彼は、はっきりさせたい事情を抱えていた。それは今までとはまったく違う理由だった。「私の婚約者が冬のあいだの私の動きを知りたがっているのです。結婚の準備に時間が必要だからです。……この冬に私が南アフリカに行く可能性があるかどうかをなるべく早く教えていただけますか。私は行く気満々ですので、この旅が実現することを願っています[58]」。オズボーンはブラウンの懸念に理解は示したものの、はっきりとした返事はしなかった。

九月中旬、ブラウンはニューヨークに戻る前に、カーボンデールの家族と大切な時間を過ごしていた。そして東部に戻る途中、オズボーンの手紙で更新世の化石が出る場所を知り、予定はしていなかったもののアーカンソー州ウィルコックソンに立ち寄った[59]。化石は、亜鉛鉱山の立坑にあるクレバス〔氷河に形成される深い割れ目〕堆積物の中にあり、オズボーンは森に住んでいたと思われる哺乳類の動物相を調べたかったのだ。立坑は非常に不安定で、表土を取り除かないと発掘は不可能とわかり、ブラウンは現場の露頭を観察し、結局隣りにあったズリ山〔鉱山から出た選別後の捨石の山〕からの収集だけをおこなった。そこで発掘されたのは「三六種三一五体の顎、頭骨［そしてそれ以外の骨］」で、齧歯類、ネコ、サーベルタイガー、イヌ、キツネ、アライグマ、クマ、シカ、鳥類、トカゲ、ヘビなどだった[60]。

ブラウンは一〇月にニューヨークに戻ったが、そこで彼の人生に大きな変化が訪れようとしていた。間近に迫った結婚の準備だけでなく、一一月の初めに母親が六三歳で亡くなったという悲しい知らせを受け取ったのである。

第6章 愛する者

バーナム・ブラウンが結婚相手と最初に出会ったのはいつだったのか。それはコロンビア大学でパートタイムの学生だったときということ以外は、はっきりしていない。ただ、二人がたがいに想いを寄せた場所については、ブラウンの未刊の自伝メモのなかに正確に記載されている。ブラウンは、マンハッタンの東六七丁目で医業を営むハーマン・E・ミーカー博士の家に住んでいた。ミーカーの自宅は下宿も兼ねていて、選ばれた人たちに部屋を貸していた。そのなかに「私と、のちに妻となるマリオン・ブラウン」もいたということだ。[*1]

ありがたいことに、バーナムとマリオンのあいだに生まれた娘フランシスが、もう少し丁寧に母親のことを描写してくれている。すなわち、マリオン・レイモンド・ブラウンは、ニューヨーク州オックスフォードの有名な弁護士であり教育者である父をもち、彼女自身も生物学の学位をもって一八九八年にウェルズカレッジを卒業した優秀な女性だった。すぐにニューヨーク市近辺で生物の教師となり、夏などの時間があるときにコロンビア大学で修士号の取得に取り組んでいた。その課程を修了すると、ブルックリンにあるエラスムスホール高校で教鞭を執ることになった。理系の生徒にとっては、この町で最も名高い公立学校だった。娘のフランシスは次のように記している。

こういったなか……どこかの時点で……母マリオンと父バーナムは出会って恋に落ちたのです。ただ、二人の交際期間はひと筋縄ではいきませんでした。というのは、父は博物館の近くに下宿し、母はエラスムスホール近くの部屋を借りていたからです……夜のパーティやデートのあと母を家まで送っていく地下鉄はありました。しかし問題は、父が自分の家に帰る列車に乗るとすぐに眠ってしまうことでした。すやすやと眠っているうちに、降りるべきマンハッタン七九丁目の駅を通り過ぎて、そのまま終点に行って列車がまたブルックリンに戻りはじめるまで目を覚ましませんでした。父は人には話したがらないでしょうけれども、ブルックリンに戻って目を覚ますと、薄っすらと夜が明けはじめていたことが何度もありました。[*2]

一九〇四年二月一三日、肌寒いけれどもよく晴れた日にオックスフォードのセントポール聖公会教会で二人が結婚したことで、ブラウンの悩みはやっと解決した。寒さのため、マリオンは白いサテンのスリッパの上に、それが汚れないように真っ赤な靴下を履いた花嫁姿をしていた。そこでちょっとした失敗が起きた。

式がはじまり、花嫁は父親と腕を組みバージンロードにふみだそうとしていた……［そのとき］靴下のことを思い出した。くすくすという笑い声がし、誰かが床を二回蹴った音は聞こえ、彼女はあわてて靴下を脱いでことなきを得た……。

ステンドグラスからの陽の光に照らされたマリオンの幸せそうなブロンドの顔が天使のように美しかったことは、あとで花嫁、花婿どちらの友人たちからも話題になっていた。[*3]

生物学に対する職業上の興味もあったのだろう、マリオンは一九〇四年のブラウンのフィールド探検に同行している。彼女が参加したことで一つよかったのは、活字にはならなかったが「昆虫ハンター日誌一九〇四」というタイトルの素晴らしい記録を残したことである。実のところ、この旅行は、科学的探求が半分、延期になっていたハネムーンが半分だったように思われる。

五月二九日、新婚の二人は列車に乗ってインディアナ州マリオンに向かった。地元の住民たちが発見し発掘した全身骨格に近いマンモスを調査するためだった。お気楽にも住民たちはマンモスを小屋に置いて一〇セントの入場料をとっていた。[*4] ゾウとその仲間は長鼻目と呼ばれ、オズボーンのお気に入りの研究分野であると同時に、採集と博物館の展示計画の主目的でもあった。オズボーンは、マシューやほかの助手たちに足を使った調査を委ね、二巻にわたるこの動物に関するモノグラフの指導をすることに三〇年以上を費やした。[*5] 第一巻はオズボーンが亡くなってすぐの一九三六年に発刊され、第二巻は一九四二年に刊行された。アメリカ、メキシコ、インド、ビルマ〔ミャンマー〕を探検するなかで、ブラウンはこの研究でオズボーンが用いた多数の標本を採集するのに重要な役割を果たすことになる。ただこの一九〇四年の段階ではこのプロジェクトはまだはじまったばかりであり、オズボーンの研究や展示のためにインディアナ州の標本をお金を出して購入することが多かった。[*6]

フィールドに着くと、新婚夫婦は三週間、サウスダコタ州エッジモントの南西のモスアゲイトクリーク源流に近いところで、ニオブララ層やフォートピエール層の頁岩からのフィールド調査を実施した。[*7] 六月一一日、ブラウンは前年に見つけられなかったものをついに発見できた。マリオンはとても嬉しそうに、こう記した。「バーナムと私はバッドランドの上を歩きまわり……首長竜類の骨格がある場所を見つけた。このあたりに二本の木があり、そのうちの一本の木の下で食事をしていてそれから作業を続けると、頭骨

図 13　第四紀更新世の化石の母岩を洗うブラウンの妻マリオン、アーカンソー州コンラッドフィッシャー付近にて。アメリカ自然史博物館の遠征、1904 年

があった。これまでに首長竜類の頭骨は三点しか見つかっておらず、それらはウィリストン博士しかもっていなかったので、私たちはとてもよろこんだ[*8]」

昼間は三五度を超える暑さで、夜は雷や激しい嵐に見舞われるという厳しい状況だったが、マリオンは自分の役割にとても満足しているようだった。なかでも心を惹かれたのは、植物相《フローラ》と動物相《フォーナ》だったようだ。

六月一五日、今朝朝食をとっていると、一羽のキガシラハゴロモガラスが私たちのところに飛んできた。頭と首は黄色で、雨覆羽は白く、あとの部分は光沢のある黒色をしている美しい鳥だった。一日二回、同じ場所に戻ってきて、忙しく虫を追いかけている……。

羽の白いハゴロモガラスのほうはもう少し小さく……三列風切羽は白い。メスは茶色で、小さな白い線があり、三列風切羽は同様に白い……オスは優しい鳴き声で、飛んでいるときにしか鳴かない。[*9]

バーナム同様に、マリオンもユーモアのセンスに富んでおり、よく作り話をしては楽しんでいた。例えば、フィールドで助手と料理人を務めていたレロイ・パーキンが彼女のこんな作り話を覚えている。「ロイ〔レロイのこと〕が今朝話してくれたことは古生物学の記録としてちゃんと残しておかないと。ロイが……牧場の人に去年バーナムと見つけたモササウルス類のことを話したの。モササウルス類がどういうものか一所懸命説明したら、その人が『ああ、そいつだったら俺がここに来た年にハットクリークを泳いでいるのを見たよ』って言ったんですって[*10]」

緩やかな起伏のある頁岩の露頭から、首長竜類の骨格四点を採集し、そのうちの二点には頭骨があった。またもう三点のモササウルス類の骨格も採集した。六月二四日、二人は「RアンドR」〔休養〕を求め、サウスダコタ州ホットスプリングス付近のブラックヒルズとウインドケーブ国立公園に向け出発した。しか

図14　独立記念日を祝い、バーナムとマリオンの結婚を祝う先住民クロウ族、モンタナ州プライアーギャップ、1904年

し七月一日には再び移動し、ビリングスに到着した。そこで荷馬車と食料を手に入れて、キャシェン牧場とクロウリザベーション〔クロウ族の居留地〕に向け南に進んだ。二人を引っぱるラバたちは気性が荒く蹴る習性があるので、マリオンは常に緊張していた。[*11]

七月四日、クロウ族がワイオミング州プライアーギャップで毎年おこなわれる祝いの踊りで二人の結婚を祝福してくれた。険しい岩壁に囲まれた直径約一八〇メートルの牧草地には何十ものティピーやテントがあり、中央には「向きが間違っている」アメリカ国旗が掲げられたテントがあり、そばには小さなメディシンテントがあった。

朝の催しは、ビーズのベルトで美しく着飾った女たちのゆったりとしたダンスではじまった。やがて、男たちと女たちが大きな半円を作って一緒に踊り、メディシンテントに移動していく。そこでは「数人の女が得体のしれないものを混ぜながら火にかけていて」みんながシャーマンにおうかがいを立てる。午後のフィナーレは、男たちが馬に乗ってキャンプを駆け抜けるのを合図に、派手なペイントを施した兵士たちが主役となった。「二人は……濃紺にいくつもの黄色の点」をペイントし、また数人は「ワシの羽の冠」をつけていた。この儀式の終わりには、「毛布、更紗、たくさんの炭酸飲料」が贈られた。[*12]

キャシェン牧場から約二〇キロ南西のバッドランドでの調査の初日、ブラウンはお宝を発見した。それは、白亜紀のワニ類であるテレオリヌスの完全な頭骨と下顎である。この標本は現在でもアメリカ自然史博物館の〈脊椎動物の起源ホール〉に展示されている。

一方マリオンは、虫の多さについてメモに記している。「大きさがさまざまなヒロズキンバエ、メクラアブ、ウシアブ、ヒツジバエ……蚊は数えきれないくらい……セミやコオロギやバッタがいろいろな音楽を奏でている」。[*13] こういうお友だちを利用してマリオンが食生活を補っていた思い出をブラウンは語っている。「雪解け水の冷たい澄んだ小川が［あった］……今年はそこにカワマスがたくさんいた。マリオンは安全ピンの針を細工して、バッタを引っかけて餌にして、いいサイズのカワマスを何匹も釣り上げた。鉄板ストーブの上に載せたフライパンで調理すると、缶詰ばかりのわれわれの食事の目先が変わって嬉しかった」。[*14] マリオンがこんなふうに魚を釣り上げたのを見て、バーナムは父親との旅で自分がイエローストーン湖で同じように魚を釣り上げたことを思い出していたにちがいない。

キャシェン牧場の周辺を二週間歩きまわり、「カメの完全な骨格と、断片的ではあるが新属新種のワニ」を見つけたあと、二人はビリングスに戻り、レロイ・パーキンと再合流し、食料を補給し、ヘルクリークを目指して出発した。[*15]

イエローストーン川を北に向かう彼らの旋風のような旅は七月一七日にはじまった。ポンペイズピラーを過ぎフォーサイスまで、ラバのジャックとジェーン、そして「二頭のサドルポニー〔体の小さな人が乗るポニー〕」で、雲のような蚊の大群の中を突き進んでいった。[*16] 川沿いにはフォートユニオン層の露頭がたくさんあったにもかかわらず、気温がおよそ四〇度まで上がるなか、ブラウンは化石をほとんど見つけられなかった。二六日には、ビッグポーキュパインクリークを北西に進み、一行はイエローストーン川とミズーリ川の水源を分ける分水嶺を越えた。

ホール・イン・ザ・ウォールの峠を越えたところで、一行は大自然の猛威に襲われた。マリオンの記述によると「七月二九日午前四時頃、雹《ひょう》をともなうひどい嵐がきた。レロイが私たちのテントに来て、バーナムと一緒にテントをつかんでいたが、風に飛ばされて、二人とも水の中に倒れた。水は私たちの折りたたみベッドの下に一〇センチくらい溜まっていた」[*17]。これにバーナムがこうつけ足している。「下着姿のレロイはずぶ濡れで、歯が音を立てるくらい震えていた。私のベッドに来て毛布に包まるように言った。雨がやむと再びあたりは静かになった。私はマリオンにこう言った。『もしきみが私の手に負えなくなることがあれば、きみがほかの男とベッドをともにしているのを私は目撃したと言うからね』」[*18]

八月一日にはジョーダンから北に行ったスノークリークのそばでキャンプをした。そこで「見つけたのは、取る価値のほとんどないトリケラトプスの頭骨と……肉食恐竜の骨格の一部」だった。化石の発見が乏しいにもかかわらず、ミズーリ川とその無数の支流の浸食の力でブレイクスの風景に刻まれた「そびえ立つ尖鋒、教会の尖塔のような頂き、幻想的な要塞のような」地形にマリオンは魅了されていた。[*19]

一行はさらに前進を続け、マッセルシェル川沿いのジュディスリバー層とベアポー頁岩の露頭での発掘のため西に向かった。マリオンはアンモナイトの殻の美しさに圧倒された。アンモナイトはオウムガイの遠い親戚で、その真珠層の色はオパールのように美しかった。[*20] 八月九日にバーナムにもついに運がめぐってきて、ジュディスリバー層で巨大なカモノハシ竜の「骨盤、背骨、四肢骨」などの骨格を発見した。[*21]

一方マリオンは、解剖学的観察力を発揮して、自分が捕まえてきた小さなペットの大切な瞬間を記録していた。「今日の正午カエルおばさんに一二三人の子どもが生まれた。……一、二分すると乾いてしまう非常に薄い膜に覆われて、目を覚ますと動きまわりだす。親ガエルの二〇分の一くらいのかわいい大きさだ。

松ぼっくりのような目が特徴的。腹部から紐が出ていて……羊膜の中で広がっている。……親ガエルは子どもたちが生まれたあとはまったく無関心になる」[*22]

二人は、ビリングスに戻り標本をニューヨークに送ると、列車に飛びのりデンバーに向かい、パイクスピークでのんびり旅を楽しんだ。パイクスピークでは、「車両を水平にするために後輪が前輪より低い位置にあって奇妙な小さいエンジンで動く」狭軌の歯車式鉄道で頂上まで行った。[*23] マリオンは、自然がありのままの湖や緑豊かな丘陵など、ロッキー山脈の美しい景色に心打たれた。さらに、眼下には神々の庭ともいうべきパノラマが広がっていた。列車が森林限界を超えると、新婚の二人はオーバーコートを羽織った。おそらくバーナムが五〇セントのレンタル料を嫌がってもってきたのだろう。突然降りだした雪のなか山頂に到着すると、大きな花崗岩にへばりつく地衣類や、そのあいだにかろうじて集まって咲く繊細な花など、高山植物の生態系にマリオンは感嘆の声を上げた。

この新婚夫婦はさらなる化石の発見を求め、コロラドからニューメキシコ州ギャラップへと列車で南に進んだ。ここでは装備を揃えるのが大変で、「やっとのことで［馬を一日］二ドル五〇セントで、そして荷馬車をケニー氏から五〇セントで手に入れた」。八月一九日にカルメンから北東へプエブロボニートを目指したが、道はいくぶん怪しく、マリオンの目からは「最初の三キロから五キロほどはとても細く、そのあともあまりよくないことがわかった」。しかしマリオンは、まもなくギャラップの東にある、赤い砂岩でできた輝くようなビュートに目を奪われた。その傾斜はアロヨ〔涸れ川。ワジ〕の河床まで続き、香りのよい杉の木々に覆われていた。ところが、その夜の星空のもと、砂漠ではよくある出来事に彼女は見舞われる。「暗くなってから蟻塚に踏み込んでしまい、大きなクロアリに［服の中から］取り出せないくらい覆われて、ひどく嚙まれた」[*24]

杉の丸太で建てられたナバホ族のホーガン〔ナバホ族の伝統的な住居〕を歩きまわりながら、マリオンは女たちが見事な模様のウール製の毛布を織る様子をメモしていった。そして、八月二三日にチャコキャニオンの「黄色い絶壁」が見えてくると、昼頃にはプエブロボニートに着き、そこでキャンプを設営した。バーナムは、原住民との交易所をこの近くで営んでいたジョン・ウェザリルと以前から知り合いだった。あいにくジョンは学生たちにこのあたりを案内していて不在だったが、バーナムは馬に食べさせる干し草を大量に確保できた。マリオンはアナサジ〔先史時代の先住民族である古代プエブロ人〕の半円形の遺跡を大よろこびで探検していた。それは、砂岩の絶壁のふもとに作られた印象的な七階建ての構造物で、長方形の部屋がいくつかつながって円形のエストゥファ〔インディアン住居〕になっていた。マリオンは、二つの図と二ページにわたるメモで、この構造を記録した。

翌週バーナムが精力的に調査したのは、後期白亜紀のフルートランド層、カートランド頁岩やオホアラモ砂岩からなる一連のこの周辺の露頭だった。オホアラモ層の露頭は、ブラウンがワイオミング州南東部やモンタナ州中東部で作業したランス層やヘルクリーク層とほぼ同時代のものだった。おそらくオズボーンとブラウンは、緯度が異なる箇所での恐竜たちの動物相を比較したかったのだろう。八月二七日、オホアラモ層の後期白亜紀の露頭で、ブラウンはのちに「〔カモノハシ竜の〕クリトサウルス・ナヴァジョヴィウスの頭骨と顎のタイプ標本」になる化石を発見した。[*25] この標本は現在、アメリカ自然史博物館の〈鳥盤類恐竜ホール〉に展示されている。クリトサウルスを記載し命名した論文のなかで、ブラウンは初めてオホアラモの地層についても記載している。[*26]

帰還する途中でブラウンは第四紀更新世の化石が出るアリゾナ州の鉱山関連の堆積物を査察し、九月中旬にはカーボンデールの家族にマリオンを紹介した。二人はさらにオザーク高原にも行き、そこでバーナムはコンラッドフィッシャーの発掘を手伝ってくれる三人を雇った。ウィルコックソン付近の洞窟内の化石に富んだ堆積物で、ブラウンはそこを前年に調査していた。ここでダイナマイトを使って、「縦約三・

六メートル、横約二・一メートル、深さ約七・五メートル」の立坑を掘った。更新世の炭酸塩岩から出てきたのは「齧歯類や食肉類などの頭骨が完全な形で一〇点、断片的なものが多数、四〇種近くの顎の骨約一〇〇〇点、そして何千もの四肢骨や椎骨……これらの遺骸は……クマ、サーベルタイガー、ライオン、シカ、ジャコウウシ、ブタ、キツネ、オオカミ、ビーバー、ウサギ、リス、ネズミ、イタチ、トガリネズミ、コウモリ、鳥類、ヘビ、トカゲ、カエルなど……絶滅した種と現存の多数の種からなる大きな動物相を示している」[*27]。

アーカンソー州では危ない目にたくさん遭った。バーナムはこう記している。「コンラッドフィッシャーは高い木々の森の中にあり、樹木の多くにはツタウルシが絡まっていた。ウルシのかぶれに免疫のあるメンバーが……短い茎を残したままにして……私はそれを見ておらず岩に両手をついて飛び降りた。……幸いにも目には入らなかったが、私はツタの樹液まみれになり……その晩……マリオンは私の指がくっつかないように一本ずつ包帯を巻くことになった。このせいで私は数日間作業ができなかった」[*28]。するとすぐあと、今度はマリオンにもっと恐ろしい危険が迫った。

ある日の午後、バーナムの帰りを待ちながらテントの外でくつろいでいるとき、自分をじっと見つめるなにかがいることにマリオンは気づいていなかった。娘のフランシスがのちに記したところによれば、バーナムが山を越えてキャンプに戻ってくると、「マリオンがいるすぐそばの草むらに、頭をもたげて今にも襲いかからんばかりのアメリカマムシを見つけました。バーナムは拳銃を取り出して、母にじっとしているよう優しく声をかけました。彼女は言われたとおりにし、父はアメリカマムシを一撃で仕留めました……なぜだか理由を言わない命令に母が本能的に反応したのは二人の心が完全に通じ合っていた証拠だと、父は何十年もあとになって思い出を語ってくれました」[*29]。

このような危機を避けながら、新婚の二人は五ヶ月近くに及ぶハネムーンの締めくくりに、アリゾナ州の化石の森国立公園とグランドキャニオンへと再び西に向かった。二人は化石の森国立公園で、有名な演説家であり大統領候補でもあったウィリアム・ジェニングス・ブライアンと出会った（のちにブライアンは進化論裁判において進化論に反対する弁護士として名声を得たが、ブラウンはやがて、ブライアンの主張に反論しようとするオズボーンに協力し、霊長類によってヒトの起源を証明できる化石を探すことになる）。ブラウンたちが昼食のために化石の森国立公園のゲストハウスを訪れたとき、すでにブライアンの一行がいた。邪魔してはいけないと、新婚の二人は近くの木の下で弁当を広げた。するとブラウンたちが外にいることに気づいたブライアンが、外は暑いから中に入るようにと誘ってくれて、二人はありがたくその申し出を受け入れたという。

化石の森国立公園を散策し、マリオンはそこで自分の生物の授業のためにツノトカゲを捕まえ、その後ブラウンたちもブライアンたちもグランドキャニオンに向かった。そこでバーナムとマリオンがこの自然が織りなすショーを見る特等席としてキャンプの設営地に選んだのは、「最初に着いたところからおよそ三〇〇メートル下の……稜線の上だった。朝になって、われわれはブライアン一行に合流して、ラバの背に乗って川までの道を進んだ。ラバに乗ったブライアン氏は、民主党のシンボルマークそのものだった」[*30]。

ブラウンたちとブライアン一行はニューヨークまで同じ列車で帰った。ブライアンが乗っていることに乗客が気づくと、この伝説的な演説家にぜひなにか話してもらいたくて人々がつめかけた。ブライアンはその求めに応じ、コンキスタドール〔征服者たち〕から現在に至る歴史に触れつつ、彼らが旅した土地について力強く語った。ブラウンは「この人物のスピーチを聴く特権」を得たことに素晴らしいと感じた[*31]。

おそらく、バーナムとマリオンが進化論を支持していることは会話のなかに出てきただろうし、当然のことながらブライアンは異なる見解を述べただろう。列車がニューヨークに近づくと、マリオンはブライアンたちを自分たちのアパートに来てほしいと誘った。ブライアンは丁重に、しかしきっぱりとそれを断り、からかい半分にこう言った。「奥さんがツノトカゲと政治の関連性を私に教えていただけるようになったら、そのときはよろこんでお邪魔します」[*32]
ブラウンが博物館に戻って仕事を再開すると、彼とオズボーンはやっかいな古生物学上の謎に直面した。一九〇二年から何年もかけて、博物館の研究室でティラノサウルスの標本のプレパレーション作業が細心の注意を払いながらおこなわれていた。この作業にリチャード・スワン・ラルとピーター・カイゼン、ポール・ミラーがあたり、骨を包むようにこびりついているコンクリーションをハンマーとタガネで的確に取り除き、[*33]コンクリーションと化石の境界線に近づくと今度は千枚通しなどの小さな道具を使って、化石に残った母岩を優しく引き剝がしていった。化石が露わになると、シェラックワニスで鉱化した骨を固めたり、自然と粉々になった断片を接着したりした。

ところが、そうしてできあがったものは結局不完全なものでしかなかったのである。第一発掘地でブラウンが懸命に作業したにもかかわらず、「顎、頭骨の一部、椎骨、肋骨、肩甲骨、上腕骨、腸骨、恥骨、坐骨、中足骨」などの骨格の一部しか復元できなかった。[*34]後肢の骨については、驚くべきことに、その大きさにもかかわらず鳥のように中空になっていた。

一九〇五年のフィールドシーズンの時期が近づくと、オズボーンはこの骨の学術的記載の作成にとりかかった。[*35]発表した論文において、この標本はブラウンが発見しラルと一緒に採集したものだということはオズボーンも認めつつも、二人のどちらも共著者として挙げることはしなかった。オズボーンは、ブラウンが一九〇二年にヘルクリークで見つけた標本（AMNH973）を記載するのに、《ティラノサウルス・レックス》という新しい属・種を提案した。また、ブラウンが一九〇〇年にワイオミング州ウェストン郡で見つけた巨大な肉食恐竜の骨格（AMNH5866）には《ダイナモサウルス・インペリオスス》という別の属・種を作った。この二つを区別したのは、AMNH5866のほうには肋骨付近に鎧のような表皮の数多くの皮骨が見つかり、ブラウンがこの恐竜のものだと信じていたためだった。

こうして、さらなる証拠が必要だとオズボーンもブラウンも考えた。二人は一九〇二年のティラノサウルスの発掘地ですべての化石が回収できていたかどうか疑問を感じており、再調査することが必須だと考えた。そこで、一九〇五年五月、ブラウンは再びヘルクリークに向けて出発することとなった。

ブラウンはレロイ・パーキンとビリングスで合流し、しかし雨のために北東に向かうことができず、南のクロウリザベーションにしばらくのあいだ行くことにした。ブラウンは非常に危ない目に遭った。六月五日にオズボーンへ手紙を書き、めったに人が通らない道に予想もしない敵が現れたことを伝えた。「出発してまだ三日目に、馬たちが一台のバイクに驚き、地面につないだロープの杭を引き抜いて鉄条網のフェンスにぶつかっていきました。一頭は肩のところをひどく切ってしまい、二、三週間のあいだ荷馬車を引けなくなり、人が乗る馬に荷物を引かせることを余儀なくされました[*36]」

ここではワニ類の顎二点しか成果はなく[*37]、ブラウンはビリングスに戻って食料を再調達した。そして、マッセルシェル川に向け北に向かい、ビッグドライクリーク沿いにヘルクリークまで東に行き、六月一七日、三年前に作業拠点とした牧場に到着した[*38]。そこで、カーネギー大学のウィリアム・アッタバック率いる調査隊も同じ年の少し前にこの地を訪れていたことを知ったが、どうやらお目あての化石は見つけられなかったようだった。また、地元の牧場主たちのなかにもライバルがいた。彼らは、一九〇二年にブラウンが必死に骨格化石を探すのを目にして、自分たちもこの地をまわりながら骨を探していたのだ。

例えば、センシバ一家は、自分たちが見つけた標本を八〇〇〇ドル（現在の貨幣価値で約一七万五〇〇〇ドル）という「べらぼうな」金額で購入してほしいと博物館に手紙を書いてきた。ブラウンは、博物館が「ほしがっている」と思われてはいけないので、なるべく連絡をとらないように勧めた。

しかし、こういった細々としたことをすべて忘れてしまうくらい、この発掘地での作業は予想以上の成果を上げた。

大きな頭骨を含んだコンクリーションを昨日一つ見つけ、今日もまた一つ見つけました……この大きなコンクリーションは重さが三〇〇キロくらいあり……一九〇二年に取り出したときに私がもうこれ以上ないだろうと考えた場所から、少なくともさらに二メートルほど奥にこれらはあり、今斜面を四、五メートル切り出そうと思っています。硬い砂岩の斜面なので、取り出すのに火薬と馬の力を使って少なくとも三週間かかります……。

お願いがあるのですが……この非常に硬いコンクリーションにたちうちできる、良質の鋼鉄の短いタガネ半ダースと、先が曲がった千枚通しで柄がついていないものを一ダース送ってください。[*39]

これによろこんだオズボーンは、「どの部分にも価値があるから、この動物のより多くの部分」が研究できるように、なるべく深く切り出すようブラウンに告げた。[*40]

六月の末にはブラウンはジョーダンに行き、少し発掘をしてトリケラトプスの「〔断片的な化石が〕散乱した」頭骨を見つけた。角はないけれども博物館で作業をおこなえば「立派な標本」になるだろうとブラウンは提案した。[*41]

しかし、この発掘チームの目的はやはりいまだ残っているかもしれないティラノサウルスの化石の発掘であり、すると、そこで「もう一つの大腿骨……〔そして〕デイノドン〔このときティラノサウルスを表すのに使っていた非公式の名称〕のものと思われる小さな上腕骨ほどの大きさの大腿骨の断片」を含んだコンクリーション二つが見つかった。[*42] ひとつの塊が重さ「約一八八二キロあり、この塊を馬六頭で発掘現場から引っぱり出し、それをマイルズシティ〔の鉄道の駅〕まで引いていくのに馬が四頭必要だった」。[*43] そしてブラウンは、「小さな上腕骨〔くらいの大腿骨〕は別の恐竜のものかもしれない」と思い、この新しい肉食

図 15　ティラノサウルスのタイプ標本の骨盤を含む約 1882 キロのブロックを運ぶ。モンタナ州ヘルクリーク第 1 発掘地。アメリカ自然史博物館の遠征、1905 年

恐竜を記載する論文を遅らせるよう助言した。[*44]

夏の焼けつくような暑さにもかかわらず、ダイナマイトや馬に引かせる鋤《すき》などを使って、七月一五日には発掘現場は大規模に広がっていた。ブラウンは次のように報告している。

現在［ティラノサウルスの］発掘地の二番目の大きな掘削現場で作業してます。その掘削部は長さ約三〇メートル、深さ約六メートル、幅約四・五メートルで、硬い砂岩であるため鋤で作業する前にダイナマイトで崩さなければなりません。これは大変な作業ですが、［ティラノサウルスの］骨はこの作業に見合うだけの希少価値があるものです。

大腿骨だと考えていた大きな肢骨は上腕骨であるという重要な発見をしました……。

これは、デイノドンの構造に関するわれわれの考えを大きく変えることになるでしょう。[*45]

これに対しオズボーンは懐疑的な反応を示した。「きみの手紙は興味深いものだ。私はこの巨大な恐竜をティラノサウルス・レックスという名前で記載した。きみが見つけた上腕骨がこの動物のものである可能性はほとんどないと考えている……この動物とアロサウルスが数多くの点で非常によく似ていることを考慮に入れると……前腕が長いというのは考えにくい」[*46]

それから三週間経っても、ブラウンの発掘チームは依然として発掘現場で奮闘していた。ブラウンは時間が足りなくなることを心配しはじめていた。作業はこれまで非常にうまく進んでいたものの、この硬く固まった露頭から可能なかぎりすべての骨を採集するというオズボーンの指示に苦しんでいた。先のことを見すえ、ブラウンは不測の事態に備えて計画を立てはじめた。「ティラノサウルスの発掘は急ピッチで進んでいます」とオズボーンに手紙を送った。

私のほかに三人で作業していて、この作業が完了するまで私が監督することは絶対に不可欠です。作業の完了とは、この深さ約六メートルの掘削部がすべて掘り出されるまでという意味です。さらにもし私が考えるように骨がこの斜面にまだあるとすれば、〔掘削部の〕より上位にある約六メートルの砂岩の除去をこの冬に請け負いでやってもらおうと思います。お金がかかる調査隊での作業よりもそのほうが安上がりになるでしょう。この掘削部の上位には砂岩が約六〇〇立方ヤード〔約四五〇立方メートル〕あり、一立方ヤードあたり八〇〔セント〕です。ここでの自分たちの賃金は高いので自分たちで除去するより、このほうが安いです。

先生のご承諾をいただけるとは思っていますが、できるだけ早くご意見をうかがいたいです。非常に大きな出費になりますが、これは〔ヘルクリークに存在する〕最も類まれなる恐竜であり、ここ以外では断片的な化石すら見たことがないものです。

今までに私が掘り出したのは、大腿骨、上腕骨、肩甲骨？　中足骨、肋骨数本、頭骨、左右の下顎、腸骨、そして特定できないいくつかの骨です。

この発掘現場で出るほかの動物は小さな肉食動物しかいないので、この上腕骨がティラノサウルスのものであることに疑う余地はありません……。

この標本は〔一九〇〇年に〕ワイオミング州で発掘された肉食恐竜とはまったく別のもので、異なる属であることが判明するでしょう。私はあの標本の歯や大腿骨の形を覚えています。さらに、ここでは皮骨を一つも見つけていません……あっちのほうは皮骨を持った恐竜です。この二つの化石をひとまとまりにしてしまうのは絶対に間違いです。[*47]

二週間後の八月二二日、ブラウンの発掘も終わりに近づいていた。切り開いた斜面からはもう骨は見つからなかった。発掘チームはこの二ヶ月間ずっと灼熱の太陽のもとで奮闘してきた。このときオズボーンは、ブラウンの成功を祝福し自分の目で発掘現場を見たいと考え、ヘルクリークに赴くことを計画していた。しかしブラウンは上司を迎えるよろこびを感じつつも、彼にとって予想外の事態となった。こうなれば、調査隊に加わっているあるメンバーの存在を白状せざるをえないと覚悟した。

実は、キャンプには私の妻が同行しており、この夏のあいだ、ずっと隊員たちの料理を作っていました。おかげで私たちの生活費はおよそ半分で済みました。

このことを先生に申し上げなかったのは、これは私の個人的な問題ですし、彼女のおかげで余分に費用がかかることなく私が任務を遂行できれば、博物館にとってもそれは確実に得になることだと考えたからです。[*48]

結局オズボーンはこの場所を訪れることができなかった。ティラノサウルスの前肢に関する意見の相違については、「きみが見つけた部分に言及できるよう、論文の完成を遅らせている」とだけ伝えてきた。[*49]最終的に、すべてが取り尽くされたこの発掘現場からは、主だった肢の骨や、椎骨や肋骨が数点、そして前上顎骨や左右の下顎などの頭の部分がいくつか出てきた。

シーズンの終わりに、ブラウンは地元の牧場主たちが売りに出していた化石にようやく目を向けた。関心のないそぶりをする作戦が功を奏した。ティラノサウルスの発掘現場での作業が「急務」であることを理由に、その標本を見にいく時間をわざと設けなかったのだ。その結果、八〇〇〇ドルから二〇〇〇ドルという「安さ」まで一気に下がったと、八月二二日、ブラウンはオズボーンに報告している。しかし、ブラウンはオズボーンのためにさらに強硬な値下げ交渉をする腹づもりだった。

九月になり、ようやく地中に埋まったままの化石を調べ、それがハドロサウルス類すなわちカモノハシ竜であることを確認した。背骨が完全な形でくっきりと見えており、大腿骨一つと下顎の片側もあった。ブラウンは頭の残りの部分や肢もこの下にあることを確信していたが「購入するまではほかの部分の骨を見せないほうが賢明だと考えた」[*50]。最終的な交渉の結果、価格は二〇〇ドル（現在の貨幣価値で約四三五〇ドル）まで下がり、次回の発掘の開始時にさらに五〇ドル支払うことになった。そのあいだ、標本は土砂で埋められ、ほかの者に発見されず、天候の被害を受けないよう守られることとなった。のちにカモノハシ竜の全身骨格に近いものであると判明したこの標本は、はじめの提示価格の約三パーセントで手に入れたことになる。ブラウンは、オズボーンにとって最高の恐竜ハンターであるだけでなく、最高の仕入れ担当者でもあったわけだ。

ティラノサウルスとカモノハシ竜のほかに、発掘の成果として、トリケラトプスの保存状態の悪い頭骨数点と状態のよい前肢一点、ハドロサウルス類の下顎と後肢、そしてミズーリ川の北でもう一つのティラノサウルスの後肢が見つかっていた。すべて合わせると、大きな箱で二一箱の化石となった。輸送費用の合計は一五五七ドルで、現在の貨幣価値では三万四〇〇〇ドル弱である。

発掘作業に加わっていないときにブラウンは、この地域一帯にある露頭の層序を注意深く観察していた。オズボーンに宛てたシーズン最後の手紙のなかで、ある重要な層序のパターンを明らかにしている。「私の数年の作業のなかで、［石炭を産出する］褐炭層と、角竜類［あるいは恐竜］の産出する層とは明らかな違いがあると確信しています。褐炭層では恐竜の骨は一つも見つかっていません」[*51]。この観察はバーナムたちの恐竜化石を見つけるのを容易にしただけでなく、この二つの層の境界こそ、生物進化における重要な出来事を標《しる》すものであることが判明することになる。すなわち、六六〇〇万年前の恐竜時代の終焉を標すK－Pg境界〔中世代白亜紀と新生代古第三紀の境界〕である。

一九〇五年の終わりに、オズボーンはティラノサウルス・レックスと命名した論文を発表し、ブラウンのAMNH973をタイプ標本に指定した。第一発掘地にブラウンが戻ったおかげで、その骨格には「顎、頭骨の一部、椎骨、〔小さな肩甲骨を含む〕肩帯、腹部肋骨、骨盤、後肢」が揃っている。[*52] 正式な論文の発表とともに、この「暴君竜」の存在が人々のあいだに明らかにされた——それは派手なかたちでの公開となった。

一九〇五年一二月三日の日曜日、『ニューヨーク・タイムズ』日曜版に全面記事が出て、そこにはオズボーンとブラウンの名前が目立つように掲げられていた。この報道は、すでに知名度のあるオズボーンにとってはそれに華を添える程度にすぎなかったが、ブラウンとティラノサウルスにとっては、科学の世界でも一般の人々のあいだでも広く知られることになる運命のデビューであった。ブラウンにとって最高のこの年が、コロンビア大学で挫折した心の傷を癒やしてくれる年になったことは間違いない。そしてこの若き化石ハンターは、しっかりとオズボーンに気に入られた。オズボーンがブラウンに言ったように「このシーズンはほかの地域での成果がさっぱりだった」からだ。[*53]

第7章 喪失

1906–1910

一九〇六年の夏、博物館が前年に現地購入したハドロサウルス類を回収するため、ブラウンはヘルクリークを再び訪れた。助手のピーター・カイゼンに加えて、今回もマリオンを料理人として連れていきたいというのがブラウンの願いだった。カイゼンはもちろん同行することになったが、マリオンの参加についてはちょっとした問題となった。ブラウンがオズボーンにこの件をもちだしたのは出発の直前だったが、おそらくアメリカ自然史博物館のスタッフの誰かが、フィールド調査に妻が同行することに対して異論を唱えたのであろう。そこで、許可を出す前にオズボーンは館長のハーモン・C・バンパスに相談した。[*1] そうしているあいだにブラウンとカイゼンは出発した。

「センシバのラバ」とも呼ばれるこのハドロサウルス類の骨格は、いろいろな持ち主のところを転々としたことが文書で明らかにされている。もともとは、オスカー・ハンターとガス・コーランという二人の地元民によって、背骨がむきだしになった完全な状態で発見されたのだが、ハンターとコーランは「目に入るものを手あたりしだいに掘り出していた」[*2]。その後、センシバ兄弟が「六連発拳銃」と交換にこの化石を手に入れ、失われていた断片もほとんど取り戻した。ブラウンの調査隊は三週間かけて、背骨の大部分、大腿骨一点、頭骨の大部分、下顎などの骨格を発掘した。この見事な骨格は、新しくなった〈鳥盤類恐竜ホール〉にもう一体の「連れ合い」と並んでたたずんでいる。
マリオンに関しては、七月一七日にオズボーンが気遣いながらブラウンに手紙を書いた。「われわれはすべての調査隊を考慮に入れなければならず、するとフィールド探検者一人ひとりに配偶者同伴の可否を伝える必要が出てきてしまう」。バンパスや、ブラウンの先輩になるW・D・マシューも同意見であるとして、オズボーンは次のように結論づけた。「探検者が既婚の場合、配偶者を同伴させるというのは、アメリカ自然史博物館の利益にはならないと思われる」。ただしオズボーンは、「最終決定はきみと奥さんにまかせる」と付け加えた。[*3] ブラウンはこれに対し、同じように配慮をしながら返信した。

妻をキャンプに同行させる件について私たちに決定を委ねていただき……感謝しております。要は、私がこの仕事をしっかりやれるかどうかであり、それは私の努力次第で決まることだと思います。博物館に対し費用の問題は起きません。人を雇えばひと月に四五ドルから五〇ドルかかる仕事を、妻は無料で提供するわけです。仕事に関して言えば、妻がいようといまいと、私は博物館のために毎日一一時間から一四時間の仕事をし、それに集中できないことはけっしてありません。これらのことから、これは私たち自身が決めてもよい案件だと思われます。私は博物館を辞めたいとは思っていませんが、毎年二ヶ月から五ヶ月のあいだ、妻と別々に生活するくらいなら辞めてもかまいません。[*4]

このシーズンにマリオンが調査隊に加わっていたかどうかを示す書簡はないが、とにかくブラウンの作業は続けられた。発掘を進めると、さらに二点のハドロサウルス類の標本が出てきた。そのうちの一点は、尾に皮膚の跡が残っており、「これによってこの生物の外皮の様相を正確に知ることができる」標本だった。[*5] さらに、スッポン一点、オルニトミムス類の肢骨数点、「新たな」角竜類一点、ワニ類の頭骨一点、哺乳類の歯や骨数点、新生代の植物の葉が堆積したもの一点などが見つかった。

この夏にオズボーンは、ティラノサウルスに関する自分の結論の一部を修正する論文を出した。今回も自分一人を著者としたが、ブラウンが「記載や計測などさまざまな部分で協力してくれた」旨を記した。さらに、タイプ標本（AMNH973）として「顎、頭骨の一部、椎骨、肩帯、腹肋骨、骨盤、後肢」が揃っているのは、第一発掘地でのブラウンの努力の賜物であることにも言及した。[*6]

ティラノサウルスの骨格について問題になる点として、オズボーンは腕の骨が極端に小さいことを挙げた。「上腕骨があまりにも小さく、本当にこの動物のものであるかどうか重大な疑念を生む。次の三つの理由から最終的にいったん保留しておくこととした。①この上腕骨は中空であり、獣脚類の骨であることを示している。②上腕骨の先端部分は肩甲骨の関節窩［肩ソケット］に適合している。③大腿骨と比較するととんでもなく小さいが……非常に強靭な筋付着部があり……なんらかの機能を有していたことを示す。交尾の際に相手をつかむ器官であったのかもしれない」[*7]。今日でも、ティラノサウルスの両腕がどのように機能していたかについては古生物学者のあいだで議論になっているが、オズボーンが考えた交尾における役割というシナリオはまともに相手にされていない。

さらにオズボーンは、ティラノサウルスの骨格AMNH973とダイナモサウルスの骨格AMNH5866は同じ属のものであるとし、[*8]最初にティラノサウルスを記載していたため、規則によってこの属名はティラノサウルスとなった。したがってダイナモサウルスという名前は無効になった。

解決していないもう一つの問題は、ブラウンがAMNH5866とともに鎧を形成する皮骨を発見していたことだった。AMNH5866が発見された砂岩の流路充塡堆積物からはトリケラトプスの断片やハドロサウルス類の顎の一部も出ていたので、この装甲板をAMNH5866のものと断定することはできなかった。このような問題は、標本が発見されるのがかつての河川水路である場合によく起きる。いろいろな骨が埋没し化石になる前に、水流によってごちゃまぜになるからである。このような複雑な問題がありながらも、オズボーンはこの二つの標本が異なる種である可能性も否定はしなかった。ただし、AMNH5866とともに発見された鎧がこの動物のものであったということには懐疑的であった。オズボーンは次のように結論づけた。「この肉食恐竜が外皮の鎧によって守られなければならないことは、自分と同じ仲間からの攻撃でもないかぎり想像しにくい」[*9]。確実に言えることは、ティラノサウルスについては、頭骨全体がどのような形なのかということも含め、わかっていない部分が多いということだった。

一九〇六年のシーズンが終わる一〇月に、ブラウンはオズボーンにこう告げた。「私にはモンタナ・ララミー［岩体］に関する地質学論文の材料があり、戻ったら論文を出したいと思っています。これは私の三年間の作業の集大成となり、この地域のスケッチマップもつけてあります。このマップは絶対に必要なものです。現在あるマップはどれも誤りが多く、いろいろな町や目印になるビュートなどが五〇キロないし六〇キロほどずれています」[*10]

一九〇六年の年末を締めくくり、翌一九〇七年のはじまりを迎えるにあたって、アメリカ自然史博物館は、ニューヨークばかりか世界中の人々に新年のプレゼントを贈った。一二月三〇日、『ニューヨーク・タイムズ』のおよそ一面を飾る記事とともに、ティラノサウルスが博物館の恐竜ホールで人々の前に姿を現したのである。ただし、展示された骨格はほんの一部にすぎなかった。新聞記事の写真を見ると、どっしりとした腰の下に巨大な二本の後肢があり、そのあいだに立っている人間が小さく見えている。この恐竜のすべての骨が揃っている今日の展示を知っているわれわれからすると、頭も尾もないこの姿は非常に奇妙に見える。それでも、これはのちに世界で最も有名になる恐竜を、地質時代の深い暗闇から輝かしい現代の国際的な舞台に導く第一歩となったのである。残念ながら、この重要な出来事のブラウンのよろこびはすぐに消えることになった。一月初旬に、父親が七四歳で亡くなったという知らせを受けたのである。

図 16　バーナムとマリオンの一人娘フランシス、ウェルス大学のアルバムより、1929 年

一九〇六年にブラウンは、ヘルクリークからビッグドライクリーク沿いを東に行ったりマイルズシティの南まで行ったりして、翌年の発掘の可能性を探る予備調査をしていたが、一九〇七年にはフィールド調査をおこなわなかった。一〇年ぶりにブラウンは丸一年ニューヨークにいた。最初の七ヶ月間は主に二点のアナトサウルスを展示するための作業に取り組んだ。[11]また、研究の遅れを取り戻そうとコンラッドフィッシャーのコレクションに関する論文や鎧竜類についての概評を書いた。ブラウンがフィールドワークからいったん離れたのは、マリオンと過ごす時間を増やしたかったからかもしれない。マリオンは、二人の初めての、たった一人の子どもを身ごもっていた。二人の娘フランシスが生まれたのは一九〇八年二月二日であった。

ブラウンはミズーリブレイクにおけるフィールド現場の層序に関する論文も仕上げた。彼の年末の報告には「四月の後半の二週間は、一〇月に発刊の二二ページにわたる『ヘルクリーク層』の紀要論文の準備に費やした」と書いてある。[12]この論文でブラウンがしたことは、石炭が出る古第三紀最初の堆積物の下にある、恐竜の出る白亜紀最後の堆積物に名前をつけたことだけではない。もっと重要なのは、恐竜の時代すなわち中生代の終わりと、哺乳類の時代すなわち新生代のはじまりの移り変わりを理解する土台を作ったことである。二〇世紀の終わりまでずっと、この一連の岩石層は、非鳥類型恐竜の絶滅とその後のわれわれ哺乳類の王朝の誕生を示す動植物の変化を、陸上で最も完全なかたちで表すものとされた。また、現在はヘルクリーク層、タロック層と呼ばれているこの地は、恐竜の絶滅に小惑星または彗星の衝突が深く関わっているという、アルヴァレスたちが一九八〇年に初めて提唱した仮説の重要な証拠を示してくれてもいる。

アルヴァレス仮説はもともと海洋の、とりわけイタリアの海成層に残っていた化石記録に基づいている。重要な証拠は、白亜紀の石灰岩とその上位にある古第三紀の石灰岩との間にある薄い粘土層の中に、異様に濃度の高いイリジウムが含まれていることだった。イリジウムは地球の地殻の中にはほとんど存在しない。イリジウムは地球が冷えて固まるときにマントルや核に向かって下降していってしまうからだ。ところが、小惑星や彗星は太陽系本来の化学組成をより強く反映しており、比較的高濃度のイリジウムを含んでいる。したがってアルヴァレスたちは、海中の粘土層に存在する高濃度のイリジウムは小惑星の衝突で降ってきた灰を意味するものと解釈した。

しかし、巨大隕石衝突説のきっかけとなった海成層からは恐竜の化石は産出されなかった。したがって、ブラウンの記載したヘルクリーク層とタロック層が恐竜絶滅を調査するための学術上の試金石となった。過去三〇年間、古生物学者や地質学者ら科学者たちは、六六〇〇万年前に非鳥類型恐竜が絶滅したことを説明するのにアルヴァレス仮説が唯一正しいかどうかを精力的に議論してきた。[*13] するとカリフォルニア大学バークレー校の調査隊が、ヘルクリーク層とタロック層の間にあるK–Pg境界に高レベルのイリジウムが存在していることを証明した。またその後、小惑星または彗星が現在のユカタン半島沿岸に衝突した際に、チクシュルーブクレーターから吹き出した鉱物粒の断片などの巨大隕石衝突の証拠が、ヘルクリークで見つかっている。

古生物学以外の学者たちは、白亜紀の終わりに恐竜が絶滅したのを巨大隕石衝突で説明するのを好む傾向がある。一方、この問題に取り組んできた大半の古脊椎動物学者たちは、同時代に起きたほかの重要な地質学上の出来事《イベント》も関係していると考えている。例えば、インドのデカントラップ〔インド・デカン高原に分布する世界最大の玄武岩台地〕を形成した洪水玄武岩の大量噴出は、巨大隕石衝突の数百万年前にはじまり、白亜紀の終わりの、ちょうど巨大隕石衝突の起こる直前にピークに達した。これらの噴火も、多くの同じ「殺戮のメカニズム」を作りだした可能性がある。すなわち、微粒子や炭酸ガスの放出によって酸性雨と短期間の寒冷化が起こり、そのあと温室効果による温暖化が長期化するのである。寒冷化の際に、浅い海が大陸から後退し主だった海盆に戻っていったことも、恐竜たちを全滅させてしまうだけの気候変化の原因となったかもしれない。議論は続いており、古生物学者たちは毎年ブラウンのヘルクリーク層の露頭や世界中のいろいろな場所を再び訪れ、非鳥類型恐竜の絶滅に関する新しい証拠を探し求めているのである。*14

話を一九〇八年に戻すと、オズボーンもブラウンも、ティラノサウルスに関する自分たちの知見の隙間を埋めたいと考えていた。そこで次の遠征が計画され、今回はヘルクリークでの作業をビッグドライクリーク沿いに五〇キロほど東に移すことにした。一九〇六年の予備調査の際に、ブラウンはそこでいくつかの化石を発見していたからである。

ブラウンとカイゼンは六月にニューヨークを出発した。オズボーンへの最初の数回の報告はぱっとしなかったものの、二人の発掘者たちは決意をもって発掘現場で作業し続けた。ただし、仕事ばかりで息抜きがなかったというわけでもない。ブラウンのフィールドノートにも明らかだった。例えば、六月二一日には、地元の牧場の一家との懇親会について書いてある。「トウィッチェルの奥さんからわれわれ全員がディナーに招待された。ベッシー・ウィリスが……ディナーに加わり楽しい時間を過ごした。ベッシーはこのあたりで一番の美人で活発な娘だ。われわれは七月四日をここで祝うことにする」*15

七月一日、ブラウンは一九〇六年に狙いをつけていたハドロサウルス類の化石を見て、これを採集しな

図17　独立記念日を祝う人たち、トウィッチェル牧場にて、1908年。後列でアメリカ国旗を背にするのがベス・ウィリス

いと決めたが、その後、同定が難しい恐竜の尾椎一五点とその他の骨を発見した。その椎骨は、彼の記述によれば「横方向にいくぶん潰れてしまっているが、［ハドロサウルス類や］トリケラトプスにしては長すぎる」ものだった。[*16] ブラウンはこの新しい化石のそばにキャンプを移し、七月三日のフィールドノートに、まるでなんでもないことのようにこう書いている。「あるビュートの近くでティラノサウルスの下顎と頭骨後部を見つけた。取り出そうと思う」[*17]。やっとこの発見にこぎつけたのだ。しかも、その時期もちょうどよかった。彼の大好きな祝祭日の直前だったからだ。

国を挙げて祝う独立記念日がやってきた。この派手なイベントの発起人であり、この地方でただ一人の未婚女性である「ベス・ウィリスは、国中をまわって［蓄音機の］レコードを集めてきた」[*18]。当然バーナムはトウィッチェル家でのパーティに参加することに決めていた。

この日はビッグドライの大祝祭の日だった。一一時頃になると、四輪荷馬車に旗を飾った人々が集まりだした。全部で三〇名ほどと赤ん坊が一〇名……豊富な食べ物がテーブルに用意され、みんな皿を手にして家の中のいろいろな場所で思いおもいに食事をしていた。私は、鶏肉、いろいろなケーキ、サラダ、アイスクリーム、レモネードを口にした。三時頃誰かが……ダンスをしようと提案したので、われわれはダイニングルームを片づけて蓄音機をかけた。私は写真を撮り……夕方になるとブランコを設置し、みんな早めに夕食をとり、本格的なダンスがはじまった。子どもたちは次々に眠りに落ちていき、別の部屋のベッドや床に寝かされた。女性たちが全員寝られるだけのベッドがなかったので、私はキャンプから運んできてやり、自分には馬用の毛布と余ったタープを持ってきた。一二時頃まで踊り、パートナーは素晴らしい女性が数名と器量がそれほどでもない女性が一人だった。なかには日曜日の朝七時まで踊り続けて朝飯を食べて帰っていった人たちもいた。

ベスは自分のパーティだからと、ずっとつき合っていた。[*19]

このようなパーティは、地元の酒場で交流するのと同様に、古生物学研究の大事な部分となる。会話のなかで、恐竜の骨が風化して地面に現れているのを牧場主たちが見たなどという話がよくでてくることがあり、酒を一杯か二杯酌み交わせば、すぐに見にこいと誘われることになる。

七月八日、ブラウンはオズボーンに、七月一日に見つけた椎骨が有望であることを手紙で伝えた。「ついによい知らせをご報告できます。先週［尾椎が］つながったものが一五点やわらかい砂岩の中に刺さっているのが見つかり、これは大発見です。ツルハシとシャベルで一・八メートルほど周囲を切り開いてみ

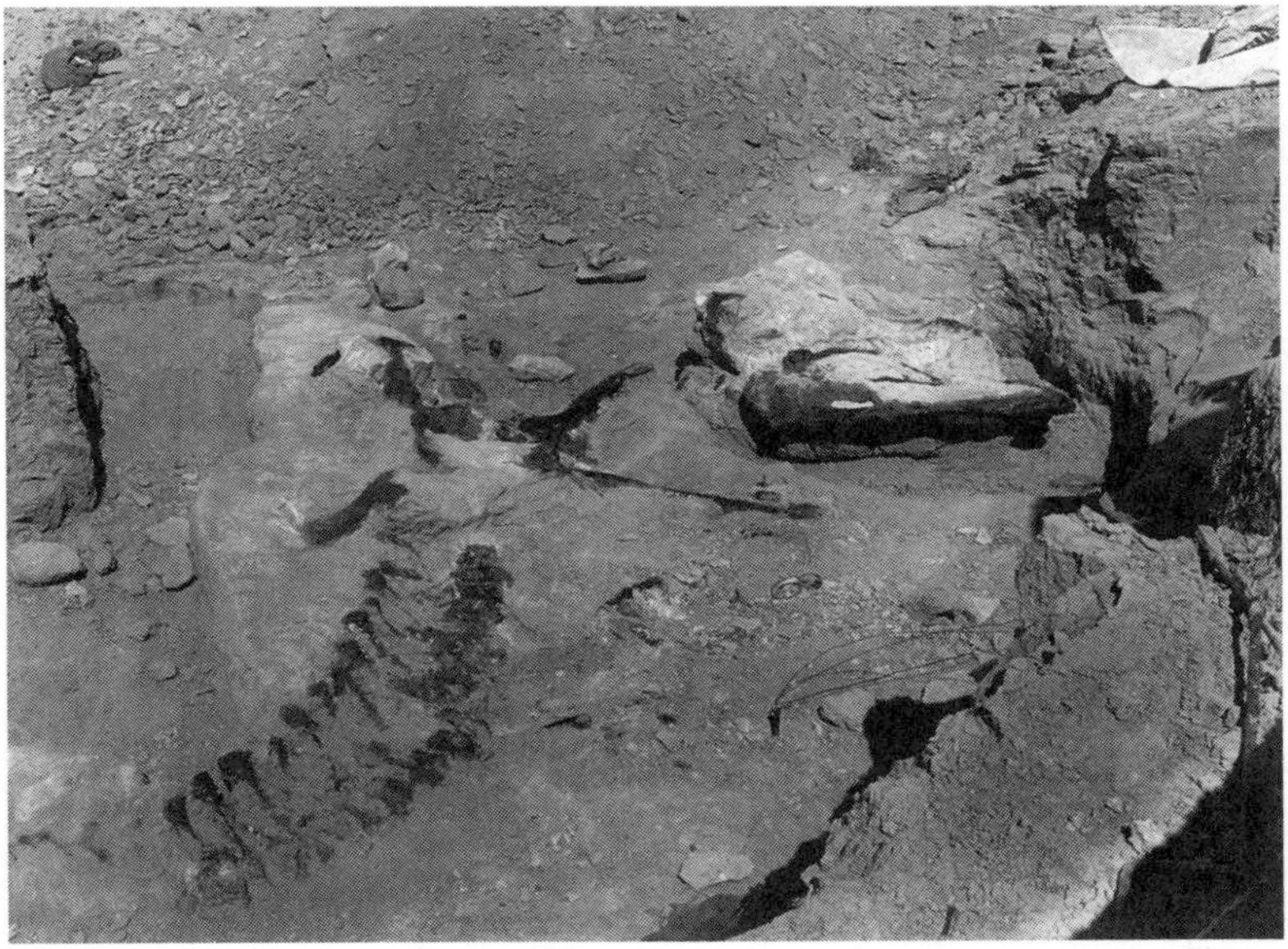

図 18　ティラノサウルス（AMNH5027）の頭骨（中央右）と関節した背骨（手前左下に伸びる）、モンタナ州ビッグドライクリーク沿い、1908 年

ると、骨が砂岩のコンクリーションの中に続いているのがわかりました。キャンプをこの化石のそばに移し、さらに大きく骨のまわりを切り開くために鋤《すき》を借りました[*20]」

幸いにもこの標本は、一番最初のティラノサウルスの発掘現場ほど足場は悪くない場所にあり、作業は順調に進んだ。カイゼンの助けもあり、ブラウンはほかの標本を採掘する時間もできた。しかしながら、そういうよい知らせもある一方で、キャンプではすべてがうまくいっているわけではなかった。例えば、信頼のおける料理人を探すことがなかなか難しいことが判明した。七月八日の手紙のなかで、ブラウンは、調理も馬車の御者もできるジョンソンという名の好人物を雇ったことを報告している。その前にいたマイルズシティで雇った男は「ツルハシとシャベルの作業がきついと言って先週辞めていきました[*21]」。

新しい発掘現場の骨は一部が砂岩の中に埋まっていたが、岩は容易に取り除くことができ、一週間のうちにブラウンがその恐竜を同定できるだけの十分な姿を見せてくれた。七月一五日、彼はオズボーンに「今度のこの恐竜はティラノサウルスであることがわかりました……尾の先端を除けば完全な背骨、頭骨と下顎、完全にそろった骨盤、［頸］骨が出ました……今のところ肢骨は出ていません……これらの骨は保存状態がとても良好です」と報告した[*22]。

ついにオズボーンとブラウンがこの恐竜、ティラノサウルスの、ほぼ全体を手にするよろこびに浸るときがやってきたのだ。一九〇二年の骨格とは違い、この標本には長さ約一・二メートルの頭骨、縁に鋸歯のついた一五センチほどの歯がついた顎があった。七月三〇日の返信にはオズボーンの大きなよろこびが表れていた。「七月一五日のきみからの手紙を読んで、私は自分が預言者であったかのように感じた。きみが今シーズンにティラノサウルスをきっと見つけてくれるだろうと思っていたからね……心の底からこの素晴らしい発見を祝福したい……きみが作業している地域に人が押し寄せるのは避けたいから、この発見のことはしばらく黙っておくつもりだ[*23]」。発見祝いも催され、二一日にはベスがバーナムのために再び

図 19　化石層の表面をダイナマイトで除去する。モンタナ州ビッグドライクリークの発掘現場。アメリカ自然史博物館に展示されているティラノサウルスの標本（AMNH5027）は、1908 年にここで発掘された

チキンとアイスクリームの並ぶパーティを開いてくれた。[*24]

遠征は学術的な成功へと進んでいったが、キャンプ内での身近な問題はまったく解決されていなかった。信頼の置ける料理人を確保するという課題がブラウンを悩ませていた。八月一日にオズボーンにこう泣きついている。「キャンプではすべてうまくまわるようにしていたのですが、馬車を御する料理人が昨日も今日も酔っ払っているのでクビにしました。調理もうまく仕事もしっかりする男だったので彼がいなくなるのは残念なのですが、化石を町まで運ぶ作業を安心してまかせられない人間をキャンプに置いておくわけにはいきません。先生が来られるまでに、鍋を焦がさないような料理人が見つかっているといいのですが[*25]」。素晴らしい標本を自分の目で見たいと、現場を訪問する計画を伝えていたオズボーンは、「鍋が焦げずにいてくれれば、バッドランドも楽しめる」だろうから、よい料理人を見つけてもらいたいものだ、と冗談半分に返信してきた。[*26]

八月一〇日、オズボーンの到着を前に、ブラウンは自信ありげに手紙を書いた。「この標本がどれだけ素晴らしいかを先生が目にされたら、きっと今回のティラノサウルスに満足いただけるでしょう。頭骨だけでもこの夏の作業の価値があるくらい完全な形で出ています。すでに頭骨の箱詰めは終わっており、土曜日には発掘現場から運びだします。重さがおよそ一三六〇キロあります。下顎のほうは四五〇キロほどです[*27]」

オズボーンは八月二六日に到着し、発掘現場を見学したり、ブラウンとともに発掘をしたりして一週間ほど滞在した。ティラノサウルスの化石を入れた重い木箱を発掘現場から出して、ミズーリ川の北岸まで持っていくというのが彼らの最大の問題だった。鉄道が使える最も近い場所は、マイルズ将軍やシッティングブルが物資を調達したフォートペックの北西部にあるグラスゴーで、ブラウンのキャンプからは七〇キロ以上離れていた。輸送には、さらに数名の人間と荷馬車数台が必要だった。ブラウンは一度にすべて

図20　ティラノサウルスの標本（AMNH5027）の骨盤を含む約 1.8 トンの重さの木箱を滑車を使って持ち上げるブラウン隊、モンタナ州ビッグドライクリーク、1908 年

の収集物を列車に載せてニューヨークまで運んでしまいたかった。そうすれば、いくつもある箱の処理が一度で済む。

九月の一ヶ月間ほとんどと一〇月の一週目までかけて、化石を詰めたジャケットを入れる箱を作ったり、標本を木箱に詰めたりした。ときに天候が急激に悪化し、九月の終わりには雨や雪まじりの風のためブラウンの作業が滞ることもあった。箱を発掘現場から運び出して、ブラウンが拠点として使っていたウィリス牧場まで持ってくるのがネックになっていた。バッドランドのこの箇所には道をなすものがなかったからだ。荷馬車が動けなくなり、ブラウンはそれをいったん乗り捨てて、さらに数頭の馬を連れてきて引き上げたことが二度あった。それでもついに、一〇月八日にブラウンはグラスゴーに向け出発することができた。五つの積荷を一六頭の馬に引かせた輸送隊は、およそ七〇キロの道のりを事故なく進み、翌日の夜までに着いた。
一〇月一〇日、箱は列車に載せられ、一二日にニューヨークに向け出発し、無事に到着した。[*28] 初めてのティラノサウルスの保存状態のよい頭骨を確保するのに遠征にかかった費用は、合計で一一八七ドル、現在の価値で二万五〇〇〇ドルほどだった。[*29] 頭骨のついたティラノサウルスの骨格のほかに、ブラウンとカイゼンはもう一つのティラノサウルスの頭骨後部、トリケラトプスの頭骨と顎と肩、オルニトミムス類の足の骨、クチバシのある［鳥盤類の］恐竜を見つけている。
ティラノサウルスのほぼ完全な三つの標本（AMNH973, 5866, 5027）と、その他の断片的な標本を調べたのちに、オズボーンはこの恐竜の種に関する考えを見直した。そして自分の結論を一九一二年に論文にして、この三つはすべてティラノサウルス・レックスであると断定した。そしてこれは今日も受け入れられている。[*30]
オズボーンの論文には共同著者としてブラウンの名前は出てこないが、これまで見てきたように、オズボーンはこの助手に対してあらゆる点で気を配り、フェアな態度をとっている。ティラノサウルスに関連した論文において、自分が著者として入っていないことをブラウンが不満に思っている様子を示すものは一切存在しない。オズボーンは、ティラノサウルスに関するすべての論文のなかで、ブラウン、マシュー、ラル、そしてプレパレーション作業をした者たちの努力に感謝の意を表している。そのようにすることがオズボーンと部下たちのあいだで同意されていたのかもしれない。レインジャーが書いているように「オズボーンの古脊椎動物学の多くの研究にこの部門［古脊椎動物学部門］が間接的に貢献した。オズボーンが標本を調べ化石脊椎動物の分類と系統を確立する一方で、スタッフたちがこの科学における『汚れ仕事』をおこなっている。ワートマン、ピーターソン、ブラウン、そしてその後のアルバート・トムソン、ピーター・カイゼンといった面々が、標本を採集し、プレパレーションし、展示の準備をしてきた。そしてそれが、オズボーンの記載および分類学的研究の基盤となっている。ほかのスタッフも頻繁に呼ばれ、オズボーンの論文作成を手伝ってきた。たいていマシューが中心となって段どりしていた」[*31]。ともあれ、ブラウンはティラノサウルスの論文では共同著者にはなっていないが、彼が地質学研究のみならず、非鳥類型恐竜やその他の脊椎動物について重要な研究を論文にし続けたことは誰もが知っている。

この一連の発見と研究において、「ティラノサウルス・レックスを発見したのは誰か」「ティラノサウルス・レックスが最初に発見されたのはいつか」という質問に対する答えは、いささか複雑なことになっている。ホロタイプ標本〔種の学名の基準となる単一の標本〕、すなわちティラノサウルスという名のもとになっているのが一九〇二年の標本AMNH973であるのは確かである。ところが、それよりも早く別の二つの標本が発見されており、のちになってそれらがこの属・種であると指定された。そのうちの一つはすでに見てきたようにAMNH5866で、ブラウンが一九〇〇年にワイオミング州で発見し、オズボーンがダイナモサウルスと名づけたものである。この標本は一九六〇年にロンドン自然史博物館に移された。もう一つは、コープのところの化石ハンターたちが見つけた椎骨の一部分で、一八九二年にコープによりマノスポンディルス・ギガスと命名された。これは現在アメリカ自然史博物館にある（AMNH3982)。オズボーンは一九一六年の研究のなかでこの標本をティラノサウルス・レックスであると再指定している[*32]。

さらに、これらの標本よりも早い時期に採集されたものでティラノサウルスの標本かもしれないとして二〇〇三年に世間に知られたものがある。それは一八七四年にアーサー・レイクスがコロラド州のデンバー層で発見した一本の歯（YPM-VP4192）である。レイクスはこれをO・C・マーシュに送り、マーシュがイェール大学のコレクションに入れたものだ。マーシュはこの標本に関する論文を書かなかった。おそらく、大きな獣脚類の歯はあまり特徴的でないため、マーシュはそれを新たな動物のものだと認識しなかったのであろう。その大きさや発見された地層から考えると、これが世界で最初に収集されたティラノサウルスの標本であってもおかしくはない。

ニューヨークに戻ったオズボーンとブラウンは、このティラノサウルスのほぼ完全な標本二つ、すなわちAMNH973と5027をどのように展示するのが最良であるか思案した。[*33] オズボーンは博物館でアートを担当していたE・S・クリストマンに、この恐竜のすべての骨の縮小模型を作らせた。それらは関節を動かせるようにして、さまざまな姿勢やポーズについて検証できるようにした。こうしてブロンクス動物園の爬虫類の学芸員であるレイモンド・L・ディトマーズが提案したポーズがコンテストで優勝した。ブラウンは提案されたその光景を次のように描写している。「四〇〇〇万年前の白亜紀の早朝の水辺である」（現在私たちは、正確にはこれが六六〇〇万年前であることを知っている。ブラウンの時代にはなかった放射性同位体年代測定法のおかげである）

一頭の植物食恐竜トラコドン［カモノハシ竜］が水から上がり、水気の多い植物を朝食にしようとしているところを、巨大な肉食恐竜ティラノサウルスに捕まえられ餌食となってしまう。この怪物がしゃがみ込んでその死骸の手足を夢中になってちぎっているところに、この光景に惹かれてもう一頭のティラノサウルスがやってくる。ゆっくりと近づき、精一杯に立ちあがり、先に獲物にありついた幸運の主とまっこうから獲物をとり合うつもりである。しゃがんでいた恐竜は食べるのをしぶしぶ中断し、この挑戦を受け、敵に飛びかかろうと立ちあがろうとしている。この戦闘前の心理的緊張の瞬間が、この巨大な爬虫類たちの生活の一場面を描き出し、肢や体の位置を最もよく表すものとして選ばれた。[*34]

残念ながら、これらの骨格は大きすぎて、当時の展示ホールに二つを収めることができなかった。したがって、一九一五年に単体の骨格（AMNH5027）が今なお有名な直立姿勢、すなわち「ゴジラ」のような直立のポーズで展示された。その姿はその後もずっと世界中から訪れる人々を感嘆させ、多くの未来の古生物学者たちの好奇心に火をつけてきた。

しかしその後、ティラノサウルスの標本には危機的状況があった。第二次世界大戦がはじまると、アメリカ自然史博物館は一九〇二年の骨格をピッツバーグのカーネギー自然史博物館に七〇〇〇ドル（現在の貨幣価値で約九万六〇〇〇ドル）で売却した。その前にイェール大学にも話をもちかけたが返事はなかった。[*35] ブラウンはこの売却について「ティラノサウルス・レックスのタイプ標本（AMNH973）の発見・発掘・プレパレーション作業　発見一九〇二年、発掘完了一九〇五年」という回顧録に次のように記している。「肢骨のキャスト〔石膏の型取り標本〕を作ったあと……一九四一年にカーネギー自然史博物館に実費［七〇〇〇ドル］で売却された。この売買がおこなわれたのは、［アメリカ自然史］博物館がドイツ軍の飛行船によって空爆され、現在展示している二番目のティラノサウルス・レックスの骨格標本［AMNH5027］とともに破壊されてしまうことを恐れたからだ。こうすることで……少なくともひとつの標本は守られると考えた」[*36]（全文は本書付録2として収録）

幸い二つの骨格標本とも無事だった。一九九〇年代に化石ホールを改修した際、私たちは一九〇八年のティラノサウルスの骨格を組み立て直し、解剖学的にさらに正確なポーズをとれるようにした。これは非常に骨の折れる作業だった。もとの直立した展示からすべての骨を取りはずし、保管して、最新の研究から導き出された生きいきとした新しいポーズに組み立て直さなければならなかった。これが完成するのに二年の歳月がかかり、そのあいだじゅう、ずっと貴重なこの標本になにかあってはいけないと気が気でなかった。こうして私たちの職員は素晴らしい仕事をして、現在ブラウンのこの骨格標本は、今にも獲物に飛びかからんばかりの姿勢で立っている。

ブラウンは一九〇九年に、さらに探索をするため、加えて一九〇八年のシーズン末にロッククリーク沿いで見つけたトリケラトプスの頭骨を回収するため、カイゼンとともにヘルクリークに戻った。[*37] マリオンが同行したという記述はなく（フランシスはまだ一歳半だった）、カイゼンが料理人を雇ったという報告がある。

カイゼンはサンドアローヨ沿いでトリケラトプスの頭より後ろのほぼ完全な骨格を見つけた。それより前に見つかっている頭骨などの標本と合わせると、ついに展示ができるだけの全身骨格が揃ったとブラウンは考えた。[*38] 皮肉なことに、ブラウンがワイオミング州やモンタナ州を探索するきっかけとなったトリケラトプスは、現在では「白亜紀の牛」と呼ばれるほどたくさん骨が出てきているが、ブラウンにとってはティラノサウルスというたぐい稀な難敵よりもはるかに探しにくいものであった。カイゼンとブラウンは、一九〇六年に見つかったトリケラトプスと同じものと考えられる新しい「オルソポドゥス類のような恐竜」の標本と、ワニに似たチャンプソサウルス類の骨格も発見した。

シーズンの終わりに近づくと、ブラウンはミズーリ川を渡り、ヘルクリーク層を調べて西に向かい、スコークリークとマッセルシェル川の合流部の反対側のＵＬベンドにある「カーブヒルズ」まで行った。「個別の骨はいくつも見つかった」けれども、実際には下のほうにある海成のベアポー頁岩のほうが成果があり、「非常に興味深い甲殻類の化石を見つけた……新しい属を数点手に入れた」。[*39]

九月末にモンタナ州でのシーズンを終え、化石を詰めた二一個の箱をニューヨークに送ると、ブラウンは次の作業地になるだろう場所を見ておくためにカナダのアルバータ州に出発した。カナダの地質学者が以前この地を研究し、恐竜の化石が出ることが明らかになっていたので、オズボーンもブラウンもこの地から白亜紀の新たな恐竜が出る可能性を確かめたいと考えていた。途中モンタナ州ハバーで、ミルク川沿いのジュディスリバー層の露頭を少し探索し、その後カルガリーの北にあるディズベリーまで進んだ。そこから馬たちを借り、ブラウンは東に向かいレッドディア川まで来た。そこには後期白亜紀のバッドランドが広がっており、遠くの渓谷の壁には恐竜の骨が点々と見えていた。[*40] 近い将来ここでフィールド作業する決意をして、ニューヨーク州オックスフォードのマリオンの実家に戻り、そこで一週間ゆっくり休息した。

ブラウンにとってこの一〇年間は素晴らしい発見に満ちていたが、その最後に、この成功を陰からうかがう悲劇が待ち構えていた。娘のフランシスによると、マリオンは一九一〇年までにプロスペクト公園の近くにあるエラスムスホール高校での代用教員の仕事に戻っていた。

早春のある日……マリオンは天気がよい日の日課として、子どもを乳母車に乗せて公園を散歩していた。そのどこかで、猩紅熱《しょうこうねつ》の病原菌を母も子も拾ってしまった。

最初に病状が出たのは子どものフランシスだったが、マリオンもその後すぐにかかったので、二人が同じ感染源から病気をもらったのは明らかだった。フランシスの病状はひどかったが、やがて回復した。一方マリオンは五日間苦しんだ末に命を落とした。このあいだオズボーン教授は……博物館のほうで費用は出すから、なんとかマリオンが助かるように、アメリカ中から、いや全世界中から探して専門家を呼ぶようにブラウンに告げた。しかし、抗生物質のないこの時代では、たとえ専門家でもなす術《すべ》なく見守ることしかできなかったであろう。一九一〇年四月九日、この美しく、才能のある、かけがえのない若き女性は息を引きとった。

マリオンの両親は六〇代半ばであったが、ショックを受け、悲しみに打ちひしがれた。二人はブラウンに、フランシスを引き取って育てたい、マリオンがたった一つ残してくれたものをほかの人に渡したくない、と言った。残酷な運命に悲しみと怒りとで引き裂かれそうになっていたブラウンは、それが娘にとっての最善策だろうと同意した。彼はおそらく心のどこかで、娘のせいで妻が急逝してしまったと思っていた。だいぶあとになって自分も大人になったときに、フランシスは自分の父親が絶望のなかでどのように考えていたのか理解できた。娘には代わりがいても妻にはいないのだ。[*41]

フランシスのこの記述以外に、妻が死んだのは娘のせいだとバーナムが実際に感じていたかどうかを示すものはない。文書として残っているのは、オズボーンの同情に深く感謝しながらも悲しみに暮れるブラウンが、気をとり直して書いた一通の手紙である。そしてこれが二人の生涯にわたる緊密で尊敬に満ちた絆を強くしたことは間違いない。

妻の命を救おうとご尽力いただき、思いやりのあるお手紙、そして経済面での援助をいただいたことに深く感謝いたします——これらすべてに先生の真の友情が表れており、私は感謝の気持ちを表す言葉が見つかりません。

本当にありがたいことだと感じています。

娘は回復しつつありますが、まだ腎臓に合併症が残っています。義母が娘を家に連れていきたがっているので、私も一緒にオックスフォードに五月一二日の木曜日にまいります。

葬儀は五月一七日火曜日の四時からで、私は水曜日に仕事に戻るつもりです。[*42]

バーナムがマリオンの死を悲しむ手紙やメモはほかに見あたらないが、この世で最も愛する者を失ってしまったことは間違いないだろう。夫婦で同じ体験をする機会こそ少なかったが、バーナムはマリオンがそばにいることが嬉しかった。なかでも、どんな仕事や趣味よりも価値を置いていたフィールドワークに彼女がいてくれることは素晴らしいことだった。フィールドでのマリオンの数枚の写真には、輝くような笑顔の彼女と、目の前の作業に集中する確固たる眼差しの彼女が写っている。バーナムと一緒にフィールドにいることをよろこんでいる様子は、彼女の日誌に書かれた内容から明らかだ。マリオンがフィールドで見せる手際のよさをバーナムが大好きだったことは、遠征に彼女が同行する権利について上司に何度も訴えたことからも明白である。「私は博物館を辞めたいとは思っていませんが、毎年二ヶ月から五ヶ月のあいだ、妻と別々に生活するくらいなら辞めてもかまいません」という大胆な申し出は、バーナムの気持ちを最も表しているものだ。

あらゆる面で二人の資質が見事に並び立っていた。マリオンは二つの有名大学を卒業した優秀な学生であり、生来より生物学に興味をもっていた。のちにフランシスが記したところによれば、バーナムは「娘の私に何度もこう話しました。本当に頭がよかったのは自分ではなく母のマリオンの方だった。自分も頭はよかったが、マリオンのほうがはるかに優れていたと。二人とも素晴らしい科学者でした」。またフランシスは、この二人を襲ったもう一つの悲しい出来事についても明らかにしている。「下宿の階段を踏みはずして転んだときに失ってしまったお腹の中の男の子が、もし生まれて今生きていたら、［二人の］科学者の遺伝子を受け継いでいたかもしれません」[*43]。一方、二人には異なる点もあった。マリオンが育ったのは東海岸で、化石が出る西部のフロンティアの驚異からは遠く離れていた。だからブラウンにとっては、マリオンを自分の世界に連れていくことは大きなよろこびであり、マリオンにとっても、それは大切にしていた贈り物だった。

バーナムはそれから一五年近く再婚しなかった。その時期、フランシスはめったに父に会うことがなかった。彼は化石を求めて世界を飛びまわっていた。マリオンが亡くなり、その悲しみから逃れるためにバーナムがフィールドに出かけていったことで、父と娘のあいだに深い溝ができ、それを修復するには何十年もの歳月がかかることになる。

第8章 カナダの恐竜ボーンラッシュ

1910–1916

フランシスが無事にマリオンの両親の保護を受けることになり、ブラウンは、娘がのちに記しているように、「できるかぎり大変な仕事に自分の身を置いて悲しみを忘れよう」とした。[*1] ブラウンは、あまり知られていないカナダのアルバータ州の化石フィールドに目を向けた。そこでは、鉱物などの天然資源を調べていた地質学者がすでに恐竜の化石をいくつか発見していた。しかしそれ以外は、この遠く離れた険しい土地について学術的にはさほど知られていなかった。以前この一帯に関心をもったのはルイスとクラークで、彼らはミズーリ川に流れ込む支流を見つけたいと考えた。これはルイジアナ買収〔一八〇三年にアメリカがミシシッピ川以西の仏領ルイジアナを購入した事件〕の境界を広げることになり、ロッキー山脈北部にある肥沃な草原や、毛皮がたくさんとれる山々を利用できるようになると考えたのだ。しかし、そのような川は存在しておらず、この地域は百年以上ものあいだ孤立し、未開拓のままだった。

レッドディア川渓谷で最初に恐竜の骨を採集したのは、一八八四年にカナダ人の地質学者ジョセフ・B・ティレルが率いた調査隊であった。[*2] そして、一八八八年と一八八九年に、カナダ人の地質学者トーマス・C・ウェストンと地元の牧場主が手漕ぎボートを作って、川の上から恐竜の骨をより効率よく探した。しかし、大量の骨があったにもかかわらず、ボートが小さかったため採集できた量はごく少なかった。また、カナダ地質調査所のもう一人の後継者であるローレンス・ラムは、一八九七年と一八九八年にレッドディアでウェストンの跡をたどった。ラムはウェストンより多くの化石を発見し、オズボーンと共同で研究し図版を作成した。[*3] 二人の研究の成果は、一九〇二年の二つの姉妹論文にて発表された。[*4]

オズボーンは論文中で、ベリーリバー統をこの地域の層序において基底をなす陸成層であるとした。その上位に海成層であるピエールフォックス層群が横たわり、次にまた別の後期白亜紀のエドモントン層という陸成層がくる。一番上には陸成層のパスカプー層があるが、ここからは恐竜は出ず、時代的には古第三紀の初期だと考えられた。このように、下のほうにベリーリバー統、上のほうにエドモントン層という二つの異なった後期白亜紀の岩相があり、それぞれ異なった恐竜化石を産出している。のちに下位区分され、命名法も変更された。[*5]

今日では、レッドディア地域のベリーリバー統はベリーリバー層群と呼ばれている。これはさらに三つの層に分けられ、下部がフォアモスト層、中間部がオールドマン層、上部がダイナソーパーク層とされた。時代的にはおよそ七九〇〇万年前から七五〇〇万年前にあたる。オズボーンがピエール層と呼んだ海成層は、現在ではベアポー層と呼ばれている。ベアポー層の上位にあるエドモンド層群は、四つの層に分けられ、より古く下位にあるものから、ホースシューキャニオン層、ホワイトマッド層、バトル層、スコラード層とされる。およそ七二〇〇万年前から六五〇〇万年前にあたる。

ベリーリバー統から出た恐竜も、エドモントン層から出た恐竜も、どちらもブラウンがモンタナ州ヘルクリーク層やワイオミング州ランス層から採集したものよりわずかに時代が古いと考えられる。

このような基礎的な知識をもって、オズボーンとブラウンは二〇世紀最初の一〇年が終わろうとしているときに、レッドディア地域に目をつけたのである。ここから出る恐竜は、博物館のコレクションのモリソン層から出た後期ジュラ紀の標本と、ヘルクリーク層やランス層から出た後期白亜紀の標本とのあいだのギャップを地理的にも時代的にも埋めてくれるだろう。ラムや彼の先人たちがおこなったよりも大規模かつ長期間の遠征をすることで恐竜の新しい属や種を発見できると、オズボーンもブラウンも確信していた。オズボーンは、ブラウンが見つけた骨格はどんなものでも研究や展示に利用しようと考えていた。その目的は学術的な知識を推し進めることと、進化の歴史に関する人々の理解を深めることの両方にあった。

一九〇九年、この地域の一人の牧場主がアメリカ自然史博物館を訪れた。展示ホールにあった恐竜の見事な展示を目にした彼の口から出た言葉に、オズボーンとブラウンは興味をそそられた。その牧場主は、ブラウンたち博物館職員に、レッドディア川沿いにある自分の牧場の渓谷の岸壁に同じような骨の化石が散在している、と言った。その牧場主から招待を受け、ブラウンはオズボーンの支援を受けて、すぐに探索の旅の準備をした。そして一九一〇年、ブラウンとピーター・カイゼンは発見を求めて大きな遠征を繰りだし、その後もこの遠征は数回続いた。これが引き金となって、いわゆるカナダのボーンラッシュが巻き起こったのである。アメリカからもカナダからも調査隊がやってきて、それは一九一九年までずっと続き、多くの古生物学者たちや化石ハンターたちが関わった。

レッドディアでのブラウンの活動に、カイゼンがどれほど貢献したかは一言では言い尽くせない。数多くの化石を発見しただけでなく、カイゼンは発掘やプレパレーション作業においても中心的な役割を果たした。ブラウンが仕事上あるいは社交上の理由で現場を離れるときには、カイゼンが作業をとり仕切った。幸いなことにカイゼンは、一九一〇年から一九一四年という長いあいだ毎日欠かさず日記をつけており、隊の活動を色分けして記録していた。なお最近では、二〇一〇年にロイヤルティレル古生物学博物館のダレン・タンケをリーダーとする古生物学者たちが、ブラウン隊が通った道をたどっていく計画をしている。タンケたちが乗って川を進む平底船はピーター・カイゼンにちなんで命名されることになっているという。

カナダの恐竜のボーンラッシュにおいて、ほかの二人の助手の努力も忘れてはならない。ウィリアム・

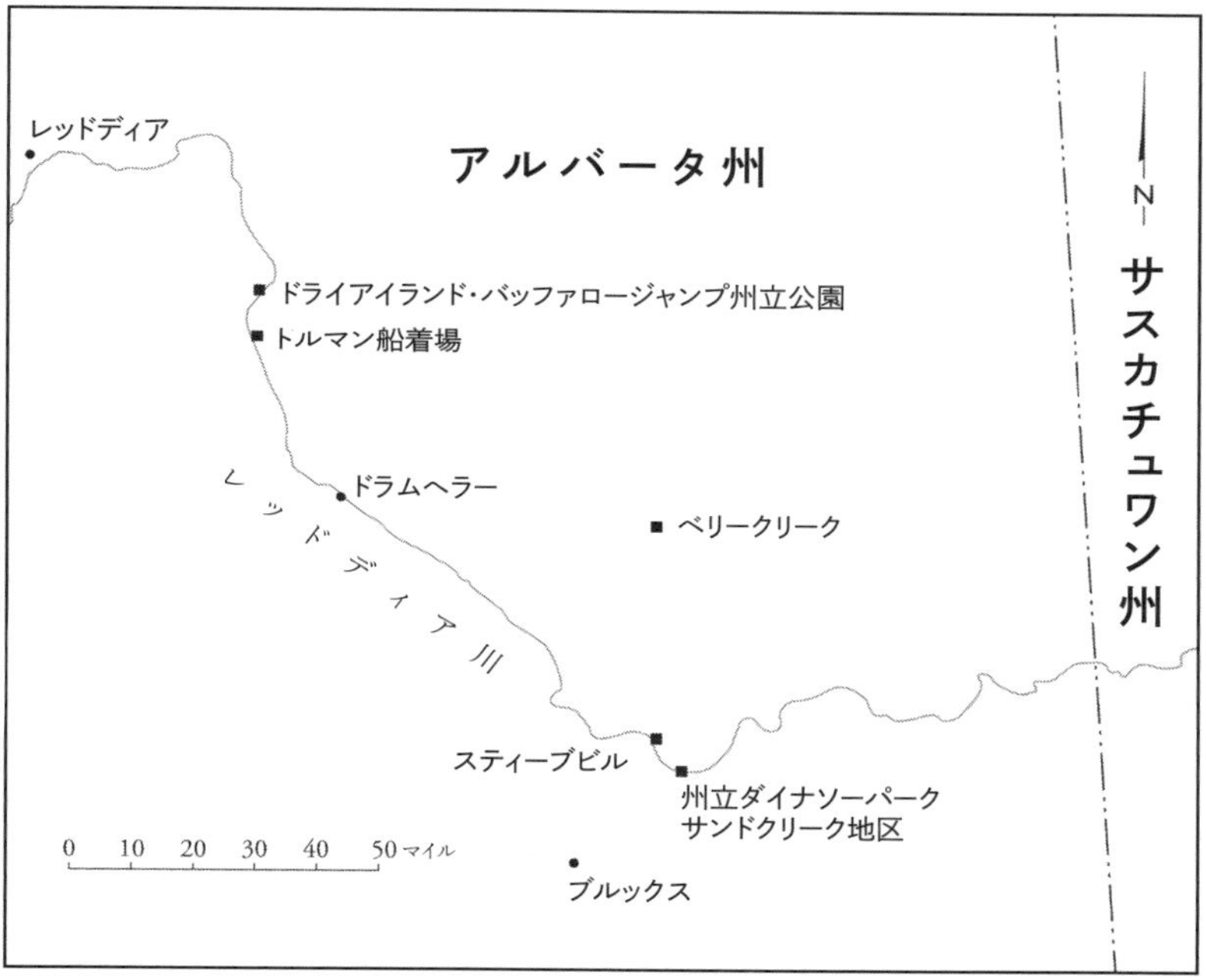

地図3　カナダ・アルバータ州レッドディア川の化石発掘地点、1910-15年

E・カトラーは夏のフィールドシーズンを四回経験し、そのうち一回はブラウン隊にいた。のちに大英博物館がおこなったタンザニアのテンダグルという有数な化石産出地への遠征に参加し、そこでマラリアに罹り、四二歳という若さで亡くなった。もう一人、クレイトン・サムナー・プライスはレッドディア川沿いでの体験を生かし、芸術の面でキャリアを積んだ。のちにオレゴン州に住み、有力なモダニズム画家となった。

　レッドディア渓谷の険しい斜面による断崖やバッドランドは、見るからに行く手を阻んでいるようだ。ベージュと灰色の砂岩や泥岩層の中に、ところどころ鉄鉱石や褐炭や石炭の真っ黒な層がある。ただ、モンタナ州のミズーリブレイクスとは対照的に、蛇行するレッドディア川とその支流は、現在の草原を成す後期白亜紀の氾濫原や海底の堆積物をまだそれほど深くは削りこんでいない。渓谷から一・五キロも離れて立つと、この光景の先に断崖があることなど想像もできない。しかし、断崖に近づいていくと、蛇行する河川とともに素晴らしいパノラマが現れる。

一九一〇年のレッドディア地域においての道は、存在しないか通行不能であり、自動車はほとんど走っていなかった。そこで、川の険しい断崖に姿を見せている恐竜の骨格を発掘するための新しい方法をブラウンは編みだした。ウェストンやラム、またルイスとクラークの探検隊からのアイデアを得て、調査隊は幅約三・六メートル、長さ約九メートルの平底船を作ることにしたのだ。デッキに張ったテントは、薪ストーブが備えられてキッチンとしての役割を果たし、テントからは煙突が突き出ていた。長さ約六・七メートルの大きなオールが二つ、前と後ろに装着され、それで舵取りをした。隊はこの船で川を下っていって、有望な露頭が見えてくるとそこで止めて探索した。化石はシーズンが終わるまで船の上で保管し、最後に下ろしてニューヨークまで列車で運んだ。つまり、ブラウンは移動式フィールドキャンプを考案したわけで、これで必要に応じて思い通りに川を下ることができた。

この遠征は、カイゼンがモンタナ州ジョーダンの東にあるウィリス牧場で前シーズンに見つけていたハドロサウルス類を採集しにいき、一方ブラウンは列車でオタワに行きビクトリア記念博物館のコレクションを調査するというところからはじまった。ブラウンはあたたかく迎えられ、「カナダ［地質］調査所の職員たちは、地図や出版物をくれたり、今後の研究に役立つデータをたくさん提供してくれたり、本当に親切にしてくれた」という報告が残っている。*6

そうしてからブラウンはビッグドライクリーク沿いでカイゼンと合流した。そこでハドロサウルス類のほぼ全身骨格の発掘を、七月七日にはじめて二四日には梱包が終わるという記録的な速さで完了させた。しかし、グラスゴーで不運な出来事が起きた。彼らは化石八箱をニューヨークに向かう列車に載せ、残り

図21　カナダ・アルバータ州レッドディア川での調査のための平底船。フィールド隊は蚊から身を守るためネットをかぶる。アメリカ自然史博物館の遠征、1912年

の装備をアルバータに向けて別の列車に載せていた。ブラウンによると、「小さなサイクロンが町を襲い、いくつかの建物が破壊された。死者は出なかった。ピーター［・カイゼン］が荷馬車にかける防水シートの端を持ち、それが鞭のように彼の体を叩いた。ただ、私たちに大きな被害はなかった」[*7]。

グラスゴーから隊員たちは列車でレッドディアまで行った。一方、荷馬車や馬たちは馭者のA・E・ダヴェンポートが率いて、カルガリー経由で進んだ[*8]。旅の様子は年報や書簡だけでなく、カイゼンの簡潔な日記からも知ることができる。道中、カイゼンが特に気にしていたのは、宿泊施設の善し悪しについてだった。「七月二五日月曜日、午前五時にシエルビーに着き、サリバンホテルに行くが、ここがまた汚いところだ。正午に食料品店で昼食を買って停車場のプラットホームで食べた。ホテルより美味しい。……午後八時にレスブリッジに到着。アレクサンドリアホテル

に行く――いいホテルで非常に安い」[*9]

八月一日、オズボーンが手紙で、博物館の理事たちがマシューを古脊椎動物学部門のキュレーターに昇進させたことを伝えてきた。[*10] オズボーン自身も同部門の名誉キュレーターに選出されたが、おそらくこれは博物館の館長になった結果であろう。こうしたお役所仕事の一連の動きは、ブラウンにとっても好都合だった。というのも、一八九六年と一八九七年にフィールドパートナーだったウォルター・グレンジャーとブラウンの二人を、数年のうちにアシスタントキュレーターに昇進させることをオズボーンはほのめかしていたからだ。

レッドディアでブラウンは、四人の大工に、平底船と、伴走する小型の手漕ぎボートを作るための木を切ってもらった。こういう扱いにくい船を使うのはちょっとした賭けであった。この川で船を走らせたことがある地元の人間たちは、急流の難所が続くところがあり、特に断崖の大きな岩塊が川に落ち込んだところは難しいとブラウンに教えてくれた。しかし、ブラウンは重い石膏ジャケットを鉄道まで運べる道がないことを知っていた。それで、船着き場から次の船着き場までの移動に化石や装備を蓄えておけるだけの十分なスペースを確保することにした。手漕ぎボートと平底船という二つの船をブラウンたちはわずか三日で組み立て、八月三日に船出となった。ブラウンはこの無敵艦隊に満足し、「現在の搭載量［約一三六〇キロ］でも、［平底船は］一〇センチほどしか沈まない」と胸をはった。[*11]

ブラウンは最初、レッドディアの約一〇〇キロ南のコンテントで船を組み立てようと考えていた。しかし、その町では材木が足りず、レッドディアで組み立てることになった。[*12] その結果、隊はこの川の「ザ・キャニオン」と呼ばれる危険箇所を通ることを余儀なくされた。ここを通るために、ブラウンは「川の経験が豊富な」チャールズ・ブレムナーを連れてきた。これは吉と出た。というのも、ブラウンが述べているように、「ザ・キャニオンでは、急流で岩に引っかかってしまい、ちょっとしたスリルを味わった。

……[しかし]荷物を移動させ、船尾を梃子《てこ》で動かすことで、すぐにまた進むことができるようになった」[13]。ブラウンの心は、ありのままの自然の風景によって回復していった。「非常に興味深く、学術的にも役に立つ、こんな旅を今までにしたことがない」と彼は記している。「人の住居は川からほとんど目にすることがなく、急流の音以外は、絵に描いたような孤独のなかを何キロも移動することになる」。このような光景は、マリオンの死から立ち直りかけているブラウンの癒やしとなったにちがいない。

北へ向かうと、パスカプー層の古第三紀初期の堆積物が、高さ七六メートルほどの渓谷の壁を形成していた。エリクソンズランディングの少し上にある斜面では、二枚貝などの無脊椎動物の化石を産出する地層があり、また「小石《ペブル》」層からは哺乳類の小さな歯や顎が数点出てきた。

コンテント付近のもう少し穏やかな流れのところまでいって、隊は後期白亜紀のエドモントン層の断崖で恐竜の骨を探しはじめた。川はわずかに地層が傾いた岩盤のあいだを流れているので、地質学的な時間をさかのぼりながら川を下っていくことになる。ブラウンの記述では、「北緯五二度の真夏の日中では、日照時間が長く、ずっと船に乗っていると一日に何キロも進んでしまう。しかし、探索のために何度も止まり、一日三〇キロ以上進むことは滅多になかった。……川沿いに人里はほとんどなく、急流の音しか聞こえてこない、絵に描いたような孤独のなかを何キロも進んでいった」[14]。

最初にハドロサウルス類の上腕骨と数点の背骨が見つかると、二・八平方メートルほどの範囲から「アルバートサウルスの完全な後肢や……一連の[尾]椎、顎、頭骨」を掘り出した。アルバートサウルスは、ティラノサウルス類の恐竜だがティラノサウルスより小型である。隊は「オルニトミムス類」の肢もいくつか見つけたが、もしこれが本当にオルニトミムス類の恐竜であれば、おそらく現在ストルティオミムスと呼ばれているものだろう。しかし、カナダ人でわれわれの仲間のフィリップ・カリーとダレン・タンケは、ブラウンがオルニトミムス類としたものは、実際にはアルバートサウルスの子どもだったのではないかと考えている。この場所が現在ドライランド・アルバートサウルス・ボーンベッドとして知られていることを考えると納得がいく結論である。ブラウンは、同じ地域にある石炭層から角竜類の頭骨も見つけたが、採集はしなかった。なお最近になって、カナダ人の古生物学者がこの標本を発掘して、現在これはエオトリケラトプス・ゼリンスラリスのタイプ標本となっている。[*15]

渓谷を下って八月九日にビッグバレーまで来ると、隊はハドロサウルス類の前肢と頭骨のないオルニトミムス類の骨格を発見した。[*16] オルニトミムス類、すなわち「ダチョウに似た」恐竜は、今では古生物学者たちによく知られているが、一九一〇年当時はそうではなかった。マーシュの調査隊がコロラド州の後期白亜紀デンバー層から初めてオルニトミムス類の標本を採集して、マーシュが一八九〇年にそれを記載した。のちに、一九〇二年のオズボーンとの共同研究で、ラムがベリーリバー統から出た状態のよい後肢などの断片的な標本を記載した。ブラウンが見つけた頭部のない骨格から、オルニトミムス類は獣脚類と呼ばれる肉食恐竜のグループに属する、比較的脚と腕が長く、体はそれほど大きくない二足歩行の恐竜であることが確認された。頭蓋骨がないのは、この動物の骨格が中空なため、ばらばらになったり破損しやすく化石になる可能性が低いためと思われるが、そのため頭蓋骨がなかなか発見できず何年もかかった。

あるとき、ブラウンがダヴェンポートと荷馬車を探しに手漕ぎボートで川を下っているあいだに、カイゼンはあやうく災難に巻き込まれそうになった。「八月一四日。……風が吹いてきて、私たちの船はロープが伸びきるまで上流に吹き流された。私は片方のオールを水に差してテントを守ろうとしたが、ボートが上流に向かったときにオールが岩に引っかかった。私はテントに倒れ込んでしまい、ただなんとかそのオールをつかむことができた[*17]」

九月五日、彼らはビーバーアイランドに着いた。ハドロサウルス類の化石だけでなく新種の角竜類のほぼ完全な化石を見つけた。それには頭骨の断片もあり、ブラウンはのちにこれをレプトケラトプスと命名した。さらに「潰れていない完全な鎧竜類〔エドモントニアか?〕の頭骨や、長くつながった尾骨、上腕骨、ばらばらになった装甲、肋骨」などを見つけた。しかし、天候の悪化に作業は妨げられた。九月一二日の手紙でブラウンは次のように嘆いている。「八月は計一七日、九月は今日まで七日、雨が降り、みぞれのときもあり非常に寒い」[*18]。それでも、成果についてはオズボーンに胸を張って報告している。

化石が非常にたくさん出るので、今シーズンはトルマン〔船着場〕より先の下流では作業できないかもしれません。

間違いなく、ここはアメリカで最も化石を産出する白亜紀の堆積物であり……それでもまだ「私たちが」昨年調べた、化石が最も多く出る場所まで行っていないのです。……

こんなにも種類の多い生き物の化石の箱をたくさん載せて、私たちはまさに箱舟で暮らしています。[*19]

一〇月初旬、ブラウンは翌年の作業の偵察をおこなうため、さらに下流へと船を進めていった。一方、ほかの隊員たちはトルマン船着場の近くで、ハドロサウルス類の最後の一体を発掘していた。一〇月中旬、彼らは船を岸に上げて、重さが三トン近くある二六箱の化石をニューヨークに送るために、ステトラーにある一番近い停車場まで運んだ。前述の標本に加えて、大きな鎧竜類の尾のこん棒もあった。「下部エドモントン層」から出た一連の恐竜化石を見て、ブラウンはこう確信した。この層は、オズボーンやラムが提唱したように、「アメリカのヘルクリーク層やコンバースカウンティ層〔ワイオミング州ランス層〕よりも古い。……以前この層からはアルバートサウルスの頭骨が採集されているが、現在オタワ博物館に保管されている」。

一〇月下旬から一一月上旬にかけて、ブラウンはニューヨークに戻った。その際、家族や娘に会うためにカーボンデールとオックスフォードを経由した。[*20] ブラウンがカーボンデールにいるときに、W・D・マシューがブラウンの休暇期間ならびに新しい役職を知らせてきた。「きみに一〇月二四日から二週間の休暇を正式に与える。第三週にきみはアシスタントキュレーターに任命される。心の準備がいるだろうから知らせておく」。[*21] 年報によれば、このときブラウンはひと月一五〇ドルの給料を受け取れることになった。現在の価値で言えば、年収およそ三万七〇〇〇ドルである。

普段とは異なり、ブラウン隊が化石をすべて採集しなかった発掘現場もあった。その一つが、現在はドライアイランド・バッファロージャンプ州立公園と呼ばれる場所で、そこには幼体も含めて数体のアルバートサウルスの骨があった。のちの一九九七年に、当時アルバータ州にあるロイヤルティレル古生物学博物館のキュレーターだったフィリップ・カリーが、ブラウンが撮影したこの地域の写真をもとにフィールドワークをおこなった。地平線をブラウンの画像と合わせることで、発掘現場の位置を知ることができた。翌一九九八年からこの地域の発掘がはじまり、数多くのアルバートサウルスの標本を採集している。なかにはアメリカ自然史博物館のコレクションにないものもある。錆びた缶詰の缶も見つかり、これはおそらくブラウン隊が捨てたものだろう。

さて、翌年の一九一一年一月初旬にブラウンは再びフィールドに戻ったが、今回は南に向かった。テキサス州とメキシコへの旅の最初に、第四紀更新世の堆積物を評価した。そこは、マンモスなどの長鼻類が出るところであり、これらの動物に関するオズボーンのモノグラフに役立つものだった。三月には、ミシシッピ州に舞い戻り、原始的なクジラの標本を採集した。ゼウグロドンとドルドンだと報告されている。三月の終わりには、フロリダ州に移動して、さらに更新世の地層を評価し、その後四月初旬にキューバに向かった。[*22]

キューバでの活動は、カルロス・デ・ラ・トーレ博士の案内のもとに、洞窟や鉱泉で化石を採集することだった。これは、キューバなどのカリブ海の島々がかつてフロリダあるいはメキシコと陸橋でつながっていたかどうかを知るのに役立つはずだった。洞窟の探索でいくつかの更新世の哺乳類化石が出たが、バニョス・デ・シエゴ・モンテロの温泉で見つけたものはそれよりはるかに素晴らしいものだった[*23]。

ブラウンは地元の住民たちを雇って、温泉の底まで潜らせて、両手いっぱいの泥を取ってこさせた。その中に、ワニ類や哺乳類やカメの化石が含まれていることがあった。こうして最初は手だったが、最後にはガソリン燃料の機械を使って温泉から水を汲み出して、空《から》にする作業が続いた。その結果、「［巨大な地上性］ナマケモノ［メガロクヌス］の顎や骨、クロコダイルやアリゲーターの頭骨、カメの甲羅の一部」や、齧歯類の顎や鳥類二種などの化石が「大量」に採集された[*24]。ブラウンが採集したメガロクヌスの骨格は、現在でもアメリカ自然史博物館の〈哺乳類・絶滅近縁種ホール〉で見学客を迎えている。その後、船でハバナを出て、ブラウンは六月一三日にニューヨークに戻った。

そのわずか二週間後、カーボンデール経由で再び北上してアルバータ州に向かった。七月一三日に到着し、すでに七月九日に入っていたカイゼンと合流した[*25]。冬のあいだ馭者のダヴェンポートに金を払って、鎧竜類の発掘現場の表土を取り除いてもらっていたので、ブラウンは最初の三週間で「大腿骨、上腕骨、下顎の両方、座骨、腓骨、肋骨三本、装甲多数」など残りの骨を採集できた[*26]。

採集作業だけでなく、隊はときどき化石を探索した。カイゼンの場合、目的は化石だけではなかったようだ。「八月二日、［ハドロサウルス類の］脚を採集した……そしてその日の残りは化石探しにあてた。私は四種類のベリー――イチゴ、グズベリー、ラズベリー、サスカトゥーンベリー――を採って食べた[*27]」。その後、平底船の防水作業をしているときに、隊はハドロサウルス類の骨格を発見した。これは、暫定的にポディスチオンと命名され、カイゼンが調べることとなった。一方ブラウンは、オズボーンから特別に頼まれて、パスカプー層とエドモントン層の露頭を調べるために、オズボーンと博物館理事マディソン・

グラントと一緒に、手漕ぎボートに「ものをいっぱい載せて」川を下っていた。[*28]
九月二日にキャンプに到着したあとも、三人は下流への移動を続け、レッドディアから約四〇〇キロ下流のベリークリークの合流部まで行った。そして、そこでオールドマン層と同時代のジュディス川での探索をおこなった。[*29] ブラウンとオズボーンはなかなか戻ってこようとはしなかった。たいていは理事が先頭で、オズボーンが後部に座り、ブラウンが真ん中で漕いでいた。スーツケース、毛布、食料などが所狭しと置かれ、「ボートは水面ぎりぎりまで沈んでいた」[*30]
最初のうち、三人は流れの速いところをどんどん進んでいった。そのうちに流れが緩く見える場所に来ると、理事が「オールを持たせてほしい」と言った。オズボーンはそれをはねつけて言った。「グラント、きみよりブラウンのほうがこの川のことを知っている。きみが体を動かす必要はない。だいいち、このボートは物が満載だ」。しかし、グラントは懇願し続けた。結局ブラウンはグラントに場所を譲った。最初のうちはよかったが、川が曲がっているところで木の仮橋を建設していたため、川の流れが乱れ、かつ速くなっていた。グラントは力のかぎりボートをコントロールしようとしたが、次のようなことになった。

ボートの舳先が杭［支柱］にあたり、その反動で船尾が別の杭にひどくぶつかった。ボートは傾き、水がどんどん入りはじめた。
私はグラントを飛び越えて、手で杭を押し、なんとかわれわれは通り抜けることができた。急いで陸地に上がり、濡れたものを乾かし、旅を続けた。オズボーン教授がこう言った。「グラント、いい勉強になっただろう。でもこのことはルル［オズボーン夫人］には内緒にしておいてやる」

川の神様とは悲惨な出会い方をした三人だったが、ベリークリーク付近のオールドマン層の露頭で「モ

図22　カナダ・アルバータ州レッドディア川の崖を進むブラウン隊。トルマン船着場から約5.6キロ下流にある鎧竜類の発掘現場。アメリカ自然史博物館の遠征、1912年

ノクロニウスの下顎と肩甲骨、鎧竜類の状態のよい頭骨」を発見して大いによろこんだ。[*31] このように、エドモントン層からさらに多くのコレクションを発掘するにとどまらず、ブラウンたちはエドモントン層のおよそ七二〇〇万年前の地層から下流へと調査を広げ、恐竜たちを数多く産出するベリーリバー層の七六〇〇万年前の岩層まで達した。この二つの異なった層準からコレクションを集めたことにより、ブラウンはラムの研究を踏まえて、非鳥類型恐竜が白亜紀の終わりに絶滅する前の五〇〇〇万年前から一〇〇〇万年前のあいだにどのような進化を遂げたかについての、鮮明な二枚の「スナップ写真」を撮ることができたのである。

オズボーンとグラントを無事に帰りの列車まで送り届けて、ブラウンはキャンプに戻った。そこではカイゼンがハドロサウルス類の全身骨格と思われるものを発掘し終

えていた。さらに探索を進めると、アルバートサウルスの頭骨の一部や、「新種の」ハドロサウルス類の後肢と頭骨が出てきた。[*32] 成功を祝して、しばし休養をとるために、隊は川からいったん離れた。ただ、カイゼンによれば帰り道は少し大変だったようだ。「一〇月二日、昨夜から雨が降りはじめた。一日中降り続いている。私たちはポスティルズで夕食をとった。午後七時に着いて、出たのは午前二時だった。非常に楽しかったが、キャンプに戻るときはつらかった。暗くて、バッドランドで足をとられて滑った」。[*33] 一〇月の最初の週末あたりで、ブラウンは化石を二二箱、重さにして約三・三トンをニューヨークに送り、再びカーボンデールおよびオックスフォード経由で博物館に戻った。

次の一九一二年のレッドディア川への遠征では、大きな困難に対して窮余の策を講じなければならなかった。アメリカ自然史博物館にある何十回にも及ぶ初期の恐竜探検で撮影された何千枚もの写真のなかで、もっとも奇妙なものは、ブラウンのフィールド隊が川に浮かぶ平底船に立ち、頭を帽子と布のマスクで覆っている写真だろう（図21）。手紙のやりとりのなかで、ブラウンはこのフィールドでの工夫の理由を明らかにしている。「作業は迅速だが、なかなかきつい状況のなかでおこなわれている。どれだけいるか数えきれないくらい大量の蚊がいて、動きまわるときには全員が顔にネットをかけ、手袋をして、コートか厚いシャツを羽織らなければならない。こんな経験は初めてだ」。[*34] このように、探検で思い描くロマンチックなイメージ――川岸で恐竜の素晴らしい骨格を採集しながらゆったりと川を下る――とは裏腹に、現実はなかなかかけ離れたものだった。

レッドディア川沿いのバッドランドを探索する最初の二年間は、ブラウン隊がこの一帯を独占することができていた。ところが、ここにきて状況が変わった。これまで、ブラウンたちの探検はカナダ地質調査所によって許可されていたのだが、E・H・コルバートによれば、「アメリカ人の化石ハンターがカナダ西部に侵入していることに対する抗議の声が大きくなりはじめた。ヤンキーたちが古生物学のお宝が眠る領土を奪い続けていると」[*35]。それで地質調査所は、有名な化石ハンターの家系であるチャールズ・H・スタンバーグとその息子たちに対し、ブラウンに対抗して、カナダのために恐竜の化石を採集してほしい、と依頼した。

スタンバーグは生まれはニューヨーク中心部だったが、ブラウンと同様に、青年時代の後半をカンザス州の農場で過ごした。そこで、化石がよく出る岩相の露頭を見つけることが多かった[*36]。その後、カンザス州立農業大学にいき、O・C・マーシュの補佐をしていたベンジャミン・マッジのもとで学んだ。ただマーシュの一八七六年のフィールド隊には人員が足りていて参加することができず、彼はE・D・コープに懇願し、カンザス州西部のチョーク〔未固結の石灰岩〕層で一シーズン発掘ができることになった。そこからスタンバーグは、どこにも所属せずに恐竜などの脊椎動物の化石を採集する有名な化石ハンターとなった。彼の冒険や体験の多くは、一九〇九年の自伝『ある化石ハンターの人生』（*The Life of a Fossil Hunter*）に詳しく書かれている。ジョージ、チャールズ・M、レヴィの三人の息子たちとともに、スタンバーグは標本を見つけては、全米、全世界の数多くの大きな博物館に売った。アメリカ自然史博物館もその一つである。

一九一二年のフィールドシーズンから「カナダの恐竜ボーンラッシュ」がはじまった。概ね、ブラウンとスタンバーグ親子の競争は友好的なものだった。それぞれ相手の活動に注意を向けつつも、ときどきおたがいのキャンプを訪問することもあった。しかしときに、ブラウン隊とスタンバーグ隊のあいだで緊張状態にあったことが、デイヴィッド・スポルディングの二〇〇一年の論文に書かれている。オズボーンは、競争が必然的に起こるだろうことに気を揉んでいた。なぜなら息子のジョージ・スタンバーグがアメリカ自然史博物館の遠征に参加することになっていたからだ。実は、スタンバーグ親子が発掘に加わることをアメリカ自然史博物館の同僚たちに伝えていたのはジョージだった。ジョージはマシューに「父と息子たちで、もうすぐカナダのこの地域に行ってオタワ博物館のために仕事をします」と手紙で知らせていた[*37]。

水面下では競争の火花が散っていたものの、どちらの隊も数多くの化石を見つけて忙しい日々を送っていた。彼らが見つけた化石のなかには相当に見事なものもあった。

カイゼンと、隊員のジョージ・オルセン（アメリカ自然史博物館のプレパレーター）、料理人のボブ・リード（発掘も担当した）の三人が、六月初旬にトルマンの船着場から平底船で出発した。そしてすぐにブラウンとジョージ・スタンバーグが合流した。[*38] まもなくして、隊員たちへのプレゼントを川が運んでくれた。[*39] 六月一六日の夜、上流での大雨のせいだろう、水面が二メートルほど上昇した。すると、つないでいたロープが切れたのか、全長約五メートル、幅約二・四メートルの小さな平底船が流れてきた。カイゼンがすぐに反応して、リードと一緒に川岸を一・五キロほど走り、その船を捕まえて手に入れることができた。ブラウンとオルセンの助けも借りて、なんとかキャンプまで運んだ。「流れに逆らっての大仕事」だった。そうしてデッキをきれいに磨き直して、化石や装備を載せるのに十分なスペースを作った。

ところが、この逃げ出してきた平底船が、シーズンの終わりにあやうく大惨事を起こすこととなる。ブラウンがこう記している。「ドラムヘラーで、私は島に近づきすぎて、逆流のためにこの平底船が座礁してしまった。われわれはなんとか動かしてキャンプに戻ったが、板がねじれてしまっていることは頭になかった。翌朝……船が沈みかけている、とオルセンが叫び、われわれが着替えをするまもなく、われわれの『タイタニック』号は一メートルほどの川底に沈んだ。いろいろなものが濡れてしまったが、一日かけてなんとかすべてのものを乾かすことができた」[*40]

シーズンが終わる頃、社交的なことが大好きなブラウンは、七月四日の独立記念日を祝うパーティに参加した。これにはカイゼンの忍耐力が試されることとなった。カイゼンは船に「小さな星条旗」を立ててオルセンとともにキャンプに残っていた。一方、ブラウンは夕食後にキャンプを離れ「ハードの牧場でのダンスパーティに行き」、翌日の夕食の時間まで戻ってこなかった。カイゼンのフィールドメモには、ブラウンが予定より長く不在にすることへの不満がしばしば書かれている。ダレン・タンケによれば、ブラウンは地元の製材業者ロイ・ハードの妻と良い仲になっていたようだ。これには確かな証拠はないが、ブラウンはたびたびハードの家を訪れ、カイゼンもしばしばフィールドメモにこの家のことを書いている。[*41]

七月七日に到着したジョージ・スタンバーグを含むほかの隊員たちが発掘を進める一方、ブラウンは探索に集中した。ハドロサウルス類（サウロロフスなど）一五点、角竜類九点、鎧竜類三点、オルニトミムス類（おそらくストルティオミムス）四点、首長竜類一点など、あわせて三六点の重要な標本を見つけた。[*42]首長竜の化石がこのような非海成堆積物で見つかることは一般的ではないとはいえ、実はさほど珍しいことでもない。砂利石を求めて、あるいは寄生虫を追い払うために、水路を泳いできたのではないかと現在の古生物学者たちは考えている。

遠征の早い段階では、オタワ隊との競争をブラウンは軽く考えていた。マシューにこのような報告をしている。「オタワ隊もどこかにいる。……［この川の］三〇キロほど下流のドラムヘラーあたりのエドモントン層にいると思うが、私たちの邪魔にはならない。彼らのいるところは、この地層の下部であり、彼らのいるところは主に発掘のできる［すなわち化石層の］標本が出る地層のなかでも下位にあたる。彼らがそこにいてくれれば、私は最高の露頭がある今の層準に全隊を集中させられる[*43]」

もう一つの革新的な試みとして、ブラウンはモーターボートを造ってもらう依頼をした。三馬力のエンジンが付いた全長約五・五メートルのボートで「とても満足のいくものだった。エンジンがもう少し大きければ言うことなしだ[*44]」。八月一一日、ブラウンは直属の上司となったマシューにこのボートを自慢している。

流れに乗ると時速二〇キロくらい出る。逆流だと六キロほどだ。

モーターボートショーに展示されていたものより一〇〇パーセントこっちのほうがよい。ボートを運んでもらい三〇〇ドル［現在の貨幣価値で約六〇〇〇ドル］……支払った。エドモントン層の化石を見終わって、このボートを使い終わったら、同じ値段で誰かに売ることができることもわかった。[*45]

しかし、そのハイテクに惹かれながらも、バーナムにはこの新しいおもちゃに対して愛憎が入り混じった気持ちが出てきた。これは当時のモーターボート技術を考えると不思議ではない。九月二二日のオズボーンに宛てた手紙のなかで、ブラウンはこの船のよさを大々的に紹介しながらも、機械のクセを知って使いこなすのに苦労していると付け加えている。「このボートは女心よりもころころ気分を変えていきますが、私はまだキリスト教精神を失ってはいません」[*46]。これとは対照的にカイゼンには、このブラウンのおもちゃに対して最初から「憎憎」の気持ちしかなかった。それはブラウンの操縦能力に対しても同じだった。「八月二日、われわれはモーターー［ボート］を試してみたが、ブラウンは最初に岩の上でボートを操縦して、金具を曲げてしまい、それにプロペラが引っかかってしまった。それを修理したあとは、点火プラグが故障した。最初からこの調子だから、上流に行ってうまくいくわけがない。今朝はまったく進まなかった[*47]」

このような失敗がありながらも、八月上旬にブラウンは、これ見よがしにボートを走らせオタワ隊のところまで行った。そしてマシューに、予想通りスタンバーグ隊は発掘作業に没頭しており、完了するにはかなりの時間がかかるだろう、と報告している。このことは、スタンバーグたちが新たな地域を探索していないことを意味するので、ブラウンはこの状況を大いによろこんだ。アルバートサウルスの「非常に状態のよい」標本一点を除けば、ライバルが発掘現場から採集している標本は「オタワ博物館にはとても役立つものだが、われわれには用がないものだ」と判断した。[*48]

九月一二日、カイゼンやほかの隊員たちをエドモントン層の発掘地に残して、ブラウンはオルセンとともに、モーターボートに乗って二四〇キロほど下流のオールドマン層を探索した。[*49] カイゼンは二人に餞別を送っていた。「ブラウンの持ち物のなかに腐ったハムをいたずらで入れておこうということになった。うまく入れることに成功したが、ジョージ・オルセンが見つけて川岸に捨ててしまった」[*50]

ブラウンの作戦は、オタワ隊を飛び越えて、マシューに伝えたように両方の層で最高の標本を彼らに取らせないためであった。[*51] これが成功する見込みはかなりあった。このときライバルたちはハドロサウルス類の部分的な骨格を見つけたところであり、このシーズンの終わりまで今の場所で作業するだろうとブラウンはふんでいたからだ。マシューは、競争心が衝突にまで発展しないことを望み、こう返事を書いた。「[チャールズ・]スタンバーグがエドモントン層からよい標本を採集していると聞き安心した。彼の隊がよい標本を採集すればするほど、フィールドで採集する私たちに対するオタワ隊の面々の態度はやわらかくなる。そして、彼らが採集した化石は、有効に活用される――貯蔵室に埋もれてしまうことなく、プレパレーションされて、研究や展示がされる――と信じている」[*52]

(現在も同じだが、当時化石がたくさん出る地域からどれをどれくらい採集するかという問題は悩ましいものだった。時間の制約や費用のことに加えて、博物館の収蔵庫のスペースは限られており、研究のために標本をプレパレーションしたり、展示のために標本を組み立てたりするスタッフの数にも限りがある。したがって、浸食によって壊れてしまう前によい標本を採集しておきたいとの気持ちだけでなく、ほかの現実的な面も同時に考慮に入れる必要がある)

前年にオズボーンと一緒に調査したオールドマン層の露頭に着くと、ブラウンはあとで採集するためにと印を付けておいた骨格の発掘をはじめた。それは素晴らしいものだとわかった。「とさかのある恐竜「プロサウロロフスと報告されている」の骨格で、尾の先と前肢が断片になっていることを除けば完全なものだった。骨格の下側には、おそらく連続した皮膚の痕跡が残っており、片側全体にこれがあると思う。骨の保存状態がとてもよく、浮き彫りになった骨を右側に置き、反対側には皮膚の痕跡を置いたパネル式の組み立て標本として展示できる」[*53]。実際、現在はコリトサウルスと呼ばれるこの標本は、アメリカ自然史博物館の〈鳥盤類恐竜ホール〉で、いまも見学者たちを驚かせている。

皮膚や筋肉や臓器などのやわらかい組織は、骨に比べて分解するのが速いので、ブラウンのコリトサウルスのように皮膚の痕跡が化石化されて残っている標本は比較的まれである。死骸が捕食者や微生物による破壊や腐敗をまぬがれるには、死後すみやかに全体が無酸素状態の環境に埋まっていなければならない。ここ数十年のあいだに、パタゴニアで出た後期白亜紀の竜脚類の胚化石のような、皮膚の痕跡がある恐竜化石が新たにいくつも発掘されている。しかし、このような発見はまだまだ一般的ではない[*54]。これらの標本によって、色はわからないにせよ、皮膚のきめや模様を知ることができるのである。

しかし、ブラウンの幸運はこれで終わらなかった。「この……骨格がプレパレーションされる前に、［モノクロニウスの］潰れていない完全な頭骨が近くで見つかった。これは、われわれのコレクションのなかで最高の角竜類の頭骨である」[*55]

冬が近づくにつれ、ブラウンはこのバッドランドでさらに発掘を続けたい気持ちをもちつつ、時間がないと感じていた。ベリークリークの地層からは化石がたくさん出るので「この秋に［採集を］したいものをこれ以上見ないように、移動のあいだは目をつぶっておく」必要があったとマシューに伝えている[*56]。一〇月の終わりに、隊は少なくとも二〇箱の化石を送った。五ヶ月にわたるこの遠征にかかった費用は、アシスタントキュレーターとなったのち、ひと月一七五ドルに跳ね上がったブラウンの給料もあわせて、総額四六七一ドル（現在の貨幣価値で約九万三四〇〇ドル）となった。

一九一三年のシーズンがはじまっても、まだライバル二組の関係は友好的だった。六月中旬に、ブラウ

図 23　プロサウロロフス（現在コリトサウルス）の骨格（AMNH5240）を発掘するバーナム・ブラウン、カナダ・アルバータ州レッドディア川。アメリカ自然史博物館の遠征、1912 年

ンはオタワにあるカナダ地質調査所にラムを訪ねた。ラムは「とても丁重な人」で、ブラウンが自分の研究のために調べてみたかったモノクロニウス・ドーソニのタイプ標本が入っている箱を開けて見せてくれた。しかしながらブラウンは、マシューに対して残念そうにこう言っている。「今年も自分の隊は［オールドマン］層で作業するとラム氏は言っている。残念だが、私たちが勝って最高の標本を手に入れるしかない[*57]」

オールドマン層での発掘地域は、スティーブビルから下流二四キロほどの川沿いに点在する三ヶ所のバッドランドに広がっていたが、二つのグループが採集場所の一等地を競い合っていたため、アルバータ州の基準からすると――とりわけブラウンの目からすれば――かなり手狭に映った。アメリカ自然史博物館は前の二シーズンにブラウンがそこで作業していたので、スティーブビルから下流五キロほどに広がった左岸地域の発掘権利を得た。[*58]オタワ隊はその向かい岸にある露頭を占有した。同じく右岸の、さらに遠く下流に行った地域は、両方の隊が出入りできていたようだ。

ブラウンがスティーブビルから八〇〇メートルほど下流にあるキャンプに、カイゼンとジョージ・スタンバーグに合流する頃には、隊はすでに鎧竜類の骨格二点とモノクロニウスの骨格一点を発掘しているところだった。そして、オズボーンに宛てた七月六日の手紙でブラウンは、スタンバーグが自分たちの隊を離れ、カナダ地質調査所の用意した役職を受け入れて父親の隊に加わろうとしていることを伝えた。[*59]バーナムはこのことにいらだちを感じていただろうが、ジョージと彼の能力を認めており、反対はしなかった。ただし、ジョージの遠征のためにアメリカ自然史博物館が出した費用をカナダ地質調査所が負担するという条件を付けた。

しかしながらブラウンをもっと怒らせたのは、オタワ隊が自分の移動手段を真似しはじめて、モーターボートを使うという点でも自分を追い抜いたことだった。カイゼンが証言しているように、七月一日のカナダの日〔建国記念日〕に、スタンバーグ隊がボートハウスと五馬力の新しいモーターボートでブラウンのキャンプを訪れたのである。[*60] カイゼンは、スタンバーグの性能のよいモーターボートを「動きがよく、かなりのスピードで上流に向かって進んでいく」と記している。そしてオタワ隊はその晩、ブラウンを横目にカイゼンをスティーブビルまで連れていった。そこでは祝日を二〇〇人くらいが酔って騒いで祝福し、カイゼンはその様子を「みんなが溺れまくっている」と表現した（現在ではこの様子は想像しにくい。なぜならスティーブビルには一九四三年から二〇〇二年まで人が住んでおらず、現在は一軒の牧場主の家とその離れがあるのみである）。

二つの隊がおたがいを訪問する交流は続いていたが、博物館に宛てた七月六日のブラウンの手紙からは、緊張が高まってきたことがわかる。

　スタンバーグの息子たちがボートでキャンプにやってきて、比較的よい状態のアルバートサウルスの頭骨を見つけたと報告してきました。
　ここには私たちが今年作業できる露頭がたくさんありますが、オタワ隊の連中が私たちのすぐあとをついてくるのでイライラします。[*61]

オズボーンはこれに同情しつつも、コープとマーシュのような対立を避けたいと考えており、寛大な心をもつようにと助言した。オズボーンは「ここは英国領であり、カナダ人が〔オールドマン層の露頭への〕道を教えてくれたのだから、甘んじて受け入れる」しかないと書いた。[*62]

七月中旬には、ブラウンはジョージを失う覚悟を決めていた。ブラウンはオズボーンに、ジョージ・スタンバーグは前年のシーズンに比べてはるかに優れた働きをしたと言っている。と同時に、自分が化石を探したり採集をしている際に、「これでオタワ隊の連中に知られることなく動きまわれる」と胸を撫で下ろしてもいた。[*63]

ここにきてブラウンの気持ちを高揚させたのは、オルニトミムス類の化石の後ろの部分を発見したことだった。それは露頭の奥のほうまで続いており、頭骨も保存されている可能性が十分にあった。オズボーンはこれをよろこんだ。「ついにオルニトミムス類の尻尾をつかまえたか」と八月三日に手紙を書いている。「きみの化石ハンターとしての仕事を長いあいだ見てきて、きみが尾の先端を見つけたというときはだいたい疑わしいことがわかっている。今回は本当［つまり全身骨格］であってほしいと心から期待している。オルニトミムス類が見つかったとなれば、最も素晴らしい恐竜の一つとなるだろう[*64]」。

残念ながら、簡単にはそうはならなかった。ブラウンは次の手紙のなかでいらだちを見せながら「これは今まで追いかけてきた恐竜のなかでもっとも手強いものです」と言っている。[*65]その少し前に、ブラウンはマシューに「頭骨がどうなっているのか、さっぱりわからない」と手紙に書いていた。[*66]しかしながら、ブラウンにとって明らかな成功もあった。隊は、アルバートサウルスと思われる獣脚類を数体発見し、「一つはティラノサウルスとほぼ同じくらいの大きさで……完全な形で掘りだせそうな頭骨もあった[*67]」。

ブラウンはさらに下流にある、オールドマン層の三つ目のバッドランドに目を向けてもいた。マシューに次のような手紙を書いている。「スタンバーグたちが川を下りてくる前に、この下位の露頭で最高の化石がある場所を探すことが私の目的だ。……彼らはよい標本をいくつかもっているが、あの肉食恐竜［アルバートサウルス］の骨格以外はどんな標本なのか私にはわからない。例の老人［人物不明］が言うには、彼らは自分たちがなにを見つけたかを言おうとしない[*68]」

七月中旬、ブラウンは移動を開始し、途中スタンバーグのキャンプに立ち寄り、それぞれのバッドランドでの化石発掘の権利について交渉した。カイゼンは義務感から「そこで隊の写真を撮った。スタンバーグたちはカナダの国旗を掲げ、私は星条旗をなびかせた[*69]」。ブラウンはサンドクリーク付近で発掘する権利を得た。そこは、オールドマン層の露頭が「どこよりも広がっており、われわれは大量の化石を確保した」。一方、スタンバーグ隊は「われわれの区域を素通りして、オールドメキシコランチの下まで移動していった」[*70]。

このシーズンにブラウン隊は骨格や頭骨など四四点もの標本を採集した。そのなかには、鎧竜類九点、角竜類一五点、ハドロサウルス類一〇点、オルニトミムス類一点、アルバートサウルス五点、さらに首長竜類一点などがあった。これらのコレクションは八〇箱におよび、重さは約一三・六トンで、貨物列車の車両の三分の二を占めた。この遠征にかかった費用は総額三五六二ドル（現在の貨幣価値で約七万三〇〇〇ドル）となった。[*71]

ブラウンはプレパレーション作業をおこない、急いで論文にすることをマシューに求めた。九月初旬に手紙で次のように警告している。「もし研究室の人員を増やせるのであれば、このコレクションにこそ必要だ。オタワ隊の連中は、タイプ標本をできるだけ多く確保しようとしているが、今年のわれわれには新しい頭骨がいくつかある」[*72]。オズボーンとマシューはこの競争の意義を理解し、オズボーンはブラウンに「できるだけ早く紀要論文が出せるように、フィールドメモをできるかぎりたくさん集めておいてくれ」と促した。[*73] カーボンデールとオックスフォードを経由して、ブラウンは一〇月の終わりに博物館に戻り、研究で忙しい冬を迎えた。

翌一九一四年の遠征はいくぶん厳しいスタートとなった。レッドディア川に行く途中で、ブラウンはメディシンハットの近くに立ち寄り、アーバインの北東にあるオールドマン層を偵察したが、結局「あまり見込みはない」ことがわかった。[*74] 一方、カイゼンとボブ・リードは、ほかの助手たちとともに、前年の終わり頃に見つけて保護しておいた骨格の発掘をはじめた。しかし、ブラウンがそこにいない状況において、オタワ隊との争いはすぐそばで起きることとなった。

カイゼンはこれを六月二四日の日報に記録している。川を下ってスタンバーグたちの作業の様子を見にいくと、彼らが角竜類の見事な頭骨を発掘しているところを見つけた。しかしそれは「まさしくわれわれの作業［区域］で」おこなわれていた。その前の日曜日に、スタンバーグたちはブラウンの縄張りに自分たちは近づかない、とカイゼンに言ったばかりだった。これが破られたカイゼンは、「スタンバーグの言ったことはデタラメだったのか」と迫った。激怒したカイゼンは、さらにその日の午後、オタワ隊の隊員たちがさらに自分たちの近くで化石を探しているのを見つけた。カイゼンはそっと露頭に近づき、再び彼らに立ち向かおうとした。ところが、オタワ隊はうまく逃げてしまった。[*75]

ブラウンの後ろだてがなく、警戒心と憤怒に満ちたカイゼンはマシューに次のような報告をした。「私はずっとこの最も重要な化石に取り組んできました。スタンバーグがそれを持っていくのは許されません。……彼はわれわれの土地で作業しています……どうやらわれわれとともにここに居座るつもりのようです。……ひどい話ですが、私は自分が手に入れたものを手放さないようにするしかありません。……私が手がけてきた標本は絶対に彼らには渡しません」[*76]

ここでカイゼンが言っているのは、古生物学者たちのあいだで暗黙の了解となっているはずのルールのことである。すなわち、礼儀として、ほかの隊が発見し発掘しかけている標本については、明白に許可されないかぎり触れることも採集することもしない、というものである。カイゼンの不満は七月下旬にブラウンに伝わり、ブラウンはマシューにこう言った。「スタンバーグ隊は［川の］われわれの下のほうにいて、われわれの縄張りから化石を採っているが、今のところ大きくもめてはいない。ただ彼らには化石発掘における倫理感がまったく欠如している」[*77]

キャンプでの張りつめた気分は、化石ではない動物を見つけてきたことでいくぶん和らいだ。ブラウンはのちにこう回想している。

隊員たちがある朝作業をしていると、カナダオオヤマネコの母親が三匹の子猫たちを連れているのを見つけた。……隊員たちがあとをつけていくと、母親は逃げていったが、子猫たちはそれぞれ隊員たちが自分の帽子をかぶせて捕まえ、キャンプに持ち帰った。檻を作る金網［を料理人がもっていた］。……私たちはこのキャンプでネズミに悩まされており、［料理人の飼い猫と］その子猫たち三匹をネズミ捕りのために飼った。……もともといた飼い猫の親子たちは、匂いを嗅ぎながら檻のあたりを歩きまわった。……おそらく新顔に興味をもったのだろう。飼い猫の子どもたちを同じ檻に入れると、オオヤマネコの子どもたちと一緒に遊びはじめた。まるで同じ動物であるかのように。……夜になると、飼い猫の子どもたちを檻から出して母親のところに返してやった。そして、朝になるとまた大はしゃぎがはじまる……。

その檻は料理人のテントのそばにあり、夜になるとオオヤマネコ［の子どもたち］が唸り声を上げるので、料理人は眠れなかった。翌朝、彼は怒って「もしこのクソ猫たちが今夜も唸り声を出したら……檻から出す」と言った。私は［それはしないでくれと］彼に頼んだ。なぜなら、このオオヤマネコたちをブロンクス動物園に送りたいと思っていたからだ。ところが、やはり……子猫たちはひと晩中唸り声を上げ、料理人は外に出してしまった。……私は馬に乗って探しにいき、少し行ったところで一匹を見つけた。彼らの大好物の魚で誘いながら檻まで戻すことができた。私は運搬箱を作り、なかに入れたが、この子猫は悪魔に変身した。なにはともあれ、子猫は動物園へと送られていった。[*78]

こうしているうちに、ブラウンとカイゼンはさらに素晴らしい標本を見つけていた。コリトサウルスとモノクロニウスの骨格やアルバートサウルスの頭骨と顎に加え、長いあいだ探し求めていたオルニトミムス類の頭骨で一番上のところだけが欠けているものも見つかった[*79]。その細くて流線型をしている頭骨は、顎に歯がないという点で珍しいものだった。その特徴は、オルニトミムス類が獣脚類の肉食グループであることを否定するようなものだった。オズボーンは、ブラウンがこの珍しい恐竜を辛抱強く探し求めていたからこそ、科学的に重要な頭骨の発見として報われたのだと非常によろこんだ[*80]。マシューも祝福の手紙を送ったが、ただその最後には悲しむべき知らせが書かれてあった。「手紙で知らせているように、ヨーロッパ大戦が勃発して、イギリスも巻き込まれるのかどうか定かではない。われわれは直接的に関わっているわけではないが、間接的にいろいろな影響を受けるのは間違いない。とにかく博物館の財政に影響が出ないことを祈るのみだ[*81]」

念のために、次の手紙でブラウンはオズボーンに、戦争が博物館に与える影響について尋ねた。加えてシーズンの終わりには、アサバスカ川流域の石油開発の見込みを調べるため、カルガリー石油会社の費用で調査にいく可能性についても伝えた[*82]。

一ヶ月後、ブラウンは、採集した恐竜骨格が九点に増えたことを報告した。さらに、ハドロサウルス類の頭骨二点、ワニ類のレイディオスクス（おそらくチャンプソサウルス類）の頭骨一点、カメの甲羅三点なども採集した[*83]。箱に入れた化石は貨物列車で九月二一日頃に送るつもりだと伝えた。保険に関しては、この標本の価値を二万ドル（現在の貨幣価値で約四〇万ドル）にするよう勧めた。化石の運搬にこうした保険をかけることは現在でもおこなわれている。なおその保険料は、同じような標本を集めるのに再びフィールドに戻った場合の費用を見積もり、それに基づいて決められるのが一般的である。

ところが、ブラウンはこれでは終わらなかった。一週間後、彼はマシューに次の報告をしている。「幸運の女神が再びわれわれに微笑んで、オルニトミムス類の状態のよい頭骨と顎が見つかった。……さらに、ヒパクロサウルスの骨格も掘り出している[*84]」。なお、ヒパクロサウルスはレッドディア川のこれほど下流

図 24　レッドディア渓谷で採集した化石をサンドクリークとの合流部のキャンプ地から運び出すブラウン隊。アメリカ自然史博物館のカナダ・アルバータ州への遠征、1914 年

の地層からは見つからないので、コリトサウルスの可能性が高い。

隊は化石の山を渓谷から運び出すための道路を完成させ、九月二七日にこの年のフィールドワークは終了した。八三の箱には、アルバートサウルス亜科三点、鎧竜類二点、ハドロサウルス類九点、オルニトミムス類三点、角竜類三点、カメ三点、チャンプソサウルス類一点など、二五点の標本が入っていた。費用総額は三三六三ドル、現在の貨幣価値で六万七〇〇〇ドル余りであった。[*85]

シーズンの終わりとともに、ブラウンはアサバスカ川流域で石油会社のために、この地域の石油の埋蔵量を調べた。ここから生涯続いていく、地質コンサルタントという副業がはじまったのである。このような探検は、企業のためにおこなう調査と、博物館のための化石探索、アメリカ政府のための情報収集を兼ねており、後述するように、エチオピア、インド、パキスタン、ビルマ、ギリシャ、キューバ、中米、そして北米西部など、遠く離れた場所へとブラウンを送り込むことになる。

レッドディアの露頭から持ち帰った膨大なコレクションが博物館に貯まり、それらを研究や展示のためにプレパレーションしなければならないというプレッシャーから、ピーター・カイゼンは翌年の一九一五年の第六回レッドディア遠征には加わらなかった。そこでその代わりに、ブラウンは外部から二人の助手を雇った。スティーブビル地区のA・F・ジョンソンとワイオミング州のウィリアム・ステインの二人だ。

ジョンソンは、サンドクリーク付近のオールドマン層の露頭で、前年に隊が残しておいたところを五月中旬に掘りはじめた。ブラウンは七月の終わりに合流した。このシーズンはすべて、レッドディア川のその支流沿いで活動した。一方、スタンバーグ隊は二手に分かれ、「四人はわれわれの縄張りの近くか、ときには中の、［オールドマン］層で作業している。そしてあとの四人はエドモントン層のドラムヘラーの上流部にいる[*86]」。

ブラウン隊は、成体でも全長三・六メートルほどしかないモノクロニウスよりもずっと小さな角竜類など、希少な標本を発見し続けた。とりわけブラウンがよろこんだのは、鎧竜類の化石だった。「最も希少な標本であり、われわれのコレクションを完成させるのに最も望ましいのは、パラエオスキンクス［現在エドモントニア］の骨格の一部だ。立派な頭骨と顎、喉を覆う皮骨が所定の位置にあり、骨盤、いくつかの保存状態のよい肢骨、肋骨、背骨で構成されている[*87]」

この頃、第一次世界大戦がフィールド隊や博物館に重くのしかかってきたことを、ブラウンへの手紙でマシューが記している。「戦争は長引く消耗戦となるだろう。そして、長引けば長引くほど、われわれに対するあたりも強くなる[*88]」。ブラウンはこれらの心配を心に刻み、レッドディア川沿いの厳しい状況を戦争に喩えた。「カナダのこのあたりは今までになかったくらいの雨が降り続いている。レッドディア川はほとんど常に氾濫していて、われわれが去年キャンプを張ったところには三メートルくらいの水が去年化石を採っていたところまで流れ込んでいる。蚊は煙に対してびくともせず、凶暴で、数はドイツ皇帝〔第一次世界大戦のヴィルヘルム二世〕の軍隊に匹敵するほどだ[*89]」

ブラウンは一〇月下旬、このシーズンを終えるのに大変苦労した。というのも、採集する価値のある標本が次から次へと出てきて、「朝早くから夜遅くまで、日曜日も作業しても終わらないのではないかと思うくらいだった」からだ[*90]。ハドロサウルス類六点、角竜類三点、オルニトミムス類三点、鎧竜類二点など、一五点の重要な標本が加えられた。化石は六五箱となり、「［貨物］列車の車両がほぼいっぱいになった。……昨シーズンのおよそ五分の四くらいだ[*91]」。

ブラウンは、数回のアルバータ州の遠征で採集したものを一九一九年の『ナショナル・ジオグラフィック』誌の記事にまとめている。「作業の結果……カナダで、アメリカ自然史博物館は大きな箱で三〇〇、貨物列車の三両半の化石を収集した。このうち三分の二は展示用の標本で、大きな恐竜の頭骨一二点や骨格一四点、数多くの部分骨格などである。これらの資料には、学術的にまったく新しい属や種がたくさんある[*92]」。ブラウンたちがレッドディア川沿いで採集した二二点もの恐竜骨格が今もなおアメリカ自然史博物館の恐竜ホールを飾っている（本書付録1参照）。

ブラウンがコモブラフで最初に恐竜の化石を見つけてからまだ一九年だというのに、一九一五年には、アメリカ自然史博物館は世界でも有数の恐竜コレクションを築いた[*93]。これは、ワイオミング州、モンタナ州、アルバータ州でのブラウンの尽力によるところが大きい。見事な骨格のほとんどが、鉄製の枠組に組み立てられたり、壁にはめ込まれたりして、アメリカ自然史博物館の展示ホールに置かれている。そして、世界中から訪れる見学者たちはこれを見て驚き、そして学んでいる。

レッドディア川沿いの起伏の多い露頭からは、現在でも古生物学上の重要な過去の遺産が産出されている。アルバータ州ドラムヘラーのレッドディア川の岸に建つロイヤルティレル古生物学博物館の古生物学者たちは、世界中の大学の研究者たちと協力して、毎年この地域で新しい骨格を発見している。一九五五年には、ドラムヘラーの南東およそ一四五キロのレッドディア川流域が州立ダイナソーパークとして指定され、化石は発掘されるまで保護されている。さらにこの公園には、ロイヤルティレル・フィールドステーションがあり、ロイヤルティレル古生物学博物館のスタッフのフィールド業務をサポートするだけでなく、公園内の岩石や化石について説明する展示室も併設している。

ブラウンの発見は、今なお輝きを失ってはいない。ブラウンがベリーリバー層と呼んだダイナソーパーク層からブラウン隊が採集したホロタイプ標本をもとに、今日において古生物学者たちは八種の非鳥類型恐竜を認定している。角竜類三種のカスモサウルス・カイセニ（AMNH5401）、モノクロニウス・カトレリ（AMNH5427）、スティラコサウルス・パルクシ（AMNH5372）や、カモノハシ竜二種のコリトサウルス・カスアリウス（AMNH5240）、プロサウロロフス・マクシムス（AMNH5386）や、小さな肉食の獣脚類のドロマエオサウルス・アルバーテンシス（AMNH5356）や、ドーム状の頭を持つ堅頭竜類のオルナトトルス・ブラウニ（AMNH5450）（おそらくこれは未成熟のステゴケラス）などである。[*94] ブラウン隊がエドモントン層から採集した化石から、ブラウンはこのほかに四つの新種を記載した。角竜類のアンキケラトプス・オルナトゥスとレプトケラトプス・グラシリス、カモノハシ竜のヒパクロサウルス・アルティスピヌスとサウロロフス・オズボーニである〔二〇二四年現在、角竜類について一部有効名でないものもある〕。

現在ではブラウンの発掘現場の場所が特定されつつある。これは、彼が撮った写真や、標本の型取りに使われた石膏や板切れや新聞紙などの、彼らが残していったものが証拠となっている。[*95] この事業は州立ダイナソーパークのなかでGPSを用いた調査とともにおこなわれ、標本が出た場所に関するデータを残すだけでなく、それらが出た層序学的な状況を把握し、恐竜たちが生きていた時代と、約七五〇〇万年前に動物相がどのように進化したのかをより全体的に理解するのに役立っている。

第9章　キューバ、アビシニア、そして秘密の活動

1916–1921

カナダ国境の北、レッドディア川沿いの地層とその動物相について多くの知識を得ることができたブラウンは、一九一六年に再び国境の南側、主にモンタナ州北部に力を注ぐことにした。ここの地層が、レッドディア地域の地層やミズーリ川の南のヘルクリークのバッドランドの地層とどのような相互関係にあるかを見極めるのが目標だった。今回も第一助手はピーター・カイゼンである。

七月二七日、ブラウンはオズボーンに、「安く車を手に入れる」ことができたと報告した。これにより、モンタナ州とノースダコタ州の州境を越えたミズーリ川とイエローストーン川の分岐点にあるフォートブフォートから西へ行った、モールタやルイストン〔ルイスタウンか?〕付近までの地域を調べることができた[*1]。ヘルクリーク層の上位にフォートユニオン層があり、その最下部は現在タロック層と呼ばれているが、ブラウンは、ヘルクリーク層とフォートユニオン層の境界が白亜紀と古第三紀の境〔K—Pg境界〕なのではないかと考えていた。フォートユニオン層からは恐竜化石が出ないからだ。その確信を得るために、古生物学と地質学によって証明できるような証拠を見つけたいと思った。オズボーンは哺乳類化石を望んでいたが、残念ながらフォートユニオン層の「状態のよい」露頭からは哺乳類化石は出なかった。ただ、ブラウンの現地調査によって解決したことがある。

本当にヘルクリーク層が白亜紀末期の地層であるのかという……以前からある長年の疑問である。これは、ヘルクリーク地域のフォートユニオン層が見かけ上、同じものに見えるということからきている。しかし今私は、ヘルクリーク層が白亜紀の終末を示していると断言できる。二つの層の不整合〔上下に重なる二つの地層の堆積の間に隆起・浸食・沈降があり、著しい時間のギャップがあること〕がはっきりと確認できる地点があるからだ。キャレーのグレートノーザン鉄道沿いに、東に一・六キロほど延びたヘルクリーク層が、東の端でフォートユニオン層の下に消えていくところがあるのだ。

マッセルシェル川から西にルイストンにかけて、ヘルクリーク層、フォックスヒル層、ベアポー層、ジュディスリバー層、クラゲット層、イーグル層、コロラド層最上部といった白亜紀の地層が明瞭に認識できる……これらの地層は〔ジュラ紀の〕モリソン層の上に整合的に重なり、モリソン層の下には古生代の石灰岩がある。[*2]

化石が見つからないブラウンの不運とは逆に、カイゼンは助手とともにスウィートグラス西のツーメディスン層を発掘し、「一六箱の骨の化石を採集し、なかでもブラキケラトプスの部分的な骨格が最高の標本だった」。ただし、頭骨は欠損していた。[*3] またこのほかに、ヒパクロサウルスと「トラコドン」の二種のカモノハシ竜、大型獣脚類の背骨、パラエオスキンクスに似た鎧竜類の骨盤なども採集した。ツーメディスン層からは大きな角竜類が出ず、さまざまなハドロサウルス類が出てくることから、アルバータ州レッドリバー沿いのベリーリバー層やモンタナ州のジュディスリバー層よりも時代的に前のものであるとブラウンは結論づけた。[*4] しかし今日では、当時アメリカ地質調査所が主張していたとおり、これらの三つの層は基本的には同じ時代のものと考えられている。ツーメディスン層はたんに堆積環境が異なるにすぎない。[*5]

ヘルクリークに戻ると、ブラウンはまるで自分が浦島太郎になった気分だとオズボーンに伝えた。というのも、この場所で採集された化石のことを尋ねると「〔地元の〕人たちが『何年か前に岩の裂け目から大きなマストドンを取り出した男』の話をしてくれた」からだ。[*6]もちろんこれは彼自身が二〇世紀初頭にティラノサウルスなどの恐竜を発見したときのことを言っている。またブラウンにとって、これが一〇年以上にわたったこの地での最後の作業になりそうだった。マシューが一九一七年の年報にこのように書いている。「今年の初めには三つのフィールド遠征が計画されていたが……アメリカが世界大戦に入っていくかどうか不確かなことから、博物館のスタッフはフィールドワークを延期したほうがいいと言っている」[*7]

一九一七年、ブラウンはアメリカ財務省にて戦時コンサルタントとしての役目を担った。[*8]その活動の詳細がほとんど記録されていないのは、一九二〇年代以降に現れるブラウンの陰の部分を予感させるものである。未刊の自伝のために作成したメモや毎年の活動概要のなかで、ブラウンは財務省での「戦争任務」を「課税のために石油資産の減価償却制度を確立すること」だったと説明している。[*9]おそらく、海軍での外務ポストを辞退したあとでこの役目を引き受けたのだろう。この戦争をきっかけに、ブラウンはアメリカ政府と仕事のうえでの関係を築き、他方で、鉱業や石油産業の地質コンサルタントとしてのキャリアを進展させた。ブラウンは一九一四年に油田コンサルタントとして勤務したあと、一九一五年にはオーセージ石油会社のために働き、その後すぐに地質学の専門知識を生かして世界を股にかけることになったのだ。

一九一八年にブラウンはアメリカ自然史博物館のスタッフに戻り、キューバへの遠征を計画した。これには、更新世の哺乳類化石を探すということのほかに、銅の採掘候補地を評価するという目的があった。古生物学の作業としては、ブラウンが一九一一年に作業をしたバニョス・デ・シエゴ・モンテロの温泉地

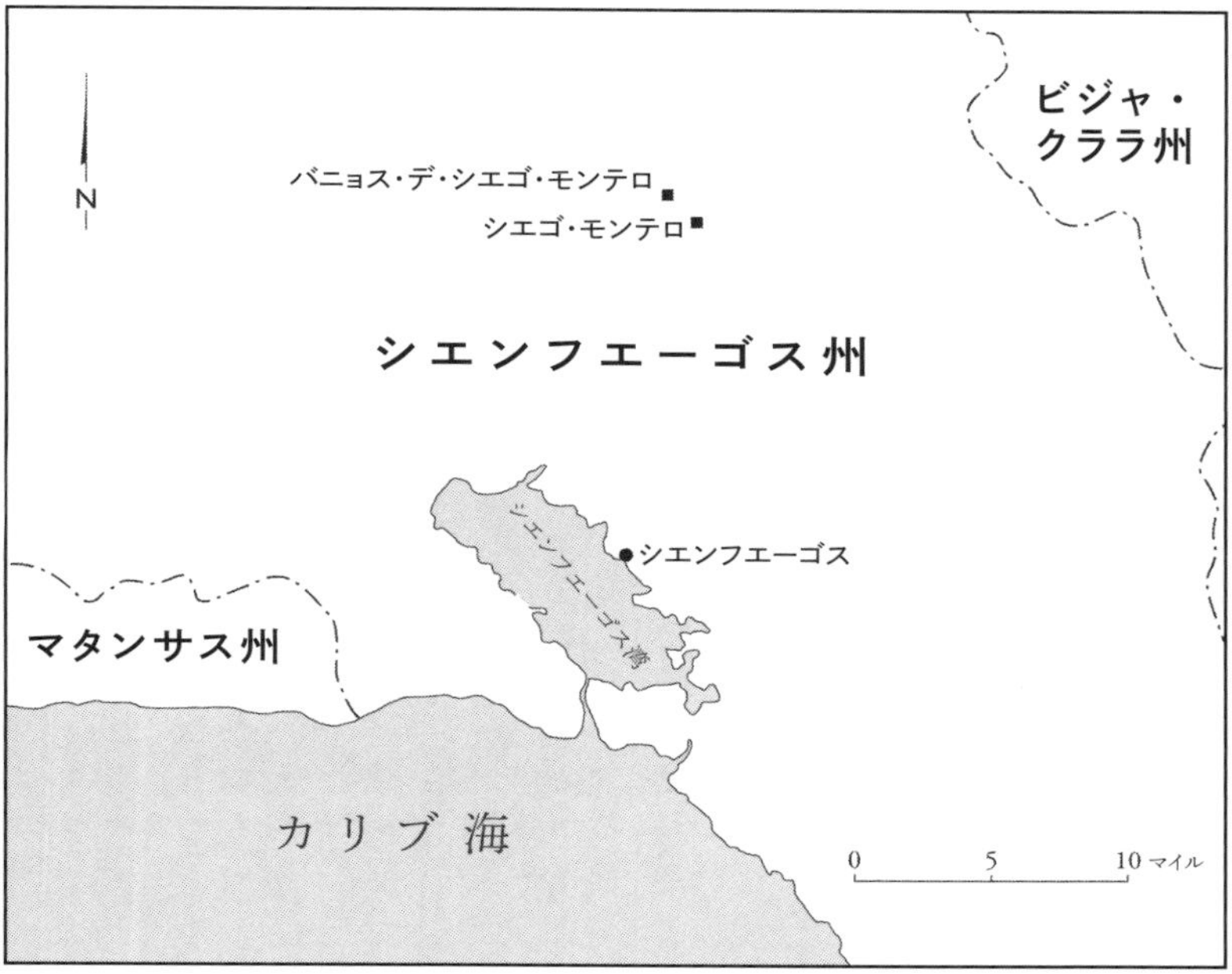

地図4　キューバ・シエンフエーゴス州南部のシエゴ・モンテロの化石発掘地点

から、化石が出る堆積物を探ることが中心だった。[*10] チャールズ・ファルケンバックと強力な六・五馬力のポンプの助けを借りて、ブラウンは温泉の噴出口をコンクリートのマスで囲み、温泉の水を抜いて化石を発掘しようとした。しかしマスはうまくできたものの、水の重みで水が漏れていってしまい、やってもやっても排水が進まない「もぐらたたき」状態になってしまった。ついにブラウンはこれを諦めて、毎朝みずから三時間水抜き作業をおこなうことにした。気温が三七度を軽く超え湿度も高いなかで、これは過酷な作業だった。

あるとき、ハーバード大学の比較動物学博物館の爬虫両生類学者トーマス・バーバーがこの地を訪れた。この様子を、バーバーがアメリカ自然史博物館のブラウンの上司たちに伝えたこ

図 25　第四紀更新世の化石を採集するために、バニョス・デ・シエゴ・モンテロのチャパポテ温泉の水を抜いているブラウンと助手（おそらくチャールズ・ファルケンバック）。アメリカ自然史博物館のキューバへの遠征、1918 年

とから、隊員たちの健康を心配する声が上がった。四月三〇日にマシューがブラウンに手紙を送っている。

> つい最近バーバー博士に会った。……博士によれば、きみたちは過度な作業をしているという。
>
> これだけははっきりさせておきたい——きみやチャーリーの健康をなによりも大事に考えないといけない。われわれの方針からしても、二人のうちのどちらか、特にきみになにかあるようなリスクを犯すことは最大の過ちとなる。きみは病気になってもすぐに自然治癒できる年齢ではなくなっているのだから。[*11]

ブラウンからの返答はなく、マシューは再び六月一日に自分が心配していることを伝えた。「熱帯の気候を甘く見てはいけない。それに、バーバー博士の話からして、きみたちはかなり疲弊していると私は判断している」[12]

しかし、ブラウンは辛抱強く素晴らしい化石を集め続けた。ただし、この遠征の当初の目的だった、関節した骨格はなかなか見つからなかった。四月二〇日、ブラウンはこれまでの成果をリストにした。巨大な地上性ナマケモノのメガロクヌスの状態のよい頭骨三点と顎八組、メソクヌスの可能性がある頭骨一点、別のナマケモノのミクロクヌスの顎一点、アリゲーターとカイマンの完全な頭骨三点などであった。さらに、「小さな哺乳類、鳥類、カエル、トカゲなどの骨、甲殻類、淡水性の貝、さまざまな果物、葉、木などの多岐にわたるコレクション」もあり、植物化石のなかには「まるで去年育ったかのように見える」ものもあった。[13] ブラウンは、関節した骨の標本が出てこない理由を、化石が産出されるこの堆積物は、当時洪水で川の支流の一つが氾濫し、この温泉地の盆地を浸水させ、そこに泥や魚類やカメ類や瓦礫が堆積したものと考えた。[14] 六月になって、作業をやめて帰国するようにというマシューの懇願に耳を貸さず、ブラウンはソレダード付近の洞窟でさらに化石が出る堆積物を発掘した。[15]

しかし、ブラウンの作業はそれで終わりではなかった。少なくとも一〇月までキューバにいたことは明らかだ。その月に「ピナール・デル・リオに行き銅山を二ヶ所調査した。この仕事で一日五〇ドルを受け取り、［クライアントの］会社には銅山一つに四万ドル費やせば完了するとアドバイスした」[16]。ブラウンは地質コンサルタントとしての仕事で計一〇二七ドル一六セントを受け取った。現在の貨幣価値で一万四〇〇〇ドルに迫る大金である。それでもブラウンはハバナでのやりくりを心配していたようだ。「部屋と風呂で一日三ドル。食べ物も気をつけていれば一日三ドル」[17]。明らかにブラウンは、自分の少ない博物館の給料を、コンサルタントの仕事でできるかぎり補わなければと考えていた。なお現在、『キューバにおける石油の発現状況』という詳細な報告書が古脊椎動物学部門の書庫に保管されている。

ピナール・デル・リオにいるあいだに、ブラウンはセプタリアン・ノジュール〔亀甲石団塊〕に入った魚類の化石を発見した。地元の人間は、チーズの上の部分に似ていることから、このセプタリアン・ノジュールを「ケソ」〔スペイン語で「チーズ」のこと〕と呼んでいた。のちの一九六〇年代になって、このノジュールの一つをプレパレーションしてみると、非常によい状態の翼竜類の化石が発見された。関節した骨の状態からしても、これらの地層がかの有名なドイツのゾルンホーフェン石灰岩と同じ頃に海のそばで堆積したことを示している。ゾルンホーフェン石灰岩からは、始祖鳥（最古の鳥として知られる）や翼竜類などの後期ジュラ紀の海に住む脊椎動物や無脊椎動物がたくさん出ている。いつの日か、ピナール・デル・リオのノジュールから鳥の化石が出てもおかしくはない。

アメリカ自然史博物館のアーカイブに残っている、ピッツバーグからマシューに宛てた手紙を見ると、ブラウンが一九一八年一二月になってもまだ油田の産出量調査をしていたことがわかる。「大目に見れば、科学的データを生みだしているだろうこの仕事に精を出している。もっともオペレーターたちはそのことに気づいていないが。アパラチア油田は私にまかされ、たくさんの助手がいるので、成果をグラフにまとめる時間もある。生産開始一年後に、油井やガス井から最終的にどれだけの生産量を見込めるか確定できるのは面白い」[*18]

これはアメリカ財務省のプロジェクトだったと思われるが、ブラウンの記述では明確ではない。いずれにせよ、ブラウンがアメリカ自然史博物館のスタッフと再び合流したのは翌年の一九一九年五月二五日のことだった。[*19] ただし、このときもまだブラウンは、オクラホマ州とテキサス州で石油のコンサルタントをしながら化石採集をしていた。オクラホマ州からマシューに宛てた手紙で次のように言っている。

オクラホマ南部にあるペルム紀の露頭に行く準備をしている。石油会社の人間が、間違いなくディメトロドンとナオサウルス〔背中に帆を持った哺乳類の初期の近縁種〕の化石だと言っている。頭骨や骨格の一部があると聞いた。

エンパイア石油会社には、最高の設備の整った研究室や地質部門があり、私はそれを見学させてもらった。古生物学の利用の仕方が、これまでにはなかったもので……顕微鏡を使った研究をしている。油井の掘削くずを詳細に分析すると、露頭すべてを見るのと同じくらいさまざまなことがわかる。*20

掘削から出る岩片を顕微鏡で分析することは現在では普通に用いられている。これによって、岩石中の微化石を同定することで層序関係を確定させたり、ポロシティ〔孔隙率〕などの岩質を調べたりすることができる。このような革新的な技術や手法にブラウンがすぐさま飛びついたことは、古生物学の世界では肯定的に捉えられている。のちに見ていくことになるが、研究室で化石をプレパレーションし分析する方法だけでなく、フィールドで化石の出る新たな場所探しの際にも、ブラウンは新しい手法をとり入れていくことになる。

この時期、ブラウンは依然独身であったが、女性問題の最初の証拠が、ある訴訟に関して博物館の書簡や個人的な手紙のやりとりのなかに見られる。最初に触れているのは、ブラウンからマシューに宛てた一九一九年一二月二八日の手紙だった。オクラホマでフィールドワークを続けていたブラウンは次のように書いている。

この脅迫状によって、博物館での私の立場がどうなっているのか、私が博物館に再び必要とされるのかわからずに途方に暮れている。とにかく、私が博物館に戻って仕事をはじめる前に、裁判の決着をつけるのが一番いいと思われる。博物館では大きな噂になっているだろうから。きみがこの件をオズボーン教授と一緒に対処してくれるとありがたい。

あれは純粋に脅迫状であり、本当に裁判所にいくのかどうかも怪しいが、無実の人間がこういう件に関わるだけでどのような辱めにあうかは、きみもわかるだろう。

私はこの件を優秀な弁護士に委ねているが、その弁護士は、相手がどれだけ時間を使っても負けるだけだと言ってくれている。このあいだ、私は忙しさにかこつけ、このことを考えないようにしてきた。[*21]

マシューの返事は一九二〇年一月六日にきた。「この脅迫状が博物館でのきみの立場を悪くするなどと心配する必要はまったくないと思う。きみが博物館の仕事に戻ることをこの件と結びつけて考える理由がわからない。きみの望み通り、私はこのことをオズボーン教授に話した。教授が自分の考えをきみに話してくれるだろう」[*22]。同じ日にマシューは念押しのためにオズボーンに次のようなメモを書いた。「この訴訟でブラウンは相当腹を立てているようです。私は彼に手紙を書き、博物館での立場が悪くなったり、ここでの仕事に戻る予定に影響したりすることはないと伝えました。先生からも一言彼に手紙を書いていただけると助かります」[*23]

オズボーンはマシューのメモに一言書いて、それをマシューに返したようだ。「了解した。私は同情を感じている。ブラウンが戻る前に訴訟を解決することが一番だ」。この訴訟の内容はよくわかっていない。ただ、オースティンにあるテキサス大学を退職した古生物学者で、ブラウンと個人的つきあいのあったワン・ラングストンJr.によれば、結婚のプロポーズに関しての約束違反とのことである。

この訴訟の件で、解決までは博物館に戻らないでほしいオズボーンの願いもあって、ブラウンは一九二〇年から一九二四年にかけて、アフリカ、アジア、エーゲ海の島へと世界中を飛びまわることになったのではなかろうか。この探検は、ときには石油会社のため、ときにはアメリカ政府のため、そして、博物館のためであった。これはブラウンを博物館から遠ざけておくというだけでなく、無論その目的は、博物館の最高の化石ハンターであるブラウンに世界中をまわらせてコレクションを増やすということと、哺乳類の進化と人類の起源に関するオズボーンの研究を推し進めることにあった。加えて、アメリカ政府に重要な情報をもたらすためでもあった。またここに、ブラウンの放浪癖が出たというのも間違いないだろう。父親とともに西部を旅したときと変わらず、ブラウンは常になにか新しいものを求め続けていたのである。

一九二〇年、これまでなかったような、世界を股にかける探検のきっかけがブラウンに訪れた。この年、アングロアメリカン石油会社がアビシニア〔エチオピアの旧称〕において、現在はエチオピア南西部の乾燥した高地になっているところで石油を試掘する権利を買い上げた。これは一石二鳥だと考え、ブラウンは本業のキュレーターを休職した。アビシニアで博物館のために化石を探せると。

例の問題に最初のうちこそ狼狽していたが、弁護士を確保できてからは、安心してアビシニア探検に参加できるとブラウンは感じたようだ。そして、法的手続きの場に出なければならないとしても、ニューヨークに戻ってきてからでも可能だと考えた。アングロアメリカン石油会社は、一八八八年にロンドンで設立されたジョン・D・ロックフェラーのスタンダードオイル・トラストから生まれたもので、ロックフェラーが石油会社の国際的なネットワークを構築する第一歩であった。[*24] 一九一一年にアメリカ最高裁は、石油産業の独占の問題に対処するため、スタンダードオイル・トラストを解体して三三の新会社に分割することを命じた。この子会社の一つであるスタンダードオイル・オブ・ニュージャージーがアングロアメリカンを買収した（一九五一年にアングロアメリカン石油会社は名前をエッソに変えた。また一九七二年にスタンダードオイル・オブ・ニュージャージー石油会社は名前をエクソンに変えた）。

ペンシルベニア州北西部で最初の油井が掘られた一八九五年から、スタンダードオイル・トラストなどの会社は、増大する石油製品の需要を満たす努力を重ねていた。一八六〇年の全世界の生産量はわずか五〇万バレルだった。その一〇年後は二〇〇〇〇万バレルになっていた。そして一九二〇年の生産量は四億五〇〇〇万バレルにまで達した。しかし、需要のほうも同じ速さで増え続け、アメリカ政府は一九三〇年には石油不足に陥ることを心配していた。この不安をきっかけとして、石油の新たな供給源を国内と国外の両面で懸命に探し求めることとなった。こうして、ブラウンがその探鉱者の一人としてアビシニアに行くことになったのである。[*25]

ブラウンが指揮したこのフィールドの旅は、おそらくスポンサーの名前をとったのだろうダドリー探検と正式には呼ばれていた。ブラウンをリーダーとし、詳細な日報をつけていた船長のハリー・F・ムーン、ジョージ・H・ヘリング、ジョージ・W・パウエル、通訳のヨハネス・セメルジバシアンなどがいた。ガイド、護衛、そして「頭領と料理人と三八名の男子」で総勢をなしていた。[*26]

ブラウンの仕事はなかなか大変だった。今までこの広大なアフリカの奥地に踏み入る西洋人はいなかったというだけでなく、エチオピアという「国」は、イスラム教徒、コプト正教会信者、アニミズム信仰者たちで成り立っていた。そして王族と宗教者と地元の酋長による三頭政治によって支配されていた。したがって、とりわけ今回の石油調査のような規模のビジネス上のつき合いや取引は、政治的に非常に複雑で、交渉や実行が困難であった。

ブラウンにとって、自分が調査できると思っていた地域の一部がほかの石油会社に売却されてしまっていたことが、根本的な問題だったようだ。ブラウンの雇い主が五万ポンドほど支払って独占権を得ていたにもかかわらずである。状況がどうなっているのか、誰が関与しているのか、それを見極めるのは困難だった。そのなかで、ブラウンは冷静にこう言っている。アビシニア人と西洋人の考え方は根本から違うのだと。これほどハイレベルなはかりごとを経験したことはなかった。これは、こうした取引に関する当時の西洋人の姿勢を表している。法の支配によってきちんと成り立っている国から来た者にしたら、支配層が同じ物件を二度売ってしまうことがありうるなど想像できなかったのだ。

この問題を解決するため、ブラウンたちは頂上から攻めることにした。数日かかって、彼らは三人の支配者たちに拝謁する機会を得た。ブラウンが『ナチュラル・ヒストリー』誌に書いているように、一人はエチオピア皇帝メネリク二世の娘ザウディトゥ、もう一人はのちにハイレ・セラシエとなるハラール州のラス・タファリ公、そしてもう一人はこの地域の指導者《アブーナ》であるコプト正教会の大司教である。ブラウンは三人全員に貢ぎ物を用意していた。

> エチオピアを訪れるグループがいつもおこなっている間違った慣習に倣って、ダドリー探検隊も支配者たちに豊富な贈り物をした。王女にはダイアモンドのネックレス〔ティファニーによる評価額は五万ドル、現在の貨幣価値で約一〇〇万ドル〕、宮殿の電灯設備、ダイアモンドの時計、金の時計、映画、……私が「間違った慣習」と言うのは、このような贈答品がかえって支配者たちの疑心を招くことがよくあるからだ。贈呈式で私たち一行が宮殿（ギビー〔ファジル・ゲビのことか？〕）に入っていくのを、ヨーロッパ人たちが見たら笑っていたはずだ――真昼の暑い太陽のもとイブニングドレスで正装した男たちがロバにまたがっているのだから！　大勢の見物人たちが道の両側に並び、私たちから見るととてもおかしい。もっとも彼らからすると私たちがおかしく見えるのだろうが。[*27]

ブラウンの娘フランシスが、この様子を見てきたかのように書いている。「父バーナムは一八〇センチはありますし、ほかの人たちもけっして背は低くありませんでした。ロバたちは小さくて低いので、乗っている人は頭に帽子を乗せておくのも難しく、きれいとはお世辞にも言えない道に足を引きずられないようにするのが大変でした。父があとで思い出を語ってくれたのですが、宮殿に着く頃には脚が痛くて、拝謁の前には靴の汚れを落とさなければならなかったそうです[28]」。宮殿に着くと、門が開いて、そこにいる「白い服を着た群衆」をかきわけて、やっと王の部屋に通された。ザウディトゥ王女は豪奢なクッションにゆったりと座り、「目元まで布で覆っていた」。摂政皇太子タファリがその隣りに座っており、大臣や役人たちがそばにつき従い、そして外交官たちが部屋の隅々にまで厳重な注意を払っていた。ブラウンの目には、この拝謁式は「絵画のようで忘れられない光景」として残っている。この出来事は「たくさんのスピーチとたくさんのお辞儀」のうちに幕を閉じた[29]。

このあと、探検隊に探索の権利を与えるかどうかに関しての議論が重ねられ、探検キャラバンがアディスアベバを発とうとしていたときに、摂政皇太子からの許可が届いた。原則、ハラール州の異なる地域を二回に分けて攻めることとなった。一九二〇年の九月二六日から一二月二二日まで、ラバ三六頭と馬二頭のキャラバンが高地を探索した。装備は「白人用の大きな仮設テント二張り、料理人用の大きな仮設テント一張り」と「隊員たちのためのベルテント〔中央に支柱を立てるワンポールでベルのような形のテント〕三張り」だった[30]。

一行がハラールの州都に近づくと、だんだん恐怖を感じるようになった。ムーンが日報に次のように書いている。「隊長とジョージと私は、アビシニア人たちの集団が私たちに向かって近づいてくる物音を耳にし、やがてその光景を目にした。私たちに危害を及ぼしそうな様子にそのときは見えた。私たちは全員で乱暴者たちの襲来に備えた。ところが、彼らは大きな騒音と叫び声を上げて通り過ぎていき、私たちに対する敵意のきざしはなかった。あとでわかったことだが、マスカル祭〔雨季の終わりにおこなわれるコプト正教会の祝日〕が終わり、彼らはハラールで酒盛りをしたあとに家に帰るところだったのだ。彼らはたんにさようなら《チェリオ》とか、そんな意味の自分たちの言葉を発していただけだった[31]」

ハラールに着くと、彼らは地元の総督と面会した。総督はみずからの軍隊のパレードを用意してくれていた。この催しはとても印象的だったとムーンが記述している。

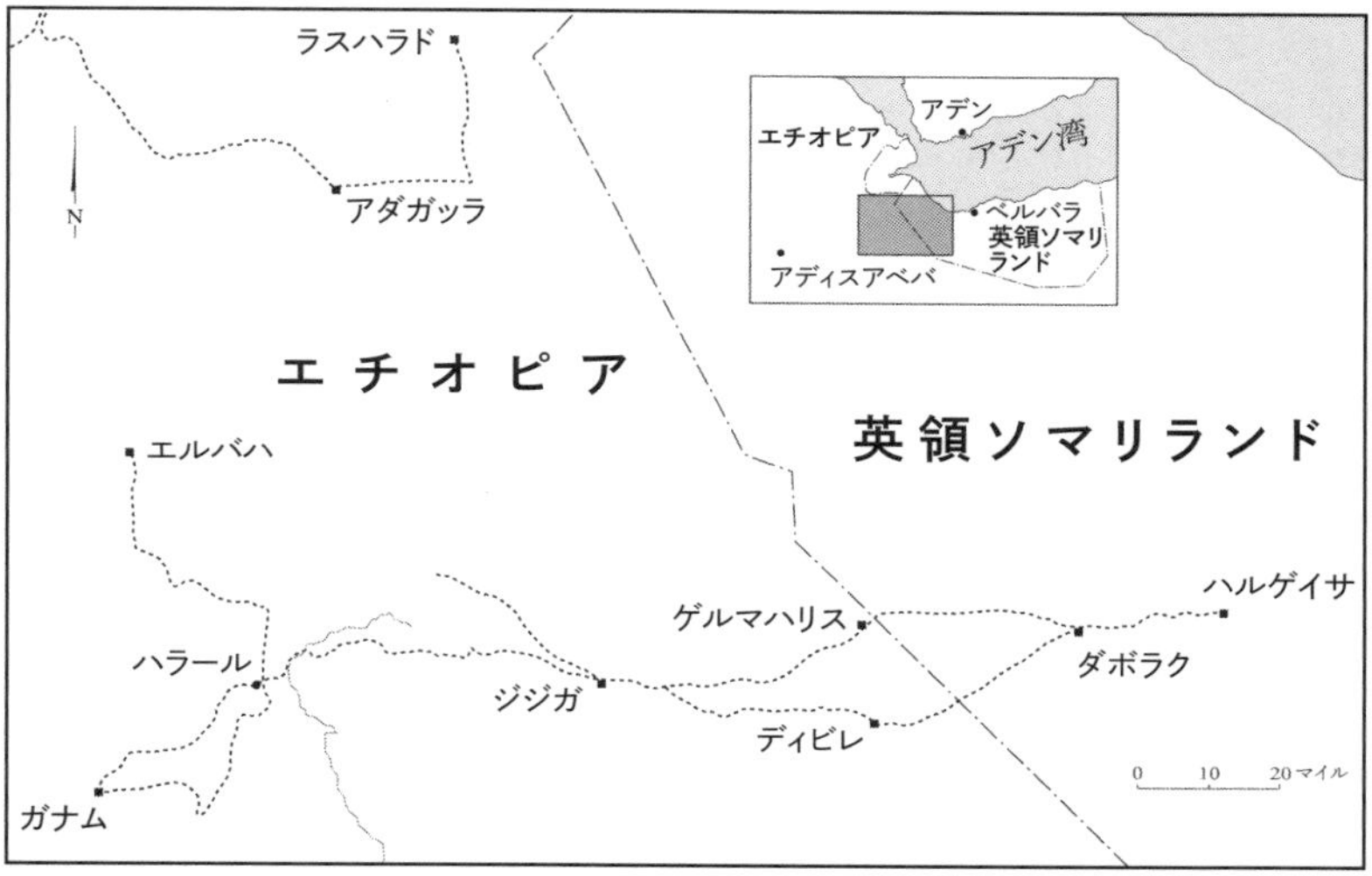

地図5　アビシニア遠征のルート、1920年

一〇分間待っていると、大きな声が響きわたり、武器をもった兵士の一団が叫び声を上げたり槍を振りまわしたりして広場に駆けてきた。同時に、馬を跳ねさせたり、後ろにまわらせたりして、自分たちを獰猛に見せようとしていた。次にラクダ隊がやってきた。明るい色の制服を着てターバンと腰ベルトを身につけたソマリ人たちだった。そのあとにトランペット隊と兵士の一団がやってきたが、まったくきちんと並んでおらず、軍隊というより群衆のように見えた。次にデジャスマッチ［地元の長官］とその令夫人がラバに乗って登場した。……筆舌に尽くしがたい騒音が鳴り響いたが、とてもいい写真が撮れた。[*32]

摂政皇太子の許可のおかげで、追加の支援と物資の手配が整い、ラバ隊はすぐに奥地に向け旅立った。ハラールを出てすぐに、総督が準備してくれたガイドと合流した。しかしながら、この人物の役割は、たんに地理的なガイドをするだけではなさそうだった。「デジャスマッチのガイドが私たちに追いついてきた。とてもいかつい風貌で、非常に大きな刀と銃とピストルと弾薬帯を身につけていた。名前はオットー・デミシといい、ディナスタリーとかティナスタリーとかティンハッツとか……どんな名前で呼んでも返事をした。ラム酒と鰯が大好きで、博士がいくところについていってなにをしているのか見たがった。博士は彼と一緒に行くことをよろこび、次の日に一緒に行くことにした」[*33]。しかしながら、ブラウンが夢中になっている地質学や古生物学の調査は、デミシにとってはあまり興味のあるものではなかったようだ。翌日にムーンがこう書いている。

ドゴーに着くとすぐに、われわれはそこの総督や彼の友人たちの群衆に出迎えられた。……これは博士と一緒に行動していたオットー・デミシが手はずを整えたのだと思われる。ただ、デミシはこのようなことを楽しんでいるわけではなかった。博士が無害であり、地雷を埋めているわけではなく、最初疑っていたようにこの国を破壊しようとしているのではないことを知って満足して、もう博士と一緒に現場にいくことはやめた。そのかわりに、私たちが接触するさまざまな総督たちを脅して、できるだけたくさんの食料や飼料を手に入れることに専念した。[*34]

ブラウンたちの一団は、民族や政治的な衝突のみならず、自然の脅威にも常におびやかされていた。ブラウンはこう書いている。

山腹では毎晩ジャッカルが吠えている。そしてハイエナがうろついている。暗くなってからの楽しみの一つとして、兵士たちに懐中電灯を渡し、合図とともに暗闇を照らさせる。光に反射して光る眼があれば、白人たちがそれを撃つ。これをやった結果、ある朝キャンプの近くで四頭のハイエナが横たわっていた……。

ドゴーでは、ガラムラタの総督であるデジャスマッチのヴェイクが、私たちのそばを通り過ぎていった。いくつかの村を焼き、男たちを殺し、女と家畜を連れ去ったマッド・ムッラーが率いるソマリ人の襲撃隊に備えて、軍隊を指揮していた。ヴェイクは首尾よく多くの囚人たちを連行することができた。そのなかには、マッド・ムッラーの義父で襲撃隊のリーダーだった人物もいた。私たちは数名の兵士たちの手当てをすることになった。[*35]

一九〇〇年から一九二〇年にかけて、イギリスなどの敵からは「狂気《マッド》のムッラー」として知られたムハンマド・アブドゥラー・ハッサンは、ソマリアから異教徒を排除するため、二〇年にわたる聖戦《ジハード》の先頭に立った。異教徒とは、アビシニアだけでなく、イギリスやイタリアなどの、ソマリアを植民地にしようとする勢力のことである。雄弁な詩人であり演説家であったハッサンは、若い頃巡礼《ハッジ》のためにメッカに行き、そこでモハメッド・サーリフの保守的で原理主義的な宗派に加わった。一八九五年にソマリア北部〔英領ソマリランド〕に戻ると、ハッサンはこの地方の異なる部族を統一しようと尽力し、一八九九年にキリスト教、すなわち植民地支配からの解放を求める運動を開始した。その後、二〇年以上のあいだ、残酷な戦いとつかのまの和平条約のなかで、彼の運勢は盛衰を繰り返した。ハッサンの兵士としての評価は勝利のあとには大きくなり、敗北のあとには萎んでいったのである。強烈で流麗な演説は、ソマリ人の精神を高揚させることができた。その一方で、人々は彼の宗教的厳格さに嫌悪感をもっていた。この二つが適度なバランスで釣り合っていた。そして一九二〇年初頭、イギリスはラクダ隊の支援を受け、メディシュ、ジッドアリ、タレーのハッサン要塞に空襲をかけ、ハッサン軍を敗走させたのである。ハッサンは命は落とさなかったが、国境を超えアビシニアに逃げ込んだ（彼と戦う一団にダドリー探検隊が遭遇したのはこの理由だった）。ハッサンは一九二一年二月にインフルエンザで死去した。今日ソマリアでは、自由を求めて激しく戦った戦士として、そしてソマリ人のナショナリズムの象徴として、ハッサンは広く崇められている。[*36]

ブラウンが言っていた戦闘は、キャラバン隊のキャンプからわずか一六キロほどのところで起きたので、ハッサンの民兵たちに出くわさないように、彼らは出発を一日遅らせた。[*37] この人数の隊にはよくあることだが、意見の不一致がときどき起こった。例えば一〇月二一日には、

その晩、酔っ払って喧嘩をはじめた者たちがいた。一人がライフルで相手の頭を殴り、大きなこぶができた。何人かで彼に飛びかかったが、捕まる前にその男は石を拾いあげ、また別の男の頭を殴って怪我をさせた。すると、シャンカラ人の大男がその男をロープで縛りあげた。ひと晩中そのようにされ、逃げないように二人の男が見張りとして張りついていた。……

翌朝、前夜に暴力を振るった者たちに対する尋問をジョーがおこなった。彼らは仲直りしており、それ以上なにも出てこなかったので、給料から少額の罰金をとるだけでおさめた。彼らはこの処分をよろこんでいた。[*38]

一一月初旬、探検隊は再補給のためハラールに戻った。そこでは、ブラウンが新しい発電所を造る仕事をしているだとか、近くの湖から水を抜いて石油を掘り出すだとか、ハッサンの反乱軍と戦うなどといった、さまざまな噂が広まっていた。[*39] 再び奥地に向かうと、キャラバン隊には依然として危険が待ち構えていた。例えば、一一月一五日の夜、ソマリ人の強盗がキャンプの跡をつけてきており、用心深い隊員がその強盗に向かって警告射撃を放ったこともあった。[*40]

一二月初旬には、ハラール州の高地でのブラウンの調査はほぼ終わった。ブラウンは隊を分け、より小さなラクダ隊を率いて英領ソマリランド付近の低地を調査することにした。助手のハッサン、一七人の銃兵、五頭のラクダ、二頭の鞍馬を従えたブラウンは、この旅で唯一の西洋人であった。この隊にはイスラム教徒とコプト正教会信者の両方がいることがわかっていたので、ブラウンは隊員たちを扱ううえで気をつかう必要があった。十数頭から数百頭の群れをつくるガゼルが、ブラウンたちの食料の肉となっていたが、都合がいいことに、彼らはブラウンや違う宗派の人間が触れた食べ物は口にしなかった。この制約を利用して、ブラウンは狩猟の際の手順を決めていた。獲物を撃つと、すぐにブラウンはこれがイスラム教徒の隊員用かコプト正教会信徒の隊員用かを告げる。そして、獲物が倒れると、「その宗派の二名が駆け寄り、獲物が生きているうちに喉を切る」[*41]。喉を切るより先に獲物の脚のばたばたいう動きが止まってしまうと、どちらの宗派も誰一人それを食べようとしなかった。

一二月四日、自分たちが向かっている国はアフリカ大陸で最も恐れられている存在がいるところだと隊は気づいた。「八時に大勢のソマリ人たちのラクダ隊と遭遇した。銃は持っていないが、槍を持っている者たちがいた。昨夜、彼らのザリバ［木でできた仮囲い］に一頭のライオンが飛び込んで、寝ている男を襲った。ライオンは追い払われたが、男の胸をひどく嚙んでいた。男はジベリという村に運ばれたが、おそらく助からないだろう」[*42]。この自然界の王者にブラウンが最も接近したのは一二月一三日のことだった。

古いザリバの中にキャンプを設営しているあいだ、私が外を歩いていると一頭のライオンが見えたが、銃を持った者がやってきたときにはもう姿を見失っていた。ライオンがいたところまでいくと、二頭の足跡を見つけた。……護衛に、夜間にライオンが来たらすぐに私に知らせるように言った。一二時に起こされて、護衛がライオンを見たと言ってきた。しばらく懐中電灯で探したが、見つけることができず、ベッドに戻った。翌朝、護衛が、ライオンを見たが私に知らせることができなかったと報告した。調べてみると、二頭の足跡がテントから三メートルほどのところにあったが、ライオンの姿を見ることはなかった。[*43]

一九二一年元旦、ブラウンの一行は、重武装の護衛とともに、ドンカリ族に支配されている地域に向けて出発した。[*44]ドンカリ族の兵士たちは獰猛で知られているだけでなく、この地域は地球上で最も険しい場所であった。ガイドを含めて多くの隊員たちが行きたがらなかった。ブラウン一行が進んでいくと、溶岩で作ったドンカリ族特有の家が、住む人もなくうち捨てられていた。彼らは敵対するイッサ族との紛争があってここを放棄したのだった。ある日キャンプに戻る途中で、イッサ族の兵士たちが襲撃の意図をもって近づいてきた。ブラウンたちをドンカリ族と間違えたのだ。しかし、一行を率いているのが西洋人だとわかると、イッサ族は戦術を変え、バクシーシを要求してきた。バクシーシとは、中東やアフリカ北部で現在も普通におこなわれているちょっとした賄賂のことである。[*45]

ブラウンは隊の仲間から、イッサ族によっておこなわれているという忌まわしい儀式についても耳にしていた。未刊の自伝メモに、ブラウンはこう記している。

アフリカ北東部のイッサというソマリ人の部族のあいだでは、一般に知られていない儀式がある。

母親は赤ん坊を母乳で育てるが、赤ん坊が女の子の場合は、離乳したときに、母親、おば、女の親戚たちが集まる。一人がその子を抱え、母親がハサミでその子のクリトリスを切り取る。私が受けた説明によれば、これは結婚したときの生殖能力を損なうものではなく、性交時の快感をなくし、ほかの男性を求めないようにするためなのだそうだ。[*46]

図26　紛争があったドンカリ族の地域で、ブラウン一行をドンカリ族と勘違いしたイッサ族の兵士たち。ダドリー探検隊のアビシニアへの遠征、1920-21年

女性の割礼という野蛮な行為は、この地域だけでなく、西ヨーロッパの少数民族の社会でも現在にいたるまで続いている。

イッサ族との遭遇から一週間後、ブラウンは少しだけ狩猟をおこなうことにした。

チーフ〔おそらくハッサンのこと〕と五人を連れて、渓谷を下り、深い水場までやってきた。……すぐにカバの足跡を見つけた……その足跡をたどって池まできた。すぐに草むらから水しぶきと唸り声が聞こえた。水に隠れる前の一頭を見つけたが、撃つことはできなかった。私たちは五時間待ったが、もう姿を見せなかった。地元の人間によると、カバは一日中でも水の中に隠れていられるそうだ。

この美しい池は、長さ約六〇メートル、幅約九メートルで、周りにはネコジャラシ〔エノコログサ〕や背の高いヨシススキが生えていた。私は午前中ずっとここで釣りをしながら、ダイナマイトを恋しく思っていた。大きなナマズが七匹釣れた。鉤《はり》と糸で釣りをしている私を、大勢の地元の人間たちが珍しそうに見ていた。こんなふうに魚をとる光景を彼らは見たことがなかったのだ。*47

石油や数多くの化石が出る地層を新しい土地で見つける探検の目的からすると、この遠征は期待はずれだった。新種のサンゴ、ウニ、二枚貝、巻貝など、無脊椎海洋生物の化石はいろいろ見つけたものの、ブラウンは恐竜や哺乳類の化石を見つけることができなかった。実際のところ、ブラウンが脊椎動物の化石を見つけられなかったのは、この遠征だけだった。

本当はもう少しで、最も重要な化石のフィールドを見つけられるところだったのだ。ブラウンのラクダ隊がハラール州の北部を最後に旅しているとき、ハダールのアワッシュ川中流域まで約一六〇キロのところを簡単に通過してしまった。実はここは、一九七四年に当時最も古いとされた人類、ルーシー（アウストラロピテクス・アファレンシス）の素晴らしい骨格が発見された場所である。今日でも、これらの堆積物からは重要な化石が次々と出てきている。ヒト科だけでなく、鮮新世・更新世に暮らしていたほかの哺乳類や脊椎動物たちの化石も産出されている。ハダールで見つかったルーシーなどのヒト科の化石は、ヒトの進化に関する今日の理論に大きな影響を及ぼした。ヒトの起源のゆりかごは（オズボーンやマシューが考えていたような）アジアではなく、アフリカであったことを決定づけたのだ。

アングロアメリカン石油会社には、容易に到達できる油層の可能性に関して「否定的な結論」を提示したブラウンだったが、のちの開拓のための地質学的な下地を作ったのは確かである。一九二三年に、アングロアメリカン石油会社はハラール州の北半分で独占的に試掘ができる権利を得たと公表した。この狙いは、地中海に近い油田を見つけることで、メキシコ湾やベネズエラやインドの油田から大量の原油を運ぶ必要を減らすことにあった。しかし、一九三〇年代にこの地域の石油の権利をめぐる紛争が起こり、それが引き金となって、ロックフェラーの同盟であるムッソリーニのイタリアと、ハイレ・セラシエのアビシニアのあいだで「宣戦布告なき戦争」が起こった。この紛争後の交渉で、セラシエは石油資源の豊富なハラール州のファファン渓谷をイタリア軍に明け渡せば和平に応じるという条件をつきつけられた。セラシエはこの提案を拒否したが、エチオピアの油田は、やがてロックフェラー系のシンクレア石油会社が支配することとなった。面白いことに、シンクレア石油会社は一九三〇年代にブラウンのアメリカ西部でのフィールドワークに重要な役割を果たすのだが、それとこのアビシニアでのブラウンの活動とには直接的な関連はないと思われる。[*48]

少し戻って、ブラウンがアビシニアの奥地を探検している頃、ニューヨークから来た二一歳の若さはじけるお嬢様、リリアン・マクラフリンが、エジプトを旅しながらバーナムの到着を待っていた(表向きはおばとの世界旅行ということだったが)。バーナムとリリアンは何年か前にニューヨークで知り合っていた。バーナムがアビシニア探検に備えてイングランドに出発する前のことである。バーナムより一四歳年下のリリアンは、写真でわかるように少しぽっちゃりしていて、黒い瞳が印象的な丸顔で、髪は短く、周囲を楽しくさせる笑顔の持ち主だった。フランシスによれば、リリアンは人懐っこいが、こだわりが強く頑固なところもある女性だったという。さらに、ローマカトリック信者として育てられ、「都会生まれの修道院育ち」だった。また、生まれつき浮気性で、リリアンの目がバーナムだけを見つめていないのは、バーナムがリリアンだけを見つめていないのと同様だった。それでも、リリアンは「ニューヨークに戻ったら、バーナムを夫にしたい。もし彼が自分を追いかけてこなかったら、私が彼を追いかける。それがいくつかの大陸をまたがる旅になったとしても」と心に決めていた。[*49]

リリアンがバーナムを追いかけるのには隠された動機があったのかもしれない。というのは、作家としてデビューすることを夢見て、リリアンは自分の経験や冒険を雑誌の連載記事にして、できれば本にしたいと考えていたのだ。バーナムは、そんな自分に異国情緒あふれる旅の切符をくれる存在になるだろう。リリアンが日記をつけていたかどうかはわからないが、アメリカ自然史博物館のアーカイブには、海外から主に姉たちに宛てた多くの書簡が残っている。これらの手紙を読むと、頭の回転が速く、書く手が追いつかないほど言葉や思いがあふれ出てくるのが感じられる。筆跡は判読不能な走り書きだが、のちに彼女は時間をかけて文章をタイプした。そこには、いろいろな出来事が流れるように記述されており、ところどころに人を揶揄するようなゴシップや、人種差別的な悪口もある一方、親身になって相手に助言する言葉なども散りばめられている。

一九二〇年が終わりに近づくと、孤独なリリアンは、カイロから家族に宛てて大晦日に手紙を書いた。バーナムがこちらに向かっているはずなのに、まったく連絡がないことを嘆き悲しんでいた。*50 しかし一週間後には、この待っている時間を最大限に利用しようと決意したようだ。「私は今イギリス人たちと楽しんでいて、イギリス人将校たちに心がときめいているの。特定な人がいるわけじゃないけど、みんな素敵な人たちだわ。ハンサムで、正真正銘の白人だし*51」

一月一八日になっても、バーナムからの連絡はなかった。「彼がどうなってしまったのか、どこにいるのかもまったくわからない。私に連絡してこない理由も*52」。実は、一月一九日までフィールドワークが終わらなかったのが理由だった。一ヶ月後、リリアンがスエズに向かっているときに、やっとバーナムからの手紙が届いた。リリアンは家族に、バーナムの旅が遅れていたことと、これからの予定はわからないことを手紙で知らせた。この予定がはっきりしないことにさほど不安は感じていなかった。「エジプトは本当に楽しい。『アメリカ人の女の子』をみんなが知ってくれていて、ティッシュちゃん［リリアンのこと］にぞっこんのイギリス人将校がたくさんいるの。私もイギリス人男性に夢中だわ。本当に素敵。でも、一回ダンスして、お茶して、食事しただけよ」[*53]。そんなこんながあったにせよ、最終的にリリアンとバーナムはもとの鞘に収まることになる。

一方、バーナムは知らなかったのだが、アビシニアの砂漠の奥地から出した彼の手紙の多くは、ヨーロッパやアメリカに届いていなかった。五月一八日、亡妻マリオンの父親で、オックスフォードでフランシスの面倒を見ているチャールズ・W・ブラウンが、博物館の同僚宛てに手紙を書いてきた。「三月の末からずっとバーナムからの連絡がありません。私たちはまたちょっと心配になっています。その後、博物館のほうにはなにか連絡がありましたでしょうか?[*54]」。マシューはマシューで、ブラウンから連絡があったかどうかをそのマリオンの父親に尋ねる手紙をちょうど書いていたところだと返事した。博物館のほうも「去年の一二月からまったく彼からの連絡がありません。……彼の所在がもしおわかりになりましたらどんな情報でも伝えていただけたら幸いです」という状況だった[*55]。フランシスがのちにこう書いている。「この長いあいだ、連絡がなかったときに〔三月から五月のあいだ〕、アメリカ自然史博物館はバーナムの義父に、探検隊は行方不明か絶望的な状況になったと知らせてきました。以前であれば、バーナムから連絡がこなくても、ときおり博物館に化石の山が運び込まれてきましたが、今回の遠征ではそれがなかったのです。石油会社が調査隊の生存を諦めた今、博物館はこの悲しい知らせを伝えるべきだと考えたのです[*56]」

するとようやく、ブラウンの家族にも連絡が入った。マシューの返信のちょうど三日後に、義父チャールズが「バーナム・ブラウンがロンドンにいるという情報を受け取りました」と手紙に書いてきた[*57]。ブラウンが再び姿を現したことにオズボーンは大よろこびで、手紙に「きみがアビシニアの砂漠で命を落としたと諦めていたから、無事にロンドンに到着したというお嬢さんへの知らせを聞いてほっとした」と書いた[*58]。

ブラウンには新たな心配事が出てきた。自分の最近の成果で、果たしてこのままアジア探検の計画が進められるのだろうか、訴訟の件もあるというのに。一九二一年六月三日、ブラウンは珍しくオズボーンに直接訴えている。


アフリカでの活動が予想よりも長くかかってしまったのは、アビシニア政府の姿勢によるものです。これによって自分の計画も狂ってしまい、残念なことに個人的な事情まで考慮に入れる必要も出てきました。ぜひアドバイスください。

ご承知の通り〔一昨年か？〕、昨年私への脅迫状の事件が起こりました。ニューヨーク市ナッソーストリート一四〇にいる顧問弁護士のエドワード・ステットソンの手紙によれば、この裁判には期限はなく、ひょっとするとこの春になるかもしれないのですが、おそらく秋になるでしょう。現在、迅速に処理されつつあります。……

この状況で私はどうしたらよいでしょうか。裁判所の呼び出しによって調査が限定的になってしまっても予定通りインドに行くべきでしょうか。それとも、一度帰国して裁判を終えてからインドに行くべきでしょうか。先生のお考えで、この訴訟の時間を延長していただくことが可能かもしれないとも思いました。

もちろん、石油会社と関係があることが知られると、私にとっては不利になりますから、その点はご配慮ください[*59]。


六月下旬、バーナムとリリアンはトルコにいた。ブラウンはこの地での化石発掘に備えた事前調査をしていたが、同時にアメリカ政府のための活動もしていた。九月一日付のオズボーンに宛てた手紙にこう書いている。「国務省のために私がトルコで集めた情報について、大使館は非常によろこんでおり、さらに多くの情報をギリシャで集めてほしいと言っています」[*60]。この「情報」の正体は、興味深いことに、一九四一年の『ナチュラル・ヒストリー』誌に掲載されたブラウンの記事のなかで次のようにとりあげられている。

博物館の仕事［化石発掘］が中断されたのは、ほかの二人の「ボス」がほぼ同時に仕事を要請してきたためだった。石油会社のほうは、［ブラウンに］ムスタファ・ケマルとの面談を依頼し、重要な商取引のとりきめをしようとしていた。一方、アメリカ政府のほうはブラウンに、トルコの敵対勢力に対してイギリスは公然とギリシャを支援しているにもかかわらず、なぜギリシャが絶えずイギリス製の弾薬を浴びせられているのか、その原因を探れないかと依頼してきたのである。

バーナム・ブラウンは、片方の目で爆薬の密輸の痕跡を追い、もう一方の目で、途中で見つかるかもしれない自然史的な事物を探していた。さらに頭の中では、あの恐るべきムスタファにどう適切に石油の問題をもちだそうかと考えながら、アンカラに向かった。トルコの砲弾が数発、ブラウンを乗せたアメリカの駆逐船のおそろしく近いところで水しぶきをあげたが、臆さずダーダネルス海峡を越えた。このような複雑なミッションをどのようにやり抜いたのかを問われたブラウン博士は、石油の取引は問題なくうまくいった、と答えた。では弾薬の横流しは？「ほしい情報は手に入れた」。博物館のためにトルコでなにか発掘できましたか？「いや」と不機嫌に彼は答えた。「その時間は見つけられなかった」[*61]

（ムスタファ・ケマル・アタチュルクは、一九一九年から一九二二年の小アジア戦争、トルコ独立戦争のギリシャ作戦とも呼ばれる希土戦争を主導し、一九二三年にトルコ共和国を建国した軍事・革命的指導者

である）

　こうしているあいだに、世界をまたぐブラウンの次の予定が、インドとビルマになることが最終的に決定されつつあった。リリアンはイスタンブールからこのような手紙を書いている。「インドのことが決まったわ。私たちはここからロンドンに行って、レポートが書けるくらいの期間は滞在すると思う。……私たちは前に進んでいる。……博物館の館長さんがロンドンでB〔バーナムのこと〕を待っていて、私は詳しいことはわからないけれど……Bの訴訟の件があるから旅は少しだけ急ぎ足になって残念。……私の書類をロンドンで受け取れたら、インドに行く前に結婚するわ。今頃ロンドンにきっと着いているはず」[*62]

　のちの手紙で明らかになるが、このときリリアンが待っていた書類とは、彼女の離婚にまつわる書類である。ただバーナムのほうは、新しい結婚に関してリリアンよりも慎重かつ臆病であった。訴訟の件やいろいろ複雑な事情もあって、あぶない賭けはせず、結婚を遅らせたいという思いがブラウンにはあった。二人の意志のどちらが強いのか、それは水平線の向こうで試されることになる。

第10章

東洋の宝物

英領インド

1921-1923

リリアンと彼女のおばを連れて、ブラウンはまるでピンボールのように、地中海からスエズ運河を通ってインド洋へ、そしてボンベイへとやってきた。ただ、この狂気とも思われる行動にはそれなりの理由があった。ブラウンは、オズボーンやマシューのために、さらに多くの哺乳類たちの足どりを探すことに夢中だったのだ。最終目標は、アジアこそ人類の起源の発祥地だというオズボーンの主張を裏づける、新生代の霊長類の化石を発見することだった。ブラウンの計画は野望に満ちていた。現在のインド、パキスタン、ミャンマーと、ヒマラヤの麓に沿って露出している古第三紀の始新世、新第三紀の中新世、第四紀の鮮新世、更新世の堆積物から化石を採集することをブラウンは考えていた。そしてその後、小アジア〔アナトリア半島〕に戻り、最終的にはサモスというギリシャの島での発掘を頭に入れていた。[*1]

博物館のキュレーターとしてブラウンを後継したエドウィン・コルバート（マシューの娘マーガレットと結婚）が、ブラウンの考えをまとめている。それはブラウンがこのフィールドワークを終えた約十年後に書かれた、インド探検に関するモノグラフのなかにある。コルバートによれば、オズボーンとマシューがブラウンをこの亜大陸に派遣したのは、「当時多くのヨーロッパの古生物学者たちが熱心に研究していたこの地域から、アメリカ自然史博物館も代表的な動物コレクションを手に入れるため」だった。またこのようなコレクションを確保できれば、アメリカ国内の研究者たちにとっては、財政と物流の両面で助けとなる。「アメリカ大陸での進化の問題を研究する者たちが、インドの新第三紀の動物相を総括的に理解することが可能に［なるだろう］。また、ロンドンやカルカッタまでの長旅をしなくても、アジアのこれらの動物相を比較することができる。その研究は、哺乳類の移動や世界の層序の相互関係といった系統発生のやっかいな問題に明るい展望を与えてくれることは間違いない」[*2]

ブラウンのインド、パキスタンでの努力の陰には、一人のヨーロッパ古生物学者の存在があったことをコルバートはほのめかしている。イギリス人の地質学者であり古生物学者のガイ・ピルグリムがその人だった。ピルグリムは一九〇二年にインド地質調査所に入り、その後三〇年間、脊椎動物化石を求めてこの亜大陸やペルシア、アラビアを歩きまわった。[*3] ピルグリムがもともと追いかけていたのはヒュー・ファルコナーだった。

ファルコナーは、スコットランド人の地質学者、古生物学者であり、かつ植物学者でもあった人物で、一八三〇年に東インド会社で外科助手として働きはじめた。ガンガ運河〔ガンジス運河。ドアーブ地方の灌漑のための運河〕を建設したことで有名な英国技師プロビー・T・コートレーとともに、ファルコナーは現在のインドとパキスタンにあるシワリク丘陵を歩きまわっていた。そしてこの地から初めて新生代の爬虫類と哺乳類の化石を発見した。シワリク層の新第三紀の地質学的、古生物学的研究から、ファルコナーは次の結論に達した。すなわち、さまざまな種は長い期間ほとんど変わることなく存在するが、新しい種が進化を遂げるとなると、それは急速に起こる――のちの一九七二年にナイルズ・エルドリッジとスティーヴン・ジェイ・グールドが提唱した断続平衡説と同じような考えである。[*4] 進化の変化速度に関するファルコナーの解釈は、進化とは継続的で段階的な変化を遂げていくものとするチャールズ・ダーウィンの考えとは相容れないものだった。それでも、ファルコナーとダーウィンはずっと親しい友人同士であり、ファルコナーの研究や発見をダーウィンは地球の遠く離れたところから高く評価していた。

一八三〇年代にシワリク層を発掘しているあいだに、ファルコナーが真猿類、あるいは類人猿の最初の化石を採集していた可能性もある。[*5] 一八七八年、リチャード・ライデッカーが一年後に記載した真猿類の口蓋が、現在のパキスタンのパトワール高原のシワリク堆積層で発見された。[*6] しかし、重要な霊長類化石標本を最初にパトワールシワリク層で見つけたのはピルグリムであった。彼はこれを一九一〇年と一九一五年の二度にわたって論文に記載した。[*7] これは、一八九一年にウジェーヌ・デュボワが発見したジャワ原人とともに、現在はホモ・エレクトスとされている。これらからオズボーンは、人類進化の発祥地がアジアにあるかどうか調べることに興味をもったのだ。

人類進化に関するオズボーンの一風変わった見方は、総じて彼のネオ・ラマルキズム的な考えを反映したものだった。人類の起源に関するオズボーンの考え方を、ブライアン・リーガルが『ヘンリー・フェアフィールド・オズボーン――人種とヒトの起源の研究』(*Henry Fairfield Osborn: Race and the Search for the Origins of Man*)という本にまとめている。それによれば、オズボーンの考え方は、一方で彼の宗教的信念や政治的信念、他方で科学的な確信、それらが混ざり合ってできたものだという。

[オズボーンは] 人類の進化には目的があり、ある方向性をもっていて、神の霊感によって起こる有機的な変化の法則に基づいて構築されたものだと信じていた。現在のヒトの種は、ヒトの形をした祖先として最初に現れたのであり、霊長類と直接的な関係はほとんどない、と彼は主張する。その違いは格闘のレベルにある。霊長類は贅沢で平和な環境に暮らしていたのに対し、人類はもっと容赦なく厳しい気候のなかで暮らしていた。オズボーンが言うには、ヒトの「生きるための格闘は厳しいものであり、それによって人類がもっている創意工夫や機知に富んだ能力が目覚めた」のだ。この初期の

「夜明けの人《ドーンマン》」がさらに高等な生き物に進化したのは、自分たちが生まれ落ちた厳しい環境を克服するために、「種族の形質」（遺伝物質の集まり）の生得的に優れた特性を使ったからだという考えだ。最も優れた「種族の形質」をもった――ゆえに最も高等な生き物になった――人間の集まりが、アーリア人種、北欧人種、アングロサクソン人になった。……彼によれば……「人類の先史時代のドラマ」がはじまったのは……その何百万年も前の中央アジアだったのだ。[*8]

オズボーンの「ドーンマン」の概念は、ダーウィンが『人間の由来』（*Descent of Man*）のなかで主張した、人間の近縁種が最初に暮らしていたのはアフリカだった可能性が高いという議論に反応したものだ。ロジャー・ルーインが『争いの骨――人類の起源を探す議論』（*Bones of Contention: Controversies in the Search for Human Origins*）のなかで指摘しているように、ダーウィンの掲げる理由は、のちにトーマス・ハクスリーたちにも支持されたが、生物地理学的にも系統発生学的にも説得力をもつ。

ダーウィンが人類の起源をアフリカとしたのは、人類とアフリカの類人猿とのあいだの進化の関係が近いことに基づいている。「地球上のどこでも、現存の哺乳類と進化した近縁種は同じ地域にいる。……したがって、アフリカにはゴリラやチンパンジーと結びつきが強い絶滅した類人猿がいた可能性が高い。そして、ゴリラとチンパンジーは現在では人類に最も近い仲間であるから、われわれの初期の祖先がアフリカ大陸で暮らしていた可能性はほかのどこよりも高い……」

オズボーンはアメリカ国内で進化論を擁護する主要な人物だったが、彼が擁護していたのはダーウィンの進化論ではない。……オズボーンが言うには、すべては努力が動かしているのであって、その努力の報酬が進化なのだ。そして最後に少数の優れた者たちが残る。その結果、人類とほかの動物たちとのあいだには大きなギャップができ、人類の「優れた」人種と「劣った」人種とのあいだのギャップも小さなものではなくなる。オズボーンがどういう立場をとっているかは極めて明確である。……木登りをする類人猿とのあいだに近い関係などないのである。[*9]

人種に関する偏見だけでなく、オズボーンは環境条件も引き合いに出して自分の理論を正当化した。ルーウィンがオズボーンの言葉をそのまま引用している。

私は突然、人類の起源についてまったく新しい概念を形成していることに気づいた。すなわち、「人類の」祖先にとって理想的であり実際に暮らしていた環境は、森林の多い温暖な低地ではなかったということだ。……それは、中新世や漸新世のアジアのような比較的高いところにある爽やかな高地であった。真猿類にはまったく適さない土地であり、曲がりくねった川や、まばらな森林、そしてところどころに平野や草の生えた土地があるようなところだった。敏速に動く四足歩行や二足歩行の動物が進化を遂げるのはこういうところだけだった。こういうところだからこそ、目を光らせ、俊敏に敵を上手に避けることができた。こういうところだからこそ、ヒトの祖先はいろいろな材料を見つけ、火打ち石などの道具を作りだす技術を手に入れたのだ。[*10]

このように、オズボーンは、ヒトに似た「ドーンマン」の化石がアジアの新生代中頃の堆積物から見つかるはずだと思っていた。この仮説を検証するために、オズボーンは博物館の伝説的な中央アジア探検(一九二二―三〇)にロイ・チャップマン・アンドリュースを送り、ヒト科などの化石を探させたのである。そして、アンドリュースと、化石採集のエキスパートでブラウンのフィールド仲間だったウォルター・グ

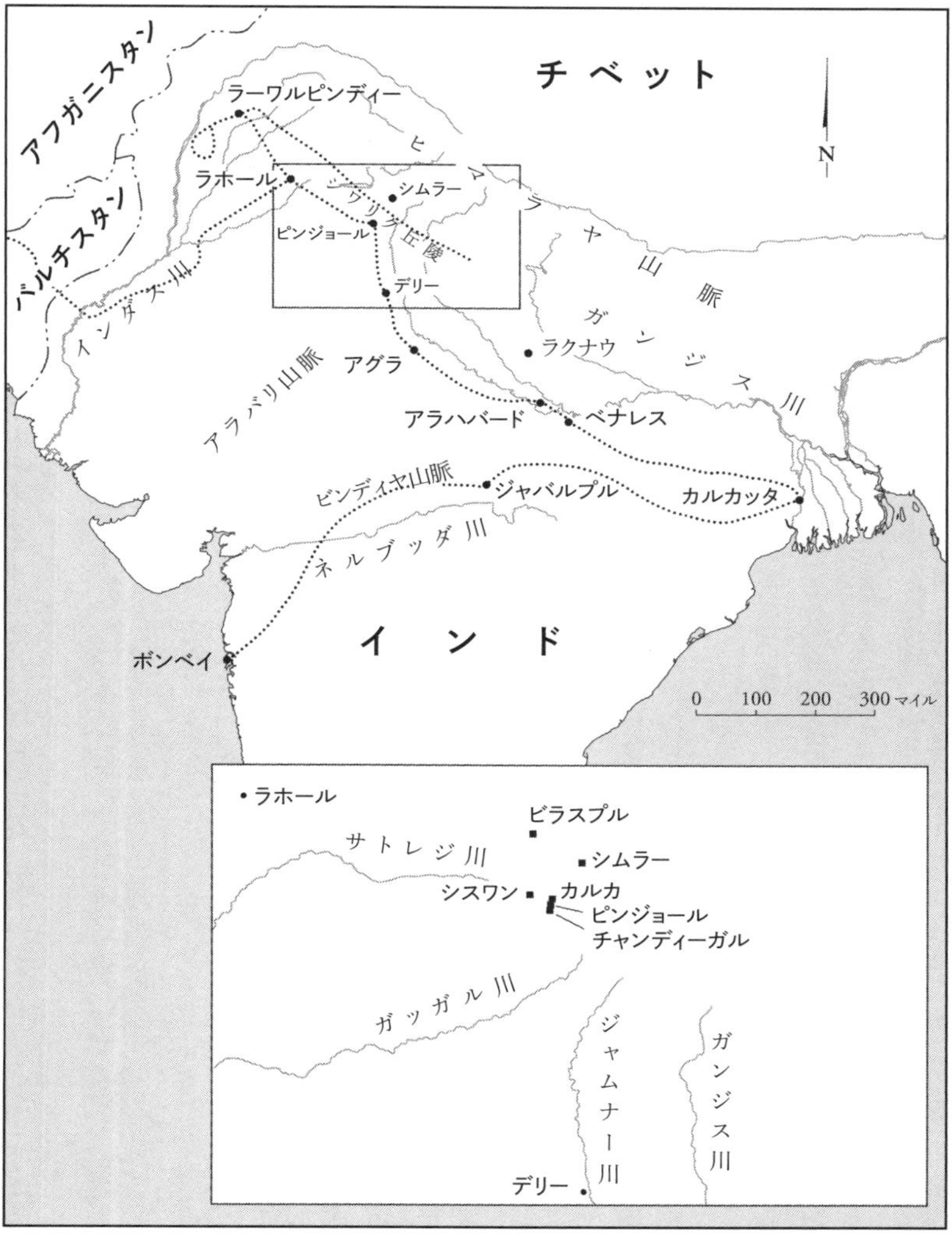

地図 6　インド遠征、1921-23 年

レンジャーを中国・モンゴルのゴビ砂漠でフィールド調査をさせる一方で、ブラウンをインドに送り、なにが見つかるかを探らせたのである。

　ブラウンたちは一二月初旬にほんの数日間だけボンベイに滞在し、そこから東に向かい、一二月一六日にカルカッタに到着した。ただブラウンは、オズボーンに頼まれていることをする前に、どうしても寄り道をして恐竜化石の発掘がしたかった。中央州ジャバルプルの試掘で出たのは「ひどく壊れた断片的なものだけだった。しかし、アロサウルスに似た肉食恐竜の頭骨の断片数点」と鎧竜類の尾の皮骨板の一部を手に入れた[11]。肉食恐竜のインドスクスを含むこれらの標本は、断片的な化石であったとはいえ、のちにインドの太古の動物相がアフリカなどの南半球と起源を同じくしている重要な証拠となった。

　カルカッタに着くとすぐに、リリアンは一九二一年のクリスマスに家族に手紙を送った。そこには彼女の驚きが表されていた。「半身裸の群衆が絶えず大声でしゃべったり叫んでいたりして仕事に集中できないわ」。彼女の気をそらすものはほかにもあった。イギリス皇太子のインド訪問や、競馬、「ダンス、ショー……みんなが楽しそうに酔っ払っていて、私とBだけがしらふなの。だからあらゆることが気に障《さわ》る。……見るものすべてが違っていて、ちょっと気味が悪い。……『異教徒』と私たちが呼んでいる人間たちが何百万人もいる、まったくキリスト教とかけ離れた世界。でもその人たちは、キリスト教徒より信心深いわ[12]」。

　リリアンの目にとまったのは地元の人間たちだけではなかった。彼女の元日の手紙によると、彼女には結婚するつもりはあったが、一方で「とても素敵なイギリス人たち……器量のいい女の子の人生を素晴らしいものにしてくれる人たち」に惹かれてしまった。将来の夫と「くだらない映画」を見たあと、彼女は「クラクションが鳴り、銃声が響き、人々が楽しそうにしている」騒々しい夜の生活を嘆いていた。ただ、本当の問題は「Bと私は恐ろしいほどしらふで、私は死ぬほど寂しい」ことだったようだ[13]。リリアンの寂しさの原因は、一つには、結婚の日どりに関してブラウンがのらりくらりとかわしていることだったのかもしれない。数日後に姉たちに手紙を書いている。

やっと離婚判決の書類がきたわ。今の私に絶対に必要なもの。私はカルカッタで結婚しようと思っていたの。この日が来るのを五年も待って、今は自由の身になって再婚はいつでもできるというのに、でもBは、お父さんに手紙を書いて、私たちの婚約のことを知らせて、自分が再婚すべきかどうか訊く、と言っているわ。フランシスに知らせずに結婚するのはまずいと考えているとか言ってるけれど、手紙で私のことを書く時間は五年もあったでしょう、と言ってやったわ。でもBは、私が本当に離婚できるかどうかわからなかったからとか、いろいろ言いわけをするの。ロンドンにいたときに彼が早くしろと言っていた離婚判決の書類は、数週間のうちに届くことはわかっていたのに。そのときに手紙を書いていれば、今頃返事はもらえていたはず。でも彼は書かなかった。今も書く気はないみたい。ここで結婚するという計画を二人で立てたし、その計画を全部私にまかせてくれた。ここ何年か、インドに着いたらすぐに結婚すると私に思い込ませていた。Bのことはよくわかっているから、お父さんがどうのこうのというのは、ただの言いわけだわ。私はBを愛している。でも、ずっと彼に執着していたわけではないの。特に、あのテキサスという女性の浮気のあとではね。一番つらかったのは、いざ対決となったとき、彼は私を犠牲にして相手の女の側に立ったことだわ。それで、彼女に対して、自分を悲惨な情事に巻き込むことになった嘘や駆け引きの言いわけに私を使ったの。Bも私を愛してくれているのはわかっている。私がほかの男の人を見ただけで怒るから。それなのに、自分はほかの女性たちと浮気をし続けている、その証拠を私は握っているわ。博物館にいる女性で、何年もずっと彼に手紙を書いている人がいるの。二人で家にいるときに、彼は彼女からの手紙を私に読んで聞かせた。「友へ」みたいな手紙だったけれど。それで、あるときBはその女性に、もう手紙を書かないでくれと頼んだと言ってたの。ところが、一九二一年一一月四日の日付の、二〇枚もあるラブレターを私は偶然見つけてしまったわけ。何枚かの葉書のあいだに挟まっていたから古い手紙だろうと思っていたんだけど、見ると彼女の字だった。テキサスのときと同じで、この女性と結婚するつもりはまったくないことはよくわかっている。でも、こうして何年も何年も、Bは女性たちとつながれた紐をもち続けるの。テキサスのときは三週間後にはその芽を摘《つ》み取ったけど、そうでなかったら彼はきっと今も彼女にも手紙を書いているわ。彼女を責めようとは思わない。というわけで、すべてがこんな感じ。だから、いつ結婚するのかと訊かないで。私にもわからないのだから。[*14]

リリアンが言っている女性たちについては、どちらも特定できる文書は見つかっていない。ただ、博物館の女性というのは、ブラウンに対して婚約不履行の訴訟を起こした女性のことかもしれない。バーナムがなぜリリアンにそのラブレターを読んで聞かせたのか。傲慢や見栄からかもしれないし、リリアンを怒らせてみたかったのかもしれないが、真相はわからない。

一方のブラウンは、ピルグリムを追いかける準備をしていた。ピルグリムは、英領インドの夏の首都シムラーの南西のフィールドにいて、シワリク層で発掘作業をしていた。ピルグリムは、この六〇〇〇メートルに及ぶ厚さの堆積物は三つの基本的なユニットに分かれると考え、下部シワリク層、中部シワリク層、上部シワリク層と名づけた。層厚に関してはやや誇張されているかもしれない、どこでもそれだけ厚さがあったわけではないだろう。しかしたしかに、シワリク層はとてつもなく厚い地層で成り立っていた。これは成り立ちを考えれば不思議なことではない。現在からおよそ四〇〇〇万年前から五〇〇〇万年前にインド亜大陸が南アジアに衝突した際に、凄まじい力が発生し、ヒマラヤ山脈の隆起がはじまった。そして、

図 27　インド・シスワン付近に露出する上部シワリク層の露頭。アメリカ自然史博物館の遠征、1921-23 年

山脈の南側の端にシワリク層ができた。

今日では、シワリク層のこの三つのユニットは、岩相層序学上の下位区分で呼ばれることが多い。すなわち、下部シワリク層のうちのカムリアル層とチンジ層、中部シワリク層のうちのナグリ層とドーク層とパタン層、そして、上部シワリク層のうちのタトロット層とピンジョール層とボールダー層とコングロメレート層である。*15 年代的には、下部シワリク層はおよそ一八〇〇万年前から一一〇〇万年前であり、中部シワリク層はおよそ一一〇〇万年前から四〇〇万年前、上部シワリク層はおよそ五〇〇万年前から五〇万年前である。しかし、これらの岩相は場所が違うと時代も少し異なりしばしば時間的に斜交しているので、上部シワリク層に対しては別の名前が使われることもある。地理的には、カムリアル層、チンジ層、ナグリ層、ドークパタン層、タトロット層はパキスタンにあっておたがいに近いが、ピンジョール層はほかの層とかけ離れたインドにある。*16

シワリク層の露頭は、インダス川とガンジス川の流れに沿って露出し、基本的には新第三紀初期のプレートテクトニクスのメカニズムによって傾いたり、断層となったり、隆起したりした河川や氾濫原の堆積物である。一般に、シワリク層からはたくさんの哺乳類化石が産出する。霊長類、齧歯類、クマ、ハイエナ、ウマ、サイ、ブタ、カバ、ラクダ、シカ、キリン、ゾウなどである。さらに、価値のある爬虫類の化石も採集されている。現存のガビアルの近縁種や、多少の議論の余地はあるが、最大とされる陸ガメなどである。

ブラウンは一九二二年一月一〇日にマシューに手紙を書き、「［ピルグリムの］キャンプから西に向かい、化石が豊富に出る上部・下部シワリク層のあるパンジャブ州ソルトレンジまで行く」という予定を伝えた。*17 二週間後、地球の裏側からオズボーンが手紙を書いてきた。一二月半ばにピルグリムから手紙をもらったが、ブラウンがまだインドに姿を現していないとある、という内容だった。心配しながらも不快感を隠さ

図28　採集したプラテレファスの頭骨（AMNH19818）を前にブラウンと助手たち、インド・シスワン近くのアムリークリーク沿い。アメリカ自然史博物館の遠征、1921-23年

ず、オズボーンは次のように叱責した。「またきみの動きに困惑している。……少なくとも一週間に一度は私に手紙を書くことにしてくれないと非常に困る」[18]。さらにオズボーンは、ブラウンの遠征にはヘンリー・クレイ・フリック夫人からの助成を受けていることも明らかにした。鉄鋼業でアンドリュー・カーネギーの相棒だった人物の未亡人である。

　オズボーンの心配も知らず、ブラウンは、列車でたどり着いたシムラーで一月下旬にリリアンと別れた（この時点で二人はまだ結婚しておらず、リリアンのおばも一緒だったので、ブラウンがフィールドにいる期間は別々のところにいたのである）。ブラウンは、ラバに乗ってきつい山道を進んだ。それは「九〇メートル上がると一二〇メートル下り、また上っては下るというような道で、崖や山腹に沿って常に曲がりくねっているのだが、それでいて絵のように美しい」道だった[19]。ピルグリムのところにたどり着くのに五日かかった。ピルグリムはビラスプルからジャムナー［ヤムナー］川を三三キロほどさかのぼったところにいた。道中、怪しい役人や動けなくなったラバたちの世話をしているうちに、ブラウンは自分とリリアンの間にある感情的なもつれをすべて忘れてしまったようだ。彼は「彼女が恋しくてたまらない。こんな寒い夜に足を温める夫がいなくて彼女はどうしているだろうか」と悲しんだ。[*20]

ピルグリムとともに二週間過ごしたあと、ブラウンはシムラーに戻った。すぐにマシューに手紙を書き、ピルグリムが心から歓迎してくれたことや旅の成果について報告した。

私があちこちで探索をしているのは、彼にとっては驚きだったらしい。これまでほぼすべての作業は、地表に露出している化石を拾うことが主な作業で、ほとんどを地元の百姓がおこなっていた。

……ピルグリムのやり方は、露頭に行って、近くのバンガローかテントに泊まり、農民や羊飼いたちに対して化石を持ってきたら報酬を払うと告げるというものだった。……たしかに正確な地点を彼らに知らせているが……大きな間違いは、彼らは目で見て露出している部分しか採集しないということだ。中に埋もれている部分はすべて失われてしまう。

……ヒッパリオン［ウマ］の状態のよい頭骨と、断片的な顎を手に入れた。[*21]

ブラウンのさらなる計画は、カルカ付近の上部シワリク層で発掘したのちに南下し、ガッガルの上部シワリク層の模式地――これらの地層が印刷物に正式に記載された場所――まで行くというものだった。そこからバルチスタンのブグティ丘陵へ、その後ソルトレンジにあるハスノット、チンジ、ドークパタンへ、そして最終的にビルマとジャワに行くという計画だった。

カルカ付近のチャンディ〔チャンディーガルのことか？〕ですぐに成果があがった。上部シワリク層の下部とブラウンが記載する場所で、化石が豊富に産出するところを見つけ、「カバの壊れていない完全な頭骨……状態のよい歯がついたカバの口蓋〔現在はヘキサプロトドン〕、犬歯の先の部分が欠けているラクダの頭骨、アジアゾウ属〔おそらくステゴロフォドン〕の若い個体の顎と小さな標本数点」を発掘した。[*22]

一方、インドでは政情不安が起こりつつあった。英国の支配に抗議して、いくつかの都市で暴動があり鉄道のストライキがあったりした。二月中旬、ブラウンがまだフィールドにいるときに、リリアンはカルカにある自分のバンガローの中から抗議行動を目撃して、夜中に家族に手紙を書いた。「なにかやっていて、私はそのなかで一人っきりよ」。地元の群衆の騒ぎ声で目を覚まし、「リビングの窓のところまで這っていって、通り過ぎる群衆を見ていたわ。ひと晩中、道路を行ったり来たりして、不気味な太鼓の音に合わせて気持ち悪い葬送歌をうたっているの。バンガローの前でかならず止まって、一五分くらいなにかしゃべって、またどこかへ行ってしまう。……変な叫び声で私の耳はキーンとするし、私の目は暗闇のなかをさまようばかり。いったい次はなにが起きるのかしら」[*23]。次の晩も同じことが繰り返され、リリアンは馬を借りてチャンディに避難し、バーナムに合流した。

ストライキがあり、この地を離れたほうがいいと言われ、ブラウンは急いでジャコババードに行き、そこからバルチスタンのシビに向かった。現在パキスタン南西部のアフガン国境に近いこの部族地帯では、今日そうであるように、部族と政府のあいだでトラブルが何度も起きていた。ブラウンはマシューにこう報告している。「バルチスタンはインドのほかの地域とは異なっており、部族の長が自分の領地内のすべての事柄に発言権をもっている。それで、私はブグティ族の酋長に会わなくてはいけなかった。……彼は、私に自分の領地に入らせる許可を出すのを嫌がった。昨年、アメリカ人の石油地質学者がここで殺され、ブグティ族は未亡人のために五万ルピーをアメリカ領事に支払わなければならなくなり、殺人を犯した四人は絞首刑となったからだ」。さらに訴えても、武器を持った護衛をつけると言っても、クエッタ南東のブグティ丘陵への遠征を延期し、ジャコババードに戻らざるを得なかった。そして、そこからハスノット、チンジ、ドークパタンへと向かった。怒りは収まらず、ブラウンは「こんなふうに邪魔されるのはたまらない。私は自分の身の守り方は十分にわかっているのに」と不満を漏らした。[*24]

しかし、リリアンはほっとしていた。家族に宛てた手紙に「中止になって私はかえってよろこんでいるの。Bが化石を失うことより、私が『トピワラ』を失うことのほうが大変だもの」と書いている（「ワラ」は男性を表すウルドゥー語で、「トピ」は「ピスヘルメット」の意味がある。すなわち、「トピワラ」というのは植民地にいる西洋人のことだろう）。こんな気持ちをもって、リリアンの目はまだほかの男たちにも向いていた。彼女が言うには、地元には「体の大きな男性たちがいて、背も高く、背筋も延びていて、ミルクコーヒーのような顔の色で、歯は白くてペプソデント〔歯磨き粉のブランド〕の広告も顔負け」だった。[*25]

次の目的地に行こうとしているブラウンに、さらに問題が起きていた。というのは、チャクワルで「腺ペストが蔓延していて、町にはほとんど人がいなくなっていた」のだ。料理人も通訳も去っていってしまい、やっとラクダのキャラバンを集めることができたので旅を続けられる、と手紙に書いている。[*26]

一方のリリアンは、行きたかったハネムーンを待ちきれなかったのか、自分一人でカシミールに向かった。そこで一人の役人と出会ったのだが、この男がリリアンにウイスキーを飲ませて自分のものにしようとするのだ。しかし、リリアンはきっぱりとこう言っている。「もし私が世の中で嫌いなものがあるとすれば、それはウイスキー。……もうこの時点で私はむかついていたの。……何時間経っても、私が怒りを表しても、彼はそしらぬ顔をしている。……私は彼に『地獄へ堕ちろ。いや、アメリカ領事にこれを言ったらもっとひどいことになる』と言ってやったわ」。[*27] 皮肉にもあとでわかったことだが、この役人は警察長で、リリアンがなにか不法行為をしていないか調査する任務を与えられていたのだった。彼女が酒を飲むのも、彼とひと晩過ごすのも断ったため、彼女は法を犯すようなことはしていないという結論に達した。

リリアンはシュリーナガルやその近辺で三週間を過ごし、バーナムがラーワルピンディー付近で作業をしているあいだ、ゴンドラのような船に乗ってロマンチックな川や湖を周遊した。そして、家族に対して「この手紙がリリアン・マックとして私が書く最後の手紙になると思う」と書いた。というのも、彼女とブラウンは復活祭のすぐあとに結婚し、ボートハウスでのハネムーンのためにカシミールに戻ってくるという計画をしていたからだ。[*28]

四月二三日、ブラウンはオズボーンに自分のいらだちを伝えた。それは地元の役人に対してだけでなく、シワリク層の露頭から化石がほとんど出てこないことに対しても向けられていた。「どういうわけか、この巨大なシワリク層は期待はずれです。赤っぽい粘土岩と厚い砂岩の互層が何キロも続き、ところどころで多数の化石が出る箇所もありますが、ほとんどが壊れているか、つながっていない化石です」[*29]

このときまでにブラウンは、ハリタリアンガー、チャンディ、ハスノット、ドークパタンを試掘していた。関節した状態で保存された化石は少なかったものの、重要な標本をいくつか見つけてはいた。ハスノットのあたりで「頭骨数点と顎の骨を数十点発掘し、展示に使える標本がたくさんあります……サモテリウムと思われる完全な頭骨、大きなサイの頭骨で状態のよいもの、アンテロープの頭骨数点、パラエオピテクス（中部シワリク層）の下顎二点、上部シワリク層からシバテリウムの頭骨一点などです」。ただドークパタンでは、政府のダック、つまりバンガローで宿泊できることによろこんだが、露頭では過酷な状況だった。

毎日の平均気温は……午前九時から午後五時までは軽く三八度を超えています。……六時から九時までは日除けなしで作業し、それ以降はテントを張る必要があります。午後二時頃には、ちょっとした地獄です。……活発に動いていられるのは、蟻と蠅だけです。

　現在の発掘地はとても重要です。動物の種どうしの関連性が見られ、またちゃんとつながっている骨格を初めて見ることができたからです。……ヒッパリオンの頭骨と部分骨格や、ほかの動物の顎やばらばらの骨などが見えます。[*30]

　一方、カシミールを「とても美しいところ！」と感激したリリアンだったが、渋々ながら自分たちが結婚生活を送るラーワルピンディーに戻って住みはじめた。「インドには居住に関する法律があるのよ」と四月下旬に彼女は家族に手紙で説明した。「六ヶ月間居住できるのはこの場所しかないの。そんなに長くはいないと思うけれど、とにかくそれだけいるということにするわ」。こういう不満や気候の暑さがリリアンと彼女のおばに重くのしかかり、リリアンはこんなふうに嘆いた。「［六月一日頃に］結婚すると思う。しないかもしれないけれど。ルー〔おば〕は早ければ早いほどいいと言っているわ。彼女はインドにはうんざりしていて、私のためだけにここにいてくれているのだもの」[*31]
　五月中旬、ブラウンはマシューに自分が採集したものをまとめて報告した。「夥しい数の顎。大部分はアンテロープ。霊長類や食肉類や齧歯類は中部シワリク層ではほとんど出てこない。マストドン、アンテロープ、ヒッパリオンはどれもたくさん出てくる。ドークパタンに近いソワン〔ソアン〕川沿いには、マストドンとヒッパリオンが大量にある。同じ層準でもハスノットでは、アンテロープがもっとも多い。この二つの場所で化石が出る層準は、中部シワリク層の真ん中あたりより上にある同じ層序学的位置にある」。ブラウンはとりわけ自分が採集したゾウの化石標本二点に胸を躍らせ、ただそれをどうやって鉄道のあるところまで運ぶかを考えていた。そのうちの一つは、「M・プンジャビエンシスと思われる素晴らしいマストドンの頭骨」で、もう一つはそれとは異なる同定されていない種である。

ドークパタンから六月一日頃にチンジの下部シワリク層に移動する計画だと彼は伝えた。さらに自分の壮大な計画を次のように語った。「できればサモス島での作業を開始し、その地層を追って小アジアまで行きたい。ここは、トルコ人のせいで、今までまったく研究がおこなわれていない。アンゴラ［アンカラの誤り］を訪れ、ムスタファ・ケマルとその内閣に会ったとき、彼らは私がアナトリア半島で地質研究をする際にできるかぎりの協力をしてくれると言っていた。去年の六月のことだ。その後、サモス島の向かい側の地域から、［第一次世界大戦後に占領していた］イタリア人が撤退し、そこは再び私と親交のあるトルコ人が押さえている」[*32]

もう一方で、ブラウンはブグティ丘陵に入るための働きかけを進めていた。しかし、六月一日、オズボーンはワシントンDCにあるイギリス大使館から手紙を受け取った。その内容は次のとおりだった。

ブグティ族の酋長は、バーナム・ブラウン氏の安全を心配して、この丘陵区域の未開拓地に入ることを許可したがっていないことを［インド副王は］確認した。この地域には、独立した部族の領地やアフガニスタンから国境を超えてくる者たちがあり、彼らは狂信的で危険な性質であることが多い……。このような状況から、インド政府はバーナム・ブラウン氏のブグティ丘陵立ち入りの計画を支援することはできない。彼がここに行くことは望ましくないと考える。[*33]

しかし、そのほかのことではマシューもブラウンも大よろこびしていた。六月一五日にマシューが誇らしげにこう書いてきた。「本当に素晴らしいコレクションだ……おめでとう……これからきみが哺乳類に関して、たとえ断片的なものであってもなにかを見つけてくれることを期待している。そして、われわれはそれをブライアン氏に突きつけてやるのだ」[*34]。ウィリアム・ジェニングス・ブライアンが声高に反進化論を唱えていることを言っている。ブライアンとオズボーンの二人がダーウィンの進化論に関して正反対の考えで反目していることは、前年の春の『ニューヨーク・タイムズ』紙の社説で人々の知るところとなっていた。この新聞社は二月下旬にブライアンに対し、「ダーウィンの進化論は異端の信仰であると非難する」記事を書いてほしいと依頼した。すると今度は、オズボーンにこれに答える記事を依頼し、オズボーンは三月上旬に、ウマの進化をブライアンに説明しつつ、進化論の研究はかならずしも宗教的信仰と矛盾しないと説いた。オズボーンは、これを自分で確かめるには「本を捨て、専門的すぎる偏狭な思考を捨て、自然のなかに入っていって自分の目で観察する」ことが必要だと言った。[*35]

オズボーンとブライアンの争いは、一九二五年のスコープス裁判で最高潮に達した。この裁判は、テネシー州の教師スコープスが、新しい州法に違反して生徒に進化論を教えたとして裁判にかけられ、有罪判決を受けたものである。この裁判でブライアンは検察側の先頭にいた。一方オズボーンは、主席弁護人に不可知論者のクラレンス・ダロウを選出することには異議を唱えたが、ニューヨークでスコープスと面会し、資金援助を約束した。スコープスは有罪となったものの、このセンセーショナルな裁判（オズボーンは出席していない）は、ダロウから聖書の文字通りの解釈について質問され苦戦を強いられたブライアンにとって、屈辱的な敗北とみなされた。ブライアンは五日後、就寝中に息を引きとった。

一方、ブラウンのほうは、長鼻目の頭骨をどうやってチャクワルの鉄道まで運んだらよいか格闘していた。マシューーにこう手紙を書いている。「バッドランドから荷車を出すための道をつくるのに一週間」かかった。「そして、それぞれのマストドンの頭骨を動かすのに、牛四頭と二一人の男たちが必要だった」。さらに、そこからの移動には二週間かかり、行程は「一〇〇キロ以上あり、そのうちのおよそ五六キロは道のないところだった」。すでに八二三ポンド（当時の貨幣価値で四〇〇〇ドルを少しうわまわる額）を使っていたので資金は底をつき、インドでの作業を続行し、そしてビルマとジャワに行くためには、さらに二五〇〇ドル必要だとブラウンは試算した。[36]

六月中旬にインドからオズボーンに宛てた手紙で、ブラウンは自分の訴訟事件のことと、差し迫ったリリアンとの結婚のことを続けて書いている。自分の旅のせいで裁判が何度も延期になっているので、ブラウンはフィールドワークを続ける時間を裁判官が許可してくれるかどうかを心配していたのだった。

弁護士から私の裁判が数回延期になっていると聞いて心配しています。審問なしで判決が下されるのは困ります。裁判がさらに遅れることに関して裁判所がどのように思っているか探っていただき、私が計画通りに探検を続けていいかどうか教えていただけませんか。

まだ誰にも言っていないもう一つのことをお知らせしたいと思います。

私はニューヨーク出身のマクラフリン夫人と帰国前に結婚いたします。日どりはまだ決まっていません。彼女は今彼女のおばとヨーロッパを旅行しており、もうすぐインドに戻ってきます。

彼女は科学者ではありませんが、彼女の力で、私はここ数年の私よりましな科学者になると思います。[37]

わかりにくい箇所がいくつかある。まず、リリアンの書簡では、彼女とおばがこの時期にインドを離れヨーロッパに行っていたという記録がない。さらに、最後の一文の意味が判然とせずも、これ以上の説明がない。自分のフィールド活動をリリアンがメモしてくれることで記録に残せるという意味か、あるいは恐喝スキャンダルのことを言っており、謙遜の意味を表しているのだろうか。

いずれにせよ、リリアンは六月の終わりに、この長いあいだ待ち望んでいた知らせを家族に知らせた。

「そうよ、これですべて終了。暴動も終わったわ。こんなに長いあいだ待っていたのに、あっというまの出来事ね。ある朝、目が覚めたら結婚していたの」。式は六月二〇日におこなわれた。バーナムとリリアンは、休暇でマリーにいた弁務官を捕まえて書類にサインしてもらい、投函したその書類は四日後に裁判所に着いた。こうしてリリアンはやっと自分が「正式にブラウニーと『結ばれた』」という気持ちになれた。そして、その日の午後に一週間のハネムーンに出発した。「地球上で最も美しい場所」カシミールでボートハウスに乗って過ごすハネムーンである。そしてそこから、ブラウンはラーワルピンディー付近のフィールドワークに戻り、リリアンはおばのルーの帰国の準備をした。

この旅が終わったら、住居を構えることをリリアンは心待ちにしていた。姉たちへの手紙で、住むのはニューヨークになるだろうと告げていた。「だって、Bはなにがあっても博物館を辞めないから。これに私はいつも文句を言っているのだけれど」[38]。リリアンは、ブラウンにどうしてほしいかは述べていない。ひょっとすると、ほかの博物館に移って、もっと給料のよい仕事をしてほしかったのかもしれない。オズボーンの手紙に、そういう引きがあったと書いてあったとブラウンは話していた。あるいは、石油会社や鉱山会社でお金になる役職についてほしかったのかもしれない。

結婚のことを知らずに、七月中旬に義父チャールズがマシューに手紙を書いてきた。バーナムから家族にまったく連絡がなく、無事にいるのか、どこでなにをしているのか、博物館のほうでわかっていたら教えてほしいという内容だった[39]。古脊椎動物学部門の秘書がすぐに返事を送り、さらに二週間後にも追伸を出した。博物館には五月一四日付と六月二一日付でブラウンからの手紙が届いており、ブラウンは元気でダークパタン付近で作業していることが家族に知らされた[40]。

ブラウンがフィールドに戻ってしまうと、リリアンはイギリス人の将校たちとパーティを開き、マリーでの生活を満喫していた。「昨夜は、友だちとしての三人で、ある連隊がやっているアマチュア劇を観にいってきたわ。……一時間かけて丘の頂上までいって、ヒートリー大尉の独身寮に着いたの。ウイスキー、ポートワイン、シェリー、ビールなど次から次に、みんなで飲みまくったわ。こうしてできあがってから、お芝居を観にいったけど、バラ色の眼鏡をかけて見るから楽しいったらなかった」[*41]

七月二二日、リリアンは姉たちに、八日からずっとブラウンからの連絡がなくて心配しているという手紙を書いた。加えて、親密になれる相手が身近にいないことを嘆いた。「双子とかほしいのに、今のところなにもないのよ」。九月までブラウンはシワリク層で作業を続けるのだろうとリリアンは考えていたが、それからビルマとジャワに行くのか、それともブグティ丘陵に行くのかわからなかった。ブラウンがブグティに行くことは、可能性としては低かったが、リリアンはとても案じていた。「白い顔で死んでいくの、そこでは……バルチスタン人は白人男性を捕まえると、女たちにあてがって時間つぶしをするの。以前にも前線でそういう犠牲者がいたんだけど、生きたまま皮を剥いで、その首を連隊に特別な方法で送り返してくる。もしくは、『アソコ』を切りとってキャンプに送り返すの。弾薬も銃も、すべて奪い取って」。彼女曰く、兵士たちは捕まったときにこのような運命から逃れるため、毒薬を入れた小瓶を持ち歩いているのだそうだ。手紙の締めくくりに、「家族の恋愛沙汰」に関する噂はすべて伝えてほしいと姉たちに訴えている。「……今の段階では、私はブラウニー以外にそういう人はいないわ。私たちは馬鹿みたいに喧嘩をする。たいていは彼のせいなんだけど、彼は私のせいだと言うわ。そしてまた仲直り」[*42]

八月上旬、ラーワルピンディーに戻ったブラウンは、マシューとオズボーンに下部シワリク層での作業を終えたことを報告した。「化石八三箱、液浸標本二箱をカルカッタに送りました……そこでアメリカへの運搬を待ちます」。これからひと月かひと月半ほどチャンディに戻り、上部シワリク層の模式地での採集を終えるつもりであった。ブラウンの報告によれば、下部シワリク層から採集したもののなかには「標本六箱、そのうち最高のものは一歳くらいの牙の生えたマストドンの子どもの頭骨で歯列が揃ったもの。

マストドンの状態のよい顎、属の違う二つのサイの頭骨、ハイエナの頭骨、ヒオテリウム（？）の頭骨、真猿類の顎、分類できない多数の顎、アンテロープ、ラクダ、ウシ属」などがあった。ここでもブラウンは、これほど化石が断片になっているフィールドは見たことがないと言っている。さらに、彼は「これらのフィールドにおいて自分で採集をおこなう初めての白人」だったので、外国人の古生物学者たちの代わりとなって採集をおこなっていた地元の人間の恨みを買うことになった。雇っていたある化石ハンターに、ブラウンがすべて採集してしまうと「次の人に売れるものがなくなってしまう」と文句を言われたこともあった。そして宿泊、食事、荷馬車、運搬などにかかった費用の合計を、ブラウンはおよそ七四ポンド（四〇〇ドル足らず）と報告した。[*43]

ブラウンの六月一七日付の手紙を受け取ったオズボーンは、八月八日にブラウンに手紙を書いた。ブラウンの採集がうまくいったことを祝福すると同時に、シワリク層での作業が終わったらブグティ丘陵とビルマに力を注ぐようにと提案した。オズボーンはアンドリュースの中央アジア探検の進捗を確かめるために、中国に行くことを計画していた。そしてそのついでに、ビルマでブラウンに会いたいと考えていた。一方、訴訟事件がどうなっているか知りたいブラウンの要請に対しては、オズボーンは次のように答えている。「きみの個人的な問題に関しては、最近きみの弁護人から連絡を受けていないが、彼の住所がわかれば次の月曜日に連絡をとってみようと思う。ただ、彼からなにも連絡がないということは、事態は好ましい方向に進んでいるということではないだろうか[*44]」

数日後、今度はマシューがさらに大げさにブラウンの成果を称え、インド遠征を「きみがこれまでに上げた最も偉大な学術的成果だ」と称賛した——これは恐竜の専門家としてではなく古哺乳類学者としての言葉であることは明らかだ。ブグティ丘陵とビルマでの採集活動をやり遂げるというオズボーンの助言には、マシューも賛意を示し、さらにサモス島での採集の重要性を強調した。それは「インドの動物相を十分に研究するための資料を得る」ためだった。というのも、サモス島の化石は、シワリク動物相の年代に対応するからである。[*45]

一方、ブラウンの関心は別のものを採集することに移った。ラーワルピンディーからシムラーに行く予定が、アンダーソンという同僚の言葉に反応してしまったのだ。リリアンによると、「『今日行くのはシムラーじゃないでしょう。カシミールに行くんでしょう』『ああ、どうしよう』ってBは言うの。『三〇分後に列車が出る。それに乗るかどうかだ』。するとアンダーソンさんが『これを見て決めたらどうです』と言って、［ブラウンに］大きな石の塊を渡したの。その石の大部分が鉛だったわ。たまたまBはここで鉛の鉱脈を探していて、興味を惹かれたのね[*46]」。ブラウンは考え直して、一週間カシミールで鉛を掘るために出発した。

リリアンは、このような旅の暮らしに疲れて、しばしばホームシックにかかると姉たちに伝えている。「こういうのはちょっとだけにして、一度に行く国は一つにして、お酒を飲んでいるうちに帰国できたら楽しいでしょうにね。でもそんなことはできないの。もし落ち着ける機会があったら、結婚生活を好きになると思う。結婚してから今まで［ほぼ二ヶ月間］私がBと一緒にいた時間は一週間くらいしかないのよ[*47]」。二人は法的には結婚していたが、カルカッタに着いたら教会で正式な結婚式をおこなう計画を立てていた。リリアンの離婚のことがあり、マリーではこのような儀式ができなかったのだろう。

一〇月中旬、ブラウンはマシューに、カシミール南部のジャンムー丘陵ではほとんど空振りに終わったことを報告した。しかし、その埋め合わせとして、ブライアン氏に対する攻撃材料になる素晴らしい発見があった。ブラウンが見つけた化石は「重要な霊長類の……下顎先端部の下顎結合部分だけの標本で、歯の生えている部分は失われている標本です」。ブラウンはこれが「大きな真猿類のタイプ」とわかったが、属までは同定することはできなかった。さらに、チャンディーガル付近で採集したのだろうものをブラウンは報告した。「アジアゾウ属とステゴドンの歯を多数、カバの頭骨、スス・ギガンテウスの頭骨、よくわからないウシ科の頭骨、見事な枝角が一組ついたシカの頭骨、大きなカメ二点」。ブラウンは最後に、自分がまだバルチスタンのブグティ丘陵での発掘を諦めておらず、ここでの探索ができるように、シムラーにいる副王に会うつもりだと伝えた。また、「前線のこのあたりでは戦闘や……襲撃は夏のあいだずっと続いていた」と付け加えた。[*48]

二人が結婚した今、リリアンはフィールドでバーナムについていくことができ、これはリリアンにとって嬉しい状況だった。以前は、ブラウンが不在のときリリアンは独り寂しさを感じていた。また、当時は独身女性がインドで生活したり旅をしたりすることにはリスクがあった。カルカのときは、彼女にはペットにした雑種の子犬しかおらず、ロッジの外で暴徒や抗議の人たちが大声を上げるなか、一人きりで眠れぬ夜を二晩過ごした。しかし、ここチャンディーガルでは、政府のバンガローで家事をはじめ、ブラウンが発掘で留守のときには家の中のことをきりもりした。リリアンはこの状況をこのように記述している。「Bと私はこれからずっと二人でいると決めたの。……私は彼と一緒にキャンプにも入っていくわ。……この暮らしは理想的で、一人でホテルをぶらぶらしていたときに比べたらずっと楽しい」[*49]

しかし、バーナムもリリアンも、地元の人間とのつき合いには辟易していた。「写真集や旅行の本でなら、この国はとても魅力的。だけど、この黒い人たちのあいだで毎日暮らしていると白人はだんだんいらいらしてくる。……東洋と西洋はまったく違う……別々の土地に住んでて本当によかったわ」

彼女の憎悪を加速させる事件があった。リリアンからすれば暴行事件であり、それはバーナムと一緒に日用品の買い物をしているときに起きた。誰かが彼女の腕をつかんで強く引っぱった。それはバーナムではなく店員だった。身を守るため、リリアンは持っていた傘でその男を殴り、夫を呼んだ。バーナムが駆けつけ、「一直線にその悪人に向かっていき、その男のターバンを叩き落とした（まるで、手袋を投げて

図 29　インド・パンジャブ州をキャラバン隊で移動するバーナム（左）と馬に乗る妻リリアン。アメリカ自然史博物館の遠征、1921-23 年

決闘を挑むみたいに)。そしてそいつを上手に叩きのめした」。[*50]

ニューヨークでは、オズボーンとマシューがブラウンのこれまでの成果に興奮していた。[*51] 一方のブラウンは、アフガンの種族による襲撃があるという理由で、ブグティ丘陵に行きたい希望を副王に聞き入れてもらえず、インドでの作業を終えビルマに向かう準備をはじめた。ただしその前に最後のひと月を、「サトレジ川とネパール国境」のあいだにある上部シワリク層で作業した。[*52] その結果、断片的な頭骨と完全な下顎のついた「ほぼ完全なラクダの骨格」が見つかった。さらに「アリゲーターの比較的状態のよい頭骨と顎」も見つかった。また、以前に手紙で触れた大きなカメの標本も採集した。ひどく損傷していたが、背甲と腹甲のかなりの部分や、「[重さ]約三六〇キロの肢骨や、サイと同じくらい大きな大腿骨」などを採集した。[*53]

一一月下旬、リリアンの報告では、二人はまだカルカ付近の最後のキャンプにいたが、バーナムは馬を送り込んで作業を終了する準備をしていた。[*54] そこから二人はカルカッタに戻る途中、列車でヒマラヤ山脈の麓に沿って三週間の旅をする計画を立てた。そして、カルカッタで再び隊を編成して船でビルマに向かうという計画だった。

一二月初旬、オズボーンはブラウンが霊長類の顎を発見したことを祝福する手紙を書いた。ずっと「大臼歯があってくれたら」と願っていて、それがさらに霊長類を追い求めようというブラウンの気持ちに火をつけてくれることを期待している、と言った。オズボーンはいまだアジアに来られず、許可が下りなかったことも知らずに、ブラウンにブグティ丘陵を探索してほしいと思っていた。そして、それ以上に、ブラウンがビルマに行ってピルグリムが論文にした始新世の地層を調べることと、そこから帰国する前にサモス島に向かうことが非常に重要だと感じていた。[*55] マシューもこれに同意見で、自分もオズボーンもジャワ島に行くことは優先度が低いと付け加えた。ジャワ島はすでに広い範囲で調査されているからだ。一方で、マシューはブグティ丘陵に関しては異なる意見をもっており、ブラウンにこう打ち明けた。「きみが中止にしてくれて、むしろよろこんでいる。これほど障害が多いところにきみが行くというのはよくない。平和な地域でやるべきことはたくさんあるのだから」[*56]。一二月八日、インドの外務政治局から再びブグティ地方への立ち入りを拒否する手紙が届き、いずれにせよ、望みは絶たれた[*57]。

一二月中旬に、マシューはブラウンのインドでの活動のスポンサーであるチャイルズ・フリックに手紙を書き、採集された標本の価値を見積もると全体で一一八七〇ドルになると伝えた。加えて、これまでにかかった費用は運送費の見積もりも入れて、一一八九〇ドルになることも伝えた[*58]。この会計報告は、寄付をしてくれた者に、費用はかかっているがこの遠征がそれに見合うだけの成果をあげていることを知らせたかったためのものだろう。

今から思えば、オズボーンの支援を受けたロイ・チャップマン・アンドリュースが一九二二年から一九三〇年のあいだにおこなった中央アジア探検で、およそ六〇万ドル（現在の貨幣価値で約七〇〇万ドル）の費用がかかっているのは興味深い[*59]。白亜紀の新しい恐竜や、白亜紀と古第三紀の哺乳類化石の発見という点で、この探検は大成功だったと言えるが、ただ霊長類の化石は一つも見つかっていない。それに対し、ブラウンのシワリク層への遠征は、費用は今日の価値で一五万ドルほどしかかかっていないのに、博物館にとって重要なシヴァピテクスの標本や、数多くの新第三紀の脊椎動物化石を採集できたのである。

ブラウンが採集した古生物学的に重要な宝物として、マストドンの頭骨二点、カバの頭骨二点、サイの頭骨三点、ジラフォケリクスやブラマテリウムやカリコテリウムの頭骨、ブタの頭骨と脳函、アンテロープの頭骨七点、ヒッパリオンの頭骨四点、ラクダの頭骨、ガビアルの頭骨、ウシ科の頭骨、シカ科の頭骨、大きなカメ二点などがあった。このような成果があがり、博物館の打ち出の小槌は、年末を迎えてフィールド調査の資金を生みだし続けた。一二月末にオズボーンがブラウンに手紙で「きみのインドでの活動をこれまで支えてくれた寛大な後援者が、さらに一年われわれが活動できる資金を提供してくれた」と知らせた。オズボーンはブラウンに、ブグティ丘陵で作業をする許可をとってほしい思いを捨ててはいなかったが、ビルマとサモス島に行って「ライバルがいないうちに片づけてしまう」ことが急務であると言った。ブラウンの発見や、アンドリュースのモンゴルと中国の探検でのコレクションがあり、オズボーンはアメリカ自然史博物館は「世界で最も素晴らしいアジアの哺乳類コレクション」を手にするだろうと予見していた。[*60] 長く海外を旅したブラウンがインドで採集した三点の標本が、現在も博物館に展示されている。ワニ類ガビアル科と大きなカメであるリクガメ属の骨格が〈脊椎動物の起源ホール〉に、マンモスの歯二点が〈さらに進化した哺乳類ホール〉にある。

ブラウンがシワリク層で採集した標本の最初のプレパレーション作業が終わると、マシューは一九二六年にインドに行き、シワリク動物相に関するモノグラフを書くためにピルグリムのコレクションを研究した。[*61] マシューは一九二九年に予備的研究を書いたが、翌一九三〇年に五九歳という若さで亡くなったため、モノグラフを完成させることはできなかった。その後、マシューがやり残したものをコルバートが引き継ぎ、このモノグラフを完成させた。そのなかでコルバートはコレクションに貢献したブラウンへの謝辞を輝かしい言葉で表した。「アメリカ自然史博物館はシワリク層から採集された哺乳類化石の素晴らしいコレクションを所蔵している。このコレクションは、前世紀初頭にヒュー・ファルコナーとプロビー・T・コートレーによって集められた、ロンドン自然史博物館にある古くから知られている有名な化石群と肩を並べるものである。さらには、リチャード・ライデッカーとガイ・E・ピルグリムによって採集され記載された、インド地質調査所のコレクションとも肩を並べている」[*62]

ブラウンがシワリク層を探検してから数十年のあいだに、彼の標本の多くが学術的に記載されたり同定されたりした。そして系統学的、分類学的な修正が続けられている。今日の基準で見ても、ブラウンのコレクションには多種にわたる重要なホロタイプ標本がある。タケネズミの種（*Rhizomyides punjabiensis*）、ヤマアラシ（*Sivacanthion complicatus*）、テン（*Martes lydekkeri*）、ツチブタ（*Amphiorycteropus browni*）、サイ（*Gaindatherium browni*）、ペッカリー（*Pecarichoerus orientalis*）、シカ（*Cervus punjabiensis*）、ゾウの近縁種四種（*Zygolophodon metachinjiensis, Protanancus chinjiensis* と *Gomphotherium browni, Paratetralophodon hasnotensis*）、アンテロープ七種（*Selenoportax vexillarius, Tragoportax salmontanus, Tragocerus browni, Sivaceros gradiens, Strepsiportax gluten, Strepsiportax chinjiensis*）〔あと一種は不明〕、ガゼル二種（*Gazella lydekkeri, Antilope subtorta*）などである。[*63]

大陸を股にかける旅のインド篇が終わりに近づいていたが、ブラウンは別の事柄に依然として悩まされていた。文書は残っていないが、訴訟に関して問い合わせをしたようだ。一月中旬にオズボーンがブラウンに気をつけるよう手紙を書いてきた。「もし内緒の手紙を私にくれるときには、『親展』としなさい。そうすれば私以外が開けることはないから[*64]」

バーナムとリリアンは、クリスマスイブとクリスマスの日のほとんどを、チャンディーガルで化石の梱包をして過ごした[*65]。それからブラウンは、カシミールでおこなった鉱物の試掘とその報告に対する報酬を回収するためにラーワルピンディーまで行った。そこでリリアンに手紙で次のことを知らせてきた。なかなかアンダーソンの足どりがつかめなかったが、やっと鉄道会社の事務所で捕まえることができ、「私が率直に話を切りだすと、彼はもじもじして、あれは友だちとしてやってくれたことだと思っていた、みたいなことを言った。報酬は払ってもらわないと困る。さもなければ彼と会社を訴えると言ってやった[*66]」。結果がどうなったかを知らせる手紙はない。

一方、リリアンはインドの王族との社交のためにパティアラへ向かった。赤、白、青のサテンのドレスに身を包み、「自由の女神」の王冠をかぶり、彼女は大晦日にシーク教のマハラジャの宮殿に参列した。この祝宴にいるアメリカ人は彼女だけだったので、マハラジャの目を引くこととなった。「首相と一緒に

図30　サリーを着たリリアン・ブラウン、1922年頃

晩餐会に出て、マハラジャの左側に座って……陛下とダンスを二つ踊ったわ。……彼は一八〇センチの均整のとれた体で……私は彼のことがすごく気に入って、彼も若いアメリカ人と仲良くなろうとがんばっていたわ。……宮殿は美しかったのだけど、彼の本当の家はマハラニ［妻たち］のところなの。そういう女性が六人いて、日曜日以外は日替わりでそれぞれのところに行くわけ。今彼は日曜日の妻を探しているの[*67]」。リリアンの手紙には書かれていないが、次のようなことをバーナムの娘フランシスが明らかにしている。マハラジャは「王様らしく饗しただけでなく、リリアンに自分のハーレムの女性たちとの時間を過ごさせました。これは、これまで西洋人には許されていなかったことでした[*68]」。このときの印象をまとめて、リリアンは姉たちにこう伝えている。「東洋人は女性のことを好きになると、すぐにその女性との子どもがほしいと思うみたい。逆に西洋の男性は、女性が子どもをほしがるのを嫌がるのにね[*69]！」

化石の梱包を終え、バーナムとリリアンは一九二三年一月中旬にカルカッタに到着した。そこでリリアンは姉たちにこう伝えている。

ちょっと嬉しいことがあったの。……いろいろなことに耐えられなくなって、日々の単調さを解消しようと、親知らずを抜くことにしたわけ。すると、Bはまさにその日に教会で結婚式を挙げることを考えていたの。それで、二月一日の明るい朝に、二人はロールスロイスに乗ってソバーン・メソジスト教会まで行って、素敵なアメリカ人の牧師さんがキリスト教の儀式に則って結婚式をしてくれたわ。……自分が本当に結婚生活を送るのだな、と実感している。死ぬまで、あるいはほかの誰かに二人が引き裂かれるまで。この結婚式のことをBはみんなに知らせると思う。結婚式があったのは午前一〇時で、一二時には私は歯医者さんの椅子に座っていた。こんなふうに人生って、いろいろなことが起こるものなのね。*70

貴重な化石を発見し、二回も結婚式を挙げ、二人はインドですべきことはすべてやり終えた。こうして、再婚したばかりの新婚夫婦は船に乗ってラングーンに向かった。

第11章 イラワジ川のお宝と命の危機

ビルマ

1923

カルカッタからオズボーンとマシューに宛てた最後の手紙のなかで、ブラウンはビルマでの発掘の計画について、いつもと変わらず自信たっぷりに語った。以前ビルマで化石採集したスタンプという人がいて、彼から情報をもらっていたのだ。ビルマには、およそ三七〇〇万年前の新生代の中期始新世後半の堆積物の露頭や[*1]、七〇〇万年から三〇〇万年前の中新世から鮮新世にかけての東に延びるシワリク層などがあった。インド地質調査所のG・D・P・コッターも、一九一三年にビルマのポンダウン丘陵南部の始新世の露頭を試掘していた[*2]。しかし、コッターもスタンプも、自分たちの発見を論文にしていなかったので、地質時代のこの地域に生息していた動物相についてはほとんど知られていなかった。

スタンプは大量の化石を採集できると「楽天的」であったが、ブラウンはそれほど簡単なことではないだろうと反論した。「しかし私がやるのであれば、ビルマでこれまで出せなかった結果を出せると思います」と、この年上の学者に言った。ブラウンは二月七日にラングーン〔現在のヤンゴン〕に着き、そこから「まずイラワジ川〔エーヤワディ川〕沿いのイェナンジャウン付近で作業をはじめ、それから八〇キロほど上流に行き、一一〇キロほど内陸の、始新世の見事な露頭がある場所まで行く。この作業が終わったら、マンダレーまで行き、上部シワリク層の露頭を調査する」という予定を立てた。この遠征には二ヶ月かかり、旅の費用

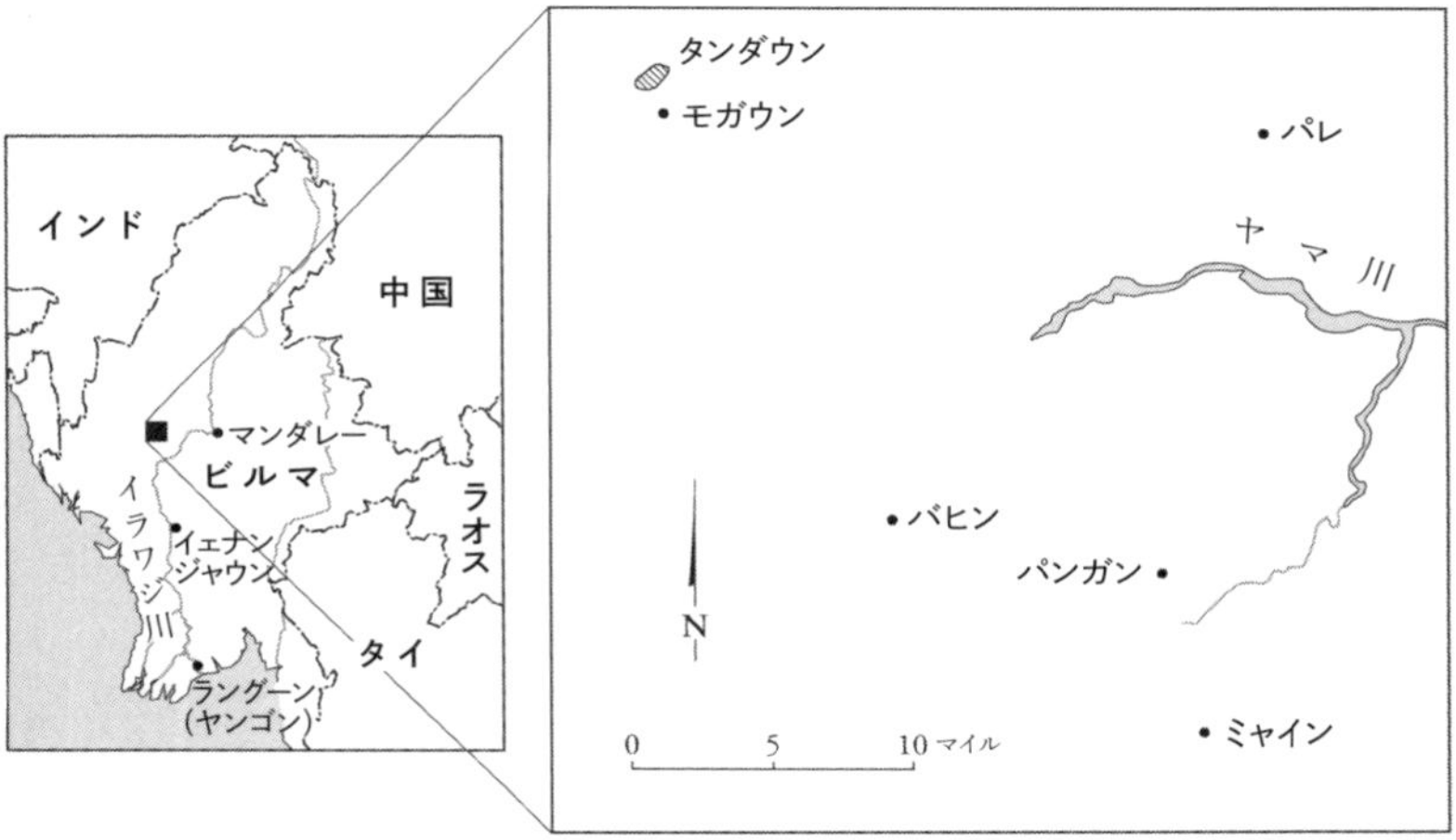

地図7　ビルマ遠征、1923年

としては、標本の輸送に一五〇〇〇ドル（現在の貨幣価値で約一万七六〇〇ドル）と見積もった。[*3]

二月下旬にブラウンとリリアンはイェナンジャウンに到達した。リリアンが姉たちに説明したところによれば、この地名は「有名なビルマ油田の臭い水が流れる川」を意味するという。ここでもブラウンは、古生物学の仕事だけでなく石油会社の相談役としての仕事もしていたわけだ。一方リリアンは、川岸にある自分のバンガローに籠もるか、近くのアメリカ人クラブに入り浸って、石油会社が外国人のために用意した贅沢のかぎりを尽くしていた。本国では禁酒法が出されていたからなおさらだった。その光景を姉たちにこう伝えている。

私のお気に入りのバーのシェフはアーモンドみたいな目のビルマ人で、ピンク色したシルクの水泳帽みたいなものをかぶって、シルクのタイトスカートに丈の短い麻のジャケットを着ているの。そのシェフが、世界中のどこでも味わったことのないようなカクテルを手にまわってくる。……もう、世界中のお酒を飲み干して、世界中の人に自分が酔っ払っていることがわかっちゃうくらい飲んじゃって、ちょっと前の黄金時代にもどったみたい。カクテルのあとは、チェルートを吸うの……長さ約三〇センチ、直径四センチくらいの刻みタバコなんだけど、女性たちにはとびきりのご馳走だわ（最初のひと口で失神しちゃう人がいるから、お医者さまと看護師さんが控えているの）。[*4]

油田の様子はこれとは対照的で、一二〇〇ある油井の「森」で労働者たちが働いていた。どの油井も手掘りで、労働者は三時間交代で働いていた。掘削が進んでいくと油井は木の支保工で固定された。石油が出たときの様子をリリアンが記している。

ダイバーたちが三時間交代で取り出していくの。ダイバーは裸で、ふんどしだけ着けて、灯油缶で作ったヘルメットをかぶっているわ。そして空気を送るホースが体に巻きついているの。上に渡した梁から井戸の中に降ろされていって（私が見たのは八〇メートルくらいの深さだった）、コーヒーミルみたいな大きな機械からポンプで空気が送られるのよ。……梁から吊り下げられたロープに灯油缶が結ばれていて、石油は底からその灯油缶に入れて汲み上げられるわけ。ロープを上げ下げしているのは八人から一〇人の女の子たちのグループ。[*5]

石油掘削の現場における女性の地位は低かったが、ビルマ社会が全体的に家母長制的な性格をもっているのをリリアンは面白いと思った。家のことは「女性たちが牛耳っていて」、彼女たちは「見たこともないような大きな葉巻」を吸い、「心のおもむくまま、損得も勘定に入れながら」いろいろな男に色目を使う。こうして内縁関係のようになり、やがて「当事者を縛る法的な関係〔すなわち結婚のこと〕」に進むのだとリリア

図 31　ビルマのイェナンジャウン付近の油田で、油井から石油を手で汲みあげる準備をする作業員たち。アメリカ自然史博物館の遠征、1923 年

ンの目には映った。「別れたいと思ったら、法的手続き一つでおたがい自由になれる。五分もかからない」[*6]
三月初旬、ブラウンはイラワジ川沿いに上っていき、化石が出そうな露頭が見つかるたびに、船を止めるよう船頭を説得した。ブラウンが一九二五年の『ナチュラル・ヒストリー』誌の記事に書いているように、ビルマは地質学的に三つの地方に分かれる。まず、一つは東部のシャン高原で、これは中国の雲南高原から続いており主に古生代の岩石からなる。もう一つはこの国の中心部を南北に流れるイラワジ川の渓谷で、かつて狭い湾だったところにヒマラヤから流れてきた始新世・更新世の堆積物が溜まったものである。そしてもう一つは、当時あまり研究が進んでいなかった西部のアラカン山脈である。[*7] なかでもブラウンが興味をもった地層が二つあった。一つは中期始新世後半の砂岩と粘土岩のポンダウン層で、アメリカのウィンタン堆積物と同じ年代と考えられていた。もう一つは、もう少しあとの時代の中新世・鮮新世の砂岩と粘土岩のイラワジ層で、インドとパキスタンのシワリク層と年代も化石の種類も類似していた。
三月五日、ブラウンはパコックからマシューに、採集の量は少なく「ほとんどが断片的な化石であり、動物相を知るために使えるだけ」だと報告した。とはいえ、「イェナンジャウンの上部イラワジ層からかなり状態のよいカバの頭骨」をブラウンは採集していた。これはシワリク層のドク・パタンの種と同じものであると彼は考えた。また、ステゴドンの歯も採集したが、頭骨は保存状態が悪く採集できなかった。ともかく、ブラウンは「非常に少ない」と嘆いた。彼の手紙には、パコックからポンダウン丘陵まで牛車で約二四〇キロの山道を行く計画について書かれていた。ミャイン、チェッマウッ、カイン、チンビィッを通ってチンドウィン川沿いのモンユワまでの旅だった。そこまで行けば鉄道につながるのだ。この探検でしばらくのあいだ、外部との連絡を断たれることになるが、ブラウンはこう説明している。
ミャインは、コッターがイラワジ層の化石の大部分を見つけたところだ。チェッマウッとカインは、始新世の化石を見つけるのに最良だとスタンプが教えてくれた場所だ。

もしこの旅がうまくいかなければ（調査をする人間は楽観的にはなれないものだ）、イラワジ川をさかのぼってマンダレーまで行こうと思う。地元のバリスターという人がイラワジ層でステゴドンやウシ属の顎やその他の骨を相当な数見つけている。[*8]

もし化石があまり多くなく、だいたい計画通りに物事が進めば、ビルマでの作業を五月下旬に終え、五月二六日にギリシャに向かいたいとブラウンは考えていた——しかしそうはならなかった。
この同じ月に、フランシスの保護者である義父チャールズからマシューに手紙がきた。一五歳になる娘フランシスが教師と一緒にニューヨークに行く予定で、博物館にある自分の父親のコレクションを見たがっているというのだ。マシューはよろこんで、「古くからの友人であり同僚ですから、お嬢さんに「会えるというので」とてもうれしい。彼女を案内する特権をほかの誰にも渡しません」と返事した。[*9]
一方、バーナムとリリアンはイラワジ川を離れ、遠く離れたギャッという村に荷車で向かい、そこにベースキャンプを設営した。ブラウンが化石を探しているあいだ、リリアンは地元の人たちと仲良くなった。そのなかに、親がいない一頭の赤ちゃん象もいて、リリアンはその象にビンボー・ブラウンという名前をつけた。ビンボーは「セントバーナード犬くらいの大きさしかなくて……脚や鼻を上手に操れずに、いつもどれかが邪魔になっていた」。[*10]暇をもてあましていたので、リリアンはこの小さな厚皮動物を養子にしたのだが、人間の赤ちゃんと同じように午前三時に餌をやるなど、特別な世話をしなければならなかった。これは疲れきったバーナムにはそぐわぬことだった。
ギャッでブラウンは、化石が出る地層を探して密林の中を馬や徒歩で行く日々を送っていた。ある晩、いつもの時間に戻ってこないことがあった。リリアンは不安になり、村の長老を探して捜索隊を出してくれないかと頼んだ。ブラウンがその日の朝は、ティッタダウンという村に向かって出発したことをリリアンが伝えると、長老は難しい顔になった。その村には盗賊がいて、ときどき西洋人を待ち伏せして、服からなにから持ち物をすべて盗んでしまうのだという。

とにかく、捜索隊は出せないというので、リリアンは取り乱した様子で家に戻った。家政婦は彼女を落ち着かせようとこう言った。「奥様、心配なさらないでください。……ダコイト［盗賊］たちは男性には手を出さなくなりました。もっぱら女性です。裸にして木に縛りつけて、身代金を要求するのです」。しかし、こんななぐさめに、リリアンの不安は消えなかった。「バーナムがズボンをとられたままジャングルを歩きまわるだけでも最悪だったけど」と彼女はのちに振り返って言った。「彼の通り道に裸の女の子が木に縛られているって想像すると……きっと、とんでもないことになっていたわ」。夜が明けたとき、バーナムの馬の蹄《ひづめ》の音が村の道に響いた。安堵したリリアンは、冷静にこう尋ねた。「昨晩はどなたとお泊まりでした、ミスター・ボーンズ？」。パイプをいじりながら、ブラウンは次のように説明した。

実はね……もう暗くなりかけていたときに、山を抜けてキャンプに戻ろうとしたんだ。すると突然、すぐ目の前に、僕の親指くらいの光の玉が見えた。当然、大きなホタルだと思った。……ところが、その光はそうじゃなかった。……馬から降りて、茂みをかき分けて、そいつの真上までいった。それからマッチを擦《す》った。するとね、妖精《ピクシー》ちゃん、そこに見えたのは光るクモだったんだ。大きなおなかが暗闇に光っているんだ……。

毒をもっているかもしれないから、手をハンカチでくるんで、素早くつかもうとした。すると、服が小枝に引っかかって、獲物は逃げてしまった。茂みのなかに光が消えていき、僕はひと晩中そいつを捜していた……。

科学の世界の大きなニュースになっていたことだろう。……今まで誰も光るクモを捕まえたことがなかったし、僕が知るかぎり、それを見たことのある白人はほかに一人だけだ。[*11]

まもなく、この地域での作業を終えて移動しようというところで、子象のビンボーをどうするかという問題が起きた。リリアンはこのペットを連れていきたがったが、バーナムは駄目だと言った。考え抜いた理屈をもちだして、リリアンはこう叫んだ。「あなたが赤ちゃん恐竜をプレゼントされたとしなさいよ。それを捨てていくの？　荷車いっぱいに象の化石が積んであって、全部昔のもので、割れたり壊れたりしている。あなたは誰かがそっちに向けて息をしただけで怒るのに」。バーナムはリリアンにビンボーをどうしたらいいか村の長老たちに訊いてみるようアドバイスした。幸いなことに、長老たちは、赤ちゃん象は生まれ育った環境の外では長く生きられないから手放したほうがいい、と言ってくれた。リリアンは渋々彼らの助言を受け入れた。[*12]

四月の終わり頃、バーナムとリリアンは約二ヶ月に渡るビルマのジャングルの旅から戻ってきた。ちょっと不満が残る探索に終わった。道がないために、ブラウンはイラワジ層の西側の露頭はほとんど採集ができず、ポンダウン層の始新世の露頭での試掘しかできなかった。ポンダウン層では、厚さ約一五メートルの紫色の粘土岩だけが脊椎動物化石を調査するに値するものだとわかり、ブラウンは奥地まで歩きまわった。「虹を追いかけているようだ」とブラウンが描写したこの地層の探索は、生い茂る植物にゆく手を阻まれながらも、およそ一二〇キロにわたりこの堆積物をたどることができた。しかしながら、ブラウンはオズボーンとマシューに「一〇時間歩いたり馬に乗ったりして化石が一つも見つからないこともしばしばありました。局所的に存在していて、そのあいだにはなにもないのです」と報告した。ただ報告の最後に「採集した量は少ないですが、これまで採集したものよりも優れており、［今までに］記載された種はすべて含んでいると思います。いい標本としては、小さなアントラコテリウム類の頭骨と顎、メタミノドンの下顎、アントラコヒウスの上下の歯、状態のいい歯がついたステゴドンの下顎の半分などが、イラワジ層から出ました。……食肉類、食虫類、齧歯類がいない不思議な動物相です」とある。[*13]

ただこの発掘品に関するブラウンの説明には、ある素晴らしい発見が抜け落ちている。[*14] モガウンという村の近くで、ブラウンは紫色の粘土岩の露頭を見つけ、そこには骨や歯が散在していた。その標本の一つが、五〇セント硬貨くらいの大きさの下顎の一部で、三本の歯が付いていた。同定はできなかったが、採集してほかの化石と一緒に送った。のちになって、E・H・コルバートがブラウンのシワリクのコレクションを調べている際に、この標本が霊長類のものだとわかった。それも、ふつうの霊長類ではなかった。

一九三七年、コルバートはこの標本に基づいて霊長類の新種を《アンフィピテクス・モガウンジェンシス》と命名した。「モガウンから出た類人猿に近いもの」という意味である。先にコッターが見つけた別の霊長類の化石で、ピルグリムが一九二七年にポンダウンジア・コッテリと命名したものとともに、これらの標本は、真猿類と呼ばれるグループの最も古い化石である。真猿類とは、サル、類人猿、そしてヒトを含んだグループのことである。[*15] こうしてまたここでも、ブラウンはオズボーンにとっての大当たりを出したわけだが、このとき本人はまったくそれに気づいていなかった。

始新世の露頭から出る化石が少なかったため、ブラウンはマンダレー周辺の地をあとにして、ラングーンに戻り、サモス島に出発するつもりだった。ところが、その後五週間にわたってブラウンからの書簡がなかったのは、マンダレー付近でまだ化石を追い求めていたからではない。実はブラウンは、死にかけていたのだ。

六月の初め、ブラウンからの手紙がマシューに届いた。「ひどいマラリアに罹って二週間病院に閉じ込められ、やっと退院したところだ。四一度を超える熱が四日間続いた」[*16]。フランシスによれば、彼の命を救ったのは、医療スタッフとリリアンであった。「［父ブラウンは］おそらく仕事のしすぎで、抵抗力も体力も落ちていました。……リリアンはしっかりした人ですが、このときは半狂乱になって、キャンプに医師を呼んで、考えられるすべてのことをしてもらいました。ブラウンの熱が四一度に達したとき、医師は回復の見込みはないと告げました。そこからリリアンがどのように看病したかは、医学ジャーナルに載せるべきものだったでしょう。それはきっと、一日二四時間の手厚い看護と強い愛情が組み合わさったものだったにちがいありません。とにもかくにも、熱が下がり、患者は次第にゆっくりとこちらの世界に戻ってきました。文字通り死の扉から」*17

リリアンがもう少し詳細に説明している。発掘から帰ってくるとバーナムはひどく疲れた様子だった。ベッドに寝かせ、イギリス人の医師を連れてくると、バーナムが罹ったのは黒水熱〔重篤でしばしば死に至るマラリアの合併症〕で最もたちの悪いものだとリリアンに告げた。医師は、キニーネ六〇回分を処方し、一日六回服用するように言った。普通では考えられない大量の服用だった。そしてリリアンに向かって言った。「死ぬか、治るか、の問題です。……彼にがんばってもらうには……看護師はいません……あなたが独りでやらなくてはなりません。……奥さん、やれますね？」。昼夜を問わず五日間、熱を下げようと氷をあてているリリアンの目の前で、病気は毎日同じ周期でブラウンを苦しめた。「ぞっとするくらい同じことがずっと続いた。六時に熱があがりはじめ……三九・五度……四〇度……氷枕……お祈り。ひと晩中見守っていると……せん妄……熱……四〇・五度……四一・二度……四一・三度……〇・五度の違いが生と死の境目。お祈り。そして、びしょ濡れの汗が出て熱が下がっていく——死んだように眠っているから、私の大切な人が死んでしまったのかと思い、口元に鏡をあてたらかすかに曇る。生きているのだとわかる」

高熱によるせん妄のなかで、ブラウンはリリアンがやっと聞きとれるくらいの声で過去の思い出を語っていた。家の農場でスクレーパーのあとをついていき化石を探したこと、カンザス大学でウィリストン先生や相棒のエルマー・リッグスとともに学んだこと、コモブラフで博物館最初の恐竜標本を発見したこと、パタゴニア沿岸で難破したこと……。五日目の夜に熱が下がり、医師は病院にブラウンを移してもいいだろうと言った。意識が戻り、リリアンの姿を見つけると、ブラウンはこう囁いた。「ちょっと疲れただけだ、妖精《ピクシー》ちゃん。ちょっと疲れた、それだけだ。ただの昼寝だから、起こしてくれ」。大量のキニーネの服用で一時的に耳が聴こえなくなっており、体重は四五キロを切っていた。[*18]

その後、医師はブラウンにメイミョーの丘にある施設で一ヶ月ほど静養するように指示した。病原菌が「赤血球の大半を破壊してしまって体力がついていない」からだった。[*19] リリアンはブラウンの状態をこう描写した。「よくなったけれども痩せ細ってしまった。彼を見ていると竹馬に乗って歩いている人を思い出す。ただ見ると、その竹馬は彼の脚なのだけれども」。[*20] もちろんブラウンは化石採集の時間がなくなったことにいらだっていた。病気が「すべての計画をめちゃくちゃにした」と。[*21]

しかし、病気にかかる前に、ブラウンはミングン付近の上部イラワジ層の砂岩を試掘できていた。そこでも化石はやはり少量だったが、「ステゴドンの歯がついた状態のいい口蓋や、別のステゴドンの下顎」を見つけていた。[*22] 霊長類をもっと見つけたいと願っていたが、それはうまくいかなかった。マラリア感染によって予定が延び、ブラウンは七月下旬にサモス島に向かうことにした。

ブラウンの苦境を知らず、オズボーンは六月中旬に、「一九二三年のビルマコレクションとなる非常に貴重な化石」を採集できたことを祝福する手紙を書いてきた。また、シワリクから運搬した化石が無事ニューヨークに到着したことも知らせてきた。ブラウンのインドでの成功を祝して、オズボーンは「きみのコレクションを「展示ホールの」特別なケースに入れて、ほかと混ざらないようにしておく。きみがいかに多大な努力を払ってこのコレクションを集めたかを強調すべきだろうからね」と告げた。[*23]

ブラウンが徐々に回復してくると、リリアンは大半の時間をマンダレー周辺の仏教の僧侶たちや仏塔《パゴダ》を見て過ごした。「狭い路地を歩くのが好き……朝早く、僧侶《ボンギー》たちが施しを求めてまわっている。たいていは食べ物だ。ローマ時代のような黄色の衣装を身につけている……まるでスズメバチの大群が巣を出入りしているみたい」。リリアンはとりわけ、マンダレー丘陵を上ってアラカンパゴダやマハムニパゴダまで行くのが気に入っていた。そこには巨大なブッダの像があるのだ――「もとは真鍮だけれど、崇拝者たちが自分で貼りつける金箔で覆われている」[*24]。この約二〇〇〇年前からある仏像は不思議な力をもっていると考えられ、現在でも多くの人々が訪れている。

七月下旬、マシューはブラウンからの手紙を受け取り、マラリアのことを知った。彼らしい返事には、ブラウンを心配しつつも警告を与える言葉があった。

きみがそういう危険に晒《さら》されるのは少しも嬉しくない。そんなことをして得られる結果になんの意味もない。病気にならずに［それを］安全におこなえる場所はいくらでもあるのだから。もちろん、きみが判断すべきことではあるが、とにかくきみが無事であることを私は望んでいる。きみ自身のためであろうが、博物館のためであろうが、過度な危険に身を晒すようなことを絶対にしないように。そんなことをしてどんな学術的な成果があがろうとも、きみの生命や健康を損なうのであれば元も子もない。きみの友人や同僚にとって価値があるものにはならない。

マシューはバーナムとリリアンの結婚の知らせも受けていたのであろう。このことに大いに満足して、「ブラウン夫人に立派な旦那さんをもらってよかったと伝えてくれ。彼の性格や人となりのよさは長く親しいつき合いからよく知っているから」とバーナムに伝えた。[*25]

八月一日、バーナムとリリアンはコロンボから出航し、インド洋を通って紅海に入った。ブラウンはマシュ－にそれまでの成果を手紙で報告した。マンダレーからラングーンに戻る途中で、マンダレー近辺と下流のカバーニーのイラワジ層をさらに試掘した。そこで見つけたのは「非常に多くの断片的な化石……ただ、取り出す価値がある標本は……カバの顎ひとつだけ」だった。ビルマでは合わせて三箱の化石を採集し、ラングーンから船で送った。ただし、インドで採取した霊長類の化石だけは別にしてアレクサンドリアから送った。というのは「こんな貴重なものを貨物輸送するリスクはとれなかったし、インドやビルマの郵便事情には信頼がおけず、いったんどこかにいってしまえばそれっきりだからだ」。ビルマの遠征にかかった費用は四九三〇ドル（現在の貨幣価値で約五万八〇〇〇ドル）だったと報告している。それと一緒に二一点の化石の標本リストも送っており、その内容は、カバの化石二点、マストドン三点、ウマ一点、ワニ一点、アントラコテリウム類三点、メタミノドンの標本四点である。[*26]

後年ミャンマーでは、一九七〇年代後半にラッセル・チオションとドナルド・サベージによるフィールドワークと研究がおこなわれた。そして、アンフィピテクスとポンダウンジアの完全な標本数点と、新種の真猿類と思われる標本一点が発見された。ポンダウン丘陵に代表される始新世の風景のなかで、類人猿に似た、私たちの最古の従兄弟たちは、ほかの興味深い脊椎動物たちとともに暮らしていたのである。その動物たちとは、カバとブタに似たアントラコテリウム類、サイに似たティタノテリウム類、小型のシカに似た偶蹄目、そしてさまざまな齧歯類、トカゲ、カメ、魚類、ワニ類たちである。

チオションによれば、この動物たちが暮らしていたのは「ビルマ湾に向かって流れる中規模の川沿いで、今よりかなり北にあった。この川岸の、ところどころ森の木が陰を作ってくれるところに、アントラコテリウム類やティタノテリウム類や小さな偶蹄目が水を飲みにきていたのだ。川の中ではカメやワニ類や魚たちが泳いでいた。そして、木の上では、高等霊長類の祖先が飛びまわっていたのである」。[*27]この素晴らしい全体図のアウトラインを描いてくれたのがブラウンの発見だった。中央アジア探検に注ぎ込まれた莫大な費用のほんの一部を使って、ブラウンはヒトや類人猿などの高等霊長類の進化の初期段階に関する研究の扉を開けたのである。

ただ、ビルマ遠征を終えたブラウンは、発掘のための大切な道具類をいくつか失っていた。マシューに対してこんなふうに嘆いている。「イラワジ層で最後に発掘作業をしたときに、コートとナップサックを盗まれた。それでツルハシ、タガネ、ロックハンマーがなくなってしまった。ツルハシを二つ、ロックハンマーを一つ、それから接着剤を溶かすためのシンナーを一瓶送ってほしい*[28]」

さて、恐れを知らないこの夫婦は、こうして飛びはねるように紅海を抜けて、サモスという地中海の小さな島への突撃準備を開始していた。

第12章

密謀の島、サモス

1923–1925

一九二一年にリリアンと彼女のおばを連れてインドに出発する前に、ブラウンは滞在の下準備としてサモス島の事前調査をおこなっていた。この島ではすでにイギリス人やドイツ人が化石を採集していた。サモス島の新第三紀中新世の露頭から出る化石が、ヨーロッパからブラウンが今までいたアジアまでの範囲で、進化と環境の歴史を解釈する手がかりになるだろうことがわかっていたのだ。

サモス島で見つかる化石については、紀元前二〇〇年頃からいろいろな説明がなされてきた。古代ギリシャの地理学者ユーフォリオンは、これはネアデスと呼ばれる恐ろしい生き物の遺骸であるとした。あるいは、これはアマゾネスのものだと言う者もいた。アマゾネスとは女性兵士の部族で、戦いで死ぬと骨に赤い染みができるという。これは、本当は埋葬された地中でできるものなのだが、彼女たちの血であると説明された。[*1] 正体がなんであれ、この骨は崇められ、島にある有名なヘラ神殿に飾られているものもあった。

近代になると、チャールズ・I・M・メジャーが、一八八七年と一八八九年にサモス島の化石の学術的な発掘を初めておこなった。[*2] ほかのヨーロッパ人たちもこれに続いた。現在では、サモス島から産出した哺乳類化石のコレクションは、イングランド、ドイツ、スイス、オーストリア、ハンガリー、イタリア、

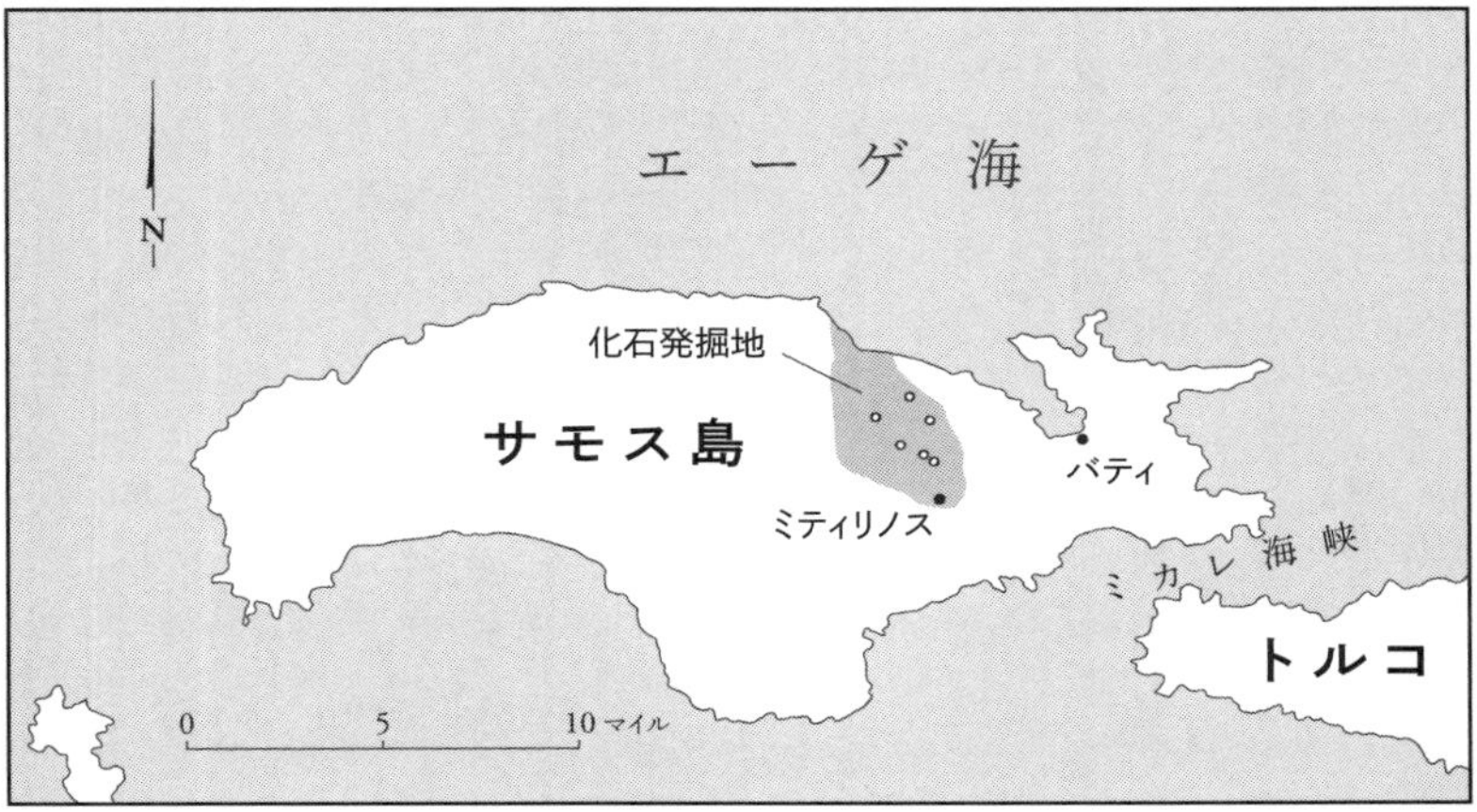

地図8　ギリシャ・サモス島遠征、1923-24年

ギリシャ、そしてアメリカのいくつかの都市の博物館にある。

ブラウンはこの島で北米大陸出身者としてはじめて化石採集をおこなった。当然オズボーンとマシューが期待していたのは、人類の進化に光をあてるような真猿類の化石や、ほかの哺乳類の系統について新たな解明につながるような化石を、ブラウンが発見してくれることだった。とりわけマシューは、みずからの古気候学や古生物地理学の研究から、サモス島の動物相に特別の関心をもっていた。一九一五年の「気候と進化」という論文でマシューは、地質時代を通して大陸と海洋盆地の位置は比較的一定であり、大陸間の移動は、ベーリング陸橋やパナマ地峡のように隣接する大陸と接合するか、あるいはそれに近い帯状の陸地を渡っておこなわれてきたと主張していたのだ。[*3] プレートテクトニクス理論によってマシューのパラダイムは時代遅れになったが、化石種の記載と年代測定に基づく彼の基礎研究の多くは、今日でも非常に貴重である。サモス島が大陸間をつなぐ重要な地点だったというマシューの認識も正しかった。後年、「サモス島」という論文で、ニコス・ソロニアスとウーヴエ・リングは、「動物相は三つの大陸の中間に位置しており、ほとんどが中央アフリカ（熱帯雨林とサバンナ）に関連した種で、アジアに関連した種もある。この動物相は、中央ヨーロッパのものとはまったく異なっている」と述べている。[*4] サモス島でのブラウンの活動は、このような比較を可能にする重要なデータベースを作りあげる手助けになるものだった。

ブラウンは、リリアンとともに一九二三年八月一八日にアテネに着いた。そしてすぐに発掘に必要な許可をとろうとした。なんとかなるだろうと思っていたのだが、ややこしくて面倒くさい駆け引きがはじまり、それがブラウンにとって苦痛だった。最も大きな障害は、テオドール・スコウフォスというギリシャ人の古生物学者で、彼のことをブラウンは「［ロンドン自然史博物館の古生物学者］スミス・ウッドワードに多大な迷惑をかけた男であり、化石について、現地で不要になったものを除いては輸出を禁止する法律を作った張本人」と言っている。

ただ、ブラウンにとって幸いだったのは、このときギリシャ政府内で「王党派」と「改革派」のあいだに争いがあったことだ。この時点では改革派が優位に立っており、都合のいいことに、改革派の将軍の妻のなかに、メアリー・ホワイト・チプラスという、ニューヨークに住んでいたことのあるアメリカ南部出身の女性がいた。ブラウンの簡潔な表現でいえば、アメリカ臨時大使の厚意でブラウンはチプラス夫人と会うことができ、彼女は博物館のことをよく知っていて、ぜひ協力したいと言ってくれた。「彼女の影響力のおかげで」うまくいくのであれば幸運だった。[*5]

こうして臨時大使とチプラス夫人とともに、ブラウンは化石発掘の許可を与える権限をもつ教育大臣と面会した。ブラウンの申請には、スコウフォスの承認が必要ではあったのだが、大臣は好意的に受け止めてくれた。アメリカの救援機関が「前の年に多くのギリシャ人をトルコ人や飢餓から救った」ことが大きかった。[*6] ただ、スコウフォスがそのとき街を離れていたので、最終決定は、彼が戻るのを待たなければならなかった。

その頃、ブラウンはもう一つの前線で戦っていた。リリアンはこのことを姉のブラッドに知らせている。「私は今、Bと大喧嘩している。彼は大切な人で、もちろん今までと変わらず彼のことを愛しているわ。でも、私がこの神に見捨てられたような寄港地で、よぼよぼになるまで自分と一緒に歩きまわるだろうって彼は思っているの。そんなことしたら、自分の意志で旅を楽しむこともできず、年老いて船で帰国することになるわ」[*7]。この喧嘩がはじまったのは、リリアンがクリスマスにアメリカに帰国したいと言いだしたことからだった。このことに「Bは最初は怒って、次に悲しんで、今は涙を流したり声を上げて泣いたりしている」[*8]。彼女の説明では、バーナムの不安は、ハリウッドの脚本家として評判があがっている姉を訪ねて彼女がカリフォルニアに行くことで、自分がリリアンを「失う」のではないかというものだった。その不安の一端は、最初の妻マリオンを一五年前に亡くしていることからくるものだったのかもしれない。しかし、本音は、二番目の妻を「ハリウッドの連中」の誰かにとられることが嫌だったのだ。

リリアンも姉と同様に文章を書くことが好きで、このバーナムとの世界一周旅行の体験を本にしたいと思っていた。これには、創作意欲のほかに金銭的な理由もあった。リリアンは姉のブラッドに、帰国したら仕事を探さなくてはならない、と言っていた。バーナムの給料は、フィールドで過ごすには十分だったが、ニューヨークで暮らすとなると話は別だった。そして、「これこそBが恐れていることなの——私が彼から離れてしまうような仕事に就いてしまうことが」と言った[*9]。

この問題は、夫婦がギリシャに滞在しているあいだ、ずっともちあがっていた。加えて、リリアンはバーナムの娘と自分の関係にも胸を痛めていた。フランシスが父親に手紙を書いてきて、現状に不満を感じており、進学の計画を立てているとのことだった。リリアンは姉のマッジにこう伝えた。

彼女は一五歳で、母親の両親に育てられている。……もちろん、ほかの女の子たちみたいに浮かれた青春ではなかったし、人口二〇〇〇人のみんなが昔の貴族みたいに暮らしている小さな町で育っているの。高校の二年生が終わったところで、秋からオールバニ〔ニューヨーク州の州都〕にある全寮制の学校に行きたがっているわ。……とてもいい学校だし、大学進学のための勉強もできるから絶対に行くべきで、ほかの女の子たちとも遊べばいい。授業料は年間一〇〇〇ドル。Bは毎年彼女に一〇〇〇ドル送るので、とにかく彼女は自分が幸せだと思う場所で暮らせばいいのよ。パパが再婚するというのは嫌だろうけど、私たちがおたがいのことをわかってくれれば、彼女もだんだん慣れてくると思うわ。[*10]

九月一〇日、最終的な許可が下り、ブラウンは、英国、フランス、オーストリア、ドイツの古生物学者に与えられたのと同じ条件で発掘調査が許された。[*11] 博物館のアーカイブには、この許可証の草稿が残っているが、それには、すべての法律を順守することと、採集の目的は「中国からビルマ、インド、ヨーロッパを通ってアメリカまで広がった新生代の動物たちの分類、関係性の特定、そして移動ルートの特定」と書かれている。発掘はギリシャ政府の代表によって監視され、「見つけたもののうち、〔ギリシャの〕古生物学博物館に欠落している部分を……埋めるのに不必要なものにかぎり、アメリカに輸出することができる」となった。[*12]

ブラウンはマシューに、許可証の発行にはギリシャの閣議決定が必要だと伝えた。なぜこのようなトップレベルの決定が必要になったかといえば、それはブラウンとスコウフォスの諍いにあった。スコウフォスは、自分の裁量のもと、ブラウンが採集した標本のうち半分をアテネ博物館に納めることを要求した。ブラウンはこれを拒否した。標本はフィールドで石膏ジャケットを施し保護する必要があり、スコウフォスが標本の評価をするためにはそのジャケットをいちいち開封しなければならないからだ。ブラウンによれば、スコウフォスはだんだん「失礼な態度をとるようになり、自分の言うとおりにしなければ出ていけと言った……私は彼に化石に関する法律の写しを見たいと言ったのだが、自分が歩く六法全書だからその必要はないと答えた」[*13]

そこでチプラス夫人が助け舟を出してくれて、ブラウンはギリシャの「改革派の大統領」であるプラスティラスに訴えることができた。ブラスティラスはブラウンに、正式な要請書を教育省に提出することを勧めた。そうすれば次の閣議で議決されるという。ブラウンは言われた通りに進め、許可証の発行に漕ぎつけた――スコウフォスの承認なしに。ブラウンは念のために、すべての文書の写しと会話のメモをアメリカ公使館に送っておいた。そして、マシューとオズボーンに、チプラス夫人と文化教育大臣を表彰してほしい旨を願い出た。加えて、チプラス夫人をアメリカ自然史博物館の終身会員にすることをオズボーンに提案した。これらの交渉事を解決したのち、ようやくブラウンは九月一九日にサモス島に向け出発した。

同日、マシューはブラウンに手紙を書いている。内容は、許可証が下りたという外電を受け取ったこと、ブラウンがインドで採集した荷物を解きはじめたことについてだった。その荷物には、珍しい「肉歯類」であるディッソプサリスや、ほかに霊長類と思われる標本なども含まれていた。マシューは、中部シワリク層や下部チンジ層から出たヒッパリオンの頭骨と歯はリパブリカンリバー層のものと同様に発達しており、アメリカ自然史博物館の職員は以前考えていた地層の対比を見直して、「下部鮮新統とわれわれが呼んでいるものを中新統に戻し、古いコープの対比に戻る」必要があるかもしれないと述べている。リパブリカンリバー層は、後期中新世と現在考えられているネブラスカ州南西部の地層と同時代である。さらにマシューは、オズボーンが無事に中国に到着したことも知らせてきた。オズボーンは関東大震災が起こる一二時間前に横浜を出発して、あやうく難を免れたのだった。[*14]

一週間ほど経って、マシューがよろこんでまた手紙を書いてきた。インドからの別の霊長類の化石の箱が無事届き、「グレゴリーに見せると飛び上がってよろこんでいた」という知らせだった。[15]ウィリアム・キング・グレゴリーは、コロンビア大学でオズボーンに学んだマシューの級友だった。一九〇〇年にオズボーンは以前マシューを雇ったのと同様に、グレゴリーをアメリカ自然史博物館の助手として雇った。グレゴリーに課せられた主な仕事は、古脊椎動物学部門の書庫（現在オズボーンの名前がついている）を充実させることであり、彼はまた博物館のパレオアーティストたちとも一緒に作業した。そしてマシューと同様に、グレゴリーも、竜脚類に関する論文やティタノテリウム類に関するモノグラフなど、オズボーンの主要な研究の手助けをした。[16]

これらの経験を通して、グレゴリーは類まれな比較解剖学者となり、同時に機能形態学の研究者としても広く知られるようになった。やがて、オズボーンの勧めにより、グレゴリーはこれらの技量を霊長類の進化に関する研究に傾けることにした。なかでも、人類と真猿類の関係というのは、一九一三年以来彼がずっと取り組んできた古生物学上の課題であった。一九一六年、グレゴリーは、ゴリラとチンパンジーはドリオピテクスという種から進化したものだと結論づけた。これはシワリク層から見つかったもう一つの中新世の真猿類である。この研究はさらに、チンパンジーとゴリラは人間に最も近い現存の近縁種であるというグレゴリーの結論を導き出した。この結論は、ヒトはこれらの類人猿と遠い親戚にすぎないというピルグリムやオズボーンに真っ向から対立するものだった。[17]

こういう意見の相違（ヒトの起源が「ドーンマン」であるというオズボーンの仮説をグレゴリーが否定していたことも含めて）があったにもかかわらず、オズボーンはグレゴリーが反対意見を述べる権利を保障し、グレゴリーは霊長類の進化に関しての博物館のエースとなった。[18]したがって、マシューがグレゴリーと、ニューヨークの歯科医であり彼の共同研究者だったミロ・ヘルマンの二人に、シワリク層からブラウンが発掘した霊長類の化石を分析させたことにはなんの不思議もない。「私はグレゴリーとヘルマンに……徹底的にバイオメトリクス研究を進めるように提案した……そして動物学的な記述については、きみや「このときアンドリュースとモンゴルにいた」オズボーン先生の意見を聞いてからにしようと思う。……われわれのアジア探検のなかで、これはヒトの祖先に関連した初めての本格的な貢献だ。その関連がどういうものなのかはっきりするまでは、スポットライトで照らすことはしたくないが、今進めている研究についてはがんばってやり遂げたい」とマシューはブラウンに伝えた。[*19] 一〇月の初旬には、ブラウンに言われた通り、マシューは博物館当局を通じ、チプラス夫人と文化教育大臣を称える処遇をおこなった。

その頃、バーナムとリリアンは、サモス島のバティの町はずれのミティリノスという村の近くにキャンプを張った。リリアンは姉たちに、約五・五×六メートルのテントが二張ある「素晴らしい」住みかで、一つは就寝用、もう一つはリビングと食事に使っていると伝えた。まにあわせではあるが、快適な巣を作ることができたわけだ。

Bは家具まで作っているわ。よいベッドもできたし、衣服を入れるワードローブも作ってくれたの。私の化粧台のために長いテーブルも。……テントはリネンでできていて、いろいろなものに薔薇色の生地《クレトン》のカバーをかけている。床には手織りのマットを敷き詰めるつもり。……リビングはブルーで覆って、食料の箱にもカバーをかけて座れるようにする。Bがモダンで低く長いカウンターを作ってくれるから、そこに小物をたくさん載せてお洒落にしたいわ。窓にも小さなカーテンをつけるつもりで……すごくかわいい！[*20]

一週間後、ブラウンはマシューに次のことを伝えた。発掘は一〇月四日に開始されており、すでに調査隊は、骨の化石が出る地層の表土を取り除き、山腹を長さ約一八メートル、深さ約三メートルの範囲で削り、第一発掘地と名づけた。調査隊は地元のギリシャ人で構成されていたが、彼らの多くは、ギリシャとトルコとの敵対による難民としてこの二年のあいだに島にやってきた者たちだった。[*21] そのほとんどがトルコで豊かに農業を営んでいたのが、この紛争によって命からがら逃げてきたのだ。彼らの環境は厳しく、仕事にもなかなかありつけない状況だった。

チャンスを逃すまいと、ブラウンは発掘現場で発掘する男性一八名と、土砂をかごに入れて運び出す女性一二名を雇った。この仕事に対して、ブラウンは「男たちには一日三五ドラクマ（七〇セント）、女たちには二〇ドラクマという好条件」を提示した。サモス島の滞在についての回想録のなかで、リリアンはこんな思い出を語っている。ギリシャらしく、発掘地はまるでオリンピックの会場のようになった。「男の子たちがシャベルを持って、女の子たちはできるかぎりたくさんの空《から》のかごを並べていた。当然かごは常に満杯になって、空のかごを持っているとみんなにからかわれていた[*22]」

この第一発掘地は、ワイン商人でアマチュア古生物学者でもあったサモス島のオーストリア大使、カール・アッカーが以前に掘削した発掘地に隣接していた。当時、サモス島は正式にはギリシャの一部ではなく、保護領であった。一〇月中旬、ブラウンはマシューに、近くのバティに住んでいるアッカーが「脅迫状」を送ってきたことを伝えた。「……自分の土地で作業するのをやめろ、そうすればギリシャで裁判は起こさないでおいてやろう、と私に言ってきている」。[*23] しかし、ブラウンは、土地の所有者ときちんと契約を結んでいた。したがって、アッカーの脅しはスコウフォスにそそのかされた部分もあったのだろうとブラウンは感じた。この状況を、ブラウンはアメリカの代理大使とサモス島にいるギリシャの役人に逐次報告していた。[*24] やがて、ブラウンは少し離れたところに第二発掘地を開く計画を立てた。

一一月初旬、マシューから、ブラウンがうまく問題を解決してくれると確信している、という手紙がきた。[*25] オズボーンとアンドリュースはアジアから戻ってきていて、ブラウンがインドとビルマで採集した霊

図 32　ギリシャのサモス島のバティという町に近い第 1 発掘地で発掘するブラウン隊。アメリカ自然史博物館の遠征、1923 年

長類と長鼻類の化石にオズボーンがとりわけよろこんでいる旨を伝えてきた。オズボーンはマシューに「おお、これは今まで見つかったなかで最高のシワリク・マストドンの頭骨だ」と感嘆した。マシューはオズボーンに、ブラウンが下部、中部、上部シワリク層から採集した長鼻類は、全部で五点ないし六点の「マストドン」、ステゴドン、ゾウ類の頭骨だと伝えた。[*26] オズボーンとマシューは、中央アジア探検隊が中国やモンゴルのゴビ砂漠で採集した貴重な化石に関するアンドリュースの記事と一緒に、ブラウンのインド探検の記事も『ナチュラル・ヒストリー』誌に載せたいと考えていた。[*27]

一二月四日、ブラウンはマシューに手紙で、第一発掘地での発掘作業が、化石が出る上部の層まで二〇センチ内のところまで進んだことを報告している。掘り進めた範囲は、全長約一八メートル、幅約七・五メートル、深さ一〇・五メートルから一三・五メートルほどになった。[*28] 残念なことに、山腹の褶曲と断層によって、多くの化石が破砕されてしまっていたが、ブラウンは大きめの標本を石膏で覆って取り出した。特に、後壁から岩が落ちてきそうなところにある標本についてはそのようにした。またおよそ四五センチほどの堆積物を挟んで区切られる二つの地層から骨が出てきた。この地層は両方とも、太古の川の流れによって骨が集められた、いわゆる「水流によって運ばれた堆積物」であるようだった。

これらの堆積物は、現在ではミティリーニ層とされており、放射性同位体による年代測定やこのあたりの岩石の古地磁気的特徴からすると、七二〇〇万年前から七〇〇〇万年前あたりの後期中新世の地層と考えられている。[*29] ソロニアスとリングは、メインボーン層の年代を七六〇〇万年前から六九〇〇万年前、その上の鍵層(凝灰岩)の年代を六七〇〇万年前から六五〇〇万年前と推定している。[*30] ブラウンが採集した標本で優れたものを挙げると、二種のウマの頭骨六点、二種のサイの頭骨、シカの骨多数、ほかの骨と混ざっていない鳥類の骨、珍しい小さな肉食動物の一二・五センチほどの頭骨などがあった。これらの結果から、ブラウンはサモス島での活動が成功裡に終わることを確信し、中央アジアでアンドリュースたちが見つけたような目をみはるコレクションではなかったものの、マシューに「これまでこの地で出たことのない記録的なコレクション」ができると約束した。[*31]

一方、オズボーンは、ブラウンに要請されたチプラス夫人と大臣の表彰の準備を、博物館の運営スタッフに指示していた。そのことをブラウンにきちんと告げ、加えてオズボーン自身が感激している様子を伝えた。

まさにアメリカ自然史博物館の黄金時代だ。世界中のいたるところから、質も量も素晴らしいものがどんどんやってくる。

アジアから来た素晴らしい化石を処理するため、プレパレーション作業にあたる人員を今増やしている。……この作業が終わったところで、人員をきみのシワリクの化石に充てるようにマシュー君が準備している。とりわけ、長鼻類のものは最高に素晴らしい。[*32]

クリスマスの日にリリアンはまた姉たちに手紙を書き、自分がホームシックになっていることを伝えた。それでも彼女はしっかりクリスマスを祝おうと、ギリシャ産のチキン、スープなどのいろいろな缶詰、サツマイモ、プラムプディング、パイナップル、ナッツ、レーズンなど、なるべく伝統的なアメリカのご馳走に近いクリスマスディナーを準備した。生の食材が少ないことから、リリアンは皮肉っぽい言い方で諦めの気持ちを口にした。「ディナーはじまらないうちから、実はもうできあがっているわ〔缶詰の食品ばかりということ〕」。手紙の最後を、「こうなったら、悩みは全部『ラ・サミエンヌ』というサモス島の美味しいワインで紛らわしてやる」と結んだ。[*33]

彼女にはそのワインが必要だった。というのも、クリスマスイブに大自然の脅威のダブルパンチを受けていたからだった。サモス島はここ何年もなかった激しい嵐に見舞われた。姉たちへの手紙のなかでリリアンは、薄っぺらいテントを雹《ひょう》や雨、稲妻と雷鳴が襲うときの恐ろしさを語っている。さらにそれだけでは足りないとばかりに、今度は地震で地面が揺れ、ストロボのような稲光が「二つに折れた松の木」を照らしだし、風でテントは引き裂かれた。「あとはもう墓から死者が出てくるばかりというふうだった」とリリアンは書いている。[*34] 一方ブラウンのほうは、オズボーンにこの出来事を「ティエラ・デル・フエゴで座礁したとき以来のひどい風だった」と簡単に報告しているだけである。[*35]

オズボーンへの同じ手紙のなかで、ブラウンは第一発掘地で見つかった化石のリストを更新した。シカの小さな背骨と肢骨、貧歯類（ナマケモノやアリクイなどのグループ）の完全な頭骨と顎、長鼻類の不完全な肢骨、サモテリウムの部分的な頭骨などである。また、採集したものを国外に出すときに問題が起こることを見越して、ブラウンはこれまでにこの地で採集されたものの文献を送ってほしいと要請している。「ギリシャの役人たちは、私が採集した化石の具体的なリストを要求していますが、今のところ私ははぐらかしています。リストを出すためには、これまでに論文にされている属や種がどれなのかを私が知っておく必要があります。アテネ博物館の協力は期待できません。それどころか妨害されてばかりです。こういう卑怯なやり方は好きではありませんが、ギリシャ人を納得させるにはこうするしかないのです」[*36]

二月の半ばになっても、雨はまだ完全には止んでいなかった。加えて、リリアンは地元の人間のことが我慢ならなくなっていた。彼らは一〇人とか一五人という家族の集団で前触れもなく現れて、飲み食いをしていくのだ。「Bも私も座れないなんていうこともあった」とリリアンは不平を漏らした。食料が入った箱から食べ物を盗んでいく客がいるのを見つけ、ついにリリアンはかんかんに怒って、すべての箱に鍵をとりつけた。バーナムは彼女の怒りに理解は示したがもう少し理性的で、「われわれはあの連中たちのなかで生きていかなくてはならない。だから我慢しなくては」とリリアンを諭したのだった。[*37] 数日後、リリアンは「ハエとノミだらけ」だけれどもやっと春がきた、と手紙に書いた。[*38]
二月一四日、ブラウンはオズボーンとマシューに次のように報告した。今は作業ができる日もあり、「肉食動物の頭骨や顎で、保存状態がとてもいいものを見つけました。ハイエナだと思います」。ただ、完全に露出する前に石膏で保護する必要があった。

詮索してくる人がいつも大勢いて、どこでも監視されているような状況です。自分がなにを見つけたのか私は通訳にも知らせません。ここでは誰も信用できないのです。みんなアテネとつながっています。

こういう連中と働かなくてはならないのが非常に残念です。……私が見つけた標本が自分たちのものと重なるのかどうか、わかる人間は誰もいません。でも、私は慎重を期して、アテネ博物館のコレクションに合わせて標本にラベルを貼っています［つまり、アテネ博物館がすでにもっている標本であると認定するということ］。アテネ博物館の考えは、ギリシャで採集されたよい標本はすべて押収するということです。「ただでもらえるものはもらう」というのが東方ではモットーなのです。[*39]

このときブラウンは、層序学的にはさらに下部であると思われるソウメナスという場所（第五発掘地のL）で作業を開始していた。予備調査であったが、すでに「二組の頭骨。ウマと貧歯類」を発掘していた。また、『ナチュラル・ヒストリー』誌の記事の草稿を書き終え、写真とともに送った。[*40] オズボーンからは、その草稿をもとに自分とマシューでインド探検とビルマ探検の二つの記事にする、という返事がきた。さらにオズボーンは、ブラウンがシワリク層で発掘した長鼻類を「素晴らしい」と言い、現在それを八人でプレパレーション作業していることも伝えてきた。[*41]

三月初旬、リリアンは姉のマッジに手紙を書き、食事が限られていることがたまらない、と伝えた。「二週間ずっと肉を口にしていないのよ、手に入らないから。……それから、私たちの住んでいる近くに海があるのに、魚は意地悪で全然釣れないし。だからBと私は五セントの豆、五セントのジャガイモ、五セントの卵、缶詰の食べ物ばかり食べている」と嘆いた。[*42] さらに、中国に行って中央アジア探検隊に加わるという話が博物館からあったが、リリアンが断ったことも伝えた。四年もずっと旅しているのだから、まずは家に帰りたかった。

三月中旬にオズボーンが再び手紙を送ってきた。ブラウンのこれまでの成功を祝福すると同時に、長鼻類のさらによい資料が見つかることへの期待を表した。またブラウンがスコウフォスたちからの妨害に遭っていることに同情し、「ギリシャ政府からそのようにいい加減でひどい協力しかもらえずにきみが作業していることを気の毒に思う。どこに行ってもアメリカ人がこんなふうに扱われることがきみにもわかってもらえると思う［中央アジア探検隊が中国やモンゴルで直面している問題に言及している］。妨害を避けるためにきみが説明してくれたような手段をとるのは、全然間違ったことではない」と言った。最後にオズボーンは、J・P・モルガンが地中海に向かっていて、ブラウンの発掘現場を訪問したいと言っていることを伝えてきた。ただ、オズボーンは、「強欲なギリシャ人たちを刺激するだけなので」そのようなことは控えるように要請した。[*43]

この頃、ブラウンは自分がインドとビルマで探索した地点を示す地図を博物館に送った。郵送中での紛失を恐れて自分でもっていようと思っていたのだが、入れていた箱をネズミが齧って、ふちがぼろぼろになってしまったのだ。また、サモス島からこれまでに採集された化石に関するリストを頼んだにもかかわらず、なかなか返事がこないことにも不平を伝えた。「このリストを私がもっていることが重要です。仕分けできないまま収集を完了するとなると、これからもカモフラージュを続けていかなくてはならないだろう」とブラウンは懇願した。[*44]

イースターの日に、リリアンは姉たちに手紙を書き、前に自分が癇癪を起こしてからは、タダ食いの訪問客が減ったこと、そして、春になってやっと肉を手に入れられるようになったことなどを伝えた。さらに、どうやらブラウンは中央アジア探検隊に加わることを計画しているようだが、自分は中国で合流する前に一年間帰国するつもりだと書いた。[*45]

第一発掘地でのブラウンの作業は、四月の第一週になるとフル回転しはじめ、四日にはオズボーンに景気のいい報告をした。発掘された標本のなかに、ウマの「完璧な」頭骨数点、サモテリウムの保存状態のいい頭骨三点、さらには、少なくとも二種以上が含まれたサイの頭骨、同じく二種以上が含まれた食肉類の頭骨などがあった。ただし、霊長類や長鼻類の頭骨はまだ見つかっていなかった。[*46]

キャンプ生活から離れて少し休憩をとるために、リリアンはときどきバティまで出かけた。そこでは、島ではほかにはいないアメリカ人たちと一緒に親しく買い物などができた。彼女はこういう小旅行を面白おかしく書いている。

気分転換に……自家用ラバのエンジンをかけて、「街」まで一三キロほどのクソみたいな道を運転するの。バティは海辺から丘の中腹まで広がる趣きがある町だわ。……まるで先史時代か、漁村かなにかの映画のセットのなかで暮らしているみたい。……小さなでたらめな［通り］の、小さなでたらめな店で、小さなでたらめな人たちに混ざって、キャンプに必要な買い物をする。そのあとは、島にいる二人の……タバコの商いをしているアメリカ人と噂話を交わす。ここで四〇年以上経っているワインのなかで一番新しいものを試飲して、少し酔っ払う。［どちらも大好きな］ワインとタバコにかけては、サモス島は本当に素晴らしいわ。……「ホテル」にひと晩泊まって、翌朝、ラバちゃんのエンジンをかけて、乗せるお尻は一つではなく二つで、ゆっくりとキャンプに戻っていく。[*47]

ニューヨークから、サモス島とギリシャ本土南東端のピケルミという発掘地から出た化石の属や種について、マシューが文献から拾ったリストを送ってきた。アテネ博物館にあるものは正確にはわからないが、大英博物館にいる同僚に手紙を書いて調べてもらう、とマシューは伝えた。手紙の最後に、自分もオズボーンも、ブラウンがギリシャでの作業をやり終えたらいったんニューヨークに戻り、もし望むならそのあとで小アジアでさらなる作業をするのがいいと考えている、とブラウンに伝えた。[*48]

一方ブラウンは、ギリシャ政府との合意事項の履行に向けた下準備を続けていた。バティの理科の教員テリアノス氏に中間報告を送り、そこに現在まで採集した種の最新リストを載せた。ブラウンは、輸送のための梱包は一切しておらず、作業が終わったところですべてバティにある収蔵室まで運び、アテネ博物館行きの標本を選別したのちに、残りをニューヨークに送ることを強調した。[*49]

キャンプでは、リリアンが、英語が話せる地元の女の子一人を除いて、家政婦たちを全員クビにしていた。さらに、バーナムはマラリアを再発し、さほど重症ではなかったが、それでも衰弱していた。「今回はベッドに寝かせたりキニーネを飲ませたりするのに苦労しなかったわ。いい子ちゃんで言うことを聞いてくれたから。そうして金曜日の夜から月曜日の夜までパジャマでいたけど、しばらくしたら起きあがっちゃった」

この患者には、個別の食事の準備と「細心の注意」が必要だとリリアンは思った。加えてバーナムが大変な最中に、地元の家族が遊びに現れてなかなか帰らず、リリアンはとうとう限界に達した。彼らが帰っていき、ブラウンが回復すると、リリアンは鬱屈した気持ちになった。「ここにクソみたいな化石があるから「どこにも行けない」。だって、私が出かけて、Bも出かけてしまったら、ほかのものと一緒に盗まれてしまうもの。……私はもう二度とBとキャンプはしない。ここに来たら、インドのことをまとめたり、世界中から届く手紙を集めて本にしたりできる素晴らしい機会になると思っていたのに。ああ、なんてことなの。毎日のこまごまとしたことが私の時間、私の人生を食い尽くしているわ」[*50]

六月中旬、サモス島での活動が終わりに近づくと、バティに戻った際にギリシャの役人とのあいだで起こるだろう問題のことをリリアンでさえ心配しはじめた。「化石を梱包して輸送するのに、形式的なお役所の面倒臭さを避けて通れない……大きな『喧嘩』になるっていうこと」。外国人化石ハンターはギリシャで採集したもののうち半分は置いていかなければならないという法律に対して、リリアンは夫と同じようにいらだった。「こうして、あの人たちは働きもせず……相手が美味しいものを運んできてくれるのを座って待っているだけ」。あれやこれやで怒りが沸点に達すると、リリアンはキャンプを離れ、アテネでくつろいだ。[*51]

一方、ニューヨークでは、オズボーンがブラウンの代理として国務長官チャールズ・エヴァンズ・ヒューズへの手紙の草稿を書いていた。アメリカ自然史博物館はサモス島の化石採集について法的に正しい許可をもらっていたけれども、「不運なことに私たちが許可をもらってから役人の入れ替わりがあり、現地の検査官が私たちに面倒なことを言ってくるかもしれない」という主旨だった。オズボーンはヒューズに、アテネの臨時大使に電報を打って「このコレクションをアメリカに輸送する手助けを引き続きお願い」してほしいと懇願した。そして最後に、これらの化石には商業的な価値はほとんどなく、アメリカ自然史博物館に来てこそ価値のあるものになるということ。そして、ブラウンが大変な探検のなかで「極東」で死にかけたことを考えれば、支援というかたちでそれだけのことをしてもらってもいいはずだ、と主張した。[*52]

ニューヨークから別の知らせとして、W・K・グレゴリーの手紙が届いた。インドでブラウンが発見した霊長類化石の学術的記載を自分とヘルマンでおこなったので、ブラウンにコメントしてもらって「筆頭《シニア》著者《オーサー》として名前を使わせてほしい」という内容だった。ブラウンのこの二人の同僚は、顎の化石をドリオピテクスのものと同定し、さらに次のように主張した。ドリオピテクスの「グループ（ヨーロッパの種とシワリクの種も含めて）は、人類と真猿類の理想的な共通祖先を形成している。ドリオピテクスの歯に関して、そのエナメル質にある小さなしわや、歯冠や歯根のほとんどの基本的特徴が人間の歯にも見られるのは驚くべきことである。違いといえば比率くらいで、ほかに違いを見つけることは非常に難しい」[*53]。

リリアンは、八月上旬にサモス島に戻り、姉たちに「やっとこの神に見捨てられた場所を離れられる」と手紙で伝えた。そして、バーナムは化石をバティに運ぶ準備をしていた[*54]。一ヶ月ほどかけて無事に保管されたら、アテネに戻って輸出の許可を得ることになる。八月中旬、オズボーンが国務長官ヒューズに書簡を送ってくれたおかげで、ブラウンはアテネにあるアメリカ公使館から「化石標本をアメリカ合衆国に輸送する際に適切な支援をおこなう」旨の手紙を受け取った。このときも公使館はアメリカ自然史博物館の新たな会員チプラス夫人の協力を得ていた。そして、ブラウンに対して、「あなたや博物館にとっていいかたちで物事が進んでいくように」どのような問題が考えられるか具体的に言ってほしいと要請した[*55]。

一方ブラウンは、スコウフォスやその代理人とのあいだで、かねて予想された争いに巻き込まれていた。彼らはサモス島に行き、ブラウンの集めたもののなかから、アテネ博物館行きのものを選び出していたのだ。ブラウンはオズボーンとマシューに次のように述べている。発掘地からブロックやジャケットを道路までラバ四〇頭分を動かし、そこから車に乗せてバティまで運んだ。最後の荷物が収められたところで、政府の検査官がブラウンのもとにやってきた。

私は、機会あるごとにリストを提出していましたが、遅ればせながらスコウフォスがそのなかから選び出したものを見せにきました。

スコウフォスは私が集めたもののうち、ほぼ三分の二を選び出していました。これはアテネ博物館が所蔵していない標本を手にするという合意に基づいたものではなく、ランダムに選んでおり、そのほとんどはアテネ博物館にすでに所蔵されているものです。彼は一七点あるブロックのうち、三つを除いて全部自分のリストに入れていました。

当然私は憤慨して、これには応じませんでした。倉庫に鍵をかけてアテネに戻ってきました。

新大臣のラフリン氏と臨時大使のアザートン氏との話のなかで、再びチプラス夫人を交渉の総大将にしようということになりました。*56

八月の終わりにブラウンはアテネまで行き、チプラス夫人の後ろだてを得て、再び文化教育大臣に紛争解決を依頼した。ブラウンは大臣にこう説明した。

この［化石］資料のほとんどは切り離せない塊で見つかっており、ブロックに分けなければなりません。

この区域での選別をおこなったスコウフォス教授のやり方は、アメリカ自然史博物館にとっても、科学全体にとっても、その価値を台無しにしてしまうものです。

私の知るかぎり、これはスコウフォス教授も認めていますが、彼が選び出した個別の骨の化石はすでにアテネ博物館にあるものと重複しています。また、彼がブロックを指定することは、どちらの施設にとっても化石の価値を損なうものです。つまり、ある部分がアメリカへ、ある部分がギリシャへ行くことになってしまいます。

このことをスコウフォス教授に理解してもらおうと努力しましたが、それは不可能だとわかりました。

私がこれらの骨をニューヨークのアメリカ自然史博物館に送る許可をできるだけ早く発行してくださいますようお願いいたします。[*57]

自分の手のほうが相手よりも強いと踏んで、ポーカー好きのブラウンはベットをつり上げ、手もちのチップを全額賭けた。するとそれが功を奏した。九月一日、ブラウンはギリシャ政府から二枚のメモを受け取った。そこには、「アメリカ合衆国から［ギリシャの政府や国民が］受けた数多くの恩恵に対する感謝の気持ちとして」ブラウンがサモス島で採集したすべての化石をアメリカ自然史博物館に輸送する権限がもらえたことが書いてあった。[*58]

一方リリアンはブラウンがアテネにいるあいだに、彼には内緒で、親しい地元の船長の船を使って、サモテリウムなどの上等な標本をこっそりギリシャから持ち出す計画を立てていた。まもなく、最も貴重な箱を積んだ船が、海岸から五キロほど離れた領海の外に浮かんでいた。フランシスの回想によると、バーナムは戻ってくるとすぐに波止場にいるリリアンに会い、「『［輸出の許可を］もらえたよ！』と得意満面で叫んだ。ところが、リリアンの表情やもの言いから、なにかおかしいと気づいたブラウンは、彼女の口から事の次第を聞きだした。ギリシャからサモテリウムがこっそり持ち出されようとしていることに肩を揺らせて大笑いしたあと、ブラウンはリリアンにすぐに船長に言ってお宝を戻すように言った。……できるだけ早く……そうしないとどんどん離れていってしまう……化石は梱包してから持ち出す［必要がある］」[*59]。

九月一〇日、ブラウンはオズボーンとマシューに手紙を書き、チプラス夫人の影響力と介入が功を奏したことを伝えた。「コレクションが外交的にギリシャから持ち出されるのはこれが初めてだろう」とブラウンは言った。スコウフォスはまた無礼な態度をとりはじめ、化石の輸出を妨害しようとした。しかし、ブラウンと同僚たちは一人の大臣たちと個別に面談をした。ブラウンの要請に最初難色を示していた大臣もいたが、最終的にチプラス夫人が全会一致で賛成票となるようとりなしてくれた。特別の配慮として、ブラウンはアメリカ自然史博物館から標本やレプリカをアテネ博物館に提供することに同意した。ウマの足の、昔はいくつかの指に分かれていたものが現在の一本の指になるまでの進化の過程がわかるものや、顎のついたウマの頭骨の化石や、ラクダの頭骨や、サイの頭骨などである。この交渉が円滑に運ぶため、さらに恐竜の卵も追加された。

　ブラウンがサモス島で採集した化石は、霊長類や長鼻類はないものの、「十分に化石の動物相全体を表すもの」となっている。[60]現在、ブラウンの標本の三点が博物館の〈さらに進化した哺乳類ホール〉に展示されている。ヤマアラシのヒストリクス、ハイエナのイクティテリウム、アンテロープのプロストレプシケロスである。

　コレクションの行き先も定まり、バーナムは梱包作業を終え、それがオランダに送られるのを見送った。オランダからニューヨーク、そして博物館へと運ばれるのだ。ブラウンは、ギリシャ本土の化石採掘地をいくつか評価してから、ヨーロッパ大陸を通ってニューヨークに向かうことにした。一方リリアンは、ロドス島に向かい、一人旅を楽しんだ。そこから姉のブラッドに内緒の手紙を送っている。「正真正銘のイギリス人男性と出会ったの——本当にいい人。一週間ずっと楽しく、一緒に飲んだり食べたりしていたわ。こんな私にみんな優しいの」。手紙の後半には、「一週間の向こう見ずな浮気が終わる明日にサモス島に帰るつもり」と書いてあった。そして手紙の最後には、そのイギリス男性からブラッドに宛てたメモ書きがついていた。「はじめまして（紙の上だけど）！　きみもこの『妖精ちゃん《ピクシー》』の半分も魅力がある女性なら、実物のきみにぜひ会いたいな。ハロルドより」[61]。三週間後に姉たちに宛てた手紙にはこんな嘆きが書かれていた。「もうBにはうんざり。嘘つきだし。彼といても死ぬほど退屈なの」[*62]――「嘘」とか「死ぬほど退屈」というのがどういう意味なのかは不明である。

一一月初旬に、リリアンは再びアテネに戻り、浮気相手に会いに行ったことが手紙に書かれている。「前に話したように、素敵なイギリス人と船で出会って、どんどん物語が進んじゃったの。なにせ私が数年ぶりにロドス島を訪れたアメリカ人女性だったから、知事からなにからみんな出てきて、もう女王様にでもなった気分。旦那がいない休みは本当に最高の時間だわ。ロドス島大好き」[*63]。その次の手紙には、バーナムとの関係や、旅のあいだ自分がホームシックから家族に会いたがっていることに対して彼の共感が足りないことなどが書かれていた。

このさびしさをBはまったくわかってくれないの。もう私たちの考え方は太陽と月くらい違う。彼がこの世で愛しているのは私だけ。もちろん私だけが彼の人生を満たしているというのではないけれど、彼には家族は娘しかいなくって、その娘のことも彼はよく知らないし、ずっと会おうともしていない。だから、どこで暮らしていても、私が家に一緒にいれば彼は満足なの。私が彼と連れだって歩いていても、どこか嬉しくないことなんて彼にはわからない。男ってそういうものなのよ……アングロサクソンは、と言ったほうがいいかしら。残念ながら、私たちにはラテンの血が流れていて、おもしろい話がはじまるのを待っているのに……「面白い」でも「尾も白い」でも、なんでもいいから。

リリアンはもう一度、アメリカに戻ったらカリフォルニアの姉のところに行きたいという話をもちだした。作家としての活動をスタートさせたかったのだ。しかし、バーナムは彼女のこの計画を歓迎しなかった。「カリフォルニア行きの話をすると、Bはいつも泣いて、私が行けば自分は捨てられると言うの。恋人が泣いたらどうしていいかわからないわ。そろそろ別れてもいい頃なのかもしれない」[*64]

一方ブラウンは、コレクションがオランダに向け出発したのを見届けて、マシューに安堵の手紙を書いている。「また幸運が私たちの味方をしてくれた。ギリシャの内閣が昨日総辞職したのだ。新しい内閣は私たちに対して敵対的になるかもしれない。しかし、すでにコレクションは彼らの法の網の外にあるのだから、まったく問題ない」。標本リストと箱のナンバーを同封して、ブラウンはマシューにこう注意した。リストは「カモフラージュしてあり、化石の産地と産状の情報以外はほとんど正しくない」。貴重な標本は、ありふれた種であるヒッパリオンとしておいた。ブラウンは「素晴らしいコレクションだ」と得意げに報告した。[*65]

マシューは、「私たちはみな、きみの成功を非常によろこんでいる。そして、きみの外交術にもだ」という返事をくれた。ギリシャ政府の願いを聞き入れ、マシューは「きみが提案した線に沿ってよい標本を」交換用に選んでいた。「これによって、どちらの側も得になる。それがビジネスの極意だ」と伝えた。[*66]

アメリカ自然史博物館は、ブラウンが先に送っていたサモス島の資料の一部について、すでにプレパレーション作業をはじめていた。マシューは特に、食肉類、齧歯類、アンテロープ、ツチブタの化石は、モンゴルや中国やシワリクの標本を補完するものであり非常に嬉しい、と伝えてきた。現在でも、ブラウンが解明したサモス島の動物相は、哺乳類の進化を研究するうえで重要な役割を果たしている。ブラウンたちがサモス島で発見した七八種の哺乳類や、一八種の爬虫類、鳥類、巻貝に関して、現在では二〇〇以上の論文がそのさまざまな側面を扱っている。[*67] 生物地理学的な意義に加えて、多くの種が、化石と近縁なものが多い現在の動物相の起源を明らかにするものである。

このように、ブラウンがサモス島、植民地時代のインド、ビルマから採集した化石は、私たち人類の系統も含め、哺乳類全体の進化を研究するのに新しい舞台を作った。霊長類の化石はサモス島では見つからなかったが、ブラウンのインドでの発見は明らかに特別な注目を集めた。それは、次のような謎めいたマシューの言葉からもわかる。[*68]「私は大胆に書きすぎるのを躊躇していて、オズボーン先生からも今の段階では書くのを待つように言われている。その理由はきみにもわかるだろう。しかし、私ほどではないにせよ、オズボーン先生もその価値を評価しており、内心ではとても夢中になっていると思う」

一一月九日、バーナムとリリアンは、ギリシャから別々のルートでパリに向かう準備をしていた。バーナムが、トリエステ、ウィーン、ベルリンの博物館のコレクションを見てまわるのに対して、リリアンは、快適な環境に少しでも早く行きたい気持ちから一直線にフランスに向かった。[*69]姉たちに宛てた一一月二〇日付の手書きのメモで、リリアンはこう叫んでいる。「やっとフランスだわ！　フクロウのように飲んで騒いで、これからもそうするつもり――神様！　ついに文明があるところに!!!　明日はパリよ[*70]」

一二月下旬、西ヨーロッパの城やカフェをひと月のあいだ歩きまわったバーナムとリリアンは、モーリタニア号に乗って、地球を駆けまわった古生物学の旅の終わりを迎えていた。リリアンの思い出にあるように、二人はデッキで釘付けとなって、狂騒の一九二〇年代のニューヨークの輪郭が地平線から姿を見せて自分たちを出迎えてくれるのを見ていた。

その日は大晦日だった――正確に言えばもう午前零時だったんだけど。……教会の鐘の音が聞こえ、車のクラクションが遠くから聞こえてきて……消防車のサイレンが鳴り響く。……懐かしいニューヨークが私たちに「おかえり」って言ってくれていた。

ただいま！　なんて素晴らしいんでしょう。……二人とも四年も留守にしていたんだから……。

バーナムが私を抱きしめて、ちょっと痛かったけど、二人で笑って、おしゃべりして、みんなに向かって「ハッピー・ニューイヤー！」って叫んだわ……。

なにもしない日が数週間続いて、長いあいだ遠ざかっていたことを全部、いやというほど楽しんだ……コロニークラブのカクテル、カバノーのステーキ……プラザホテルでのダンス……天国だったわ。[*71]

二人は博物館近くのアッパーウエストサイドに「贅沢な広々としたスイートルーム」をとり、やがてそこは「ブラウンのなわばり」と呼ばれるようになった。そこでは、リリアンとバーナムが、「キッチンにあるものをほとんどすべて使って」カレーやピラフなどのエスニック料理で客たちをもてなした。リリアンはバーナムの家事の腕前に目を見張った。これは彼がカンザス東部で習得し、その後も各地で身につけてきたものだった。「この人は料理もパンも焼く［ことができる］……ジャムやブレッド・アンド・バターピクルスを作り置きしたり、初めて味わうような素敵なサラダドレッシングも作れるの[*72]」

博物館では、ブラウンは自分が集めてきた大量の化石のプレパレーション作業の指揮をとり、展示のための標本を準備したり、関連した学術研究の手伝いをしたりした。少なくとも、この短い期間においてだけは、化石を求めて世界中を歩きまわるよりも、自分の国にいることに満足しているようだった。リリアンが次のようにまとめている。

一日の仕事から帰ってくると、彼はスモーキングジャケットでゴロゴロしていたり、のんびりトランプでブリッジをしていたり。そんなとき私たちは、もう地球を駆けめぐる旅人ではないわ。普通の人間としての生活をしている——それが気に入っているの。

「テントを張らなくていいんだ！」とブラウンは昔を思い出しながら笑っている。「ラクダから荷物を下ろさなくていい！　猿もきみの頭に飛びついてこない[*73]！」

この時点ではたしかにそうだった。ただ、当然のことながら、こんな生活が終わるのは時間の問題だった……。

第13章

古代のアメリカの人々はバイソン狩りをしていたか？ 鳥は恐竜か？

1925–1931

世界中を走りまわった五年間だったが、その後の一九二五年と一九二六年のフィールド活動については、生前のブラウンが未完の自伝のために書き残したリストには「フィールドワークなし」としか書かれていない——四五年間のキャリアのなかで二年も続けてフィールドに行かなかったのはこのときだけである。[*1] しかしながら、博物館の古脊椎動物学部門のアーカイブにある記録が示すように、ブラウンの記述はかならずしも正確とは言えないようだ。

ブラウンが日常の業務に戻ったとき、事態は大きく変わりつつあった。五月下旬に、博物館の館長代行のジョージ・シャーウッドから手紙でこう伝えられた。マシューを年度途中で地質学部門のキュレーター代行にするので「彼の古脊椎動物学部門の業務の負担を軽減するため、きみに彼のポジションについてもらう」と、理事会で決定されたとのことだった。[*2] つまり、ブラウンが古脊椎動物学部門の室長代行に指名されたのだ。一九二五年の年報によると、プレパレーションのスタッフが増員され、サモス島、インド、中央アジア、スネークリークから次々と運ばれてくる標本に対して、プレパレーション作業や目録作成や写真撮影が進んだことがわかる。[*3] ちなみにスネークリークの化石については、ちょっとした話がある。

一九二二年三月、ブラウンが英領インドを旅していた頃、ネブラスカ州の牧場経営者で地質学者でもあるハロルド・クックという人物が、一九一七年に自分で見つけた歯の化石をオズボーンに送ってきた。[*4] ウマやクマやペッカリーの歯と比べた結果、クックはこの歯は霊長類のものだと結論づけたのである。[*5] オズボーンは、驚いたと同時に大よろこびして頷いた。「私は椅子に座って……心の中で呟いた。『これは一〇〇パーセント真猿類だ』と」。[*6] もし真猿類であれば、この歯が高等霊長類の進化の歴史を塗り替えることになることがオズボーンはわかっていた。

たった一ヶ月でこの歯について活字にして記載し、《ヘスペロピテクス・ハロルドクーキ》と正式に命名した。オズボーンは、この歯が現存している類人猿の歯に似ているとは思わなかった。なお、この属名の意味は「西半球の類人猿」である。[*7]

オズボーンがこの名前をつけたのも、急いで記載したのも、ダーウィンの進化論をめぐってウィリアム・ジェニングス・ブライアンと論争中だったことに起因している。ブライアンに対抗するのに、人類の初期の親類の化石がブライアンの故郷であるネブラスカ州から出たということほど強力な武器はなかった。マスコミはこの種にブライアンが激怒するあだ名をつけた。すなわち、「ネブラスカ人」である。米国科学アカデミーへの一九二二年の声明で、オズボーンは直接的にブライアンをなじっている。

ネブラスカが生んだ最も名高い霊長類にあやかって、この動物をブライオピテクスと命名したらどうかという面白い提案もあった。奇妙にも、この発見の六週間前（一九二二年三月五日）に私はウィリアム・ジェニングス・ブライアンにアドバイスしている。ヨブ記の「地に話しかけよ。それがあなたに教えるだろう」という一節に従ってはどうかというものだ。そして偶然にも、このテーマに関してまず話しかけるべきは、ネブラスカ州西部にある中期鮮新世のスネーククリークの堆積物の地だったのだ。[*8]

オズボーンの同僚たちは、このヘスペロピテクスには懐疑的だった。オズボーンが調べていたのは、非常に小さな標本でしかなかったからだ。ところが、マスコミはお祭り騒ぎとなった。オズボーンの伝記作家ブライアン・リーガルはこう書いている。

オズボーンは神経を尖《とが》らせていた……ヨーロッパのマスコミがヘスペロピテクス（彼自身はネブラスカ人と言ったことは一度もない）を人類の祖先だとしていたのだ。彼はそんなふうには考えていなかった。彼の心配が現実のものとなったのは、この不安を口にしたすぐあとだった。世間では大変なことになっていた。一九二二年六月二四日、『イラストレイテッド・ロンドンニュース』の紙面に、大きな二面分の絵とともにヘスペロピテクスに関する記事が載ったのだ。その絵は、明らかにヒトの姿をした古代の狩猟者が手に生木の棒を持って荒野を歩いているものだった。

オズボーンは『ネイチャー』誌にこれを否定する記事を載せたが、このイメージはどんどん弾みがついていった。[*9]

サルに似た祖先とヒトのあいだに直接的な進化のリンクがあると考える人たちが多いことにオズボーンは背筋が寒くなった。「夜明けの人《ドーンマン》」について考えを深めていくなかで、オズボーンは、類人猿とヒトはかなり以前より別々の進化の道をたどってきたという反ダーウィン的な考え方になっていた。それで彼は、類人猿の歯よりもヒトの歯に似ていると主張しながらも、ヘスペロピテクスが人類の進化の系譜にどう嵌《はま》っていくかに関しては慎重だった。オズボーンにとって、ヘスペロピテクスは「霊長類の新しい独立したタイプであり」、ヒトとの関係を決定づけるにはさらに多くの資料が必要だと考えていた。[*10]

ウィリアム・キング・グレゴリーに、このヘスペロピテクスの歯の分析がまかされた。一九二三年、グレゴリーは共同研究者のミロ・ヘルマンとともに、旧世界ザル〔旧大陸に生息するサルの仲間〕のサルや類人猿の歯と比較したあとで、この歯は霊長類のものだとする二つの研究論文を発表した。最初の論文では、ヘスペロピテクスの歯は「チンパンジー、ピテカントロプス、ヒトの大臼歯の特徴を併せもっているが……ヘスペロピテクスがこの三つと構造のうえで関連性をもっていること以上のことは言えない」と述べた[*11]（ピテカントロプスとは、一般にはジャワ原人の名で知られる、オランダ人の古生物学者ウジェーヌ・デュボワが命名した種のこと。現在はホモ・エレクトスとされる）。二つ目の論文では、ヘスペロピテクスとヒトとの進化のうえでの関連性は重視せず、「《ヘスペロピテクス》タイプに最も近いのはゴリラ・チンパンジーの仲間である」と結論づけた。[*12]

さて、一九二五年にブラウンがサモス島から戻った頃、まさにこういった議論が巻き起こっていた。そして、オズボーンが最初から強調していたように、この問題の解決には、より完全な形の標本が必要だった。マシューは、地質学部門での仕事にしっかり組み込まれてしまっていたので、ヘスペロピテクスの化石を探しにネブラスカ州に行くことはできなかった。[*13]

そこで、博物館で長年化石ハンターをしているアルバート・トムソンに白羽の矢が立った。六月中旬にトムソンはオズボーンに手紙を書いている。「昨日……［オーストリアの古生物学者オテニオ・］アーベル博士とハロルド・クックと私で、ヘスペロピテクスが出ることで知られる場所に行ってきました。アーベル博士は、運よくヘスペロピテクスのとても状態のいい上顎大臼歯を見つけました……私は［地元の別の牧場主］アッシュブルックさんに、彼の土地で発掘をさせてもらえるようがんばって交渉するつもりです」[*14]

トムソンからの手紙が届く前に、ブラウンは自分もネブラスカに「少しのあいだ行って……発掘の手段や方法を」いろいろ工夫する手伝いをしようと考えていた。[*15] 六月二三日、オズボーンは急いでトムソンに

「親展」とした返信を送った。オズボーンはアッシュブルックと交渉するとのトムソンの考えに大いに賛意を示し、一五〇ドル（現在の貨幣価値で約一七二五ドル）出すと提案した。さらに、すでにブラウンを助っ人として送ったことも伝えた。

ブラウンには二五〇ドル渡したので、取引が成立した際は現金を彼から受け取ってほしい。ところで、この歯については秘密厳守で、この新しい歯についてなにか話したり、この産地をわれわれが重要視しているなどとほのめかさないように。そうしないと、以前のように四〇〇ドルという法外な額を言ってくるかもしれん。ブラウンは非常に賢明で経験豊富な男だから、相談にのってくれるはずだ。すべてをきみとブラウンにまかせる。

また歯は、コ・イ・ヌールのダイヤモンド〔インドで発掘された、かつての世界最大のダイヤモンド〕のように大切に守ってほしい。金では買えないほどの貴重なものだ。こんなに小さな、水ですり減った歯をどうしてこれほど大切にしているのだろうと思いながらも、私はヘスペロピテクスのレプリカ標本をいつもポケットに入れて持ち歩いている。新たに出た歯は、私たちを正しい方向に導いてくれると私は確信している。[*16]

オズボーンはブラウンに、新しい歯が発見されたボタ山からすべての母岩を調べ、さらに新たな母岩も発掘して選別作業をするよう指示した。また、チンパンジーの頭蓋骨をブラウンに渡し、トムソンが歯以外の部分も認識できるようにした。

七月三日、ブラウンはオズボーンに、この新しい歯はおそらくヘスペロピテクスではない霊長類の下顎の第二大臼歯だろうと報告した。この地域の、シープクリークやスネーククリークの露頭を調査し、ブラウンとトムソンは「一日中四つん這いになって探し、霊長類の別の歯一点と非常に興味深い断片数点を見つけた。水曜日にはほぼ一日かかって、小臼歯の歯根が残った壊れた下顎を取り出した。確実に霊長類のものである」。ブラウンによれば、アッシュブルックとの合意がまだできておらず、この作業は内密におこなわれた。アッシュブルックはトムソンを気に入っていて、ブラウンに対しても友好的だった。ところが、クックが「アッシュブルックの土地を通る国道の調査を進めていたのだが、アッシュブルックはその手続きが気に入らず、クックたちが接触することでわれわれにもケチがついている」ということだった。[*17]

ブラウンはその夏二回ネブラスカ州に行っている（六月一八日から七月一一日、七月一七日から八月二一日）。[*18]八月の終わりに博物館に戻ると、トムソンがさらに多くの「サルの歯」を見つけたことに祝福の手紙を送った。ブラウンは、最初のうちはヘスペロピテクスの化石が霊長類の歯である可能性を認め、オズボーンがさらに完全な形の標本を採集しようとしていることを支持していた。しかし次第に、霊長類の化石だとする考えに疑念を抱くようになった。トムソンにこんなふうに打ち明けている。「歯を見てみると、私はいまだにこれが『霊長類』のものなのか『ペッカリー』のものなのか、非常に疑わしいと思っている。『ペッカリー』のまだ知られていない種の歯である可能性も高い。疑問の余地があるこの歯がついた顎をきみが見つけるまでは、この問題は解決しないだろう。がんばってくれ」。[*19]ブラウンの見解は、おそらくグレゴリーの見解と同じであり、オズボーン自身もだんだん慎重になりつつあった（世間を騒がせた進化論裁判が一九二五年におこなわれたが、ヘスペロピテクスに関する言及はなかった）。[*20]

いまだアッシュブルックと合意に達せず、トムソンはキルパトリックヒルという隣接した地域に作業を移した。八月二七日、トムソンは興奮気味に「原人の証拠を昨日見つけました」と報告してきた。その「証拠」とは三つのものだった。一つは、長さ約七・五センチの骨片で、中に穴が空いた千枚通しのような形のもの。もう一つは、長さ一八センチほどのラクダの骨片で、「切れ味のよくない道具で切断されている」もの。そしてもう一つは、カメの骨片で「コテかヘラ」のような形をしたものだった。トムソンは、これに加えてさらに一ダースの「サル歯」（ヘスペロピテクスの化石に彼がつけたスラング）を見つけたことを報告している。[*21]

ブラウンは四日後にトムソンに返信している。オズボーンが「大よろこび」で、シーズンで一番の大発見だと言っていると伝えた。ブラウン自身も「非常に興奮してはいる」が、ただし、その人工物と思われるものをもとの位置で写真に収めておくように、とトムソンに注意をうながした。「私は『不信のトマス』というわけではないが、きみも知っているように、こういう発見を論文に出すには常に疑問を持つべきだ。……千枚通しのような針《ニードル》は本物の人工物のように私には見えるが……あとの二つについては、骨が化石になる前に浸食されたり植物が刺さったり齧歯類が噛んだりしてできたものを、私はこれまで見てきた」[*22]

このシーズンの書簡はこれで終わっている。そして、ブラウンは翌一九二六年にはフィールドに行かなかったようだ。そして、一九二七年に「ヘスペロピテクス」という概念は新しい標本によって崩壊した。主にブラウンとトムソンが一九二五年に採集した標本によってである。[*23]この年、グレゴリーは『サイエンス』誌に論文を出し、この歯は真猿類の大臼歯に非常に似てはいるものの、おそらく絶滅したペッカリーであるプロステノプスのものであると結論づけた。[*24]これは、とりわけオズボーンにとってはつらいことだった。間違いを犯してしまった恥ずかしさと持ち前の傲慢さから、オズボーンはこの撤回を表明する論文の共同著者にはなっていない。トムソンが採集したヘスペロピテクスの人工物と思われるものに関しては、一九二六年一二月にアメリカ科学振興協会の会合で話したことはあったが、これを論文にすることは一度もなかった。

一九二七年には、オズボーンたち博物館の人間を落胆させる事柄がもう一つ起こっている。ブラウンが古脊椎動物部門の年報に書いているように、W・D・マシューが「三一年間勤めた博物館スタッフを六月に辞め、古生物学教授として」カリフォルニア大学バークレー校に行ってしまったのである。「この知らせには、古脊椎動物学部門のメンバーだけでなく、博物館のスタッフ全体が残念な気持ちになった」[*25]。ヘスペロピテクスの歯に関してマシューが自分の考えをあまり打ちだしていなかったのは、オズボーンとグレゴリーの考えに賛成できない気持ちを反映していたのだろう。「一九〇九年にW・D・マシューとハロルド・クックはプロステノプスを記載して次のように述べていた。『ペッカリーのこの種の前部大臼歯と小臼歯は真猿類の歯に驚くほど似ている。中新世のペッカリーの歯列に精通していない者は間違えても当然だ』」[*26]

マシューは基本的にはオズボーンの副司令官であったが、この早い時期でのマシューの警告にオズボーンも気づいていたにちがいない。結局マシューはヘスペロピテクスの霊長類との同一性（もしくは非同一性）についてほとんどなにも語らなかった。歯に関するマシューの論文でも、層序学的な位置について主に触れ、類似性については触れていなかった。このようなオズボーンとの意見の違いや、進化に関する見方の違い、さらには地質学部門を再構築する仕事にまわされ、研究やフィールドワークの能力を活かせなくなったことへの不満などから、マシューは辞めることになったのだろう[*27]。博物館にとっては幸いなことに、マシューのあとを当時イェール大学にいたジョージ・ゲイロード・シンプソンが引き継ぐことになり、そのシンプソンはのちに進化生物学と古哺乳類学の第一人者となる。

一九二七年、ブラウンのフィールドワークはいつも通りのパターンに戻り、ロッキー山脈西部——コロラド州、ニューメキシコ州、ユタ州、ワイオミング州、モンタナ州など——をめぐった。モンタナ州プライアーに近いクロウリザベーションの発掘では、現在クローバリー層であると判明している地層から「カンプトサウルスくらいの大きさの小さな恐竜」の骨格を発見し、あとで発掘できるよう覆いをかけておいた[*28]。また、このリザベーションやビッグホーン盆地の南のほうで、将来精査すべき場所をいくつか見つけた。ブラウンは、これらの露頭から出る鳥脚類をカンプトサウルスと呼び続けたことから、この時点ではまだこの地層をモリソン層に属するものと考えていたことがわかる。一方で、これらの地層で見つかる恐竜の動物相はモリソン層のものとはまったく違うことにブラウンも気づいていた。J・H・オストロムの記述によると、クローバリー層を最初に認識して命名したのはネルソン・ホレイショ・ダートンで、一九〇四年のことだった。[*29]その年から一九二七年まで、クローバリー層に関して一二本もの学術論文で論じられた。しかしながら、クローバリー層とモリソン層の層序学的境界は、どの研究も少しずつ異なっていた。したがって、ボベクリーク沿いのこの露頭をブラウンがモリソン層と考えたのも不思議ではない。

さらにブラウンは、ベアクリーク炭鉱にある始新世の堆積物から「小さな哺乳類の顎」数点を採集した。そして、最も注目すべきものは、フォルサム付近のニューメキシコ州内で採集されたもので、これが再びアメリカの先史時代の人類に関する論争にブラウンを巻き込むことになった。しかも今回もまた、アメリカ自然史博物館の関与にハロルド・クックが絡んでくるのである。

サザンメソジスト大学の人類学者デイヴィッド・メルツァーが記録するように、北米に人類が住みはじめた時期に関する論争は、ヨーロッパで先史時代の人類の証拠が見つかった一八六〇年代から、さかんになったり下火になったりを繰り返してきた。[*30]一八七〇年代には、ニュージャージー州トレントン周辺の更新世と考えられる礫岩の中に、ヨーロッパで見つかったのとよく似ている石器をチャールズ・アボットが発見した。そしてこのような発見は一八八〇年代にも続いた。こうして一八八〇年代の終わりには、アメリカ大陸に旧石器時代の人類が存在したという考えは科学者のあいだで広く受け入れられていた。

ただ、そう考えない者もいた。疑いの目を向ける筆頭は、スミソニアン国立自然史博物館の人類学者ウィリアム・ヘンリー・ホルムズだった。ホルムズは、これらの石器と言われているものはヨーロッパのものと同様に原始的であるように見えるが、それは古いからではなく、もっとあとの人間によるそれを作りあげる途中のものだと主張した。こうして論争に火がつき、一九二〇年代にはそれがさらに大きくなって、ヘスペロピテクス騒動はこの学術戦争の前線だったということだ。

クックは、アメリカ大陸の旧人類が確かにいたことを証明したいと考え、オズボーンのほかに、自分が古生物学の名誉キュレーターをしていたコロラド自然史博物館（現デンバー自然科学博物館）の館長ジェシー・フィギンズを味方につけた。フィギンズは組み立て展示用に、絶滅したバイソンの骨格を手に入れたいと考えていた。すると彼は一九二四年に、テキサス州コロラドシティに、バイソンの「巨大な頭骨」がローンウルフクリークの川岸で雨ざらしになっているとの噂を聞いた。地元の石器ハンターや牧場主にそれを採集してもらう手はずが整えられた。そうして骨と一緒に尖頭器も見つかった。しかしながらその場で写真を撮ったり記録を残したりはしなかった（今ではかならずおこなわれる手順だが当時は普及していなかった）。

すぐにクックとフィギンズは、この発見がアメリカ大陸に古代人が存在した証拠として使えると考え、『サイエンス』誌に記事を載せた。[*31] しかし、その尖頭器がその場で見つかったものと裏づけるきちんとした記録がなかったため、ホルムズやスミソニアン国立自然史博物館の同僚のアレス・ハードリチカなどの多くが、これは疑わしいと声高に主張した。ただ、バーナム・ブラウンはそこまで懐疑的ではなかった。[*32]

このようにローンウルフクリークに関する論争が巻き起こっている最中に、クックとフィギンズは、ニューメキシコ州コルファクス郡フォルサムで同じような場所が見つかったとの噂を耳にした。それは一九〇八年の洪水のあと、クロウフット牧場のジョージ・マクジャンキンというカウボーイが、川岸で風化しているバイソンの骨格を見つけた。[*33] 彼はそれを近くのレイトンに住むカール・シュヴァッハハイムという鍛冶屋に知らせた。するとシュヴァッハハイムはそれを今度は、地元の銀行家で自然史マニアのフレッド・ハワースに知らせた。一九二二年、マクジャンキンが死んでしばらくして、シュヴァッハハイムとハワースは現場を訪れ、露出している骨を写真に撮った。しかしニューメキシコ州政府は現場の発掘に前向きではなく、二人は一九二六年一月にデンバーまで行って、そこでクックとフィギンズの熱烈な歓迎を受けたのである。その後バイソンがフォルサムから運ばれてくると、クックとフィギンズはこの骨が絶滅種であることを確信した。フィギンズは、その夏にシュヴァッハハイムとハワースが率いる発掘作業に資金を出すことに同意した。

七月に、最初の尖頭器が見つかり、それはバイソンの出た産地ではなかった。そのあと、「肋骨に付着していた石の断片」にぴったり適合する別の断片が見つかったが、ここでも写真の記録をとらなかった。[*34]ブラウンは、クックとフィギンズに『ナチュラル・ヒストリー』誌にこの発見を載せるよう促し、二人はその通りにした。[*35]フィギンズは、このフォルサムの人工物をスミソニアン国立自然史博物館にもっていき、ハードリチカとホルムズに調べてもらった。二人は納得はしていなかったが、丁重にフィギンズを迎えた。ハードリチカはフィギンズに、さらに尖頭器が現場で見つかったらすぐに発掘作業を中断し、収集する前に写真に収め、あとで確かめられるようにしてほしいと依頼した。

発掘は一九二七年五月に再開され、八月二九日になってやっとシュヴァッハハイムはもう一つの尖頭器を見つけることができた。フィギンズは発掘隊に電報を打ち、それをその場から動かさずしっかり保護しておくように指示した。そうしてから全米の研究施設にこの発見を知らせ、調査に来てほしいと依頼した。ブラウンはすでにこの地にいて、すぐさま反応した。そしてスミソニアン国立自然史博物館からも代表がきた。ブラウンは層序学的なメモをとり、写真撮影した。この標本はこれが本当にその場にあったもので、そばにある絶滅したバイソンの骨格が同時代のものであることは誰の目にも明らかであった。

一二月にブラウンたちは、アメリカ人類学会でこのフォルサムの発見について講演した。最初のアメリカ人は一万五〇〇〇年から二万年前にこの大陸に来たというのがその結論だった。ハードリチカはそれでもなお懐疑的で、ブラウンに手紙を書き、講演で使った写真のコピーを求めた。さらに、尖頭器がどうしてバイソンの骨のそばにあったのかについて、ブラウンの意見を求めた。これにはブラウンは自信満々で

図33　尖頭器が出土したそばに座るブラウン（右）とカール・シュヴァッハハイム。ニューメキシコ州フォルサム、1927年9月

答えている。「一つの矢じりを除いて、尖頭器のすぐ上にある一二センチほどの粘土層は、私自身が取り除きました。……バイソンの骨格が粘土に覆われたあとで尖頭器が入った可能性はまったくありません」[36]

ハードリチカは、フォルサムの発掘現場が旧石器時代であると証明するブラウンたちの集めた証拠をはっきりとは認めなかった。しかしながら、口には出さないがこれを受け入れたことは、彼が激しい攻撃をやめ、フォルサムについてその後ほとんど口にしなかったことからもわかる。[37] 一方ブラウンは報告書のなかで、自分とコロラド博物館の仲間たちが「今年最高の発見」をしたことを大いによろこんだ。「精巧な細工がしてある、未知の文化の火打ち石《フリント》の矢じりが……絶滅したバイソンとともに発見され、それは意外性があり魅力的なアメリカの過去について展望を開く大発見である。［私は］デンバー博物館の協力を得て、この矢じりが出る地点を訪れ……いくつかの標本をニューヨークに持ち帰った」[38]

コロラド博物館の協力のもとフォルサム周辺を調査したブラウンは、長年の相棒であるピーター・カイゼンの助けも借りて、翌一九二八年に大規模な発掘をおこなった。[39] 発掘地は約二四×一八メートルの区画で、絶滅したバイソン・タイロリ（現在バイソン・バイソン・アンティキュウス）のつながった骨やばらばらの骨が出てくるところだった。予想通り、人間が捕食していたさらに多くの証拠が、一一点の矢じりという形で現れた。そのうちの一つは骨が集まっているところに一緒に存在する「完璧な」もので、展示できるようにそのまま採集された。ヘスペロピテクスのときの博物館の大失敗を取り戻すかのように、ブラウンは声高に言った。「これがアメリカ先史時代の人類に関する近年で最も重要な発見であることを全米の考古学者たちが確信しています。この時代［現在では放射性炭素年代測定によっておよそ一万五〇〇〇年前と考えられている］に、絶滅種のバイソンとヒトは更新世末期という同じときに存在していたのです。彼らが使った用具には明確に文化というものがあります」[40]。実際、この文化には現在、「フォルサム文化」という名がついている。このブラウンが採集した標本は現在、アメリカ自然史博物館の〈さらに進化した哺乳類ホール〉

の端に展示されている。バイソン・バイソン・アンティキュウスの下顎と脛骨が混ざり合っている横に尖頭器が置かれている。

さらにブラウンは北上し、コロラド州グランドジャンクション付近の「下部始新統」を探索し、カモノハシ竜の一種と、ジュラ紀のブラキオサウルスと考えられる背骨がほとんど揃ったものや肢の骨がつながったものを見つけた。また、以前探索をしていたところを引き継がせるのに、ベアクリークのイーグル炭鉱にレイチェル・ハズバンドという学生を送った。そこで彼女は、魚類、カメ、チャンプソサウルス類、ワニ類、哺乳類などの始新世の動物の細かな骨化石をふるいにかけて選別した（当時女性の古生物学者は珍しかったが、ブラウンはハズバンドのキャリアを応援しただけでなく、二人の女性の古無脊椎動物学者――グラスゴー大学ハンタリアン博物館のエセル・カリーとフォートワースにあるテキサスクリスチャン大学のゲイル・スコット――とともに、アビシニア探検で採集した化石を記載した）。

ブラウンは、今後の活動に関してまとめたなかで、第一次世界大戦の影響でスタッフやフィールドワークが「縮小」したことを嘆いている。古脊椎動物学部門の予算は一九二一年に四万八〇〇〇ドルだったのに対し、一九二八年には四万五〇〇〇ドル（現在の貨幣価値で約五三万ドル）まで落ちてしまった。この三年間は、民間からの多額の資金援助がなければ、「フィールドワークは実施できなかっただろう」。古脊椎動物学部門の威信を保つため、「拡張……のための資金は大幅に増やすべきだ。恐竜のフィールドワークは一九一六年にストップしたが、この作業を再開し、継続していくべきだ。なぜなら、「新しくできる」研究施設が送り出す遠征の数はどんどん増える一方で、同じ場所での探索が繰り返されて化石はどんどん出なくなっていく」とブラウンは主張した。[*41] 当時ブラックマンデーと株価の大暴落が半年後に迫る状況であり、なかなか難しい要求だったにちがいない。それでも、ブラウンの持ち前の粘り強さが功を奏し、この呼びかけは彼のアメリカ自然史博物館でのキャリアの最後におこなった、大きな恐竜キャンペーンにつながることになるのである。

一九二九年、ブラウンはアメリカ自然史博物館とペンシルベニア大学の共同プロジェクト「ウォルター・ヘリング基金探検隊」の旗印のもと、夏の探索に出発した。そして、アリゾナ州、ネバダ州、ユタ州、コロラド州で成果をあげた。五月中旬から七月下旬までその遠征にいた。

昔から馴染みのあるアリゾナ州キャメロン付近でブラウンが見つけたのは「三畳紀の四種類の恐竜が残した……三〇〇もの足跡だった」。そして「これは初期の恐竜たちの姿勢や足の構造を特定するのに大きく役立つだろう」と彼は述べた。さらに、「三畳系の最下層から原始的な爬虫類の部分骨格」を採集したが、これはおそらく新しい分類群のものだった。「アリゲーターと共通する特徴もあるが、頭骨の要素は恐竜との類似性を示している」[42]。現在この動物はヘスペロスクスとして知られており、現存のワニ類の近縁種である。この旅でブラウンが収集した標本に、ブエットネリア〔現アナスキスマ〕という両生類の初期の親戚の頭骨があるが、これは現在でも〈脊椎動物の起源ホール〉に展示されている。

またユタ州南部のジュラ系で、ブラウンは以前アパトサウルスとディプロドクスの化石を発見していたが[43]、あとで発掘できるように目印をつけ、覆いをかけておいた。一一月と一二月におこなわれた調査では、さらにアパトサウルスをもう一体と、アロサウルスと関連のある新種と思われる肉食恐竜一体が発掘できそうだとわかった。ただし、この二つの標本はいずれも回収されていない。

ブラウンは、フォルサムプロジェクトに関連する考古学や古生物学のフィールドワークの範囲を広げた。人工物や更新世の化石を探して、アリゾナ州北部やユタ州全域の洞窟を調査することにしたのである。これに際して、ブラウンはアメリカ自然史博物館の人類学部門のクラーク・ウィスラーと手紙でやりとりをしていた[44]。ブラウンからすれば、博物館がいくつかの洞窟で発掘をはじめるのに十分な証拠がそろっていた。例えば、ネバダ州ラブロック近くにある大きな洞窟で、ブラウンは「網やデコイ〔鳥などをおびきよせるため木などで作ったおとり〕

や骨」などの人工物を見つけていた。これらは初期の居住者たちが「ほとんど鳥だけを食べて暮らしていた」ことを示している。その鳥は氷河期のラホンタン湖につながる生息地に棲んでいたはずである。ブラウンは、ほかにネバダ州スティルウォーター付近のグライムスケーブ、ネバダ州バトルマウンテン付近の洞窟などを調べた。さらに、ユタ州バーナル付近のグリーンリバー沿いのいくつかの洞窟も調べ、そこからは「鳥やウサギを捕るための見事な罠」が出てきた。

　ブラウンはウィスラーにアリゾナ州ユマ周辺の地域に来てほしいと頼み込んだ。そこでは地元のコレクターたちが、砂漠のブロウアウト〔風食による地形〕から出た「夥しい数の矢〔矢じりか？〕」やスクレーパー〔掻器〕や石刀やメターテ〔臼下〕のコレクション」をもっており、なかにはフォルサムと同じ尖頭器も一〇点以上あった。昔も今も、フォルサムの屠殺場は、常に移動していた古ネイティブ・アメリカンたちの一団によっておこなわれた狩猟の跡だと考えられている。[*45] この場所は冬のあいだは住むのに適していない。凍るような気温下で、草がないときには食べるものも不足し、バイソンももっとよい生息地を求めて移動してしまう。探索は完璧におこなわれたが、一九二〇年代の発掘調査では、フォルサム周辺に定住地があったという証拠は出てこなかった。それは現在に至るまで出ていない。では、狩猟者たちはどこに永遠の定住地を求めたのだろうか。この謎について自分の考えをウィスラーに語ったうえで、ブラウンは次のように勧めた。「きみに三日か四日間ユマを訪れてほしい……この地域はフォルサムにいた者の故郷につながっていると思うが、砂丘が永遠の居住地だったはずはない——木も生えていないし、雨風もしのげないし、冬の寒さは厳しいし、水もなかなか手に入らないからだ[*46]」

　ブラウンの翌一九三〇年の報告によると、このシーズン（すぐあとに株式市場の大暴落があるのだが）にはシドニー・コルゲートから二〇〇〇ドル（現在の貨幣価値で約二万四〇〇〇ドル）の助成を受けている。ここ一〇年の財政の苦しさから博物館の基金が限られてきていたので、このような民間の後援者による助成があたりまえになっていた。このシーズンのブラウンの実施計画も南西部の考古学への興味を反映しており、ウィスラーのためにキャメロンのすぐ東にある古代の住居を発掘した。「典型的なプエブロ第三期〔プエブロ文化が最も発展した時期。約九〇〇〜六〇〇年前〕の技工」を表している高さ約一・五メートルの壁が三つ、砂岩の崖の上に立っていた。ブラウンはこの住居を「円形の木造建築物で、現代のホーガン〔土で覆ったナバホ族の住居〕にも似ており、床面は直径約三メートルで、石の基礎の跡はなかった」と想像した。彼はこれを「ネオハウス」と呼んだが、「ネオ」というのはナバホ族の言葉で「吹いている風」という意味である。[47]

この構造物の中の、四つの平らな石を立てて作った四角いコーンミール入れの中に、メタテが一部埋まっているのをブラウンは発見した。このコーンミール入れを掘り出してみると、さらに「美しい黒曜石」の矢じりが出てきた。一六個の甕《かめ》と一本の「マノ」〔すり棒〕が、「まるで家事をする人間が一日の終わりに置いたように」床に並べられていた。ブラウンはその甕には特徴的に三つのタイプがあるとした。「白地に黒のもの、赤地に黒のもの、渦巻状に積み上げたもの。このうちの二つのデザインは、プエブロボニート〔一〇〇〇〜一一〇〇年にかけてアナサジ族がニューメキシコ州チャコキャニオンに建てた大規模で複雑な建築様式の住居〕のものと同一である」。このほかに、貝ビーズの紐や陶器のペンダントなどが出てきた。ナバホ族はアナサジ族のことを自分たちの古代の親戚と見なしていたので、ブラウンは「ネオハウス」やそこにあった人工物をナバホ族、ひいては科学全体に贈られた「母なるネオの形見」だと考えた。この住居から出たさまざまな標本は研究価値があるだけでなく、「一つの家の展示」としても素晴らしいものになるだろうとブラウンは言った。[48]

一方でブラウンの古生物学的な作業は、近くにあるキャメロン周辺の三畳紀の露頭に集中した。そこで彼は、一九二九年に発見したスタモサウルスの断片をさらに発掘したいと考えていた。オクラホマ大学のＬ・Ｉ・プライスの助けを借りて、発掘地の斜面で一五トンの岩屑から選別作業をし、約一六キロ離れたところまでそれを運び、洗浄、乾燥、採集をおこなった。しかし、結果は「タバコの箱に収めても一センチほど溜まるだけの」断片を採集するだけに終わった。三週間かけて重労働した報酬としてはあまりにも見すぼらしかったが、ブラウンは満足していて、この努力は「かかった費用だけの価値あるものだ。恐竜やフィトサウルス類の祖先と考えられるこの貴重な動物について補填することができるからだ」と言った。[*49] ブラウンはこの標本以外にも、フィトサウルス類の大きな頭骨一点と、小さな迷歯類の部分的な骨格も発見した。

そしてロサンジェルスに立ち寄り、ロサンジェルス自然史博物館とランチョ・ラ・ブレア〔ロサンジェルスにある天然アスファルトが湧き出る池で、氷河期の化石が大量に産出する〕の化石資料を交換する手はずを整えたあと、ブラウンはモンタナ州東部を経由して帰路についた。モンタナ州東部では、グレンダイブ付近のヘルクリーク層を調べた。特に興味を引いたのは、地元の人が見つけていたトリケラトプスの頭骨で、ブラウンはこれを「非常に短く幅の広いとさかを持ち、フリルは中央で縫合線で分かれており、新種」かもしれないと考えた。[*50]

シーズンの終わり頃、ブラウンは七月二四日から一〇月九日まで、二七〇〇ドル（現在の貨幣価値で約三万二五〇〇ドル）を使って西部をぶらぶらとまわった。彼の年報には、博物館にとって非常に重要な標本をもう一点獲得したとある。それは竜脚類のバロサウルスの骨格である。しかも、ブラウンはそれを手に入れるのにまったく土を掘っていないのである。ブラウンのメモにはこうある。

> メソヒップス・バルディの骨格を集めて復元し、それをジュラ紀の恐竜（バロサウルス）の交換でユタ大学に送った……。
>
> 胴体はユタ大学から、尾の一部はカーネギー自然史博物館からもらって、大きな竜脚類バロサウルスの大部分を私たち古脊椎動物部門は手に入れた。この標本の首の部分は、〔アメリカ〕国立博物館

〔現スミソニアン国立自然史博物館〕によって収集されている。骨格全体は、全長およそ二二・五メートルある。[*51]

やがて、ブラウンはその首もうまく買いつけた。場所の制約からブラウン自身は組み立て標本を組んでいないが、この標本のレプリカは、後肢でダイナミックに立ち上がりアロサウルスの攻撃から子どもを守るように復元されている。現在はアメリカ自然史博物館のセントラルパークウエスト側から入ったところにある、〈セオドア・ルーズベルト記念ホール〉に展示されており、来場者を出迎えている。

一九三一年のブラウンの旅の導火線に火をつけたのは、自分のキャリアをスタートさせた場所だった。すなわち、ワイオミング州南東部の山なみを歩きまわり、コモブラフからモンタナ州ビリングスの南にあるクロウリザベーションまで行った。このシーズンは、角竜類モノクロニウスの骨格をイェール大学に売却した資金で賄い、ブラウンは長年の助手ピーター・カイゼンとともにリザベーションに向かった。[*52]

再び五月に旅をはじめ、学会のためにカリフォルニア州に立ち寄り、その後ニューメキシコ州のフォルサムの発掘地をまわった。そこで、一九二八年の発掘で出たボタ山から、また一つ矢じりを見つけた。それからアリゾナ州キャメロン付近の三畳紀の露頭まで行った。そこで発見したのは「中期三畳紀〔現在は前期ジュラ紀と判明〕の爬虫類の、装甲が並んだ全身骨格に近いもので……アリゲーターの直接の祖先だった[*53]」。これはプロトスクスのことで間違いない。とても細長く、薄い装甲を持った、ほとんどネコほどの大きさの原始的なワニ類である。このレプリカの一つが現在でも〈脊椎動物の起源ホール〉に展示されている。

それからアリゾナ州から北に向かい、ユタ州バーナルで七月上旬に議会と国立公園局の役人たちと会い、ダイナソー国定公園での博物館の計画について話し合った。アンドリュー・カーネギーの財政支援を受け、ジュラ紀の恐竜化石が豊富に出るこの場所をアール・ダグラスが発見したのが一九〇九年のこと。ダグラスはここで一九二二年までカーネギー自然史博物館のために採集を続けたが、カーネギーが亡くなると文援が立ち消えてしまった。合衆国政府が国定公園を作ったのは一九一五年のことで、ブラウンがビリングスからオズボーンに報告した内容は、連邦議会議員のドン・B・コルトンが「国定公園を完成させる」ために次の連邦予算で二〇万ドル（現在の貨幣価値で約二六〇万ドル）を確保するよう要求することに同意してくれたというものだった。[*54] ブラウンの年報にこの事業の要約がある。

この土地の一二区画が国定［公園］として確保され、政府が二〇万ドル（を超えない額）を出し、ジュラ紀の恐竜の骨が埋まっている長さ約五八メートル、高さ約二七メートルの砂岩を露出させ、管理人の建物や道路を作り、その作業が終わったら公園［つまりは露頭］の上に博物館を建設するという計画が承認された。

……アメリカ自然史博物館のチームが骨の化石を掘り出し、それらを同定し、産出した状態を解釈し、復元のためのレプリカを提供する。その見返りとして、アメリカ自然史博物館のチームが必要としていて国定公園が必要としない標本をもらう。

この作業には三年かかることが見込まれ、博物館の出費は五万ドルになりそうだが、ほかでは手に入らない骨格化石を獲得できる。[*55]

オズボーンに宛てた手紙のなかで、ブラウンは「実際に［アメリカ自然史］博物館に収蔵される資料の検査、選別、保存に大きな幅をもたせるために、がんばって［当初想定していた］三倍近い規模の」露頭を開拓したと語った。[*56]

ブラウンは七月六日にソルトレイクシティを出発し、カイゼン、イェール大学の学生で調査隊に参加しているG・エドワード・ルイス、化石ハンターのダーウィン・ハービヒトと合流した。そこから彼らはキヤシェン牧場に向かい、ボベクリーク沿いの、現在は前期白亜紀のクローバリー層とされる露頭に行った。このシーズンのフィールドでの書簡は少ないが、七月の終わりにブラウンがニューヨークで指揮を執っているグレンジャーに宛てた手紙が残っており、そこには自分が足首か膝を怪我したことが書いてある。「治るまで横になっている、そのあいだにきみを驚かそうと手紙を書いている。今は捻挫した馬よりましに歩けるくらいだが、日曜日にはまた発掘に戻れると思う[*57]」

ブラウンのキャシェン牧場での当初の目標は、一九二七年に発見して覆いをかけておいた鳥脚類の骨格を発掘することだった。この骨格を取り出す際に、調査隊はキャシェンの家から約四〇〇メートルの範囲で別の骨格五点を見つけたと、ブラウンは最終報告書に記している。「これらのうち、四つは大きさの違うカンプトサウルス〔実はテノントサウルス〕のものだった――そのすぐそばにあったもう一つは、小さな肉食恐竜だが、石灰質の母岩に入っているためプレパレーション作業は難しい[*58]」。この遠征に関する報告から、ブラウンにはこの地層がクローバリー層だとわかっていなかったことは明らかである。ブラウンは、このボベクリーク沿いの露頭をラコタ層としていて、前期白亜紀だと考えていた。前期白亜紀の脊椎動物の化石を含んでいる岩層は、後期ジュラ紀や後期白亜紀の化石を含むものに比べると非常に稀だったので、この重要な新しい動物相のコレクションをできるだけ総括的に集めたいと思っていた。しかしながらおかしなことに、ボベクリークの化石は前期白亜紀のものだと認識していたのに、この鳥脚類をカンプトサウルスだと考えていたのだ。

それからおよそ四〇年経って、ジョン・オストロムが、これらの骨格は新属のテノントサウルスと同定した。オストロムは、ラルフ・モバリーに倣って、クローバリー層の地質時代の境界を確定した[*59]。オストロムが層序学的研究を完成させる頃には、クローバリー層は、貝形虫類と車軸藻類の生層序学的相関から、たしかに前期白亜紀（アプチアン期～アルビアン期）のものであることが確認されていた[*60]。今では、クローバリー層を形成している粘土岩、砂岩、礫岩は、川や氾濫原の堆積物が火山灰と混じり合って、一億一五〇〇万年前から一億八〇〇〇万年前くらいに、高温の気候条件のもと一時的に沼や湖だったところに堆積したものだと考えられている。[*61]

七月に出したグレンジャーへの手紙のなかで、ブラウンはキャシェン牧場付近での発見についてもう少し触れている。「その全身骨格は本当に素晴らしい。カンプトサウルス〔現在テノントサウルス〕の新種で、［形態は］ジュラ紀のカンプトサウルスの二つの標本のちょうど中間だが、歯はまったく異なっていて……同じ大きさの不完全な骨格がもう三点ある。その三体のカンプトサウルスと混ざった肉食恐竜の不完全な骨格もあるが、まわりが石灰質になっていてあまり状態はよくない。……カンプトサウルスが出るところはたいていこうなる」[*62]。グレンジャーは一ヶ月後に祝福と安堵の気持ちから「獣脚類でなくてよかった」とからかっている。[*63] このグレンジャーの安堵は、博物館のスペースが限られていて大きな標本は収集も保管も困難だったことからきている。

これらを発掘したことに満足した一行は、八月中旬に今度はプライアーの北にあるクローバリー層の別の露頭に移動した。そこでまた、新たな発見があった。「ホプリトサウルス〔現在サウロペルタ〕の骨格……すべて露出していて非常に断片的だが、この鎧竜類の主な特徴は特定できる。背骨と背中の皮骨が生きていたときと同じ位置のままで残っていて、七〇センチくらいの高さがあるものもある」[*64]

八月の終わりにブラウンはフォルサム地区に戻った。そこから南に向かい、ニューメキシコ州カールスバッド付近の洞窟に行った。そこでは囲炉裏の中にフォルサム文化の矢じりがジャコウウシの角と並んで見つかった。ブラウンがすべきことは、矢じりが出る地層から哺乳類の骨の化石を採集することだった。そして彼は「ウマ二種、ラクダ、ジャコウウシ、絶滅したバイソン、絶滅した四本角のアンテロープ、メキシカンディア、カリフォルニアコンドル」や数多くの齧歯類の化石を見つけた。[*65]

そして、九月二六日にニューヨークに戻った。このシーズンの最終報告書では、鎧竜類サウロペルタと、フォルサムの矢じりと一緒にあった哺乳類の骨を大きくとりあげている。しかしながら研究が進むと、この遠征でブラウンが持ち帰ったもう一つの標本のほうが、古生物学界からの脚光を浴びることになる。

博物館では、ブラウンや技術者たちが標本のプレパレーション作業をはじめた。サウロペルタの骨格は、頭骨はなかったものの、素晴らしいものであることがわかった。これは現在でも改装された〈鳥盤類恐竜ホール〉にある鎧竜類の小部屋《アルコーブ》の中心的存在である。しかし、ブラウンはキャシェン牧場で見つけた小さな肉食恐竜の骨格にも興味をそそられていた。この恐竜に関する図解も入れた原稿（現存していない）まで準備しはじめるほどだった。ブラウンは非公式ながら《ダプトサウルス》と名前をつけていた（このときのブラウンのラベルがまだ博物館のドロワーに残っている）。この標本には、頭骨の断片、ほぼ完全な肢、並んだ背骨などがあり、これらは二・五メートルくらいの大きさの小型から中型の獣脚類であることを示すに十分だった。骨は軽くて薄く中空で、この恐竜が身が軽く、活動的で、足が速かったことを示している。長い棒状の骨が束になって硬くなった尾は、背骨を地面と平行に保ちながら高速で走るときに胴体の重さとうまくバランスをとるために機能したのだろう。ブラウンの図解から、彼はこの恐竜と鳥類との類似性を認識していたことがわかるが、論文に出すことまではしなかった。

ダプトサウルスはその後、一九六〇年代まで博物館の倉庫に眠っていた。ブラウンがこの世を去る少し前に、学位論文のテーマを探していたジョン・オストロムという学生がブラウンにアドバイスを求めにきた。そのときブラウンはオストロムにそのちっぽけな骨格を見せた。オストロムはその後イェール大学の教授になったあと、クローバリー層に戻ってこの恐竜の骨を見つけた。こうして、ブラウンが三〇数年前にはじめたことをオストロムが完成させたのである。一九六九年、オストロムはこの新しい獣脚類に関するモノグラフを出し、これに《デイノニクス》という名をつけた。「おそろしい爪」という意味である。[*66]

オストロムは、より完全な標本を調べて、ブラウンがあたりをつけていた鳥類としての特徴を完璧に証明してみせた。軽くて中空の骨に加えて、デイノニクスの手首には鳥の翼にあるような半月形の骨があった。それによって、鳥が翼をたためるように、握った手を左右に旋回させる動きができるのだ。このような骨格の特徴から、オストロムは、鳥類の起源が恐竜であるという百年来の論争に再び火をつけることになった。これは、トーマス・ヘンリー・ハクスリーなどのチャールズ・ダーウィンを支持する者たちの考えだった。幼鳥の脚と足首の解剖を記述した、今では有名な文章のなかで、ハクスリーは次のように述べている。「［もし］化石の状態で見つかったら、これを恐竜の骨と区別する方法は私にはわからない。そして、孵化しかかっているヒヨコの腸骨〔腰〕から爪先にかけての部分が、突如そのまま巨大化して［骨化して］化石になったとしたら、爬虫類から鳥類への移行の最終段階を教えてくれることになるだろう。それが恐竜であることを否定するような特徴は何一つないのだから*67」

オストロムの見解をきっかけに、ほかの小型の獣脚類の骨格についての再調査がはじまった。例えば、中央アジア探検から持ち帰ったヴェロキラプトルは、近縁である北米のデイノニクスと多くの特徴を共有している。こうして二〇世紀後半の一〇年から二〇年間続いた激しい論争の末、ハクスリーが正しかったという結論に達した。鳥類はたしかに小さな獣脚類から進化したのであり、現在でも生きている恐竜の唯一の系統なのだ。

さらにオストロムは議論を進めた。軽い骨格、華奢な肢、鋸歯のある歯、鋭く大きな爪、これらを持ったデイノニクスは、非鳥類型恐竜に対してほとんどの古生物学者がもつイメージのような、動きのゆっくりとしたビヒモス〔旧約聖書『ヨブ記』に登場する巨獣〕ではないとオストロムは結論した。比較的大きな脳をもった、やわらかく俊敏な動きをする捕食者《プレデター》だったのだ。このように、非鳥類型恐竜の私たちの現在のイメージや、鳥類が恐竜から進化したという知識は、ブラウンがデイノニクスを発見したところから結びついているものだ。

この骨格は、現在博物館の〈竜盤類恐竜ホール〉に組み立てられ、生きいきとジャンプする姿を見せている。

ブラウンとオストロム、そしてデイノニクス標本とブラウンとの関係は非常に興味深い。ブラウンの若き弟子であるジョン・S・マッキントッシュは、ノレルとの私信のなかで、次のように回想している。

イェール大学の一年生だったある金曜日の午後、私は小さな獣脚類の骨格、コエルルス・アギリス(YPM2010)を作業室でプレパレーションしていた。すると誰かが私の後ろにやってきた。振り返ると、私の鼻の五センチ先に偉大なバーナム・ブラウンの鼻があった。一九三一年に彼は新しい中型の獣脚類(彼は《ダプトサウルス・アギリス》と呼んだ)をモンタナ州のクローバリー層で発掘していた。……ブラウンは私にニューヨークに来てその恐竜を調べてみないかと誘ってくれた。私はそのときまで一度も授業をサボったことはなかったが、月曜日の朝早くに列車に乗っていた。アメリカ自然史博物館に着くと、私は最上階(一般の人は入れない!)まで行き、オフィスに通された。レイチェル・ニコルズがバーナム・ブラウンを呼んでくれた。ブラウンは二つのトレイを載せたカートを引いて入ってきた。一方のトレイには彼が採集した《ダプトサウルス》があり、もう一方には、彼が《メガドントサウルス・フェロックス》と呼ぶ、さらに小さな新しい恐竜が載せられていた。ブラウンは私にこれらの標本を暇なときに調べていいと言ってくれた。長いテーブルのある広い部屋までの廊下をブラウンが標本のカートを押しているとき、レイチェル・ニコルズが私に「彼はこれを人には見せないんだけどね」と耳打ちしてくれた。そのときの私の気持ちを想像してみてほしい。[*68]

間違いなくブラウンはダプトサウルスを鳥類の近縁種だと考えていた。博物館のイラストレーターたちが描いた図のうち現存しているものを見ると、ダプトサウルスの骨格要素を鳥類と比較している。ブラウンの原稿が、ほかの未発表の著作物とともに部門の書庫に長いあいだ置かれていたと古脊椎動物学部門の人間は記憶しているが、それがどうなったのかはわからない。[*69]

マッキントッシュに見せたこのダプトサウルスの標本と、その他のクローバリー層・モリソン層の小型獣脚類の標本をブラウンに頼んで貸し出してもらったのが、イェール大学に移ったばかりのオストロムだった。アメリカ自然史博物館のメモ用紙に書かれた手書きのメモの、日付も署名もないコピーが博物館のアーカイブにあり、ブラウン独特の手書き文字で「オストロムへ」とだけ記されている。そのメモにはボベクリークの採掘地までの道案内があり、イェール大学のチームはのちにここを探索して「デイノニクスの産地」を見つけたのである。しかしながら、デイノニクスやクローバリー層に関するオストロムの優れたモノグラフにはテノントサウルス〔ブラウンが非公式に《テナントサウルス》と名づけていた〕という命名があるものの、発見者であり洞察を与えてくれたブラウンの名はクレジットされていない。[*70]

一九三〇年代の初めにブラウンは再び西部での活動を展開し、次の二年間で発掘活動のクライマックスに達することになる。

第14章

恐竜の発掘、そして空から

ハウ発掘地と上空からの西部地質調査

1931-1935

一九三一年は、ブラウンのフィールド調査に新しい移動手段が導入された。中央アジア探検でゴビ砂漠の探検に一〇年前から自動車が使われていたことに触発されて、ブラウンも馬車やラクダを売って自動車を手に入れた。中央アジア探検に参加した同僚のグレンジャーに向かって、自動車がいかに便利なものかわかったと言いつつ、ブラウンはその先までをも見据えていた。「自動車を使うと本当に広い範囲をカバーできて素晴らしい。今度はヘリコプターを使おうと考えている」[*1]。そしてブラウンは一九三二年に再び遠征に出た。七月中旬から一〇月下旬まで、ワイオミング州北部とモンタナ州南部をさらに調査するためである。キャシェン牧場付近のクローバリー層に行くつもりだったが、これまで発掘されてこなかったビッグホーン盆地の五〇キロに及ぶ露頭も重点的に調べたいと考えていた[*2]。

一九二九年の株価大暴落で資金は不足しており、古脊椎動物学部門の予算ではこの遠征をまかなえなかった。ブラウンは再び外部からの資金を求め、チャイルズ・フリックから一四七〇ドルの助成を受けた。チャイルズ・フリックは著名な古生物学者で、鉄鋼王ヘンリー・クレイ・フリックの息子として、古脊椎動物学部門を財政的に支援してくれていた。また、銀行家のJ・P・モルガンの基金からも六三五ドルの助成をもらった[*3]。こうして資金の合計は現在の貨幣価値で三万一〇〇〇ドルほどになった。

八月初旬、ブラウンとカイゼンとハービヒトは、ビッグホーン盆地にあるプライアー山地の南斜面を探索した。すぐに彼らは二体の竜脚類の尾の部分が露出しているのを見つけた。その骨格はどうやら丘の奥まで続いているようだった。これを調べるために片方の骨格を試掘してみると、尾椎一四点、腰骨、肢骨とともに腸骨、脛骨、腓骨、中足骨などが出てきた。これらの骨はどれも変形しておらず、ブラウンはグレンジャーに自慢げにこう報告した。「この発見はボーリングで言えばストライクだ。……これから一三×一八メートルほどの範囲で表土を剝がさなければならないが、深さ一・五メートルから三メートルほどのうち約一・二メートルは砂岩の岩棚になっている。ここはB・M・ハウという八二歳の老人の農場だが、私たちの作業に同意してくれて、春には表土を剝がすために要員二人と馬四頭を貸してくれるそうだ。……さらに発掘を進めるには、発掘現場を整備するのに三週間から一ヶ月、標本を採集するのにさらに二ヶ月ほどかかるだろう」[*4]

ニューヨークにいるグレンジャーは、「新しい展示ホールに必要なのはまさにこういう標本だ」とブラウンに祝福の手紙を書いた。さらに続けて、「降って湧いたような話だが」と、オズボーンが自分とともにブラウンのキャンプを訪れることにしたと伝えた。八月中旬から九月中旬のどこかでということだった。それで、「ということで、きみが逃げまわらないかぎり、ひさしぶりに化石キャンプできみと一緒になる——あれは一八九七年が最後だったと思う」とグレンジャーは書いた。[*5] 彼が言っているのは、アメリカ自然史博物館が初めて行ったコモブラフへの恐竜探索のことだ。このときはこの有名な二人の化石ハンターたちもまだ新米だった。

八月七日にブラウンとカイゼンは、プライアー山地の北にあるキャシェン牧場に戻り、今度は鳥脚類の化石を採集していった。[*6]

われわれは再び懐かしい作業現場に戻ってきた。昨日、カンプトサウルス［現在テノントサウルス］の全身骨格を手に入れた。まるで最初から組み立ててあるかのような素晴らしい標本だった。さらにもう一体の尾の部分もあったし、ホプリトサウルス［現在サウロペルタ］の骨格も出てきそうだ。……このエリアは宝の山で、ここでどれくらいのカンプトサウルスが生息していたのか、その数は計り知れない。トネリコバノカエデの木々がキャンプ地に日陰を作ってくれてありがたい。近くには小川の冷たい水もある。蚊もいないし、わりといい道もある。フリック先生と話す機会があったら、ここがいいキャンプだと伝えてほしい……。

これを読んだグレンジャーは、再び祝福の言葉を送った。そして、最新の予定の概略を伝え、オズボーンと自分が牧場を見つけられるように地図を送ってほしいと頼んだ。加えて、ブラウンの娘フランシスが博物館を訪れたことも知らせた。[*7]

こうして、キャンプを訪れたオズボーンとグレンジャーは、二週間ほどブラウンたちと一緒に過ごした。オズボーンはこのキャンプ地訪問が楽しかったようで、あとでこんな手紙をブラウンに送ってきた。「きみと一緒に化石発掘できて、本当に元気をもらった。きみは最高のガイドであり、最高のキャンプ仲間だ。キャンプでの二週間……すべてが楽しくて……深く感謝している。ふだん目にしないものを見て、ふだんやらないことをすることが、どれだけ私の励みになったか、きみにわかるだろうか」[*8]

実はオズボーンはこの二年ほどつらい経験をしていた。[*9]大恐慌で家の資産が減り、それでも足りないとばかりに、悲劇が家族を襲った。一九三〇年、オズボーンの妻ルルの健康状態が悪化したのだ。オズボーンにとって彼女は四九年間ずっと「自分の人生の光」だった。実際この夫妻は、毎日とは言わないまでも週に一度は愛の書簡を交わし、それが生涯続いた。八月二六日、ベッドのそばで「最愛の妻の手を握っているときに彼女の魂は離れていった」。オズボーンの光が消えた瞬間だった。オズボーンはこのとき、ゾウの進化に関するモノグラフを監修する仕事をしていて、「その仕事に打ち込むことで寂しさと悲しみを消し去ろう」としたが、完全に立ち直ることはできなかった。この訃報をブラウンはアリゾナ州でフィールドワークをしているときに受け、「先生の大きな悲しみに心からの追悼の意」を表したいと電報を送った。[*10] オズボーンの伝記作家によれば、一九三二年のオズボーンは「心身ともに崩壊寸前の状態だった」という。[*11] 家族と行った世界一周の船旅で一時的に元気を取り戻したものの、慢性の消化不良などの体調不良に苦しんだ。ただこうした苦しみも、フィールドに来ると少しのあいだ和らいだのだった。

さて、オズボーンをビリングスまで送り届けたあとで、キャンプに戻るブラウンたちは大雨に見舞われた。「われわれは三日間……動けなくなり……雨のなかを一六キロほど歩いてキャンプに戻らなければならなかった」。[*12] 幸運なことに、ブラウンはジョージ・シア夫妻と親交があった。現在も続くノーザンホテルの経営者で、ブラウンは「アメリカ自然史博物館ビリングス支店」と親しみを込めて呼んでいた。シア夫妻は、この大雨の影響を心配して、キャンプが無事かどうか飛行機を飛ばして確かめにきた。ブラウンたちの車が動けなくなっているのを見つけると、トラックを派遣して車を引っぱり出してくれた。

この夫妻に救助された経験をきっかけに、自分の飛行機をもちたいというブラウンの気持ちが高まった。次の月曜日にブラウンはこう報告している。「飛行機に乗って南に向かった。ワイオミング州ビッグホーン山脈上空から南下し、シェリダンを少し越えたあたりの山の東斜面にあるクローバリー層をたどっている。来年はこの地域を調べようと思う。美しいキャシェン牧場のバッドランドなど、いろいろな露頭を航空写真に収めたので、それらを公開したいと思う」。[*13] いまやブラウンは、飛行機による空からの調査という手法をしっかり自分のものにしていた。

九月の終わり、「急性胃炎」にかかったカイゼンを列車で帰したため、ブラウンとハービヒトだけで発掘とジャケット作業を終わらせることになった。この作業中に、「巨大なホプリトサウルス［実際はサウロペルタ］の素晴らしい頭骨と顎を見つけた。これを発掘するのに四日かかった」。さらに「巨大な鎧竜類」の骨格も発掘した。[*14] 頭部の鎧と皮膚の跡もある。このシーズンに採集されたサウロペルタの標本二点とテノントサウルスの骨格は、アメリカ自然史博物館の〈鳥盤類恐竜ホール〉に現在も展示されている。

秋が急速に近づき、天候が「不安定」になってきた。なんとか天気がもちこたえるように祈っていると、グレンジャーが一〇月二七日にニューヨークから手紙を送ってきた。[*15] 同じ日に、ブラウンは「新しい鎧竜類」を一六箱送ったとオズボーンに報告した。ブラウンは「プレートの位置から」この恐竜をペルトサウルスの祖先だと考えた。「……完全骨格ではありませんが、今年の発見のなかでも際立ったものだと思います。これを発掘するのは本当に大変でした。というのも、作業のあいだに五回も吹雪に見舞われ、積雪が四〇センチほどありました。標本を覆うようにテントを立て、私たちはキャンプからそこまで歩いていきました。キャシェン牧場のカウボーイたちも私たちも食料が底をつき、牛を殺さなければなりませんでした[*16]」

シーズンの終わりに、ブラウンは次の学会で話す内容をまとめた。その短い文章には、ブラウンがキャシェン牧場の露頭で二シーズンにわたって作業し、恐竜骨格一四点を採集したことが書かれている。これらの骨格は「これまでほとんど知られていない動物相」を示しているとブラウンは考えた。「時代的にはジュラ紀から後期白亜紀のあいだのもの」であり、新しい属や種も含まれていた。[*17] ここにきてやっとブラウンは、これらの化石が出る露頭がクローバリー層のものだと気がついた。クローバリー層の動物相は、現在でも最も有名な前期白亜紀の化石群集《アッサンブラージュ》である。

家路につく前に、ブラウンはモンタナ州北部で見つかったとされる七五トンの巨大隕石の報告書を精査し、ハービヒトはモンタナ州インゴマーの自宅付近で見つけたカモノハシ竜の骨格や、ワイオミング州リバートン付近で見つかった首長竜類の骨格を調べた。[*18] 記録によれば、ブラウンは全部で約二五箱の化石を博物館に送ったとされる。

残念なことに、続く一九三三年はフィールド調査のための十分な予算がなく、ハウ牧場で発掘する大規模な遠征はおこなえなかった。そのようななかで、古脊椎動物学部門の記録によれば、八月一日から一〇月三一日までの比較的短い期間の調査に対し、アメリカ自然史博物館から一二〇〇ドル（現在の貨幣価値で約一万九〇〇〇ドル）が補助されている。[*19] カイゼンは参加しておらず、ブラウンの主任助手の役割をダーウィン・ハービヒトが果たすことになった。この遠征には八年ぶりにリリアンがフィールドまでついてくることになった。

バーナムとリリアンは、西に向かう途中、シカゴに立ち寄って万国博覧会を覗いてみた。二日かけて見てまわり「大いに楽しんだ」。とりわけブラウンにとって大事だったのが、科学館と交通館だった。[*20] なかでもブラウンは「一〇〇万年前の世界」という赤いドームのパビリオンに興味をもったにちがいない。そこには恐竜などの古代の脊椎動物のロボット模型が並んでいた。私たちが知るかぎり、ロボット仕掛けの恐竜を作ったのはこの展示が最初である。

動く歩道に足を踏み入れると、見物客は時間をさかのぼることができる。「猿人」、サーベルタイガー、マンモス、ケブカサイ、メガテリウムなどを通り過ぎ、非鳥類型恐竜の世界に入っていく。このショーの主役は、体長約一五メートルで首が約五メートルあるアパトサウルス（＝ブロントサウルス）である。脇をかためるのはトリケラトプスや、二億八〇〇〇万年前の哺乳類の初期の親戚で、背中に帆がついたディメトロドンなどがいた。どれも、古代の沼地に似せて作ったくぼみのなかでゆっくりと動いていた。『ポピュラー・サイエンス』誌がその光景を次のように描写している。「電気仕掛けのこの恐竜たちは、まるで実物のように頭を揺らしたり、目玉を動かしたり、呼吸したり、唸り声を上げたり、吠えたり、鼻を鳴らしたりしている。歯車、車輪、唸る音、静かなモーター音、それらが複雑に絡み合って、本物そっくりの音や動きを作りだしている」[*21]。この恐竜模型をデザインしたのは、映画のセットで有名なメスモア・アンド・ダモン社というニューヨークを拠点にする会社で、この展示に助成していたのはアメリカのシンクレア石油会社だった。このことを頭に入れ、バーナムはフィールドを目指して西に向かった。

八月中旬、ブラウンはプライアー付近のクロウリザベーションを再度訪れ、マイク・チェスターの牧場で探索をおこなった[*22]。主な目的は、前年に採集した「頭骨の標本」をさらに掘り出すことだった。まもなく頭骨と背骨がつながったものを見つけることができた。なお、リリアンはキャンプでの雑用と調理を担当した。

一方、プライアー山地の南にあるビッグホーン盆地では、ハービヒトが作業にあたっていた。グレイブルの四〇キロほど北東にあるハウ発掘地で、竜脚類を覆っている砂岩の表土を取り除く作業である[*23]。バーカー・ハウの息子ミロが二頭立てで馬を用意してくれて、およそ二〇×一四メートルの範囲で発掘地の砂岩を剝がして取り除いた。その下にある厚さ約六〇センチの粘土岩層に化石があり、骨格が全体に広がっているかどうか確かめるため数ヶ所の試掘をおこなった。骨格は長さ約一五メートルほどになるだろうとブラウンは見積もっていた。結局、剝がし作業に三週間かかった[*24]。

ブラウンとリリアンは、九月初旬にプライアー付近での作業を終えた。そこを離れる前に、二人は「マックス・ビッグマン〔クロウ族の酋長〕のパレードを写真に収めるためにインディアンフェア」を見に行った[*25]。すでにプライアー山地やビッグホーン山脈の周辺で調査はしつくしており、これ以上作業すべき地域はなかった。したがって、二人はブラックヒルズでの探索に向かうことにした。

ブラックヒルズでの探索はおよそ二九〇〇キロに及んだと、ブラウンは九月中旬にビリングスの町から報告した。デビルスタワー、ラピッドシティ、バッファローギャップあたりで骨化石を見つけたが、それ以外のところではがっかりするほど見つからなかった。[*26]

その後、リリアンは姉のブラッドを訪ねてカリフォルニアに旅立ち、ブラウンは北上して、モンタナ州ハーロートンに向かった。[*27] クーテナイ層とされていたが、クローバリー層と関連があるのではないかとブラウンが考えていた地層で、「カンプトサウルス〔現在テノントサウルス〕」の骨格を二点見つけた。しかし、一番の収獲は、「ジャックラビットと同じくらいの大きさの新種の肉食恐竜で、背骨の長さは二、三センチしかなく、後肢は長いが前肢は短い。短剣のような鋭い小さな歯を持っている。これは成体であり、新しい［種］と思われる」。ブラウンの見積もりでは、「体長は約七五センチ、体高は約三八センチ」ほどだった。[*28] これはおそらくミクロヴェナトルで、歯と一緒に発見されたが、その歯についてはよくわからなかった。のちに、ミクロヴェナトルは原始的なオヴィラプトロサウルス類で、歯はなかったことが判明した。このときの歯はデイノニクスの歯をとり違えていたのだった。[*29]

ハーロートンでの作業を終えたあと、ブラウンはさらに北に向かい、グレートフォールズ近辺やベルト、スノーウィー、ジュディス、モカシンなどの山々にあるクーテナイ層の露頭を下見した。[*30] このシーズンは、発掘した標本はいくぶん少なかったが、作業した範囲はかなりのものだった——しかし翌年はこの年をはるかにしのぐことになる。

万国博覧会でシンクレア石油会社の協賛する展示を見ていたブラウンは、ニューヨークに戻るとすぐに、この石油会社と連絡をとり、遠征の資金援助を申し入れた。このシンクレアという会社は、長年ディプロドクスの絵をロゴマークに使っていて、現在でもアメリカ西部でこれを見ることができる。というわけで、ブラウンによる本物の恐竜の化石発掘を援助できるチャンスに、この会社が飛びついてもおかしくはなかった。おまけに、ブラウン自身も言うなれば石油関連の仕事をしていた人間である。

社長のハリー・シンクレアはブラウンの取り組みをいたく気に入って、恐竜が出る岩層の露頭を約三万キロにわたって飛行機で探査する資金を自腹で出してくれた。このような調査がおこなわれるのは初の試みだった。[*31] 一九三四年のフィールドシーズンの会計報告によれば、ハウ発掘地での発掘と調査のための撮影に対して、「アメリカ自然史博物館・シンクレア基金」から七四三八ドルが助成されている。[*32] これは現在の貨幣価値で一一万三〇〇〇ドルに相当する額である。こうした十分な資金の提供を受け、このシーズンが古生物学の一大祭典になるのは間違いなかった。

ブラウンはピーター・カイゼンに採掘作業をまかせたいと考えていたが、カイゼンはそれができない体だった。もう一人の隊員であるイェール大学のG・エドワード・ルイスに手紙で知らせているように、「カイゼンの手術［おそらく脚］はわれわれが考えていたより深刻なものだった。光線［X線］療法を受けるために、少なくともひと月は入院しなければならない。したがって、あの発掘現場の担当としてカール・ソレンセンを派遣する」。[*33] ソレンセンは、経験豊富な化石ハンターで、以前ジョージ・ゲイロード・シンプソンとともに仕事をしていた人物である。

五月下旬、ルイスはフィールド調査用の自動車に乗ってハウ牧場に向かった。発掘作業を撮影するために使う新しいコダックのカメラを携えていた。[*34] しばらくして、ルイスはサウスダコタ州のバッドランドの写真をブラウンに送り、画質を確認してもらった。ブラウンは「素晴らしい写真の仕上がりだ」とよろこんだ。[*35]

一方、ソレンセンはビリングスの町でルイスと合流し、ジョージ・シアの案内で発掘地に行った。[*36] 六月上旬に一行は食料や装備を調達し、キャンプを設営し、何枚か写真を撮って光の具合を確かめた。[*37] 数日後ソレンセンは、ハウ氏に金を払って道の勾配をゆるくしてもらっていることや、すでに調理用のテントが立てられ、前に露出させた化石の発掘にとりかかっていることを報告した。さらに、ローランド・T・バードという面白い若者がキャンプに現れ、手伝いをさせてほしいと言っていることも付け加えている。[*38]

このバードというのは、アメリカ自然史博物館の伝説的な人類学者ユニウス・バードの弟である。彼が書いた伝記『バーナム・ブラウンの恐竜化石』のなかで、自分がブラウンを追いかけるのはこれが初めてでないことがユーモラスに語られている。ニューヨーク生まれのバードは、子どもの頃にリウマチ熱の発作にかかり、中学校を中退した。それで彼は西部をわたり歩くカウボーイの仕事をはじめた。[*39] 一九三二年、折りたたみ式のキャンプトレーラーを引いたハーレーダビッドソンに乗ってアリゾナ州を走っていたとき、ホールブルックとパインの中間地点で止め、人里離れたビュートの麓でキャンプを張ることにした。バイクを降りて、脚をほぐすのに崖錐沿いを歩いていると、波のような模様の石の板が行く手に散らばっているのに気づいた。あるところで「低く垂れ込めた雲からうっすらと光が差し、それがビュートの端に反射して、しばらくのあいだ私に安らぎを与えてくれた。するとそのとき、一枚の石の板が目にとまった。石に刻まれたワニのような口の輪郭が、薄暗いなかで今にも私の足首に飛びかからんばかりに見えた。心臓が高鳴り、わけのわからないことを呟きながら、ゆっくり前に進んだ。つまづいて、なんとかバランスを取り戻したが、さっきのワニの口は暗いなかでもう見えなくなっていた」[*40]。

この石をなんとかハーレーまで運んでゆき、あとで父親のところに送った。すると父親はこれを博物館のブラウンのところに送ってきた。その後、バードはキャメロン付近のブラウンが昔よく作業していた現場近くまでやってきた。そこでバードは露頭に文字が掘ってあるのを見つけた。「バーナム・ブラウン、アメリカ自然史博物館、ニューヨーク市」[*41]。フラッグスタッフの町で郵便を受け取ると、父親からの手紙に新聞の切り抜きが入っていた。そこにはブラウンが恐竜骨格二点を採集するためグレーブルに出発するとあった。[*42] これを見てバードはワイオミング州に向かったが、彼がハウ牧場に着いたときには、すでにブラウンは去ったあとだった。

一九三三年にバードはニューヨークに戻り、ある日父親と一緒にアメリカ自然史博物館を訪ねた。ブラウンは自分のオフィスに二人を迎え入れ、バードが採った化石のキャスト〔石膏模型〕を見せてくれた。それはステゴケファリア（原始的な両生類でスタノケファロサウルス属に初めて指定された。パロトサウルスと同義で使われることもある）だった。[43] ブラウンは二人をプレパレーションラボや化石の展示ホールに案内した。このときバードはカール・ソレンセンと出会っている。[44] 翌一九三四年にブラウンはバードに手紙を書き、ソレンセンがワイオミング州に行くことを伝え、こんな提案をした。「もしよかったら、ハウ発掘地での発掘に加わらないか……」。もちろんバードは二つ返事だった。[45]

さて六月初旬、発掘作業は急ピッチで進み、ソレンセン、ルイス、そしてボランティアのバードによって、二体の竜脚類の尾、腰、肢などが採集された。[46] ソレンセンはブラウンに、バードがこれほどの働きを見せていながら、食事代を自分で払うと言っていることを告げた。[47] 一方ルイスは忙しく発掘地の写真を撮っていた。

ブラウンはまだニューヨークにいて、ワイオミング州に向かう前に、リーハイ大学で名誉博士号を授与されることになっていた。アメリカ自然史博物館のアーカイブには、授賞式で帽子とガウンを身につけて誇らしく微笑んでいるブラウンの写真が残っている。正式な学業で博士号をとることはなかったが、これで世界にバーナム・ブラウン博士として知られることを嬉しく思ったことだろう。[48]

ブラウンは急いでソレンセンに返事を書き、バードをよろこんで発掘隊に加えることや、彼が自分で食事代を払う必要がないことを伝えた。[49] ここからブラウンとバードの、その後十年間一緒に仕事をする二人の関係がはじまった。そして療養中のカイゼンに代わって、フィールドではバードがブラウンの右腕となったのである。またブラウンはソレンセンに、ほかの標本より先に今の二体の竜脚類を重点的に調べるよう助言した。[50] 続いてその数日後に、カイゼンは回復しつつあるものの七月中旬まで復帰できないことを、ソレンセンはブラウンから伝えられた。[51]

ブラウンは六月二二日にニューヨークを出発し、七月一一日にキャンプに着いた。彼は発掘作業が進んでいることを大いによろこんだ。[*52] 一方で七月下旬にカイゼンから知らせがあり、すぐにでも発掘に加わりたいが、まだ放射線治療を受けており、仕事に復帰できないとのことだった。[*53]

このあと数週間ブラウンはキャンプにいて、発掘作業を監督した。彼に遅れてリリアンが到着した。彼女の印象は強烈だったとバードが振り返っている。「ブラウン夫人がキャンプに合流した。……弾けるような若い女性で、髪は茶色、大きな瞳はヘーゼルで、ユーモアたっぷりの人だ。『私が来るまでブラウニーはどうしてた?』と訊くので、私があたり障りのない返答をしようとしていると、彼女は手で制して『ねえ、R・T……私が知りたくないことは言っちゃだめよ』と言う。ブラウン夫人は不思議なくらい絵になる人だ[*54]」

どうやら、アジアとギリシャから戻ってきてからの一〇年のあいだに、この夫婦はたがいに私生活でどんなうしろめたいことがあったとしても、それを冗談にしてしまえるだけの自信を手に入れていたようだ。これまでの遠征での経験をもとに、リリアンは食事の準備やさまざまな家事と記録を担当した。『ナチュラル・ヒストリー』誌の記事にリリアンはこう書いている。「[ブラウン]博士がフィールドで大物を追っかけているときも、私は朝から晩まで大忙しだった。キャンプでは女性はいろいろな役割を果たさなくてはいけない。秘書であり、カメラマンであり、料理人であり、家畜の世話係であり、そして妻である。なかでも重要なのは秘書の仕事かもしれない。キャンプの記録を毎日きちんととっていかなくてはいけないからだ。いったん忘れてしまうとあとで正確に思い出すのは難しいのだ[*55]」

発掘隊は料理人を雇っていたので、調理の面でのリリアンの負担は少なく、食事の献立を考えるくらいだった。といっても、たいていは缶詰の食べ物をガソリンストーブで温めるだけだったが。そのかわりに、どんどん時間をとられるようになっていったのが、見物客への対応だった。マスコミによってこのプロジエクトが有名になり、多くの人たちが発掘地を訪れるようになってきたのだ。リリアンはこう言う。「キャンプにはいつも人が押し寄せていた。大きな発見のニュースがハンス・アダムソンという探検評論家によって放送されたからだ」[*56]。ブラウンはある種の有名人になっており、どこに行っても、彼を「ミスター・ボーンズ」と呼ぶ熱烈なファンたちが彼の列車を待っていて、自分が目的地まで連れていくのだと競い合っていた。ブラウン自身もハウ牧場が住宅展示場のようになっていく様子を次のように描写している。

〔でこぼこの〕道の向こうからたえず車の流れがやってくる。全米から何千人もの見学者たちがくる。なかにはヨーロッパからくる人たちもいる。朝早くから夜遅くまで、あるいは夜中にもやってきて、作業が進むのを何度も見にくる人もいる。脇道で迷う人が多いので、小道沿いに標識が設置された。ただ、すぐに土産物を売りつけられることになる。ある日、肋骨〔の化石〕が郵便で送られてきた。〔店に売られていた化石を買って〕良心が咎めた人が匿名で送ってきたのだ。

ときにはわずらわしいこともあったが、こんなふうに見学者や学校の生徒たちに発掘現場を見せられるのは嬉しいことである。これほど面白い中生代の化石が出る地層は初めてだからだ[*57]。

しかし、このように注目を浴びることで、ブラウンはまたもや訴訟に巻き込まれるという深刻な問題に直面することになった。ハウの家族があまりの見物客の多さに驚いたのだ。裁判の宣誓供述書でブラウンはこう述べている。

〔見物客のなかに〕この作業でいくらもらえるのかとハウ氏に尋ねる者がいた。また、この仕事には有力な石油会社が金を出しているくらいだから、化石には大きな金銭価値があるはずだと入れ知恵する者もいた。バーカー・ハウ氏が私に対して訴訟を起こすことを考えていると人づてに聞いたが、このことについてハウ氏と私が話し合ったことはなく、ハウ氏は、発掘を見にきた見学客に一人あたり一〇セントの料金をとるという看板をフェンスに立てた。

私はハウ氏をキャンプに呼んで、われわれは公的な機関なので作業を見学にくる人たちから入場料をとるのは倫理に反すると思うと告げた。ただ、「たぶんシンクレアから」支出できるので、この日以降はすべての見学者について一人あたり一〇セント分を私が払うとした。これにハウ氏も納得し、翌日一〇ドルを請求してきたので、私はそれを支払った。これは八月一八日のことで、私の妻も立ち会い、来客簿に線を引き、作業が完了するまですべての見学者についてできるだけ正確に記録した。[*58]

九月初旬になって、ハウの怒りも収まり、発掘作業にも拍車がかかると、ブラウンはソレンセンとリリアンに現場をまかせ、新たな冒険をはじめた。すなわち、この地域の地質を空から調査することである。ブラウンは、この数年のあいだにビリングスからデンバーまで飛行機で移動するときに、「ほかの乗客がいないとき……地質学研究に飛行機を活用する可能性を探っていた」と言っていた。つまり、ブラウンは一緒に冒険をしようとパイロットたちをそそのかし、「予定のコースをはずれて飛んでもらった。それで私はビッグホーン山脈の北斜面で自分たちが作業している中生代の地層を調べることができた[*59]」。

ついに大空を思うままに広範囲で飛べることに興奮したブラウンは、ハリー・シンクレアの支援と助言を得て、オクラホマ州タルサのD・A・「マック」ことマッキンタイアをパイロットに雇った。そして、スチンソン〔航空機メーカー〕の単葉機で、モンタナ州からアリゾナ州までの山脈やバッドランドを操縦してもらうことにした。合計で約一万三〇〇〇キロにおよぶ飛行になる予定だった。ブラウンはのちにこう言っている。「よい飛行機にはすべて名前がついている。私たちの飛行機には『ディプロドクス』という名前をつけ、お守りとして機体の側面にこの恐竜の絵を描いた」[*60]。もちろん、この「お守り」はスポンサーであるシンクレア石油会社に対して気を遣ったものである。

ブラウンは性能のよい二台のカメラを使う準備ができていた。一台はフェアチャイルド航空カメラ会社からレンタルした一〇インチ判カメラで、もう一台はハーバード大学から借りた二四インチ判フェアチャイルド製カメラだった。大きなカメラを搭載すると、飛行機は重量が約九〇キロオーバーするばかりか、機体を大幅に改造しなければならなくなった。「片側のドアをとり払って、しっかりした紐でカメラを飛行機のフレームに吊り下げた。こうすることで、撮影のときはカメラを伸ばし、移動のときには機内に収納することができた」

こうして準備を進めるブラウンだったが、その背筋が寒くなったのは、マッキンタイアがある重要な装備を用意していないことを知ったときだった。「山の多いところに行くことはわかっていたので、パラシュートを準備する必要性を私は強調していた。だから、パイロットからパラシュートの用意をしてないことを聞いて、私はかなり不安な気持ちになった。彼は、そんなものはいらないと思うが、必要というのであればあとで買えばいい、と自信満々に言った。数日間このマックとともに空を飛び、彼の操縦を見ているうちに、私もパラシュートのことは忘れていた。大きな障害物のない比較的平らな場所があれば、マックなら安全に着陸できるだろうと思い込んでいた」[*61]。しかし、その過信が、あとで痛い目に遭うことになる。

G・エドワード・ルイスとジョージ・シアの協力を得て、ブラウンとマッキンタイアはビリングスから飛び立った。ところが、アイダホ州およびモンタナ州西部の山火事で「煙が一面に」立ち込めていて、よい写真が撮れなかった。そこで、プライアー山地を越えグレーブルに降り立って、発掘現場の様子を撮影した。さらに「発掘隊の一行に……短い空の旅」を経験させて、自分たちの作業や周りの環境を上空から

図 34　ハウ発掘地に立ち、ブラウンが上空から調査をおこなう飛行機を見あげるブラウン隊の隊員たち。シンクレア・アメリカ自然史博物館の遠征、1934 年

見させた。そのあと、ブラウンとマッキンタイアは、さらに視界がよい空を探して南へ飛んだ。[*62]

ワイオミング州ロックスプリングから南西に向きを変え、ソルトレイクシティを目指した。[*63] 地上の目印に詳しいブラウンと、操縦のうまいマッキンタイアが協力しながら、国道の地図や、通常時と緊急時の着陸場所を示す地図の助けを借りて航路を決めていった。[*64] 雷を避けたり山の峠を越えたりするとき以外の平常時には、高度三〇〇〇フィートから五〇〇〇フィートで飛行していた。新聞報道により各地でかれらがもうすぐやってくることがわかると、着陸場所までブラウンの旧友たちが会いにやってきた。[*65] そして飛行機の整備中にブラウンは自動車に乗って、化石が出たと言われる場所まで行くのである。

ソルトレイクシティでは、かつてのボンネビル湖の汀線を写真に収めて、そこからダイナソー国定公園に向かった。途中でマッキンタイアが目印の鉄道の路線を間違えて、航路が一六〇キロほどずれてしまった。燃料が少なくなっていたので、目標を変えてワイオミング州グリーンリバーに向かうことにした。しかし着陸できそうな平地が見つからず、町はずれの「セージの茂みが平らになっているところ」をブラウンは指さした。マッキンタイアは完璧な三点着陸をやってみせたが、着陸後一八〇メートルほどのところで「左の車輪が枯れたセージの茂みに引っかかってしまった。片側に重量がかかり、車輪が沈み、スポークが数本折れた。傷を負ったジャックラビットのように……よろよろと進んで、飛行機はやっと止まった。私たちは汚い言葉でたがいを罵ることなく、ただ顔を見合わせた。今日はここまでだった[*66]」。

燃料を補給したあと、二人はユタ州プライス経由でダイナソー国定公園に戻ることにした。

プライスにいい着陸場を見つけた。……ところが、驚いたことに滑走路はラバが引く車で埋め尽くされていた。旋回して合図を送るのだが、みんな立ち止まって私たちの操縦を見上げている。バーナルまで行くにはガソリンを入れる必要があり、どうしてもここに着陸しなくてはいけなかったのだ！

滑走路にはハリヒジキの草がいっぱい生えていたものの、以前使われていた形跡がある。ただ、途中には小川を埋め立てたような箇所があった。……時速約一〇〇キロで滑走路の端に降りた。完璧な着陸だった。ところが恐ろしいことに、小川の跡が五メートルほどの溝になっていて……私たちは高度を六メートルほど上げたが、取れかけていた車輪が溝の向こう側にぶつかって粉々になり、ハブだけになってしまった。飛行機は大きくバウンドしてから地面に引きずられて、くるりと回り、逆さまの状態でやっと止まった。*67

九死に一生を得て、マッキンタイアは徹夜で作業した。フォードの車の車輪から取ったスポークと、廃棄された飛行機からとった部品などを使って新しい車輪を作りあげ、ボロボロになったハブに取り付けた。こうしてやっと彼らは、ダイナソー国定公園の露頭を撮影することができた。その後、さらに南に飛んで、アリゾナ州のペインティッド砂漠やキャメロン周辺にある三畳紀の露頭を写真に収めた。このほかに、メテオクレーター〔アリゾナ州の直径約一・二キロの隕石クレーター〕、化石の森国立公園、キャニオン・デ・シェイ国定公園、プエブロボニートの遺跡のあるチャコキャニオン、フォルサムの屠殺場なども訪れた。その後、デンバーに戻り、付近のモリソン層のジュラ紀の露頭を撮影し、ブラウンが一八九七年に初めて恐竜を発見したコモブラフの露頭を記録した。

九月末にビリングスに戻ってくると山火事の煙は消えており、ブラウンは、キャシェン牧場周辺のクローバリー層や、ハウ発掘地周辺のモリソン層などの露頭を撮影することができた。空からの最後の調査は、グレートフォールズからエカラカにかけてのジュディスリバー層およびヘルクリーク層の後期白亜紀の露頭、そしてそこから東のサウスダコタ州でおこなわれた。

再びビリングスに戻り、ブラウンは六週間にわたるこれまでの活動を日誌と報告書にまとめた。一八〇時間の飛行で、三万二〇〇〇キロに及ぶ空の旅だった。ブラウンはこう記している。

この方法で、三畳紀、ジュラ紀、白亜紀、そしてフォートユニオン層の新しいエリアが発見できた。これらをすべて探索するには少なくとも三シーズンは必要になるだろう。

新しく見つかった重要なものは……以下の通り。

1　メサベルデ層（中期白亜紀）の……恐竜化石が採掘できる場所
2　ジュディスリバー層での角竜類の頭骨と顎の状態がよいもの
3　ピエール頁岩のモササウルス類の骨格ならびにモササウルス類の約一・五メートルの頭骨
4　中期三畳紀の……新種の爬虫類
5　未報告の隕石クレーター
6　未報告の一二世紀の儀式に使われた道[*68]
7　石油を埋蔵するドーム状の地面数ヶ所[*69]

ブラウンが飛行機で空を飛んでいる頃、カイゼンは自分の脚が「まだ言うことを聞いてくれない」と手紙を送っていた。ブラウンがラジオでインタビューされているのを二回聴いたこと、新聞でブラウンの活動に関する記事を読んだことなども書いてきていた。カイゼンは依然病院で治療を受けており、もう発掘現場には行けないだろうと諦めていた。そして、「自分でもやれそうな軽めの仕事」を仲間たちが見つけてくれることに望みをもち続けていた。[*70]

一方のハウ発掘地では、ソレンセンたち隊員が一〇月初旬というのにすでに二回も暴風雪に見舞われていた。[*71] リリアンは『ナチュラル・ヒストリー』誌の記事にこんな思い出を書いている。「私たちが頼りにしている料理人のマーがテントから顔を出して『雪に埋もれてしまう！』と泣いていた。たしかにその通りだった。吹雪は三日三晩続き、一番ひどくなったとき、馬に乗った二人が地平線から現れて、マーのご子息が死亡事故に遭ったという悲しい知らせをもってきた。……私は一人で男性陣のためにキャンプを切り盛りすることになった[*72]」。そんな厳寒のなかでも、ソレンセンは例の大きな竜脚類の頭骨と頸椎を取り出すことができたとブラウンに報告した。ただ、石膏を一日に一袋使い、もう尽きかけていた[*73]。

このシーズンの初めの頃、バードはブラウンから大きな宿題を課されていた。標本を発掘してジャケットにする作業に加えて、この宿題にかなりの時間をとられた。ごちゃまぜになっている化石の山を見て、

図 35　ギベットで吊り上げられた樽に入り化石層を上から撮影する隊員（G・エドワード・ルイスと思われる）。ワイオミング州ハウ発掘地。シンクレア・アメリカ自然史博物館の遠征、1934 年

図36　地上約9メートルから撮影されたハウ発掘地の化石層。R・T・バードが化石の位置を地図に収めるのに設置したグリッドの線が見える。ブラウンたち2人（上）と化石発掘の技術者(中央右)。シンクレア・アメリカ自然史博物館の遠征、1934年

ブラウンはそこに埋まっている部分的な骨や骨格化石どうしの「関連性をなんとか記録しておけないものか」と嘆いていたのだ。それに対してバードが「発掘地に紐を張って……例えば約九〇センチのグリッドにし……それで発掘現場で化石が埋まった状態を示すマップ〔化石産状図〕を作ったらどうでしょう？」と提案した。「それはいい。R・T、すぐにとりかかってくれ」とブラウンは言った。[74]

このときバードが几帳面に描いた発掘地のマップは、ハウ発掘地で採集された化石のうち、どの骨とどの骨がつながっていたのかを特定するのに現在でも貴重な図面である。また、写真を見ると、隊員たちが、干し草のロールをトラックに載せるときに使うような巨大なギベット〔梃子の原理を使った逆L字型の吊り上げ棒〕を立てて、発掘地を俯瞰して写真を撮ったことがわかる。隊員の一人が、棒の先につけた樽に乗り込んで、九メートルほどもちあげられ、発掘地での作業を写真に収めるのである。

一一月一二日、ブラウンは誇らしげに「上空と地上、いたるところで成果があがった記念すべき年だ」と報告した。彼が見たところざっと四〇〇〇点の化石が採集され、素晴らしい恐竜たちが合計一四五箱に詰められて、貨物車がいっぱいになった。[75]

ブラウンの最終報告書にはこう書かれている。採集された化石は主に竜脚類と鳥盤類であり、ほかには獣脚類の歯数点と、竜脚類の皮膚痕化石や胃石などもあった。「この〔モリソン層からの〕恐竜たちは、時代的にはジュラ紀のものであり、これまでに記載された竜脚類より約四八〇キロ北で棲息していた。いくつかの属と、少なくとも六つの種は今まで知られていないものである。二〇体を超える個体が採集され、最大のものは全長およそ一五メートルある。バロサウルスのような種が最も多く、そのうちの一つは頭骨と顎がくっついた壊れやすい標本である」[76]

リリアンが姉を訪ねて一一月初旬にカリフォルニアに行ってしまったので、ブラウンも仕事を終えてからすぐに彼女のあとを追った。ソレンセンとバードは、最後の数箱を送り終えて一一月二〇日に帰路についた。[*77] もちろんバードはオーディション合格だった。一二月中旬、ネバダ州を旅していたブラウンは、古脊椎動物学部門にこんな手紙を書いている。「R・T・バードは研究室にもう出向いてくれたよね」[*78] ところが、こんなに素晴らしいフィールドシーズンの終わりに、あるやっかいな問題がくすぶっていた。空からの調査から戻った二日後にブラウンはこう記している。

出廷命令書を受け取った――この訴訟では初めての通知だ。

その内容は、バーナム・ブラウンがバーカー・ハウの所有地に部下を連れて入り、恐竜の骨格一二点を発掘したというものであった。この恐竜骨格はほかに類を見ないもので、情報によれば二万五〇〇〇ドルの価値があり……。

助言を受け、私はこの件をワイオミング州ベイシンの弁護士トーマス・H・ハイド氏に委ねることとした。[*79]

この訴訟は一九三六年七月になっても解決しておらず、ブラウンは博物館の同僚に、シンクレアからの助成七四三八ドルのうち七一三二ドル、それに加えて自腹で二五〇ドルをすでに使っており、残りはハウによって起こされたこの訴訟の解決に使うと手紙を送っている。[*80] なお、このハウの訴訟の結果がどうなったのかはわかっていない。

ハウ発掘地で採集した化石の話はこれで終わりではない。一九三〇年代後半に博物館の財政が不足したこと、第二次世界大戦によって学術的な活動が制約を受けたこと、ブラウンがもうすぐ退職を迎えることなどの理由から、この標本は倉庫で保管されることになった。博物館のキュレーター、ユージン・ギャフニーが一九九二年に次のように書いている。

ハウ発掘地の標本には悲しい歴史がある。伝え聞いたところによると、このコレクションは最初屋外［博物館の中庭］で布のタープをかけて保管されていた。一九四〇年代か五〇年代に火災があり、資料の相当量（およそ五〇パーセントと考えられる）がだめになってしまった。その火災のあと、私が着任した一九六五年より前の話だが、コレクションは悪名高き「ライフル射撃場」という恐ろしい部屋に移された（おそらく、守衛たちがピストルの練習に使っていたからこう呼ばれていたのだろう。とんでもないことである）。この部屋はいつも水浸しで、コレクションはやけくそでここに置かれていたのだろう。一時的に、であってほしいが。[*81]

一九九〇年代の初めになって、アメリカ自然史博物館のキュレーターやスタッフがこの部屋を片づけた。悲しいことに、残っていた化石の多くが朽ち果てていて、その他の化石もネズミに齧られていた。一部の標本は回収されて新しい箱に詰め替えられた。もともとのコレクションからすればほんのわずかな量ではあるが、きちんと残った標本は、アメリカ自然史博物館にブラウンが残してくれた大切なものとして、ゆっくりではあるがプレパレーション作業がおこなわれている。いくつかの化石には博物館へ登録される番号がついており、採集場所をバードが作成したマップで確認することができる。そして採集された標本の一つ、幼体のバロサウルスの壊れやすい首と頭骨が、博物館の恐竜ホールのオリエンテーションセンターに展示されている。同じ標本のキャストは、大きな母親の後ろに隠れる子どものバロサウルスの骨格に組み入れられて、〈セオドア・ルーズベルト記念ホール〉の入口を入ってすぐのところで見ることができる。

ただ、話はまだ終わらない。ハウ発掘地は、恐竜発掘を大きく手がけるスイスの会社によって一九九〇年代初めに再開された。ブラウンの時代からは隔世の感がある。この会社は最新の発掘技術を使って、素晴らしい標本を発掘しはじめた。ところが、こうした大成功を収めたことで土地所有者から訴訟を起こされ、現在このプロジェクトは中断している。今後どうなるかわからない。

第15章

退職に向かって

謎の足跡を残した恐竜とグレンローズの恐竜回廊

1935–1942

一九三四年の遠征のあともブラウンはフィールドでの活動を続けたが、資金不足にずっと悩まされていた。この問題は一九三五年のオズボーンの死去と大いに関係があった。長年ブラウンの監督者だったオズボーンは、四三年間勤務した博物館を一九三四年四月に退職した。その後の一年半は、ハドソン川に面したキャッスルロックという町で静かに余生を過ごしていた。ニューヨーク市北部にあるウェストポイントに近い町である。[*1] 毎日の研究にも相変わらず熱心で、ゾウの進化に関する膨大なモノグラムに精魂を注いでいた。しかし、そのように仕事に打ち込むことで、高血圧や頻脈を引き起こす心臓・循環器系の病気は次第に悪化していった。一九三五年一一月、七八歳のオズボーンは、書斎の机に向かったまま心臓発作で帰らぬ人となった。三八年にわたって仕事のうえでも財政面でも支えてくれていた最も頼れる後ろだてを、ブラウンは失ってしまった。

それでもブラウンは再び西へと向かった。ペルム紀と更新世の化石が見つかったという知らせを受け、一九三五年一〇月後半の三週間、テキサス州、オクラホマ州、カンザス州を探索した。博物館の恐竜コレクションはいまやパンク寸前で、ブラウンは哺乳類の起源について取り組むことにした。あいかわらず上空からの探索を気に入っており、ブラウンは飛行機でおよそ三二〇〇キロを飛んだ。そして地上を自動車で六〇〇キロあまり移動しながら「更新世とペルム紀の状態のよい化石を採集すると同時に、できるだけすみやかに……発掘すべきその他の地域についても貴重な情報を得た」とブラウンは記録している。

なかでも成果があがったのが、テキサス州シーモアの北東およそ五〇キロのところにある中期ペルム紀（現在は前期ペルム紀）の露頭だった。ここでは夏にウォーカー博物館が哺乳類の近縁であるオフィアコドンの全身骨格を採集していた。ブラウンはレンズ状の礫岩層でこのオフィアコドンの断片を見つけた。また、エダフォサウルス、ディメトロドンなど、断片的な哺乳類の近縁も見つけた。さらに、シーモアの東三〇キロほどの更新世の地層では、装甲のあるグリプトドン類やマストドンの断片と、エクウス・ギガンテウスの顎を見つけた。このシーズンの作業にかかった費用は、比較的少額の二七〇ドル八六セント（現在の貨幣価値で約四〇〇〇ドル）足らずであった。*2

翌年の一九三六年に、ブラウンとバードの二人はいたるところを自動車でまわった。この遠征には、フリックが古脊椎動物学部門に出してくれた基金から三〇〇ドルの助成を受けた。二人はまずダイナソー国定公園を訪れた。ここでは「国立公園局のもと六二名が発掘作業にあたっており、切り出しは三分の二ほど終了していた。すべて完了したところで、崖の壁面にある恐竜化石を採集する作業をアメリカ自然史博物館が引き継いでおこなうことになっていた」

そのあと二人はバーナルから南下し、アリゾナ州キャメロンに向かった。以前に発掘をした三畳紀の地層を再び掘ってみると「現在知られている最大のフィトサウルス類の巨大な頭骨」を見つけた。「一・二メートル以上あり、顎、上腕骨、椎骨も一緒に出てきた」。この標本は、現在ではマカエロプロソプスと呼ばれ、アメリカ自然史博物館の〈脊椎動物の起源ホール〉に展示されている。

さて、ブラウンたちは、一般の人たちに脊椎動物の進化を知ってもらうだけでは物足りず、過去の地質時代の植物相も示したいと考えていた。そこで、ブラウンとバードは「一九〇四年に初めてブラウン博士によって発見された三畳紀の樹木化石四二種類の森林」の展示を見直すため、化石の森国立公園に立ち寄り、そこの「代表的な」植物化石を収集した。加えて、もう二ヶ所で、カラミテス〔ロボク〕の「素晴らしい」標本を採集した。カラミテスとは現生のトクサ類に近縁の植物で、この標本は恐竜ホールに展示されている。[*3]

ニューヨークに帰る途中、ブラウンとバードはインディアナ州アーゴス付近に立ち寄り、マストドンの骨格を採集した。この途中でリリアンが二人に合流した。このときのことをバードがのちに思い出として語っている。リリアンは到着するなり持ち前のウィットでバードにこう尋ねた。「ねえ、バード。どうしてブラウニーは元気なの？　こんなに長く私と離れていたのに」。これに対してバーナムは「余計なことは言うなよ。絶対に言うな！」とバードに釘を刺した。[*4]

翌一九三七年になると、古脊椎動物部門は、プレパレーターを一二名に倍増し、爬虫類化石のアシスタントキュレーターを雇うことを希望した。[*5] ブラウンが目指したのは、プレパレーションラボを一九一六年のレベルにまで戻し、自分の「後継者」になれる人物を雇い鍛え上げることだった。のちにブラウンのあとを継いでキュレーターになるのはエドウィン・H・コルバートである。彼はすでにスタッフの一員ではあったが、このときはもっぱら哺乳類化石の研究をしていた。

前年の一二月、ブラウンは一九三七年の西部への遠征について二手に分かれておこなう計画を立てた。一方は、ワイオミング州ロックスプリング付近のメサベルデ層での作業、もう一方は、モンタナ州のヘルクリーク層とジュディスリバー層での発掘だった。[*6] モンタナ州への遠征は、ダーウィン・ハービヒトをリーダーにして、カモノハシ竜の骨格、角竜類の部分骨格や頭骨などを発掘するのが目的だった。というのも、もうすぐこれらはミズーリ州の巨大なフォートペックダム湖によって沈んでしまうのだった。ジュディスリバー層においてはさらに多くの角竜類の化石を採集することも考えていた。[*7] このときCBSラジオで全国放送する計画があったものの、まだこの調査に必要な約四四〇〇ドルの資金はまだ確保できていなかった。なお、この遠征が実際におこなわれたという記録は残っていない。

一方、メサベルデ層への遠征に参加したのは、ブラウン、バード、ルイス、リリアンのほか、博物館に勤務するギル・スタッカー、エリック・シュライキュア、ロバート・チャフィー、ジェイムズ・ライアンだった。この遠征の目的は、コロラド州のステーツ鉱山の地中深くに眠る地層の、巨大な足跡の主である「謎の恐竜」の正体を突き止めることだった。この調査で見つかる恐竜は、後期白亜紀の地層であるヘルクリーク層とジュディスリバー層と、前期白亜紀のクローバリー層の間にある恐竜動物相のギャップを埋めるに役立つはずのものだった。ブラウンはなんとかしてシンクレアに七〇〇〇ドルの助成を頼めないかと考えていた。加えて、人々の関心を呼ぶためにCBSラジオ放送を三度おこなう計画をもっていた。そして、ユニオンパシフィック鉄道の協力も得たいと考えていた。そうすれば、標本発掘用の重機を借りたり、運搬に路線を使わせてもらったりできるのだ。五月下旬、シンクレアが渋々ながら四〇〇〇ドル（現在の貨幣価値で約五万六〇〇〇ドル）の小切手を切ってくれた。これで試合開始のゴングが鳴った。[*8]

バードは六月初めにはフィールドに向かっていたが、ブラウンはワイオミング州で化石採集に必要な許可手続きをしており、これにひと月かかった。この遠征は最初のうちうまくいかなかった。メサベルデ層からは化石がまったく出なかったのだ。このことをブラウンはアメリカ自然史博物館の同僚で広報担当のハンス・アダムソンに嘆いている。[*9] しかしその一週間後、ブラウンは冷静さを取り戻し、事態が好転しつつあることを伝えた。「このメサベルデ層の白亜紀の動植物相について、今まで知られていなかった重要なことがわかってきた」。[*10] さらに、この遠征のことを多くの人に知ってもらえるように、ダイナソー国定公園からラジオ放送をしたほうがいいと提案した。

七月一〇日、ブラウンはニューヨークで銃後を守るグレンジャーにこんな報告をしている。石炭会社の大きなショベルを使っても、調査を開始した頃は角竜類の頭骨の一部しか採集できなかった。ところが、発掘の範囲を広げていくと次のような発見があった。

巨大な「カモノハシ竜の」頭骨がばらばらになったものなどの骨格が半分くらい。さらに、角竜類の頭骨と腸骨。断片的な鎧竜類、スティラコサウルスに近縁と思われる角竜類の風化した頭骨。……これらはベリーリバー層群の時代の動物相を示すものである。無脊椎動物や植物の化石も大量に採集できた。

……例の巨大な足跡をつけた謎のイグアノドン類をまだ一所懸命に探しているところだ……。バードと私で……恐竜の大きな足跡が二つある部分を炭鉱の天井から取り出そうと準備した。足跡は縦横約八六センチで、歩幅は約四・六メートルある。恐竜の展示に追加されたら素晴らしいことになるだろう……。

妻のリリアンは今は秘書として働き、キャンプでのわれわれの作業をサポートしている……。最初の二週間は、見学客が何百人も来て、そのなかには新聞記者たちもいた。記者たちはでたらめな情報を新聞社に送り、なかにはわれわれが探索を中止したとか、キャンプが集中豪雨にやられて壊滅状態だとか言うものまであった。[*11]

この集中豪雨のことは、シンクレアに宛てた最終レポートでブラウンは詳しく報告している。このアクシデントが起こったのは、助手のチャフィーとブラウンがカモノハシ竜の発掘をしているときだった。車では行けない高い尾根での作業で、積乱雲が地平線から姿を見せても、二人は発掘作業に夢中で、迫りくる危険に対し注意を払っていなかった。いったん大雨が発掘現場に激しく降りだすと、作業どころではなくなった。トラックの運転席に逃げ込んだ二人は、尾根から見える光景にだんだん不安が募ってきた。「尾根の両側で、川の水がまるでナイアガラの滝のように轟音を立てていた。……トラックは数日間動かせないとわかり、キャンプに戻るには増水した川を渡って歩いていくしかないと覚悟した。……南京袋をコートにして……だんだん暗くなっていくなか、現場とキャンプのあいだにある川まで着いたが、流れが急すぎて渡ることができなかった」。残された道は、五キロほど離れた橋を渡ることだった。泥に足をとられつつそこまで行ってみると、橋はすでに流されてしまっていた。ずぶ濡れになって二人はトラックまで引き返した。暖をとるのに火を起こそうとしたが、マッチはタバコを吸うのにすべて使ってしまっていた。すると「チャフィーが素晴らしいアイデアを思いついた。エンジンをかけ、点火プラグをショートさせて、ガソリンを浸したタバコの紙に火をつけたのだ。石膏を混ぜる鉄桶で焚き火をし……交代で寝て、朝まで火の番をした。一方、ほかのメンバーたちはわれわれのことをとても心配していた。……夜に救助隊を派遣したが、われわれを見つけられなかった。彼らの不安がいや増す翌日遅くになって、われわれはやっとキャンプにたどり着いた[*12]」。

大雨のあいだ、ブラウンが戻ってこないという話を町にいた記者たちが嗅ぎつけた。そして、ブラウンたちが豪雨のなかで命を落としたという噂がたちまち広まった。一週間後、グレンジャーからブラウンに宛てた手紙には冷静にこう書かれていた。「いろいろな人たちがいきりたって博物館に押し寄せてきた。遠征中のきみが災害に遭ったという新聞記事を読んでとても心配した人たちだ。しかし、私はその人たちに、生きていればかならず私たちに連絡がくるから大丈夫、と言った。私と同じく、あなたたちも心配しないでほしい——私は少しも心配していなかったのだから[*13]」

七月二三日、アダムソンがＣＢＳと連絡をとりあうつもりだとブラウンに伝えてきた。ただ、アダムソンの考えは、「そもそもＣＢＳが興味をもっているのは……例の謎の恐竜であって、それがまだ出てこない以上、〔中継での生放送という〕計画全体についてＣＢＳと話を詰める必要がある」だった。[*14] こういう博物館側の心配をやわらげるため、ブラウンは八月上旬に「これまで誰も骨格を見つけていなかった地層からまったく新しい恐竜の化石を採集した」と報告した。さらに重要なのは、「先週、炭鉱で大きな足跡が見つかっている、その巨大な恐竜の上腕骨（前肢骨）を発見した」。すでに二三箱が保管されており、これから梱包するものがさらに二〇箱あった。それに加えて、ブラウンとバードはステーツ鉱山ですでに恐竜の足跡を採集したのである。[*15]

ブラウンがどのような見通しをもってロックスプリング付近での困難な作業にあたったか、ステーツ鉱山の恐竜の足跡を採集するという危険な作業にどう取り組んだのかを見ると、自分の仕事に対するブラウンのアプローチの仕方がよくわかる。[*16]

ブラウンはすでに一九三七年の初めから、コロラド州西部シダーエッジ付近の炭鉱の所有者チャールズ・ステーツと連絡をとっていて、立坑の天井にある巨大な足跡についても話をしていた。この足跡は、石炭層から石炭を取り出し、そのすぐ上の岩層が露わになったときに出現したものだった。[*17] シーズンがはじまる前に、また別の足跡も出てきていた。これらの足跡があるのは厚さ三〇センチほどの砂岩の地層で、それが四メートルほどの厚さの石炭層のあいだに挟まっていた。ブラウンとバードは事前調査に訪れた際に、ステーツや鉱夫たちの助けを借りて「この巨大な足跡を、周りにある岩と一緒に切り出す計画を立てた。そうすれば、歩幅に関する疑念をあとで生むことはない」。ブラウンはこの歩幅を約四・五メートルと見積もった。そうすると、この謎の恐竜は「およそ一〇メートルの体高」ということになる。[*18] ただし、のちに足跡のあいだに新たな足跡が見つかり、実際の歩幅は二・三メートルほどしかないことが明らかになった。

さて、砂岩の重いブロックを足跡と一緒に切り出すのは、慎重を要する危険な作業だった。しかも、

「天井にドリルで穴をあけてみると、あとから見つかった足跡の上にある砂岩は当初見積もったよりもずっと厚いことがわかった」。ブラウンはこの作業の様子をこう描写している。

われわれは足跡の大きさにあわせた大仕事をしなくてはならなかった。……頭上にある砂岩を、長さ五メートル、幅一・五メートル、厚さ一メートルほどで切り出す作業だ。およそ三〇トンの重さである。ベテランの鉱夫を九名雇い……昼夜作業で八時間交代制を組んだ。切り出すブロックの下に支保を追加し……数名で上部の鉱脈を掘り、その上にある砂岩層を削りだす。その一方で、ほかの者たち

図 37　コロラド州のステーツ鉱山の天井に穴を開け、ハドロサウルス類の足跡を取り出そうとしているR・T・バード。シンクレア・アメリカ自然史博物館の遠征、1937 年

が下から約一・三センチおきに穴を開け、ブロックの輪郭《アウトライン》をとっていく。そして、われわれのメンバーで天井を石膏で固め、恐竜の足跡が崩れてしまわないようにする。最終的に……ブロックを切って三つに分ける。こうしてブロックを分割したにもかかわらず、それを通すことができず、坑道の支保を組み直さなければならない箇所があった。最終的に鉱山の外に出したときには三つのブロックはさらに小さくなっていて、それぞれが八トンになっていた。……その後トラックで三二〇キロ運ばれ、[鉄道の] 貨物車両に載せられた。[*19]

バードはこの足跡を採集しているときに、鉱夫たちから、近くのグリーンバレー鉱山には朽ちかけて危険な空間があって、そこにヤシの葉の化石が見事に並んでいるとの話を聞いた。バードはその崩れかけた「トロピカルな部屋」に連れていってほしいと鉱夫たちに頼んだ。すると、行かないほうがいいと言われた。それでも、ヤシ以上の価値ある標本だろうとの読みはあまりにも大きかった。その岩の「上には何トンもある大きな岩があって……ぐらついていて不安定だ」と聞かされても、バードは行かずにはいられなかった。そのお宝を発掘するにはその空間に支保を建て直さなければならなかったが、バードの考えからすれば、そんなことは大した代償ではなかった。[*20]

バードからの手紙を読むと、使われていない炭鉱から「トロッコ」を使って標本を運び出すのがいかに危険で困難であったかがわかる。「常にランタンを移動させ、邪魔な石をどけながら標本を運び出すという果てしなき作業だった。崩れかけた坑内で板やローラーを使って標本を運ぶというのは言うまでもなく大変だった。作業が終わると、やれそうにないことを成し遂げた気持ちだけでなく、生きて帰ることができたという気持ちも入り混じった不思議な感覚だった。……それでも、私は世界中の人々のために、途中でやめるという選択肢はなかった」[*21]。この「謎の恐竜」の足跡は、現在アメリカ自然史博物館の〈竜盤類恐竜ホール〉と〈鳥盤類恐竜ホール〉とのあいだの通路に飾られている。この標本を最近調べたところ、これはハドロサウルス類の足跡で、ブラウンが考えていたほど大きくなかったことがわかった。

一方、ロックスプリングのキャンプでは、料理人のマーが一九三四年のハウ発掘地のときと同様、八月上旬にここを離れなければならなくなった。隊員たちだけでなく、報道陣の出入りも激しく、リリアンはマーに、「ここはだんだん物騒になるし、［化石採集の］作業は男の仕事だから」もうここには戻ってこないほうがいい、と忠告した。[*22] こうして、リリアンが秘書の仕事に加え料理も担当することになった。

八月下旬になっても、ブラウンは依然としてロックスプリングやダイナソー国定公園からのラジオ生放送にこだわっていた。なんとか実現できないかと、博物館もCBSにかけ合っていた。[*23] しかし残念ながら、CBSは財政難によりこの中継放送を中止せざるをえなかった。[*24] ブラウンの頭の中には、「スポンサーたち［シンクレアとユニオンパシフィック鉄道］を惹きつけておくには、放送や新聞記事で多くの人に知ってもらうことが必要だ」という考えがあった。[*25] そこでブラウンは、今まで出していなかった情報をメディアに流し、ダイナソー国定公園からは別の局で放送し、ニューヨークに戻ったらCBSの放送に出ることなどを計画した。一方でグレンジャーに、新しい小さなカモノハシ竜の全身骨格に近いものを発見したこと、化石が現在すでに四〇箱を超え、そのほとんどが新種の脊椎動物、無脊椎動物、植物であることを報告した。[*26]

ところで、ロイ・チャップマン・アンドリュースは、ブラウンとライバル関係にありながらオズボーンのもとで長く同僚だった人物だが、一九三五年にアメリカ自然史博物館の館長を引き継いでいた。このアンドリュースとブラウンの関係——たがいを好ましく思っていたのか心の底から嫌っていたのか——は、謎のままだ。例えば、博物館史上、最大かつ最も有名な中央アジア探検は、オズボーンの監修のもとアンドリュースが指揮を執り、かつてなく費用がかかった遠征だった。この探検で、アンドリュースには多くの専門スタッフとともに、グレンジャーが古生物学者の主任として同行していた。この探検にブラウンも誘われていたのかもしれないが、仮にそういう申し出があったにしても、通り一遍のものだったのではないだろうか。博物館で最も有能な化石ハンターが招集されなかったのはなぜか。この件については、これまで博物館内でもさまざまな憶測がなされてきたが、一つだけはっきりしていることがある。それは、アンドリュースとブラウンのスタイルは違いすぎて、二人が一緒に遠征に行ってもうまくいかなかっただろうことだ。

アンドリュースがニューヨークで仕事に追われている一方で、グレンジャーはブラウンのキャンプを訪問しようとしていた。ブラウンは八月二三日の手紙のなかで、初雪が降ったことを知らせながら、旧友が来てくれることをよろこんだ。ふざけてこんなふうに言っている。「こちらには使っていないツルハシが二、三本あるし、食べ物もたくさんある。……夏の服と冬の服を両方もってくるといい。夜は寒くて風がものすごい。きみは知らないうちに隣りの尾根まで吹き飛ばされているかもしれない。……ハリケーンが挨拶にきてくれるのさ[*27]」

九月上旬になると、ブラウンはアルバートサウルスくらいの大きさの獣脚類の不完全な骨格をもう一点採集し、化石は全部で五四箱になったと報告している[*28]。ブラウンはその発送の準備に追われた。ロックスプリングからロサンジェルスまで列車で運び、そこからニューヨークへ蒸気船で運んだほうが安く済むとブラウンは考えていた。また、チャフィーとスタッカーをプレパレーターとしてそのまま博物館で雇えないかその手紙のなかで相談をもちかけた。これに対してグレンジャーは、アンドリュースが休暇から戻ってきたら彼に検討してもらう必要があるが、この二人をひと月五〇ドルで雇うことは可能だろうと返答した。そして、ロックスプリングに行きたいとは思っているが、短い滞在になりそうだと付け加えた[*29]。さらに、この九月初旬には博物館の広報部から別の知らせがあった。それは、一〇月もしくは一一月にブラウンがニューヨークに戻ったら、博物館も関わって制作される「ニューホライズン」というCBSの週一回のラジオの新番組に出演してほしいというものであった。[30]

九月下旬、ブラウンは作業を加速させ、ワイオミング州ビタークリークの南東にあるカウクリークという羊牧場で、ティタノテリウム類、肉歯類、カメ類などの始新世の化石を採集した。これにはフリックから一五〇〇ドル（現在の貨幣価値で約二万一〇〇〇ドル）の助成を受けた。[31] 自分のお気に入りのロックスプリング周辺の露頭をぜひ空から見てみたいという気持ちが強かったブラウンは、もう一度空を飛ぶ計画を立て、今回は一五〇〇フィートから二〇〇〇フィートという低空と、最大一万四〇〇〇フィートという高い高度からとの写真を撮影することにした。これらにかかる費用は、一時間につき一八ドル（同約二五〇ドル）だった。[32] このような上空からの調査は、化石のある場所を直接見つけるのではなく、化石が出そうな新しい露頭のあたりをつけ、のちに車でその場所を探索することが目的だった。一〇月の終わりには、化石の箱は六一箱になり、その重量はおよそ一一・三トンを超えていた。そしてそれらはユニオンパシフィック鉄道で東へと運ばれていった。[33]

ブラウンは一一月初旬にニューヨークに戻った。そしてこのシーズンの輝かしい成果をCBSラジオ放送を通して全米の熱狂的な人々に伝えた。プレスリリースおよび報道によれば、このシーズンの主な成果は、八〇〇〇万年前のメサベルデ層から出た「爬虫類の怪物たち」で、それには「謎の恐竜」の足跡と骨、「巨大なツノトカゲに似た不気味な恐竜」の骨格、「獰猛なティラノサウルス・レックスの記録も超える、体高が約五・五メートルにも及ぶ巨大なカモノハシ竜」の骨格などが含まれていた。また、これらのお宝に加え、「ヤシ、イチジク、ポプラ、ヤナギなどの化石が見事に集積したもの」や「無数のシダ類」などの植物化石も採集できた。[34] これらによって、ブラウンはスポンサー企業のために十分な成果をあげられたと言えよう。この事業には総額で七七三三ドル（現在の貨幣価値で約一一万ドル）の費用がかかり、そのうちの七〇〇〇ドルはシンクレアが負担したものだった。[35]

シンクレアが再び出資してくれたことで、ブラウンは翌一九三八年の春にまた西部への遠征を計画しはじめた。加えて、前年には実現しなかった現場からの中継放送などの広報活動もおこなうつもりだった。[36]このシーズンにブラウンが作業する予定にしていたのは、ワイオミング州ローリンズ付近のメサベルデ層、サウスダコタ州サンダンス付近のモリソン層、ワイオミング州グレーブルとモンタナ州ハーロートン付近のクローバリー層、そして前年に採集できなかったモンタナ州フォートペック付近の、まもなくダムに沈んでしまうヘルクリーク層などだった。[37]

この遠征にかかる費用は六〇〇〇ドルと見積もられた。参加する隊員は、ブラウン、バード、チャフィー、シュライキュア、G・B・グアダーニで、ブラウンがシンクレアにこの提案を伝えたのは四月下旬だった。[38]ところが、八月上旬になっても返事はいまだもらえずにいた。そのあいだ、アンドリュースの了承を得て、フリックに話をもちかけ、四〇〇ドルの助成を受けることができた。それを使って、ブラウンはバードをモンタナ州、ワイオミング州、ユタ州、アリゾナ州に派遣し、発掘や予備調査にあたらせた。[39]八月二一日、バードはジョージ・シアと合流し、キャシェン牧場付近のクローバリー層の露頭に向かった。[40]その直後に、シンクレアから財政難のためこの年の遠征には資金提供できない旨の知らせが届いた。[41]そこでブラウンは、石油会社の顧問になる契約を結び、石油開発のためにカナダのアルバータ州に向かう準備をした。

一方、バードとシアはキャシェン牧場で掘り出し物をあてた。ある恐竜の尾椎を発掘しているときに、頭骨が近くから発見された。そこには背骨や仙骨、肋骨も埋まっていた。[42]これにはブラウンも大よろこびで、その骨格がどの種の恐竜のものかを尋ねた。[43]バードは「テナントサウルス（現在テノントサウルス）」だと答えた。骨の保存状態はよく、ただ両足と前肢が欠損しているとのことだった。[44]ブラウンはバードを称え、テナントサウルスの頭骨の標本はカンプトサウルスと区別するのに非常に重要なものになると言った。[45]

二日もかけずにバードはこの化石を三つの箱に収めニューヨークに送った。[*46]

一〇月初旬、バードはグレーブル付近のモリソン層とクローバリー層を探索したが、鎧竜類の骨盤と思われるもの以外はほとんど見つけることができなかった。また、ダイナソー国定公園にも立ち寄り作業の進捗状況を写真に収めた。[*47] そのあと、慣れ親しんだキャメロン付近に戻り、一〇月が終わる頃には、植物化石を産出する二つの場所と、小さなフィトサウルス類の頭骨を見つけていた。[*48] しかし、このもう少し先に、最大の発見が待っていたのだった。

一一月二〇日、バードはハンス・アダムソンに手紙を書き、配信されたばかりのAP通信の記事を知らせた。[*49] また、テキサス州グレンローズからブラウンに宛てて、奇しくも感謝祭の日に書いた六ページにわたる手紙には、この記事のきっかけとなった発見のことを詳細に書いている。

バードはニューヨークに戻る途中、ニューメキシコ州ギャラップを通りかかり、そこで恐竜の足跡の噂を聞いた。獣脚類の三本指の足跡もあり、交易所で売買されているとのことだった。この商売をしている者はつかまらなかったが、この足跡はその売人がグレンローズで買ったものだとわかった。

たどっていくとすぐに一人の男につながりました。……アーネスト・アダムス――話がころころ変わる人物でした……。

もちろん私はその男に二枚の「足跡の」写真を見せました。……彼に驚いた様子はありませんでした。川底から足跡の化石を取り出して一〇ドルか一五ドルで売るというのは、ごく普通におこなわれていたようです……。

ただ、このアダムスからはなんの情報も得られませんでした……。

「パラクシー」川を探索していると……岩棚に、見たこともないような巨大な足跡が現れました。

泥を半分も取らないうちに、自分が巨大な［足跡を］発見したことを確信しました。たらいのように窪《くぼ》んでいて、一五センチから二〇センチくらいの深さのものもありました［イラストも含む］。［川の流れは］かなり速く……何トンもある岩を［転がしています］。一番状態のよい足跡は、足場の悪い危険なところにあり……私ひとりで採集することは不可能でした。……ただ、石膏をひと袋もっていたので……二つの足跡のキャストを取って、記録だけは残しておこうと考えました……。

前足は横幅のほうが大きく、およそ六〇×五〇センチの大きさです……。

後足は長さが約九〇センチはあり……幅は最大のところで約六五センチです。竜脚類に典型的な三本の大きな爪があり、もう一つ小さな爪の跡のようなものもあります。どの足跡についても、足の前の泥がかなり大きく膨らんでいます。このことは、この巨大な恐竜が、もともと棲息する水中から出て、浮力のないところでも動きまわっていた証拠です。小さな肉食恐竜の足跡が同じ地面にあるのも、このことを示しています。

左右の足跡の間はおよそ一・八メートルで……尾を引きずっていた証拠は見つけていません。……歩幅は……およそ三・五メートルから三・九メートルほどです。[*50]

引き続きアダムソンに宛てた手紙で、バードは発見の瞬間を「われわれの人生には、まれに信じられない光景を目にすることがある」と書いている。[*51] ここに堰を作って川の流れを変えれば、足跡がきれいに露出するだろう。そうすれば、計測もより正確になるし、恐竜の行跡を図に表すことができる。しかしながら、費用の面から考えても、実際に足跡の標本を採集することは不可能と思われた。

プレスリリースで、アダムソンは竜脚類に関するいくつかの重要なポイントを指摘した。まず、竜脚類は「自分の意思で水棲環境を捨てることもできたし、実際にそうした」ことがこの足跡によって証明されたという点である。また、この恐竜の足跡は川底に九〇メートル近く続いていることも伝えた。プレスリリースでは、古環境をこう説明している。「この足跡は、おそらく当時の潮位より高いところにあった広くて平坦な干潟につくられたものだ（足跡が鮮明であることがそれを示している）。そして、［この竜脚類の足跡と」一緒に、大小こもごもの肉食恐竜――陸上性であると知られる――の足跡もある」[*52]。バードはこの素晴らしい発見でブラウンの今シーズンを救った。そしてこの発見は、古生物学者としてバードの名を残す大発見であった。

皮肉にも、このパラクシー川などで見つかった恐竜の行跡は、一九八〇年になって進化論者と創造論との二〇世紀の論争に一役買うことになる[*53]。保存状態が悪い足跡のなかには、石灰岩を削ったり掘ったりしてあるものもあり、創造論者たちはこれを巨人たちの仕業だと主張した。創造論者の頭の中では、巨人たちは恐竜たちのすぐそばで暮らしていた。すなわち、絶滅した恐竜たちがいたのは古生物学者たちが言うよりもっとあとの年代だと「証明していた」というのである。この明らかに誤りだと証明されたこの議論に執着する創造論者は今ではほとんどいないが、それでも皆無ではない。グーグルで「パラクシー、人間、恐竜の足跡」と検索すると、現在でもそのような創造論者がいることがわかる。

一九三八年のブラウンの活動に関しては、年報に簡単な記述があるのみである。

秋の終わりに、モンタナ州とアルバータ州において上空からの地質調査をする機会があった……。

この調査でアルバータ州南部を探索し、白亜紀の恐竜を産出する可能性のある場所を二ヶ所検討した。レッドディア川とバトル川の源流に可能性の高い場所を見つけた。二〇〇枚の航空写真を撮影し、貴重な地質データを手に入れることができた[*54]。

翌年の一九三九年には、再びアメリカ自然史博物館からの助成が少なくなり、ブラウンは石油の探索を増やすため、カナダのノースコンチネンタル石油ガス会社と契約を結んだ。ブラウン、バード、そして化石ハンターのハロルド・ヴォークスによるアルバータ州とモンタナ州での探索活動には、この会社が資金を出してくれた。この遠征は六月から一〇月までおこなわれ、最初の二ヶ月間はアルバータ州南部での岩石標本の採集や柱状図の作成に充てられた。八月上旬になって、バードはアルバータ州西部のエルボー川上流に行き、主に古生代の地層を探索した。そして、大量の無脊椎動物と「ファーニー層（ジュラ紀）から大きな魚類の頭骨」を採集した。*55

八月後半、ブラウンたち三人は、一九〇九年にスミソニアン協会のチャールズ・D・ウォルコットが発見したカナダ・ブリティッシュコロンビア州のバージェス頁岩の中期カンブリア紀の露頭に向かった。ブラウンは、この地に豊富にある軟体部の残った無脊椎動物の化石を約二万五〇〇〇点採集したと報告している。九月と一〇月になってやっと脊椎動物にとりかかり、モンタナ州北部のスイートグラスヒルズ付近やビッグドライクリーク沿いのヘルクリーク地域近辺を探索した。そして、トウィッチェル牧場周辺のブラウンが昔よく作業した発掘現場の近くで、バードがトリケラトプスの頭骨を採集した。

一九四〇年になると再び運がめぐってきて、シンクレアが夏のフィールドシーズンに二〇〇〇ドルを助成してくれた。今回の目的地はテキサス州で、二手に分かれることにした。バードはグレンローズおよびサンアントニオ西部のバンデラ郡で竜脚類の足跡を重点的に調べることにした。そして、ブラウンはシュライキュアとともにビッグベンド地域のメキシコ国境沿いを攻めていくことにした。*56

バードは二月初旬にテキサス州に入った。そこで、自由に作業をお願いしていいと公共事業促進局（WPA）から派遣された一二名の地元民を隊員として迎えた。恐竜が出そうなグレンローズ層の露頭をいくつか調べたのち、バンデラ郡の南西部にあるダベンポート牧場として知られる場所に露出する竜脚類の足

図 38　テキサス州グレンローズ付近のパラクシー川の川底から、竜脚類の足跡を発掘する R・T・バードと WPA のメンバーたち。アメリカ自然史博物館の遠征、1940 年

跡を調査していった。この恐竜の行跡について、バードは次のように説明している。

この恐竜は比較的浅い水域を歩いていた。足跡がきれいに残っているので、二歩分の足跡化石を台座に固定してブロントサウルス〔現在アパトサウルス〕の骨格とともに展示できそうだ。

ただ、少し残念なこともある。……足跡が多すぎるのだ。一七頭もの個体が三六×一六メートルほどの範囲で行き来している。……このために、通った跡がところどころ交錯してしまっていて……さらには、この竜脚類がこの干潟にやってくるより前に、別の七頭の肉食恐竜がこの場所を行ったり来たりしていた……。

……産状図を作成し、写真も撮影した。……重さおよそ一・六トンのスラブ〔板状の化石〕をテキサス大学まで運び込んだ。幼体の足跡で、現生のゾウよりも小さなものがたくさんあり興味深い。また、初めて竜脚類の尾を引きずった跡が約五メートルの長さで見つかった。[*57]

今日では、この恐竜の足跡は、二三頭の竜脚類の群れが幅一五メートルほどのの狭い回廊を行き来した跡だと解釈されている。足跡の重なり具合から、大きな竜脚類が先頭を行き、子どもたちがそのあとを列になってついていったことがわかる。この群れは、右へ左へとゆっくりとしたペースで歩いて移動していた。[*58]残念ながら、丁寧に記録はとられたものの、ほとんどの足跡は採集されることなく風雨に晒《さら》され劣化してしまった。

なんとか足跡を展示したいと考えたバードはグレンローズに戻り、新たにWPAから一〇名を集めて、一九三八年に自分が発見した足跡を発掘した。堰を作って川の流れを変え、川岸沿いに探索していくと、「長さ約九〇メートルの露頭に沿って、新たに三頭の竜脚類と数頭の肉食恐竜の足跡」が現れた。[*59]六月下旬まで「気難しくて怒りっぽい」川の流れに発掘作業は難航したが、最終的には八枚の大きなスラブを採集できた。総重量は三六トンを超え、全部で四九点の足跡を確保できた。

アメリカ自然史博物館のアパトサウルスの展示用に採集されたスラブは、約八・八×二・四メートルの大きさで、ブラキオサウルス類の竜脚類の前足の跡六点と後足の跡六点とともに、獣脚類の足跡もいくつかついていた。獣脚類が竜脚類をつけまわしていたと考えられなくもないが、竜脚類が通ったあとのどの時点で獣脚類がやってきたのかはわからない。このスラブは改装された〈竜盤類恐竜ホール〉に現在でも展示されている。なお退職後のバードは、一九五〇年代半ばにブラウンの後継者エドウィン・H・コルバートに依頼され、恐竜ホールを改築するのを手伝った。その際この標本をバード自身が組み立て直している。このほかのスラブは、運搬費を払ってくれるほかの施設に行った。テキサス大学、スミソニアン国立自然史博物館、ブルックリン大学、ベイラー大学、サザンメソジスト大学などである。九月初旬にバードは発掘現場を閉じ、ビッグベンドにいるブラウンと合流した。

ブラウンがビッグベンドを探索するきっかけは二つあった。一つは、金額は不明ながらシンクレアからの助成があったことだ。もう一つは、ウィリアム・O・スイートからの助成を受けたブルックリン大学教授シュライキュアが前年におこなった事前調査である。[*60]

シュライキュアは一九四〇年の七月下旬にニューヨークを離れ、ブラウンのフィールド用の自動車をとりにワイオミング州に寄ったあとグレンローズに向かった。グレンローズでは、ブラウンがバードの進捗状況を確認しているところで、そこにシュライキュアが八月上旬に合流した。二人はそれから西へマラソンの町まで車で移動し、そこを活動の拠点とした。そこから南に向かって、チソス山脈近辺とリオグランデ川沿いの後期白亜紀アグハ層を調べた。前年にシンクレアがいくつかの標本を見つけていたところである。アグハ層を構成する厚さ約六〇メートルの河川堆積物からは、ばらばらの恐竜化石はたくさん出るものの、つながった標本はなかなか見つからなかった。そこで、その上位のトーニロー層（現在はジャベリナ層）を形成する、厚さ約四八〇メートルの後期白亜紀の粘土岩層も調べてみることにした。

ここでの発見をブラウンは年末のレポートにまとめている。「ビッグベンド地域では、われわれの恐竜研究に新たなページが加わった。ここは恐竜がアメリカ国内で見つかった最南端の地点であり、その動物相はこれまで知られていなかったものだからだ。この地域では、全部で一一点の重要な標本を発掘した」。アグハ層から採集した標本には次のようなものがある。ブラキケラトプスに近縁な角竜類の頭骨の一部と肢骨。ペンタケラトプスに似た恐竜の骨盤、仙骨、つながった胸椎、パラエオスキンクスに似た鎧竜類の完全な頭骨などである。ブラウンのまとめた報告書では、これらの恐竜たちは「年代的にはアメリカ北部の白亜紀のジュディスリバー層やメサベルデ層にあたる動物相となっている」とした。ブラウンがビッグベンドに滞在しているときに採集されたエドモントニアの頭骨の一部分は、現在も〈鳥盤類恐竜ホール〉に展示されている。ブラウンはさらに次の化石を採集したと述べている。

非常に大きな竜脚類の化石二点——上腕骨と頸椎——……アラモサウルスか?……トーニローの地層からこれまでで最大の頸椎である。

この竜脚類は……アメリカ北部で絶滅したあとも何百万年にわたって、この南部の地域で生きることができた。それを可能にする気候条件だったことがわかる。

しかしながら、ここで採集された最も興味深い化石は、実は恐竜化石ではなく、「不完全ながらも巨大なワニ類の頭骨で、長さ約七・五センチ、直径約二・五センチの歯も付いていた。おそらくこれはデイノスクスで、中型の恐竜と同じくらいの大きさだった」。[*61]

図 39　テキサス州ビッグベンド地域へのアメリカ自然史博物館の 1940 年の遠征で採集されたデイノスクスの復元した頭骨（左）と、現代のワニ類の頭骨を比べる。左から R・T・バード、エリック・シュライキュア、バーナム・ブラウン。

ブラウンとバードはこのような爬虫類化石だけでなく、この地域の古生代や中生代の地層から数多くの無脊椎動物の化石も採集した。さらに、(トーニローの)古第三紀の地層から、哺乳類化石を数点採集した。これは漸新世の地層と考えられ、テキサス州ポルベニールの南西約二五キロほどのところにある。この地では、以前オクラホマ大学がティタノテリウム類、ディニクティス、メソヒップス、オレオドン類を採集しているが、ブラウンは自分とバードが見つけたものについて、それらの種をリストにしていない。

ブラウンとバードは一一月初旬にグレンローズに戻り、足跡のスラブの梱包を終えた。スラブはここからウォルナットスプリングスにある鉄道の拠点まで運ばれた。ブラウンとバードの作業から出た木箱は全部で二〇トン近くになり、貨物列車一両を埋め尽くしたと言われている。大満足のブラウンとバードは、一一月下旬に意気揚々とニューヨークに向け出発した。

この年、ブラウンの達成感をさらに高める出来事があった。それは、リリアンからのいかにも彼女らしい冗談めかした一通の電報だった。皮肉な運命のいたずらとしか言いようがないが、その電報にはこう書かれていた。

受賞者の妻より[*62]

理想の夫ベストファイブ入り、おめでとう。

バーナムは、「離婚改革連盟《ディボース・リフォーム・リーグ》」が授与するこの「年間最優秀ハズバンド賞」を、フランクリン・デラノ・ルーズベルトやルー・ゲーリッグといった、ほかのちょっと怪しげな受賞者たちとともに受賞した。[*63]バーナムがこれにどんな反応をしたのか、候補者選びにはどのような規定があったのかなどについては記録が残っていない。ただ、この受賞を告げるAP通信の記事のなかに、連盟の会長の次のような言葉が載っている。「世の夫たちのなかには……自分が結婚生活の中心でありたいと考える人が多すぎる。まるで妻のことを、衛星のように自分の周りをまわっている存在だと考えているのだ。これが妻たちの劣等感につながり、やがてそれが大きな憤りとなり、結局不和に終わることになる。あるいは、夫の知性を軽蔑する妻たちも出てきて、二人の知的相性の悪さにつながっていく」[*64]。リリアンが執筆活動によって自分から離れていくのではないかとバーナムが心配していたことを考えると、この受賞は結婚生活に対する不安を彼が克服したことを反映していて感慨深い。

翌年の一九四一年は、ブラウンやアメリカ自然史博物館の同僚たちにとって大きな悲しみの年となった。「ウォルター・グレンジャーが急逝」したのである。六八歳だった。古脊椎動物学部門の創立からのメンバーであり、のちに（ブラウンとともに）共同代表となったグレンジャーは、アメリカ自然史博物館史上最も有名な中央アジア探検の陣頭に立つなど、五〇年間この博物館のために尽力した。彼の死をみなが嘆き悲しみ、ブラウンと古脊椎動物学部門にとって一九四一年の「最も重要な出来事」として記録されている[*65]。

それでもブラウンは前に進み続けた。一一月中旬、フリックのフィールド基金から六〇〇ドルの助成を受け、ブラウンは空路でカナダ・アルバータ州のカルガリーに向かった。そこでクーテネイ層を調べ、そのあとモンタナ州グレートフォールズに向け南下した。グレートフォールズの約一四キロ東にある白亜紀のクーテネイ層で、新たに見つかった恐竜らしきものを調査するためだった。粘土岩と砂岩の互層からなる地層では、これまで恐竜の化石は報告されていなかった。「このクーテネイ統のこの砂と泥からなるまだらの様相は……たしかにクローバリー層とよく似ているように思われる。この恐竜が同定できれば、この二つの地層が同じ年代のものかどうか確定できるだろう」とブラウンは断言した[*66]。発掘を進めるうちに、ブラウンは、これがアンキロサウルスくらいの大きさの大型恐竜で、新種の可能性もあると考えた。

その後、グレートフォールズからビリングスに南下し、そこから東へエカラカまで行った。エカラカでは、ヘルクリークの露頭を発掘している地元の化石ハンターたちが「新しいトロオドンの頭骨」をアメリカ自然史博物館に提供してくれていた。[*67] この頭骨はのちにパキケファロサウルスであることが判明した。当時としては最も状態のいい標本であり、現在も博物館の恐竜ホールに展示されている。

ブラウンはさらにパウダービルの町から約一四キロ東にあるウィリアム・ウィンキーの牧場まで足を伸ばした。ここでは七月に標本が見つかっており、今回は地中にまだ残っているものを採集するのが目的だった。発掘現場を再開し、ガレ場になった斜面の岩を取り除いていくと、頭骨や下顎のさらに多くの断片が回収できた。

ブラウンは、地元の人たちが古生物学や歴史に関するものをたくさん集めていることに感心した。これらは、W・H・ペック（T・G・ニールセンとともに前述のパキケファロサウルスの頭骨を発見した一人）の指導のもと、「カーター郡地質学協会」が集めたものだった。エカラカの人口が七〇〇人にも満たないことから考えると、このコレクションは「アメリカで見ることができるこの種の博物館展示のなかでも最も素晴らしいもの」であるとブラウンは断言した。[*68] このコレクションは現存しており、エカラカにあるカーター郡立博物館に管理され、今もその数を増やし続けている。

ブラウンはビリングスの南にあるイーグル砂岩の下にある海成層で見つかった「八芒星」の形をした珍しい無脊椎動物の生痕化石を調べたのち、飛行機を飛ばして空からの調査を続けた。今回はリトルベルト、ビッグベルト、スノーウィーなどの山々の上空を飛んだ。すると、バッファローとジュディスギャップの西に有望な露頭を見つけた。さらに「アーミントンの約五キロ南に隕石によると思われるクレーターを発見した……直径およそ六〇メートル、深さ二一メートルほどで、底にはバッファローの骨がたくさんある」。[*69] この窪みは、バイソンジャンプという、ネイティブ・アメリカンたちがバイソンの群れを狩るために使った崖の跡かもしれない。ブラウンが飛行機でニューヨークに戻ったのはクリスマスイブだった。

ブラウンがこの遠征をおこなっているあいだに、アメリカ国民は真珠湾への奇襲攻撃に震撼していた。前に触れたが、この迫りくる戦争のために、ブラウンは一九〇二年に採集したティラノサウルスのホロタイプ標本をカーネギー自然史博物館に売却する手配をした。これは一つには、アメリカ自然史博物館が爆撃されてもこの恐竜の記録が失われないためで、加えてもう一つのもっと差し迫った理由については年報に記されている。「この売却の収益［七〇〇〇ドル］は古生物学部門の資金としてとっておき、その利子は遠征と標本購入に充てる」[*70]

グレンジャーの死去により古脊椎動物学部門のただ一人の主任となったブラウンは、モンタナ州に出発する前に、博物館の館長代行であったウェイン・フォーンスに一九四二年の予算に対する提言を送った。[*71]ブラウンの一九四一年の給料は五六二五ドル（現在の貨幣価値で約七万七〇〇〇ドル）だったが、できればこれを六五〇〇ドルまで増額したかった。また、雇用するスタッフのリストには六名のプレパレーターが含まれ、そのなかにはブラウンのフィールド仲間であるアルバート・トムソン、カール・ソレンセン、ローランド・バードも入っていた。ところが、戦争が目の前に迫った今、ブラウンの計画は変更を余儀なくされた。

ニューヨークに戻った途端に、ブラウンは博物館当局から近い将来に予算削減があるだろう話を聞いた。そこで、自分の部門を中心にすべての研究部門の守りを固めた。前任の館長のトゥルビー・デヴィッドソンの言葉を引用し、ブラウンは館長代行のフォーンスに次のような手紙を書いた。研究部門は『……博物館の有用性の鍵となるものだ』。ところが、ここ数年、非研究部門に比べて研究部門のほうが緊縮の度合いが高い傾向にある」。ブラウンは、古脊椎動物学部門は一九一六年に雇用のピークを迎え、その後は亡くなったり、退職したり、削減されたりして、研究室の人員が六人に減ってしまったことにも言及した。

さらに、博物館が適切なレベルでフィールド調査に予算を充てられないため、キュレーターたちが外部の支援を求めることに相当な時間とエネルギーを使わなければならない状況を嘆いた。一番困るのは、博物館がキュレーターとアート担当を一人ずつ削減しようとしていることだった。というのも、年功序列の最後尾のキュレーターが自分の右腕のバードだったからだ。「このような悲惨な状況にあっても、今いる者たちの給料を引き上げることが必要だ。私は部門主任たちのなかでも一番給料が低いので、もちろん、いくらかでもあげてもらえればありがたい。しかし、古脊椎動物学部門全体の犠牲を払ってまで、そうしてほしいとは思わない」とブラウンは付け加えた。[*72]

ブラウンは部門長としては最も給料が低かったかもしれないが、そうはいってもグレンジャーと同額だった。記録によれば、一九二六年から一九二八年まで、二人は年間五〇〇〇ドルの給料をもらっていた。一九二九年に五六二五ドルに増額され、それがグレンジャーが亡くなる一九四一年まで続いた。今の基準からすると、一二年間昇給がないのは少々長すぎるかもしれない。石油会社や石炭会社のコンサルタントの仕事をして、博物館の給料を補うことは自由にできていたとはいえ、ブラウンが金銭面で不満をもつのももっともだった。さらに、博物館の規約が改定されることで、ブラウンはますますいらだちを感じることになった。

後進に道を譲るための六八歳での「強制的な」定年退職に関して——私もここに勤務しはじめたときは若者だったわけですが……何年ものあいだ……私にはこの博物館以外のところでもっと高い給料をもらって昇進していける仕事の申し出もありました。しかし、そういう申し出はすべて断ってきました。前館長ヘンリー・フェアフィールド・オズボーン氏のアドバイスを受けてそのようにしてきたのです。オズボーン氏は、私にやる気と能力があるかぎり、博物館での仕事をずっと続けてられると言ってくれました。そしてそのことは私の業績が物語っていると思います。結果を出す私の能力はいささかも衰えていません。[73]

ブラウンがヘンリー・フェアフィールド・オズボーンの名をもちだした理由は、この三日後に明らかになる。フォーンスはこの件を、博物館理事会の初代副会長にブラウンが直接訴えることを許可したのである。その副会長こそ、A・ペリー・オズボーン、すなわちヘンリー・F・オズボーンの息子だったのだ。A・ペリー・オズボーンは父親の昔の弟子に対して丁重に返事を書いてきた。ブラウンの古脊椎動物学部門やそのコレクションを「博物館の誉れ」であると称えた。しかしながら、ブラウンの「切実な訴え」に対しては反駁せざるをえなかった。

博物館の予算を立てるというのは本当に難しいことです。過去五年間、私は博物館のために金策の陣頭に立っていたからよくわかります。……戦争が起きているうちは、必要不可欠な活動のみをおこなっていかなければならないことを肝に銘じておくべきです。なぜなら私たちの資金は必然的に戦争に流用されるからです。では、私たちはどうすればいいのか。古脊椎動物学部門よりもはるかに予算が削減されている部門はたくさんあります。そのうえ、古脊椎動物学部門のコレクションは価値が下がっていくものではありません。……要は、どこに重きを置くかという問題で……今回の予算は、理事会の熟慮の末の方針が反映されていると考えます。調べてもらえばわかりますが、管理部門から研究部門に四万ドル〔現在の貨幣価値で約五〇万ドル〕付け替えてあります。

仮に義務的定年制が導入されても、あなたのような著名な科学者が博物館で仕事を続けられなくなるようなことはないと考えています。あなたのような人物と関係が切れてしまえば大変なことになります。ただあなたは例外としながら、私たち調査委員会と出席者は満場一致で義務的定年制に賛成しています。六五歳という意見が多く、六八歳という人もいますが、おそらく理事会では七〇歳というところで落ち着くでしょう。[*74]

結局、年報の「スタッフの異動」という欄には、「バーナム・ブラウン博士は一九四二年七月一日をもって現役を退き、名誉キュレーターの称号を与えられた」とある。ブラウンはこのとき六九歳だった。最上級の言葉が並ぶブラウンへの賛辞は二ページにわたり、これまでの肩書、フィールドワークや研究の成果、博物館の展示プログラムへの貢献などが列挙されていた。「古脊椎動物学史上、ブラウン博士ほど精力的で成功を収めた化石ハンターはいない。……現在、当館が恐竜化石の宝庫という地位を確立し、ほかに類を見ない恐竜たちの展示を二つの恐竜ホールでおこなっているのには、ひとえにブラウン博士の尽力の賜物である[*75]」

どうやらブラウンは、これから先もアメリカ自然史博物館との関係をもち続けられるということで怒りの矛先を収めたようである。しかし、退職して数ヶ月もすると、すぐにそんな心配は無用とばかりに、もっと大きな本当の敵に対してエネルギーを向けていくことになる。年報にも書いてあるように、「この年の暮れに、ブラウン博士は陸軍省の顧問としてワシントンに赴いた。任期は無期限である[*76]」。当然といえば当然だが、ブラウンは依然としていろいろな秘策を隠しもっていた、そしてそのことをヒトラーの手先たちはまもなく知ることとなる。

第16章 スパイ活動、映画の監修、万博での興行 1942-1963

ヨーロッパとアジアで第二次世界大戦の嵐が吹き荒れる一九四一年の春、伝説の探検家でありアメリカ自然史博物館の館長になったロイ・チャップマン・アンドリュースは、アメリカ政府からの緊急要請を、ジョージ・ゲイロード・シンプソン、ボブ・シェイファー、バーナム・ブラウンなどの古生物学者たちに伝達した。アメリカ政府は、こういったキュレーターたちがどこでフィールドワークをおこなってきたかを知りたがっていた。戦略上、重要な遠隔地に関する彼らの知識を活用したいと考えていたのだ。ブラウンは進んで協力し、アメリカ、カナダ、キューバ、メキシコ、パタゴニア、フランス、イングランド、トルコ、ギリシャ、エーゲ海の島々、エチオピア、エジプト、英領ソマリランド、アラビア、インド、ビルマなど、自分が行った場所について日付とともに報告した。

これらの国々でたくさんの写真を撮りました。これまで誰も足を踏み入れていない場所にも行きました。

カナダのアルバータ州や、アメリカ国内のモンタナ州、ワイオミング州、サウスダコタ州、コロラド州、ユタ州、アリゾナ州、ニューメキシコ州などで、私は何百枚という航空写真を撮影しており、

図 40　トレードマークのビーバーの毛皮のコートを着るブラウン。モンタナ州スイートウォーター付近の白亜紀の露頭にて、1916 年頃

それらを提供することができます。[*1]

一九四二年の終わりに、国内外の地質学に関するブラウンの広範囲な知識にドノヴァン大佐という人物が目をつけ、ブラウンは今日のCIAの前身である戦略情報局（OSS）のメンバーとしてワシントンDCでの仕事を与えられた。[*2]「銃後を守る」妻のリリアンをニューヨークに残し、ブラウンは娘のフランシスとともにワシントンで暮らすことになった。

フランシスはワシントンにある総司令部で赤十字の仕事に従事していた。フランシスによれば、ブラウンは一九四二年の末から一九四三年のほとんどのあいだ、戦争の作戦において極めて重要な役割を果たしていたという。エーゲ海を知り尽くしていることから、諜報活動も担当し、主に「四つある侵攻ルートのうち、エーゲ海の島々を経由してヨーロッパの『泣きどころ』に侵入できるルート」を策定することに関わった。[*3]

フランシスは、仕事で飛びまわっていた父親と一緒にいられることをよろこんだ。このつかのまの時間は、言うなれば「バーナムとフランシスが一緒に暮らした……最初で最後の機会だった。バーナムが『大騒ぎのリトルジョー』と名づけ、犬のように獲物をとってくることを教え込んだトラネコも一緒だった。父にとっても娘にとっても、幸せなひとときであった」。[*4]

しかしながら、バーナムの気持ちがフランシスと猫だけに向いていたと考えるのは大きな間違いである。あるいは、「年間最優秀ハズバンド」の受賞によってバーナムの生活が大きく変わったわけでもなかった。OSSの重大な任務があるにもかかわらず、バーナムは別のことにも精を出した。フランシスがこう振り返っている。

［戦争からくる］陰鬱な気分にもかかわらず、あるいはそういった気分だからこそ、ワシントンでは社交的な行事がたくさんありました。歓迎会、ダンス、いろいろなパーティ、コンサートなど、熱狂的な盛りあがりを見せていました……その最初の頃に［私たちは］ドイツ訛りのある、華やかで楽しいブロンドの女性と出会いました。父がこの女性の虜《とりこ》になるのに時間はかかりませんでした。すぐに父はこの「ブリュンヒルデ」のことばかりを口にするようになり、暇さえあれば密かに逢瀬を重ねていました。最初のうちは、ダンスやパーティに三人でいることが多かったのですが、すぐにそうではなくなりました。父は彼女に夢中になって、付添人がいることを嫌がったのです。とりわけ私のように干渉する付添人は邪魔だったのでしょう。父が色恋にいそしむのが嫌だったのではありません。この問題の女性が、あらゆる点から考えて非常に有能なナチスのスパイだと気づいたからです。父が従事しているのは戦争に関する極秘の仕事だったので、このブリュンヒルデに完全に心をつかまれた父が、情報を漏らしてしまわないか心配しました。そんなことになれば、父にとってもこの国にとっても恐ろしいことになります。しかし、どんな理屈も父には通じないようで、ただただ国際的な事件が起きないようにと怯え何週間も過ごしました。すると、この女性は突然ワシントンを離れていきました。きっと思うような成果をあげられずにドイツに戻ったのだと思います。*5

ＯＳＳの仕事を終えたあとも、ブラウンはワシントンに残り、一九四三年から一九四五年まで戦時経済局で顧問地質学者を務めた。*6 これにより、再び空からの調査をおこなう機会を得て、一一万平方キロ強にわたりアルバータ州の石油埋蔵量を評価した。おそらくこのときか、あるいはこれより少し早い時期にカナダのノースコンチネンタル石油ガス会社のために油田を評価したときに、イギリスのウィンザー公爵がブラウンに目を留め、アルバータ州にある公爵の約一六平方キロの牧場の石油埋蔵量を調査してほしいと依頼してきた。[*7] 一九三六年には、当時イギリス国王エドワード八世だったウィンザー公爵は、離婚協議中のアメリカ人女性ウォリス・シンプソンと結婚するために王位を退き、イギリス国民と議会を驚嘆させた。公爵が石油の調査に興味をもっていると聞き、ブラウンはよろこんで了承した。フランシスがこんな思い出を語っている。あるとき、「父バーナムと公爵が敷地の地図を見ながら公爵の部屋に座っていました。……［そのとき］公爵夫人が入ってきたのです。他愛もない話を数分間交わしたところで彼女は部屋を出ていきました。すると父は公爵にいたずらっぽい目を向けてこう言いました。『陛下、あの女性のためでしたら、私でも国を捨てていたことでしょう！』」。[*8]

公爵の土地でのこのプロジェクトは、部分的には成功したようだ。ブラウンが記録した関係書類には、装備を集めるのに非常に苦労したが、公爵とニューヨークの銀行家エリシャ・ウォーカーのためにブラウンが試掘井の掘削を監督したことが記されている。この油井は「およそ一三〇〇メートルの深さから、比重度五六の石油を毎時一バレル産出した」。[*9] そして、この試掘井は、非常に費用のかかる掘削がもう少し安価におこなえる時期がくるまで蓋をされた。フランシスによれば、ブラウンが戦時経済局で担った任務には、「航空写真を解析して、アフリカ、インド、ビルマ、地中海の島々でカモフラージュされている地域を見つけだすこと」などもあったという。[*10]

第二次世界大戦が終わると、ブラウンは一九四六年の大半をアメリカ自然史博物館で過ごした。これから組み立て展示される標本のプレパレーション作業を監督したり、数本の学術論文の仕上げをしたりした。[*11] しかし、どうしてもフィールドに戻りたい気持ちは強く、その機会はすぐにやってきた。ソハイオ石油会社がスポンサーになってくれて、ブラウンはまた石油関連のコンサルティングの仕事をすることができたのだ。[*12]

一九四七年から一九五二年にかけては、ブラウンは再び国境を越えて南に向かい、今回はグアテマラのジャングルを探索した。最初この調査に資金を出したのは「ペテン県周辺の地域でのストラッパー・オズボーン社の鉱業権」を手に入れた三人のアメリカ人プロモーターたちだったが、やがてこの鉱業権はソハイオ石油会社が取得した。ブラウンが主におこなったのは、およそ一一万四〇〇〇平方キロに及ぶグアテマラ全土を一三〇回の飛行によって空から調査し記録することだった。加えて、ジープや馬で国中の大小の道路を調べたり、ペテン県周辺のグアテマラ北部の河川を、船で河口と源流を往復して調べたりした。

そしてブラウンは、一九五一年と一九五二年には、この地域で化石を見つけることにも目を向けた。この試みは、ソハイオ石油会社からの助成とブラウンの自費でおこなわれたが、困難が多くたいした成果もあがらなかった。主に出たのは更新世の化石で、マストドンや巨大な地上性ナマケモノの骨の断片や、全身骨格に近いもの一点などが「貨物列車いっぱい」になった。そのなかでナマケモノの骨盤に「ナイフでできた傷」が三つあり、これは人間がつけたものではないかとブラウンは考えた。「もしこの傷がヒトによってつけられたものだと証明されれば、私や私の仲間が主張するように、ヒトはこの巨大な地上性ナマケモノと同時代に、つまり現在考えられているよりも何千年も前にアメリカ大陸にいたということになる」とブラウンは述べた。[*13]

グアテマラでの化石採集の旅には、フランシスやリリアンが同行することもあった。また、この頃リリアンの作家としてのキャリアがようやく開花した。リリアンは、海の向こうの国々への旅を書いた本をドッド・ミード社から三冊出版した。英領インドとビルマへの旅について書いた『恐竜と結婚した私』(*I Married a Dinosaur*, 1950)、サモス島とギリシャでの一年を書いた『クレオパトラはここに眠る』(*Cleopatra Slept Here*, 1951)、ペテン県付近のジャングルでの半年間の滞在を書いた『化石のまま持ってきて』(*Bring 'em Back Petrified*, 1956) である。

年齢を重ねて、外国でのフィールドワークがどういうものかわかってきたリリアンは、パシオン川が流れるサンタアメリアの地元民たちから気に入られていた。ただ、一人だけ悩ましい人物がいた。それは、現地の人たちに大きな影響力をもつシャーマンの女だった。この女は、バーナムが化石採集することで、自分が拠りどころにしている精霊たちがかき乱されると心配して、バーナムに協力しないよう地元民たちに触れまわった。バーナムとリリアンがキャンプにいないときを見計らって、集めた化石を壊してしまうように弟子たちに命じたことさえあった。*14

休暇でのフランシスの訪問は、期間は短かったがブラウンにとって楽しいことに変わりはなかった。父と娘はマヤ遺跡やプランテーションを主に飛行機で訪れた。「三週間という期間で、見せられるだけのグアテマラをすべて娘に見せられることを父はよろこんでいました」とフランシスは言う。あるとき、二人は思いもよらない刺激的な体験をした。

> 観光用の飛行機で、素晴らしいマヤ遺跡がある英領ホンジュラスのコパンに向かいました。しかし、運悪くこの国では革命が起きている最中で……着陸した飛行機は武装した衛兵たちに囲まれてしまいました。乗客は全員収監されて飛行機は押収されると言われました。ところが、監獄の準備が整うまで、乗客たちは降りてマヤ遺跡を見にいくことを許されました。観光を終えた人たちが怯えながら飛行機に戻ってくると――嬉しい驚き《ハッピーサプライズ》がありました。私たち全員出発してよいと衛兵たちが言うのです。どうやら、これだけの大人数を収容できる監獄がなかったようです！*15

同じような政情不安がグアテマラにもあり、石油会社の掘削計画はまもなく頓挫した。こうしてこの地でのブラウンの仕事は一九五二年に終わりを迎えた。*16

翌年、ニューヨークに戻ったブラウンは、ダイナソー国定公園でもめごとが起こっているとの話を耳にした。この公園には当初から意見の対立があった。グリーン川とヤンパ川に沿った化石と現生生物の保全地として手つかずのまま保存したい人たちと、ダムを建設して商業活動をより活発におこなえる場をつくりたい人たちとの対立である。驚いたブラウンは車でニューヨークを出発し、この地を訪れ、現地の人たちと直接話し合いをした。ここに数ヶ月間滞在し、そのあいだにリリアンも駆けつけた。結局、ブラウンの説得が功を奏して、議会は「土木技術者たちによるダム建設の提案を不承認とし……公園の価値を維持することになった。この議会の決定により、渓谷の壁面にあるインディアン〔ママ〕のペトログリフ〔岩の上に描かれた絵〕や、素晴らしい渓谷そのものが守られた[17]」。

一九五五年、八三歳になったブラウンは、何度も足を踏み入れているモンタナ州で、公式には最後となったフィールドシーズンを迎えた。今回狙ったのはルイストン〔ルイスタウンか？〕の北のヴァン・ハウアー牧場にある白亜紀のクラゲット頁岩の露頭だった[18]。この海成層から首長竜類の素晴らしい骨格（AMNH2805 または 2502）を採集できた。ただ、この探検によってブラウンはあやうく命を落とすところだった。

ブラウンがニューヨークに戻ったひと月後の一〇月下旬、リリアンはブラウンのビリングスでの旧友で、モンタナ州でもブラウンと一緒だったジョージ・シアに手紙を書き、ブラウンがかかった病気についてなにか思いあたる節はないか尋ねた。リリアンの説明では、ブラウンは「片脚が歩行困難で……両肩、腰、そして全身に激しい痛みがあった[19]」。医師たちは、コルチゾン、ストレプトマイシン、サルファ剤などいくつかの薬を試したが、効果があるように思われたのはキニーネだけだったので、マラリアの再発が疑われた。しかし、血液検査は陰性を示していた。バーナムの病気を聞いて驚いたシアは、一〇月二九日に電報でリリアンに「バーナムは七月二四日にダニに噛まれている。九月一日以降にいろいろな症状が出てきた」と知らせた[20]。シアのこの知らせのおかげで正しい診断が下されたと、フランシスはのちに記している。「父はダニにやられて、ロッキー山紅斑熱にかかったのです。なんとかニューヨークに戻ることができ、リリアンが看病して再び父を死の淵から救ってくれました。時間はかかりましたが完全に回復できたのは、リリアンの献身的な看護のおかげであり、同時に、八〇代の父の驚くべきスタミナと意志の力があったからでもあります」[21]

二年後、ブラウンは次の大胆な冒険を計画しはじめた。飛行機を使った調査にはもう十分すぎるほど満足していたブラウンだったが、化石採集にヘリコプターを使いたいという夢はいまだ実現していなかった。これこそ彼の「バケットリスト」〔死ぬ前にやっておきたいこと〕の一番上にあるものだった――文字通りバケツを使う方法である。フランシスはこう説明している。「父が考えていたのは、ヘリコプターを使ってイギリスのワイト島の切り立った岸壁から恐竜化石を探し出して採集することでした。……ヘリコプターから観察して恐竜が出そうな場所を特定したら海食崖〔波浪の浸食によってできた崖〕の上に着陸するのです。ストラップをつけ、道具を持ってハーネスに座り、自分が掘りたいところまで崖に下ろしてもらうのです。九〇歳に近い熟練の古生物学者の父にとって、これが理想的な方法だったのです」[22]。しかしながら、私たちが知るかぎり、この大計画は実現していない。

ブラウンの生涯残りの四半世紀は、彼を「ミスター・ボーンズ」と呼ぶ多くの人たちに、これまで発見した数多くの恐竜たちの生きいきとした姿を見せる事業に費やされてきた。その一つが、ベビーブーム世代の記憶に深く刻まれているあの映画である。

一九四〇年一二月、ニューヨーク科学アカデミーでブラウンは「ウォルト・ディズニーの手法」というテーマで講演をおこなった。この講演の記録を読むと、ディズニーアニメの名作『ファンタジア』におけるブラウンの役割を知ることができる。

> 三年ほど前、私は恐竜についてウォルト・ディズニー・スタジオと何度も手紙のやりとりをしました。

それぞれの地質時代にどのような恐竜がいたか、その恐竜たちの変遷やたがいの関係性、恐竜に関連のあるさまざまな生物……そして、恐竜の時代より前にいたさらに原始的な種などについてです。私が協力したこれらのデータや復元模型などをもとに、大勢の作画担当者たちが……恐竜などの爬虫類が出てくるシーンを作っていったのです。やろうとしていたのは、生命の起源から……恐竜時代の終焉までを連続的に描くストーリーでした……。たくさんの絵が描かれ、私がディズニーのスタジオを訪れると、壁一面に中世代に棲息していた動物たちが当時の植物の様子とともに正確に描かれていて信じられない光景でした……。

一方で、いろいろなシーンをつないでいき……ウォルト・ディズニー、ディームズ・テイラー、レオポルド・ストコフスキーが、それぞれの場面にふさわしい優れた楽曲を八曲選びました。……そして、それをフィラデルフィア管弦楽団が演奏し、四五万フィートのフィルムが撮影されました。これを一万八〇〇〇フィートに編集して、『ファンタジア』の全篇ができあがりました……。

このように、ウォルト・ディズニーは、恐竜の全盛期、そして環境の変化と最後の絶滅までをまとめあげるのに、私のような科学者の知識を最大限に利用したわけです。[*23]

恐竜の場面は、イーゴリ・ストラヴィンスキーのバレエ音楽「春の祭典」に合わせて、二八分間の映像になっている。この映画は、宇宙の誕生からはじまり、銀河系のはじまり、地球の誕生、そして生命の起源と進化を描いている。中生代の進化を描いた場面では、翼竜類、首長竜類、モササウルス類、そして恐竜たちといったさまざまな地質時代の動物が入り混じり、海や陸地を闊歩している。そして、そのあとに(アロサウルスのような三本指の)ティラノサウルスが登場し、獲物のステゴサウルスを襲う。ステゴサウルスは最初抵抗するが、やがて仕留められてしまう。この映画は一九四二年にアカデミー特別賞を受賞し、現在でも名作として愛されている。[*24]

ブラウンの人生最後の年、彼はシンクレア石油会社と再び関係をもち、この会社が一九六四年のニューヨーク万国博覧会に出展する「恐竜の国《ダイノランド》」パビリオンの主任顧問を務めた。これは、一〇体の実物大の恐竜模型を作るという壮大な計画で、体長約二一メートルのブロントサウルスや高さ約六メートルのティラノサウルスという大きなものから、体長約一・二メートルのオルニトレステスのような小さなものまでさまざまあった。これらの模型は、ニューヨーク州ハドソンにあるルイス・ポール・ジョナスのスタジオで製作された。最初に、一〇分の一の大きさの模型を二体作り、一つを輪切りにして正確な測定をしたうえで、最終的に実物大のレプリカがファイバーグラス〔ガラス繊維強化プラスティック〕で作られた。当初二五万ドルと見積もられた費用は、最終的に四〇万ドル（現在の貨幣価値で約二六〇万ドル）に跳ねあがった。

見事な模型ができあがると、艀《はしけ》に載せてハドソン川をニューヨークまで運ばれた。ニューヨーク市民たちはこれを祝福し、この日を「恐竜の日」とした。「ダイノランド」は一〇〇〇万人以上の来場者を呼び、万博のなかで最も人気を集める展示となった。このパビリオンの仕事は、恐竜の素晴らしさを一般の人々に直接伝えるという、ブラウンの生涯を通しての確固たる信念のもとにおこなわれたものだった。

この展示に従事しているあいだ、ブラウンはニューヨーク市とハドソンのあいだを行き来した。そして、ときおり、マサチューセッツ州ケンブリッジまで足を伸ばして、当時ラドクリフ大学で学部長をしていたフランシスのもとを訪れていた。彼女によると、ブラウンは元気で、「相変わらずラドクリフ大学の女子学生たちと広く交流していました」。[*25]

『ファンタジア』や「ダイノランド」のような事業に顧問として関わったことはたしかに素晴らしいことであったが、なんといってもブラウンの真価はやはりアメリカ自然史博物館の恐竜ホールの仕事にある。ブラウンの九〇歳の誕生日が近づいたとき、博物館での後継者であるエドウィン・H・コルバートがこん

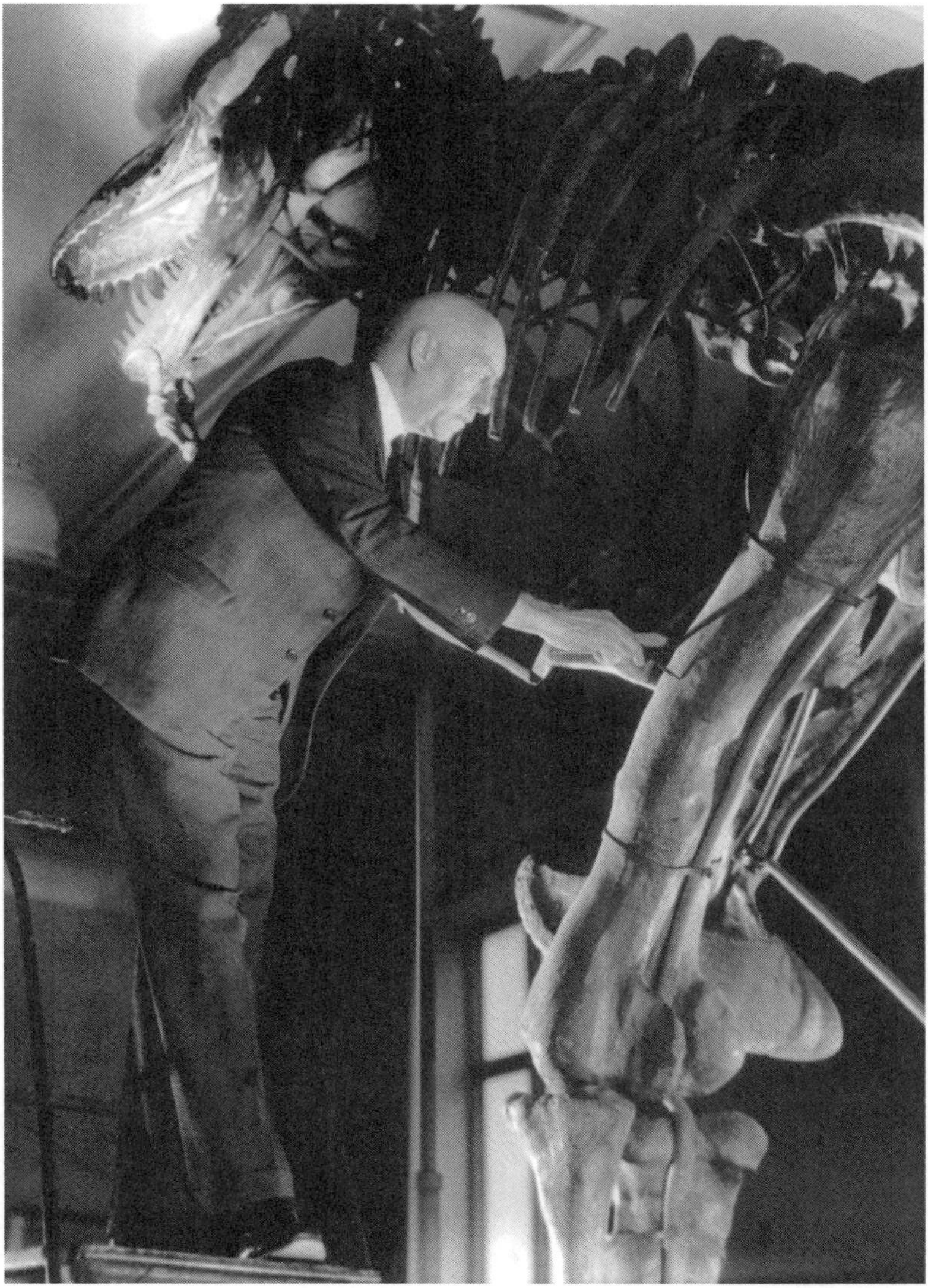

図 41　アメリカ自然史博物館の〈白亜紀ホール〉にあったティラノサウルスの大腿骨を計測するブラウン、1938 年頃

な手紙をくれた。「当館のティラノサウルスのホールには北米の恐竜たちが三六体展示されていますが……そのうちの二七体はあなたが採集したものです。これは誰にも真似できない業績です[*26]」。一八九六年から一九四二年のあいだに、ブラウンは全部で一二〇〇箱以上の化石を採集した。遠征は何十回にもわたり、その費用は今日の貨幣価値で一二五万ドルを超えている（本書付録3参照）。そしてその期間、一億人以上の人々がアメリカ自然史博物館のこの恐竜ホールを通り、ブラウンが蘇らせた壮大な進化の遺物を、口を大きく開けて見つめてきたのである。

一九六二年の終わりから一九六三年の初めにかけて、リリアンはブラウンの同僚たちと数ヶ月間準備して、ある大規模なパーティを企画していた。二月一二日にブラウンの九〇回目の誕生日をカンザス東部の緑に囲まれた故郷で祝うという計画だった。今回のパーティは、普通のパーティとはわけが違っていた。一五〇名を超える人たちが、この伝説的人物の誕生日を祝う宴である。そのなかには、エルンスト・マイヤーやジョージ・ゲイロード・シンプソンのような国内有数の科学者たちや、この時代の著名な進化生物学者たちがいた。このことはブラウンには秘密であったが、漏れ聞いたブラウンはこのパーティを大変心待ちにしていた。

ところが、どの人間にも避けられない出来事は、二月一日、彼が夕食のテーブルについているときに起きた。フランシスがこのときのことをこう記している。

父は突然、夕食のテーブルにフォークを置き、頭を後ろにもたげ、とても疲れた、とリリアンに告げました。リリアンはなんとか父をベッドまで連れていきましたが、その夜に昏睡状態に陥り、もう意識は戻りませんでした。父は二月五日、聖ルカ病院で息を引きとりました。九〇歳の誕生日までわずか一週間でした。葬儀は米国聖公会諸天使《オールエンジェルス》教会でおこなわれました。……遺体は葬儀の前まで教

図42　バーナム・ブラウン（中央）とマリオン（左）、リリアン（右）の墓。ニューヨーク州オックスフォード、2008年

会に安置され、その後ニューヨーク州オックスフォードの墓地に送られました。そこで最初の妻マリオンの隣りに埋葬されました。そして八年後にリリアンが亡くなり、彼女の遺体は父の横、マリオンの反対側に埋葬されました。二人の妻に挟まれて父はくすくす笑っていたにちがいありません。[*27]

バーナム、マリオン、リリアン、そして今はフランシスも、シェナンゴ川を望む小さな断崖の端にあるリバービュー墓地に眠っている。その墓石の並びから二つのことがわかる。まず、バーナムの墓石は二人の妻のあいだにあるが、間隔が同じではない。どうやらリリアンは、マリオンよりも自分の墓石をいくぶんバーナムのほうに近づけて置いたようだ。もう一つ、家族の関係を示しているのは、フランシスが自分の墓を両親や義母と同じ並びに置かなかったことである。彼女の墓石は坂を降りたところに、マリオンの両親、すなわち自分を育ててくれた祖父母に挟まれたかたちで置かれている。このように墓石から、リリアンやフランシスがバーナムと自分の人生の関係をどのように見ていたかがわかる。

晩年の一九五八年から一九六二年にかけて、ブラウンはかなりの時間を費やして自伝を書こうと奮闘していたようだ。[*28]これを完成させることはできなかったが、とりわけカンザス州での幼年時代や学生時代に関しては数多くの草稿が残っている。そしてブラウンの死後、リリアンと、以前フィールドでバーナムの助手をしていたG・エドワード・ルイス、そしてドッド・ミード社の編集者とで、数年かけてこの自伝を完成させようとした。しかし、彼らの努力は結局実らなかった。このあいだに、この作業に対するリリアンの気持ちには浮き沈みがあった。

例えば、一九六七年二月には、リリアンは大よろこびでルイスに手紙を書いている。「とてもよい知らせよ！　今ドッド・ミード社に電話して編集者のアレン・クロットと話をしたんだけど……やったわ！　私があなたと一緒に作業していると言うと、とてもよろこんで、どれくらい進んでいるか見たいから一章か二章送ってほしいと言っているの。……それから、この本の著者名を『バーナムとリリアン・ブラウン』［にするアイデア］もいいと言っているわ。……この件に関してアレンは本当に前向きなの」[*29]

ところが、年月が経つうちに、リリアンはこれをだんだんと負担に感じるようになった。ルイスが手伝ってくれているにもかかわらず、彼にこんな手紙を書いている。「私としては、もう彼について三冊の本を書いていて、『偉大な神ブラウン』の名前は十分に高められたと思うの。……もう一冊出版する必要がなぜある？　バーナムが突然亡くなった悲しみに打ちひしがれている私なのに」[*30]。リリアンが亡くなったのはバーナムの八年後だったが、博物館のアーカイブにはバーナムの死後のリリアンの暮らしの詳細については、ほとんど記録に残っていない。しかしどこかで、夫の自伝を自分がゴーストライターになって書くというリリアンの思いは、ブラウンと一緒に土に埋められることになったのである。

エピローグ

バーナム・ブラウンという人間をどう捉えたらいいのだろうか？　もちろん、彼は世界中に知られた最も偉大な恐竜ハンターであることにまちがいない。恐竜というものが、学術的にも一般の人々にもしっかりと根づいたのは、ブラウンの尽力のおかげである。

最も有名なティラノサウルス発見からほぼ一世紀、そして彼が亡くなってからほぼ半世紀が経っている今でも、この伝記を書いている私たちにはブラウンの存在が強く感じられる。というのも、アメリカ自然史博物館の私たちのオフィスの棚や机には、ブラウンが採集した標本がたくさんあるからだ。また、私たちの本棚には、先輩たちから受け継いだ、ブラウンの特徴的な大きな文字の署名が入った数多くの蔵書がある。さらに、私たちが一九九〇年代に改修した展示ホールの根幹をなすのは、ブラウンがみずから採集した五七点の標本である（本書付録1参照）。そして、ブラウンが発掘に訪れた多くの場所は、私たちが現在でもフィールドワークなどで訪れる場所である。このように、恐竜の発見、科学の探求、そしてスパイ活動などで名を馳せたブラウンは、今もなお、その大きな影を私たちの前に見せている。

しかしながら、このように大きな影響力をもったブラウンの生涯について、その全体像を理解しようとしても、それはまるで幽霊を追いかけるようなものでしかない。博物館の五階にある彼のオフィスだった部屋のドアガラスには、ほんのかすかにブラウンという文字が残っているだけである。フィールドからの書簡や記録文書を読めば、彼が古生物学者としてやってきたことを時代的に並べることはできるが、ブラウンは自分の情事の数々や政府関連の隠密の偵察行動などについては、ほんのわずかな手がかりしか残していない。野生の生き物たちがそうするようにブラウンは用心深くその足跡を消し去っているのだ。

自伝メモを読むと、ブラウンが両親のことを深く尊敬していたことがわかるが、二人の夫婦関係の詳細については言及が少ない。父親は本当に罪を犯したのか？　ブラウンはほとんど語っていないので、私たちは裁判記録を見るしかない。ブラウンがどのような気持ちだったかわかる記録も残っていないが、のちの人生にまったく影響がなかったとは考えにくい。

一方、私たちにわかっているのは、ブラウンのキャリアがウィリストンとオズボーンの指導のもとで開花したということである。彼の人生は、ときに悲しい出来事をはさみながら、大きく前進していった。ブラウンが遊び人だったというイメージは今日も多くの人が抱いている最大の誤解だろう。たしかに彼は女好きだった。最初の妻マリオンが亡くなったあとも、二番目の妻リリアンと結婚しているときも、ブラウンが浮き名を流した証拠はたくさん残っている。

マリオンに関する情報は少ないが、ブラウンの手紙や娘フランシスの話から、いろいろな意味でマリオンはブラウンにとって人生最愛の人だったことがわかる。ブロンドの美しく快活な女性だったマリオンは、モンタナ州でのフィールド調査を自分の日誌に記録しており、自然を愛する心と、生物に対する鋭い観察眼をもっていたことがわかる。彼女は体力にも自信があったらしく、ブラウンはいつもマリオンをフィールドに連れていきたがった。それは、博物館と膝づめ談判して彼女の参加を求めたことからも明らかだ。マリオンの予期せぬあまりに早すぎる死はバーナムを絶望の淵に追いやり、フランシスとのあいだにも、氷解に時間がかかる溝を作ってしまった。バーナムはひたすらフィールドワークに打ち込むことで心の傷を癒やし、フランシスにとっては長く不在の父であったが、やがて彼女も、父親とその偉業に誇りをもつようになっていった。

この伝記を書くのに参照したアーカイブの記録文書からだけでも、ブラウンの人生が壮大なものだったことがわかる。彼の冒険的な活躍や型破りな人間関係は、当時の保守的な社会背景のなかでは、異彩を放っていたにちがいない。

マリオンの死によって恋愛に臆病になっていたブラウンの気持ちを変えたのは、地球のどこまでもブラウンを追いかけるというリリアンの強い決意だった。感情の起伏が激しく、自信家でもあったリリアンは、どんな困難にも立ち向かい、駆け引き上手な女性だった。バーナムのさまざまな問題もすべて辛抱して乗り越えた。サモス島では、リリアン自身も浮き名を流していたようだが、一方でハリウッドのような派手な街にいっても自分はバーナムから離れていきはしないと、やきもちを焼く彼を安心させたりした。やがて、二人のあいだには愛情をともなう信頼関係ができあがり、自分たちの一風変わった関係についてフィールドの隊員たちに冗談を言うこともあった。

「ブリュンヒルデ」のことは本文中で紹介したが、フランシスは父親の性格について容赦なくこう書いている。「父ブラウンが大切にしていたのは、父の母親クララからよく言われた『バーナムは私の一番いい娘』という言葉でした。今これを読んでいるみなさんは、クララのこの言葉を一九八〇年代の基準で解釈をしてはいけません。それでは真実からかけ離れたことになってしまいます。なにしろ、父は男盛りのときには一夫一婦制などどうでもいいという人でしたから！」[*1]。それでもいろいろなことがあっても、バーナムとリリアンの強い絆が切れることはなかった。

さて、ブラウンが将来の仕事の土台を築いていった少年時代については、その詳細まで知ることができる。彼の自伝メモや手紙からわかるように、探検家そして化石ハンターとしての優れた能力は、カンザス州東部の農場で両親によって培われたものだった。父親からは、責任感の強さと旺盛な勤労意欲、都会で生き抜く商売の才覚などを教わった。晩年にバーナムが回想するように、父親は「馬などの家畜、畑や故郷をこよなく愛する人だった。……父にはしっかりとした目的があった。勤勉かつ商売の才覚があったのだ。常にチャンスをうかがい、時間と頭と体を使うだけの価値があるかどうかを見極めていた。……［一言で言うなら］父は非常に優れた商売人であり経営者であった。父には逆境を好機に変える方法がわかっていた」[*2]。

振り返れば、新しい定住地を求めてはるばるモンタナ州まで行った長旅で、ブラウンに最初の探検を経験させてくれたのが父親だった。さらに、カーボンデールの農場の石炭層から無脊椎動物の化石収集に興味をもった息子を応援してくれたのも両親だった。一方、母親はブラウンに、豊かな自然から育まれた動植物への深い愛情と、自然現象に対する鋭い観察眼を培ってくれた。加えて、のちのブラウンの成功に大きく寄与したのは、農場で働く人たちをどのように仕切るのかという、両親から教えられた手腕である。仕事をうまく割り振り、働き手たちにきちんと食事をさせ、思いやりをもって接すること。そして最終的に両親は、費用もかかり働き手を失うことになるにもかかわらず、ブラウンが高校や大学に行くことを許した。それは、地質学者や古生物学者になるという彼の長年の夢を実現させる大きな目標のためだった。このような少年時代の経験があってこそ、ブラウンは優れた化石ハンターになることができたのだ。

そして、そのフィールドでの腕前を買って、若きバーナム・ブラウンを雇ったのがオズボーンだった。オズボーンの目に狂いはなく、ブラウンは化石ハンターとして数多くの成果をあげていった。一方でオズボーンは、この若き弟子がコロンビア大学に通い学位がとれるようにお膳立てをした。バーナムは卒業こそできなかったが、同世代のうち最も明晰で重要な論文を書くようになった。古生物学の研究者としても、ブラウンはもっと評価されていいはずの人物である。

ブラウンはコロンビア大学で落ちこぼれてしまい、学位論文を書き上げられなかった。これは彼自身がオズボーンにも言っているように、非常に苦い経験であった。晩年のブラウンについて、アメリカ自然史博物館で彼の後継者となったエドウィン・H・コルバートも、テキサス大学の古生物学者で学生時代にブラウンに出会ったワン・ラングストンJr.も、ブラウンのことを一匹狼でいくぶん傲慢な人物だったと語っている。この「傲慢さ」は、化石ハンターとして業績が認められていたからだけでなく、学位をとれなかったことへの彼の劣等感の裏返しだったのではなかろうか。

ブラウンのフィールド記録や論文の数が少ないことについて多くの古生物学者たちが不満を口にするが、かならずしもそうとは言い切れない。たしかに彼のフィールド記録は通りいっぺんのものだが、博物館のための仕事としては、簡潔かつ的を射たものが多い。ブラウンや彼の活動について知りたいならば、同僚たちや二人の妻が書いたものを読んだほうがもっと明確になる。ブラウンのまとまりのない報告を読み、それからそれと同じ場所、同じ出来事についてマリオンやリリアンが感情豊かに書いたものを比べてみると面白い。とりわけリリアンは、ブラウンが発掘した化石や費用の明細しか言及してない部分についても、何ページにもわたり景色や匂いや印象などさまざまな体験について詳しく書いている。

また、ブラウンの遠征の詳細の多くはフィールドでの往復書簡から知ることができる。それは本書の土台にもなっている。ブラウンはあまり細かな日報をつけていなかったが、上司に対してはかなり律儀に自分の行動を記録して報告していた。そのほかにも、彼にはおよそ一〇〇点の出版物があり、なかには博物館の要請で書いた一般向けの探検記もあるが、多くは学術的な研究に関連したものである。[*3] これらの著作物が扱っている範囲、それらを書き上げる決意の強さ、そしてフィールドワークの先進性、これらはどれも計り知れないほど大きなものだった。

ブラウンは化石の動物種を数多く命名した。ただ単に、絶滅した動物に新種として命名することだけが、優れた古生物学者というわけではない。現在の古生物学は最盛期を迎えて、新しい視点や最新の分析技術を使ってさまざまな重要課題に取り組んでいるが、ブラウンも同様に、生まれながらの好奇心と常に新鮮な視点をもって数多くの問題にあたってきた。西部内陸における白亜紀・古第三紀の地層境界（K―Pg境界）に関すること、南西部における旧石器時代の人々がどのような野営生活をしていたか、チャコキャニオンにおけるプエブロボニートの建築方法、肉眼では見えないほど小さな微化石、更新世の哺乳類がシンクホール〔ドリーネ〕に集まってきた様子、シワリク丘陵の動物相は年代ごとにどのようなまとまりになっていたか。これらに対するブラウンの所見は、どれも新鮮な科学的洞察に満ちている。

なかでも際立っているのが、小型の角竜類プロトケラトプスに関するエリック・シュライキュアとの共著によるモノグラフである。当時は、中央アジア探検で発見されて最も有名になった卵は、プロトケラトプスが産んだものと考えられていた。[*4] 中央アジア探検においてモンゴルのフレーミングクリフのいたるところから見つかったこの恐竜に関して、最初の記載はグレンジャーとグレゴリーがおこなったものの、オズボーンは面白いことにこれを、ブラウンとシュライキュアに書かせた――ブラウンはこの遠征に参加していないにもかかわらずである。恐竜に関する当時の多くの記載とは異なり、ブラウンの論文は一本一本の骨を解剖学的に記載するだけのものではない。成長過程での形態の変化、性別や行動様式による解剖学的特徴の違いなどに十分留意して論文にしており、これは多くの点で今日の論文の模範になっている。

しかしなんといっても、ブラウンの天才的な能力と専門家としての真髄はフィールドワークにあった。新しい技術を目の前の仕事にどのように生かせるか理解することは科学者の仕事の一部であるが、この点にかけてブラウンは非常に秀でていたといえる。脊椎動物の化石を石膏のジャケットにするという方法は、彼自身は自分が発明したと思っていたようだが、ブラウンの「発明」ではなく、ただいずれにせよ、この方法をアメリカ自然史博物館に導入したのはほかならぬブラウンだった。さらに、ブラウンは現在でも化石採集に使われている革新的な技術を積極的にとりいれた。メサベルデ層の発掘地でブラウンがユニオンパシフィック鉄道の重機を使ったことが、現在において大きな標本の発掘や運搬にバックホーやブルドーザーを使うことにつながっている。ブラウンがはじめた空からの調査や支援は、今も化石採集活動の重要な部分となっている。現在でも、飛行機を使って新しい露頭を探したり、陸路では近づくのが困難な場所に隊員や装備を輸送したり、道路のないところから重い化石のジャケットを運び出したりしている。このように、ブラウンの専門家としての業績は、一般に知られているよりはるかに広範囲に及んでいるのである。

ブラウンは、フィールドのどんな障害に対しても柔軟で実用的な解決策を編みだすことができた。地中から化石を取り出し、ニューヨークまで無事に届けたい？　だったら、骨折のときのように石膏で固めればいい。レッドディア川沿いにキャンプできる場所がない？　それなら平底船とモーターボートを使って、化石の現場にいつでも直接行けるようにすればいい。地元の人々や場所を細かく記録したいが、詳細なフィールドメモはとりたくない？　だったら写真をたくさん撮ればいい。道路がなくて、化石が出そうな露頭を広範囲に探索できない？　だったら飛行機で空から調べればいい。重量のある恐竜の足跡を収集する人手が足りない？　それならＷＰＡと契約して人を頼めばいい。すべてをこんな具合にやってきたのだ。一方で、ブラウンは昔ながらのやり方で物事をおこなうこともできる人間だった。しかも、いろいろな報告書からも明らかであるように、ブラウンは誰よりも一所懸命仕事に打ち込んでいた。

これだけにとどまらない。古生物学での恐竜研究が成功するためには、学術的な研究と世間に広く認められることとの二つのバランスをとらなければならない。化石の採集がうまくいったというのは、研究用の標本だけでなく、人々の関心を集める展示用の標本も発見できたことを言う。そして、メディアを通してうまく広報することができれば人々の関心はさらに高まり、そのあとの活動の資金調達も容易になる。オズボーンを手本としたブラウンは、この戦略を最大限に活用した最初の人物であった。初めは新聞の記事を通してだったが、オズボーンの死後は、ラジオという生まれたてのメディアを使って自分の成果を放送した。そして、私たちがとりわけ注目するのは、ブラウンが万国博覧会などの最先端の恐竜展示に魅了されていたことだ。これによって恐竜による科学を一般の人たちにわかりやすく伝えられたのである。

そして最後に。やはり古生物学者たちからすれば、バーナム・ブラウンは、後期白亜紀に地球を歩きまわっていた肉食恐竜の王を世界中の人々に知らしめた人物である。たしかに、最近ではもっと大きな恐ろしい捕食者《プレデター》が発見されたというニュースがあふれているが、そういう恐竜たちもバーナム・ブラウンとティラノサウルスの長く伸びた影のもとにあるものでしかない。

ブラウンは、とりわけフィールドではいわば一匹狼だったが、親しい同僚たちは彼に対して大きな尊敬の念を抱いていた。ブラウンが亡くなる前に、ブラウンの長年の上司だったW・D・マシューが、彼らしい真面目な文章を一九四二年の年報に載せている。「ブラウンのエネルギー、イニシアティブ、粘り強さ、そして、かける費用やどの恐竜の骨格を収集するかの時間効率を見極める判断力。これらすべてが彼を成功に導いてきた。爬虫類化石コレクションのプレパレーション作業、研究、展示においても彼はやはり素晴らしかった[*5]」

ブラウンの友人でありライバルでもあったロイ・チャップマン・アンドリュースからも、彼らしいちょっとふざけた証言がある。リリアンの一冊目の本のまえがきとして書かれたものだが、ブラウンの伝説的な生涯についてのあとがきのようになっている。

> バーナムとは四〇年近くの友人である。……私が知っているバーナムは、博物館から急に姿を消し、

それはまるで映画『硝煙のユタ荒原』のような消え方で、彼の行き先はスタッフも誰一人知らない。……しかしいつも、博物館に車で運ばれてくるまさに雪崩のような化石の山によって、彼の行き先がわかるのだ。……彼は古生物学史上もっとも重要な素晴らしい標本を発見してきた。この地上で彼が化石探しを終えたら、空の上にある化石フィールドが彼の全知全能の目によって探索されるのを待つことになる。ブラウンはあの世にもツルハシとシェラックワニスと石膏を持っていくだろう。そうでなかったら行かないと思う。[*6]

バーナム・ブラウンは人生を全力で駆け抜けた。野生のものを食べ、粋な服装をし、酒飲みで、ギャンブラーで、タバコを吸った。ただ、こういう奔放な面があっても、ふだんは抑制の効いた人物だった。「時代が違えばブラウンもまた別の生き方をしていたでしょう」というリリアンの言葉は妥当だろう。彼の謎めいた私生活には、男女のこと、恐竜のこと、古生物学のことなどさまざまなものが詰め込まれている。そしてまだ、私たちはその表面にある取り除きやすい地層に刷毛をかけはじめたにすぎない。その下に埋まっているものを明らかにするには、まだまだ時間がかかりそうである。

謝辞

本書の作成には一〇年近い歳月が費やされ、そのあいだ多くの方々に援助と激励をいただいた。本書の内容すべてに満足いただけないかもしれないが、みなさまに心から感謝の意を表したい。

最初の時点から、パートナーであるLiterary Artists Representativesのサミュエル・フライシュマン氏の賢明な助言と粘り強い尽力は、私たちの大きな助けとなった。また、この伝記が陽の目を見るのには、カリフォルニア大学出版局の辛抱強い編集者ブレイク・エドガー氏と、彼の同僚であるジャクリーン・ヴォーリン氏とリサ・トーバー氏、そしてアン・キャンライト氏の存在がなくてはならなかった。

ほかにもこの企画の重要な折々に、多くの方々に情報や支援をいただいた。とりわけ情報という点では、スコット・ウィリアムズ氏に深謝の意を表したい。ウィリアムズ氏には、ブラウンの父親の裁判事件やブラウンの故郷であるカンザス州カーボンデールの鉱山作業に関して氏が集めた法的文書や図版を見せていただいた。さらに、ブラウンとダプトサウルス標本との出会いに関して書かれた文章を提供いただいたジャック・マッキントッシュ氏にも深く感謝したい。

本書を書くにあたって、多くの校閲者の方々の助言をいただいた結果、広く、より正確な原稿に仕上げることができた。ユージン・ギャフニー氏、ケビン・パディアン氏、ティム・ロウ氏の説得力のあるコメントや、匿名のお二人からいただいた助言は、本書のいたる箇所に反映されている。インド亜大陸へのブラウンの遠征に関する章では、ラリー・フリン氏とジョン・バリー氏に協力いただき、内容を充実させることができた。また、レッドディア川への遠征に関しては、ブラウンが採集した標本の分類学上の名称を最新のものに改め、該当する章の内容をまとめるのに、ダレン・タンケ氏に専門知識を惜しみなく提供していただいた。同様に、ギリシャのサモス島への遠征に関しても、ブラウンの行動の背景や詳細について私たちが正確に記述できるのを支えてくださったニコス・ソロニアス氏に感謝したい。最後に、ディック・テッドフォード氏、ジョン・フリン氏、ビル・クレメンス氏、ドン・ブリンクマン氏、ジョセフ・ハッチャー氏、ブライアン・リーガル氏など、数多くの仲間たちが、本書のほかの部分を校閲したり私たちをフィールドに案内したりして助けてくれたことにも感謝の意を表したい。

本書の中核部分をなすのは、アメリカ自然史博物館のアーカイブに保管されている文書である。古生物学部門のクリス・ノリス氏、スーザン・ベル氏、アイビー・ラツキー氏、ルース・オリーリ氏に、古脊椎動物学部門アーカイブにある大切なフィールドメモや書簡や図版などを出していただいた。関係の写真をスキャンする専門的な作業はフランク・イッポリト氏に依頼した。同様に、バーバラ・メイス氏にも、経験を生かしてアメリカ自然史博物館図書館のアーカイブや写真コレクションから情報や図版を集めるのに力を貸していただいた。そして、ケリ・アンダーソン氏とグレゴリー・オーガスト・ラムル氏には、図版を見つけスキャンするのを手伝ってもらった。ブラウンの妻マリオンと娘フランシスの写真を見つけるのには、ウェルズ大学のヘレン・ベルガモ氏、ジュリー・カベラーチ氏、ブリジェット・バーク氏の力添えが不可欠だった。デイヴィッド・メルツァー氏には、フォルサムでのブラウンの写真を入手する際に支援いただいた。カーネギー自然史博物館のマット・ラマンナ氏とバーナデット・カレリ氏には、パタゴニア探検でのハッチャーの写真を探すのに協力いただいた。トニー・ブレスラー氏とリーサ・ジョンソン氏には、カンザス大学でブラウンの写真の使用許可を得る際に力添えをいただいた。

写真、フィールドワーク、そしてブラウンのたび重なる不謹慎な行動に関しては、カール・メーリング氏、ミック・エリソン氏、ダイナ・ランギス氏のような愉快な仲間たちの協力が不可欠であった。さらに、カリン・フィッタンテ氏には、ブラウンの訴訟問題を調べるにあたって大いに協力いただいた。

ブラウンのルーツを探るカーボンデールへの旅の手配を、ワイオナ・ハイアット氏とマーラ・グリーソン氏にしていただき、両氏にはカンザスの歴史も教えていただいた。オックスフォード歴史協会のフレッド・ランフェア氏、シャーロット・スタッフォード氏、ヴィッキー・ハウス氏にも地元の行事や人々について教えていただいた。さらに町を案内していただき、ブラウン家の墓地にまで連れていっていただいた。

最後に、私たちがブラウンの伝説的な業績と不可解な性格を理解するのに苦労しているあいだにも、ブラウンの不滅の影響力が容赦なく押し寄せてくるのを辛抱強く耐えてくれたエリザベス・チャップマン氏、ヴィヴィアン・パン氏、インガ・ノレル氏に深い感謝の意を表したい。

解説　バーナム・ブラウンとティラノサウルス

真鍋 真

バーナム・ブラウンの名はティラノサウルスを発見した男としてあまりにも有名である。彼がフィールドからラジオ放送をしたり、ディズニーの映画『ファンタジア』に協力したり、フィールドで着ていた毛皮がトレードマークになったり、海外の状況を知らせるスパイであったことなど、エピソードに事欠かない人物だった。そんなバーナム・ブラウンの波瀾万丈な人生の中では、ティラノサウルスさえも、たった一種の恐竜に過ぎないことを教えてくれる。しかし、ここでは、化石ハンター、そして研究者としてもブラウンの魅力を確認するために、ティラノサウルスについてもう少し掘り下げてみよう。

ティラノサウルス・レックスの発見

ティラノサウルス・レックスは、アメリカ・モンタナ州でバーナム・ブラウンが一九〇二年に発見し、発掘した化石（AMNH973）に基づいて、一九〇五年にアメリカ自然史博物館のヘンリー・フェアフィールド・オズボーン（一八五七－一九三五年）が命名した恐竜である。この論文でオズボーンは、後期ジュラ紀のアロサウルス（一八七七年命名）よりも、もっと大きな、史上最大の肉食恐竜が後期白亜紀にいたことを発表した。その新種の特徴として、体が大きなこと、皮骨をもたないこと、そして上腕骨が大きく長いと記されていた。これはティラノサウルスをご存じの方には驚きの内容ではないだろうか。皮骨とはアンキロサウルスのように、骨成分でできたウロコのことである。当時のモンタナ州の化石発掘現場では、ダイナモサウルス（AMNH5866）などの獣脚類恐竜の周囲から皮骨が発見されていたため、ティラノサウルスの特徴としては皮骨をもたないことが挙げられた。それらの皮骨は、その後、トリケラトプスのフリルの一部や、ハドロサウルス類の顎の一部だったことが明らかになり、これまでのところ北アメリカの後期白亜紀からは皮骨をもった獣脚類は確認されていない。

一九〇五年の論文の中には、ティラノサウルスとホモ・サピエンスの骨格図が示されていて、ティラノサウルスの骨格図には下顎、上腕骨、恥骨、胴椎、腓骨、中足骨など、化石が発見されている部分は濃く塗られている（図1）。この骨格図はアロサウルスなどを参考に描かれたものと考えられる。この図を見る限り、ティラノサウルスの前あしはかなり短い。前記の「上腕骨が大きく長い」という記述とは相反するが、図1の説明には「短い前あしは間違っている可能性が高い」と記されている。原文は"Humerus believed to be of large size and elongate (Brown)"となっている。(Brown)とは「バーナム・ブラウンによると」という意味の記述である。実際に発見された上腕骨は図1のように小さいものだったので、骨格図ではその短い上腕骨が描かれているが、ブラウンの話では発見された上腕骨は小さすぎるので、それは別個体のものだろう、これだけ大きな体の肉食恐竜であれば上腕骨は大きくて長いと考えられると記されているのだ。オズボーンは「著者の意見としては」もっと化石が発見されてから判断されるべきだと書いている。さらに、ブラウンが硬い砂岩の中から追加標本を採集するのに一九〇五年の夏の発掘シーズンをすべて費やしたこと、それらの追加標本による検証がすでに実施されつつあることも記している。この骨格図から全長は約

図１　ティラノサウルスとホモ・サピエンスの骨格図
Henry Fairfield Osborn, *Tyrannosaurus and other Cretaceous carnivorous dinosaurs*, Bulletin of the American Museum of Natural History 14, 1905.

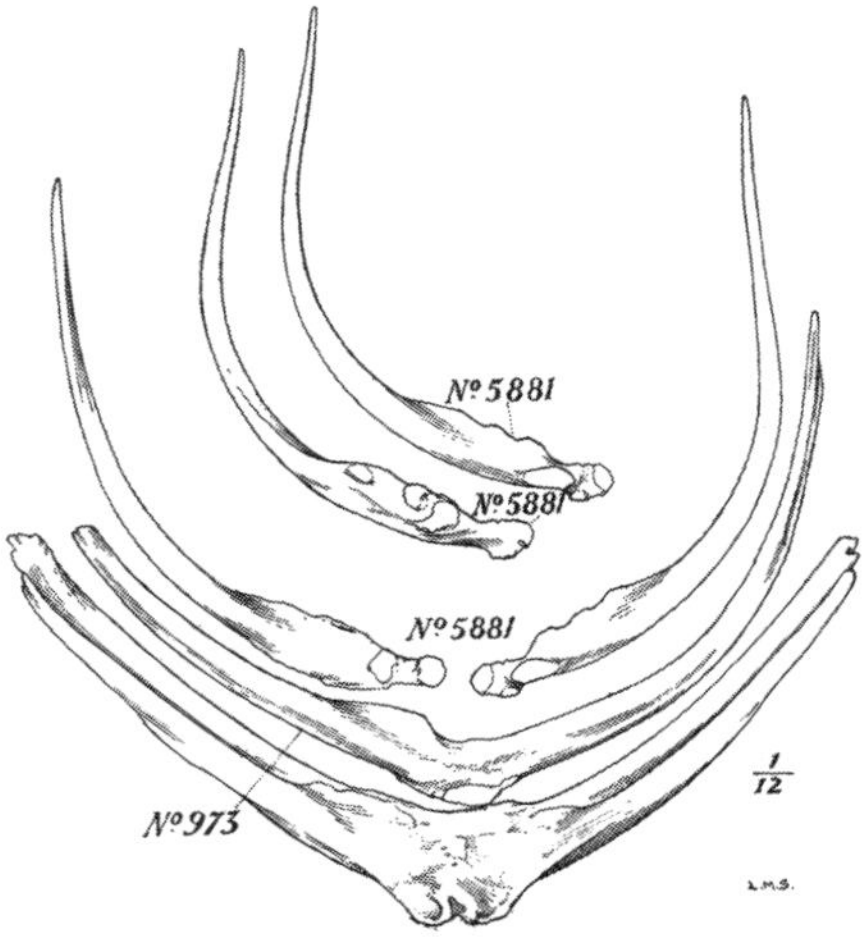

図２　ティラノサウルスの腹肋骨を前方から見た図
Henry Fairfield Osborn, *Tyrannosaurus, Upper Cretaceous carnivorous dinosaur (second communication)*, Bulletin of the American Museum of Natural History 22, 1906.

一一・八メートルとされている。全長については、この段階でかなり正確に推定されていたことになる。一九〇六年にオズボーンは続篇の論文を発表している。この中でオズボーンは、上腕骨と肩甲骨が小型化していることを報告している。上腕骨はとても小さいものの、肩甲骨の肩関節部分にうまくはまりこむことから、ティラノサウルスの前あしが小さかったことをここで初めて明記している。上腕骨は小さいながら三角筋稜が発達していることから前あしは力強く、交尾の際に相手を抱くように使われたのではないかという推測まで記されていた。一九〇五年の論文でダイナモサウルス（AMNH5866）と命名した化石は、その後の研究でティラノサウルスと同種だと見なすべきだとされ、ダイナモサウルスは無効名となった。

ティラノサウルスのホロタイプ標本

オズボーンは一九〇五年の論文の中で、AMNH973をティラノサウルス・レックスのホロタイプ標本に指定した。読者のあなたが恐竜の研究者で、現在研究中の恐竜がティラノサウルスに似ているけれども、新種かもしれないというような状況にあったとする。あなたはその化石をAMNH973と比較し、ティラノサウルス・レックスとの違いを確認する必要がある。あなたは、アメリカ自然史博物館にAMNH973標本を観察しに行くことを計画するだろう。しかし、AMNH973は同博物館には存在しない。一九四一年にピッツバーグにあるカーネギー自然史博物館に移管され、現在はCM9380という登録番号がつけられて、同博物館に展示されている。ホロタイプ標本はその学名の証拠標本なので、特に重要度の高い標本である。一九四一年、第二次世界大戦にアメリカが参戦し、ニューヨークなどの東海岸が空襲される危険性が生じてきた。ブラウンはニューヨークが空襲された場合のリスクを回避するためにピッツバーグに疎開させたと語っている。一方では、経済的に困窮していたアメリカ自然史博物館が重要標本を他館に売却することによって、研究資金を確保していたという説もある。

三脚立ち、腹肋骨

オズボーンの一九〇五年の骨格図では、ティラノサウルスは尾を地面につけて立っている。日本では「ゴジラ」立ち、英語では tripod stance（三脚立ち）と表現される。一九七〇年代に恐竜が現代の爬虫類のような動物ではなく、後述するような恒温動物で、鳥類に進化したという考えが普及するようになると、大きな頭と太くて長い尾が後ろあしのところでヤジロベエのように、前後でバランスを取って、素早く動いていた姿勢に改訂されるようになった。アメリカ自然史博物館では一九九五年に、尾を引きずっていない姿勢に正されたティラノサウルスの全身骨格が公開された。

国立科学博物館には現在、ティラノサウルスの成体が二体、こどもが一体展示されている。「バッキー」という愛称の個体のレプリカは、世界でも他に例のない姿勢で組み立てられている。ティラノサウルスの恥骨はとても大きく、がっしりしている。ティラノサウルスがしゃがむと恥骨が地面に着くので、左右の足と恥骨の三点で安定して「座る」ことができるはずだ。そこで私は「バッキー」がしゃがんでトリケラトプスを待ち伏せしているシーンを設定して、この新復元を二〇一一年に公開した。「バッキー」には、腹肋骨が復元されているので、それまでのティラノサウルスよりもかなり異なった印象を与える。腹肋骨は腹筋のなかにある骨で、背中の肋骨と骨ではつながっていないため、その並び方、機能などには諸説あり、腹肋骨が全身復元骨格に組み込まれていないことが多かった。「バッキー」はティラノサウルスの中でも腹肋骨や叉骨が綺麗に化石に残っていたことから、腹肋骨の復元が可能になったのだ。

オズボーンの一九〇六年の論文には六個の腹肋骨が図示されており（図2）、全身骨格の側面図には腹肋骨も図示されていた。腹肋骨は一九〇六年からその存在や形はわかっていたものの、全身骨格に組み込まれたのは二一世紀になってしまったわけだ。腹肋骨がないと、腹部が細くくびれたような印象を与える。

腹肋骨が復元されたティラノサウルスの胴体はその重量感が高くなった。

ティラノサウルス類のルーツ

後期ジュラ紀の北アメリカの生態系の頂点的な獣脚類恐竜がアロサウルス、後期白亜紀のその位置にはティラノサウルスがいた。かつてはアロサウルス類とティラノサウルス類は近縁で、アロサウルス類のような大型獣脚類の中からティラノサウルス類が進化してきたと考えられていた。しかし、イェール大学大学院で獣脚類の系統解析で博士研究をしたトーマス・R・ホルツ（現メリーランド大学）は、一九九四年、ティラノサウルス類はもともとは小型で華奢なコエルロサウルス類の一員だったという系統仮説を論文発表した。ティラノサウルス類は後期白亜紀に大型化し、アジアではタルボサウルスが、北アメリカではティラノサウルスがそれぞれの生態系で頂点的な獣脚類になっていったのだ。

アメリカ自然史博物館は一九九五年に恐竜の展示室、一九九六年に脊椎動物の進化の展示室を大きくリニューアルした。それは一九九〇年代に古生物学に導入されはじめた、系統進化の分岐分析という手法によって、恐竜の進化の系統図が大きく刷新されたことによる。分岐分析で脊椎動物の系統進化を分析し直す研究をリードし、それをいち早く展示に反映させたのがアメリカ自然史博物館だった。ティラノサウルス類がコエルロサウルス類だったというホルツの分岐分析研究の成果を、世界に先駆けて展示で示したのもアメリカ自然史博物館だった。

ブラウンはどこまで先を見ていたのか？

私は一九八〇年代後半に、アメリカ・イェール大学のジョン・H・オストロム研究室に、ホルツ等と一緒に大学院生として在籍していた。オストロム教授はアメリカ・モンタナ州の前期白亜紀のクローバリー層からデイノニクス・アンティロプスを新種の獣脚類恐竜として一九六九年に発表していた。デイノニクスが現生種の爬虫類よりも活発な動物だろうと考えたオストロムは、デイノニクスのような恐竜は鳥類や哺乳類のような恒温動物だったのではないかと考えた。これはのちに「恐竜温血説」として知られるようになった。オストロムはデイノニクスの手首や骨盤などの構造から、一部の小型獣脚類恐竜は鳥類に進化し、現在も進化を続けていると考えた。こちらは「鳥類の恐竜起源説」として知られる仮説である。いずれの仮説も生物としての恐竜の見方を大きく変えるもので、現代でも広く支持されている。デイノニクスの発見とオストロムの研究は、恐竜の常識を覆した大発見としてあまりにも有名である。

本書の三六四頁に書かれているブラウンのダプトサウルスが、オストロムの研究によってデイノニクスと呼ばれるようになった。ブラウンが恐竜と鳥類とのつながりにどこまで気がついていたのかはわからない。しかし、のちにデイノニクスと呼ばれるようになった恐竜を発見していたこと、その重要性を認識したことに驚かされるとともに、晩年のブラウンのこれらの業績が歴史から忘れ去られてしまっていることが残念でならない。

過去と未来をつなぐ博物館

アメリカ自然史博物館はオズボーンがバーナム・ブラウンや、ロイ・チャップマン・アンドリュースたちを世界各地に派遣して、恐竜など脊椎動物化石コレクションでは世界でも有数の博物館になった。ブラウンが化石を発見するのにどれだけ優れていたかは、世界最高の博物館の一つであるアメリカ自然史博物館に、ブラウンが発見した恐竜など脊椎動物化石が五〇体以上常設展示されていることからも明らかである（本書付録1参照）。デイノニクスのエピソードを読めば、ブラウンが研究者としても類まれなる先見性をもっていたことは間違いない。

ダーウィンやハクスリーが提唱した恐竜と鳥類の進化的な連続性の仮説を検証するような重要な化石を、ブラウンが発見していたのだ。恐竜は絶滅したのではなく、その一部は鳥類に進化して、現代にもつながっている。そのことは一九世紀のダーウィン、ハクスリーが気づき、二〇世紀のブラウン、オストロムがその証拠となる化石を発見し、そして二一世紀の最先端の研究につながっている。このようなつながりと積み重ねこそが、サイエンスという学問の真の魅力である。

（国立科学博物館　副館長）

人名索引

さ

た

な

は

ま

ら

わ

事項索引

さ

ま

原　註

2:6 B4 F2 などの引用は、アメリカ自然史博物館（AMNH）の古脊椎動物学部門アーカイブもしくは AMNH セントラルアーカイブにある文書や写真のファイリングコードを表す。文書や写真が保管されている棚の位置（2:6）、ボックス番号（B4）、フォルダ番号（F2）、シート番号（S2）、封筒（E）など。

プロローグ

＊1　Preston 1984: 101–105.
＊2　F. Brown 1987: 31.
＊3　F. Brown 1987: 13–14.
＊4　2:6 B4 F2, “Patagonia, Land’s End”: 1.
＊5　F. Brown 1987: 14.
＊6　F. Brown 1987: 14.
＊7　2:6 B4 F2, “Patagonia, Land’s End”: 2.
＊8　F. Brown 1987: 14–15.

第 1 章　辺境に育つ

＊1　2:5 B1 F5, “My Most Unforgettable Character.” 特に指定されていないかぎり、第 1 章の引用はすべてこの文書に拠る。
＊2　Snell and Metzler 1972: 25.
＊3　F. Brown 1987: 1.
＊4　H・G・オコナーのカンザス州オーセージ郡の地質図（［1955］2007）に地層境界線を加え、D・R・コリンズがアメリカ地質調査所の 2 万 4000 分の 1 地形図に合わせたもの。カンザス州立地質調査所マップ、M–54、縮尺 5 万分の 1。www.kgs.ku.edu/General/Geology/County/nop/osage.html.
＊5　1889 年 4 月 25 日カンザス州オーセージ郡メリッサ・ブラウン・テイラーがウィリアム・ブラウンに対して申し立てた近親相姦に関する訴訟。スコット・ウィリアムズ氏提供。
＊6　AMNH のアーカイブ（2:5 B1 ブラウン家の家族史フォルダ）に残っているブラウン家の記録には、メリッサがテイラーという名の男性と結婚したことが記されているものの、結婚の日付や相手のフルネームは示されていない。
＊7　本書では特別な綴り（スペリング）や用法は引用符を使ってそのまま記した。ただし、明らかな誤字についてはその都度訂正している。
＊8　オーセージ郡に提出された刑事訴訟の文書。刑事事件第 11 号、カンザス州対ウィリアム・ブラウン、1889 年 4 月 25 日。スコット・ウィリアムズ氏提供。
＊9　本書における現在への貨幣価値のドル換算は、オレゴン州立大学政治学科の R・サールによる 1800 年から 2016 年（予想）にかけての消費者物価指数（CPI）を参考にして、2006 年のドル金額から換算している。
＊10　オーセージ郡地方裁判所に提出された保証金没収の文書。文書第 541 号、カンザス州対ウィリアム・ブラウン、1889 年 5 月 20 日。スコット・ウィリアムズ氏提供。

第 2 章　優等生……とは言えないけれど

＊1　Kohl et al. 2004: 28.
＊2　2:5 B1 F4, “Dossier of Barnum Brown.”
＊3　Kohl et al. 2004: 20.
＊4　Colbert 1984: 66–70.
＊5　Colbert 1984: 70–73.
＊6　Jaffe 2000.
＊7　Colbert 1984: 73–75.
＊8　Colbert 1984: 70, 72.
＊9　Kohl et al. 2004: 20.
＊10　Kohl et al. 2004: 21.

＊11　Kohl et al. 2004: 19.
＊12　2:5 B1 F3,"Journal of 1894 KU Expedition," B. Brown.
＊13　2:5 B1 F3,"Journal of 1894 KU Expedition," B. Brown.
＊14　2:5 B1 F3, 12/21/62.
＊15　2:5 B1 F3, 12/21/62.
＊16　2:5 B1 F3,"Journal of 1894 KU Expedition," B. Brown.
＊17　Barbour 1892.
＊18　Barbour 1895. 現在では、デモネリックスはパラエオカストルという絶滅したビーバー属の巣穴化石として認識されている。カーネギー自然史博物館の 1904 年の遠征を皮きりに、このコルクスクリューの形をした巣穴からはこのビーバーの化石が次々と発見された。そのため基本的にはフックスのほうが優勢であった。http://eobasileus.blogspot.com/2008/02/odd-prehistoric-rodentspart-iii-devils.html を参照のこと。
＊19　2:5 B1 F3; 12/21/62.
＊20　2:5 B1 F3,"Journal of 1894 KU Expedition," B. Brown.
＊21　Kohl et al. 2004: 24.
＊22　2:5 B1 F4, B. Brown Notes.
＊23　2:5 B1 F2, B. Brown Notes.
＊24　2:5 B1 F2, B. Brown Notes.
＊25　2:5 B1 F4, B. Brown Notes.
＊26　Kohl et al. 2004: 23–24.Schuchert and LeVene 1940: 213–214 も参照のこと。
＊27　Colbert 1984: 88.
＊28　Kohl et al. 2004: 24.
＊29　Kohl et al. 2004: 24.
＊30　Kohl et al. 2004: 37.
＊31　Kohl et al. 2004: 38.
＊32　Kohl et al. 2004: 38.
＊33　Kohl et al. 2004: 43.
＊34　Kohl et al. 2004: 44.
＊35　Kohl et al. 2004: 82–84.
＊36　Kohl et al. 2004: 82–83.
＊37　Kohl et al. 2004: 83–84.
＊38　Kohl et al. 2004: 86.
＊39　Kohl et al. 2004: 122.
＊40　2:5 B1 F2, 9/20/1895.
＊41　2:5 B1 F3, 9/26/1895.
＊42　2:5 B1 F1, ワートマン宛のウィリストン書簡 2/18/96.

第 3 章　比類なき見習い実習生

＊1　Kohl et al. 2004: 29; Rainger 1991: 17, 68.
＊2　Colbert 1984: 149.
＊3　Rainger 1991: 75.
＊4　Colbert 1984: 149.
＊5　2:5 B1 F1, ワートマン宛のウィリストン書簡 2/18/1896.
＊6　2:5 B1 F3, 9/4/1918.
＊7　Colbert 1984: 145–149.
＊8　Rainger 1991: 24.
＊9　Rainger 1991: 25.
＊10　Rainger 1991: 73–74.
＊11　Rainger 1991: 78.
＊12　Regal 2002: xviii.
＊13　Rainger 1991: 28.
＊14　Rainger 1991: 30.
＊15　Rainger 1991: 28.
＊16　Colbert 1984: 148.
＊17　Rainger 1991: 28; Colbert 1984: 147.
＊18　Rainger 1991: 29.
＊19　Rainger 1991: 29.
＊20　Rainger 1991: 62.
＊21　Rainger 1991: 31.
＊22　Rainger 1991: 31, 61.
＊23　Rainger 1991: 68.
＊24　Rainger 1991: 69.
＊25　Rainger 1991: 68, 89.
＊26　2:5 B1 F3, 4/2/1896.
＊27　2:5 B3 F11, Expedition into the San Juan Basin, 1896.
＊28　2:5 B3 F11, Expedition into the San Juan Basin, 1896.
＊29　2:5 B1 F4, B. Brown notes on 1896 expedition.
＊30　2:5 B3 F11, Expedition into the San Juan Basin, 1896.
＊31　2:5 B3 F11, Expedition into the Big Horn and Wind River Basins, 1896.
＊32　2:5 B3 F11, Expedition into the Big Horn and Wind River Basins, 1896.
＊33　2:5 B3 F11, Expedition into the Big Horn and Wind River Basins, 1896.
＊34　2:5 B1 F1 and 2, B. Brown notes, 1896.
＊35　2:5 B1 F4, B. Brown notes on 1896

expedition.
＊36　2:5 B2 F3, 11/15/1896.
＊37　Rainger 1991: 94–97（pp. 94, 96 からの引用）.
＊38　2:5 B2 F3, 11/15/1896.
＊39　2:5 B2 F3, 3/24/1897.
＊40　2:5 B2 F3, 3/30/1897.
＊41　2:5 B2 F3, 3/30/1897.
＊42　2:5 B2 F3, 3/31/1897.
＊43　2:5 B1 F1, Barnum Brown: Additional Information.
＊44　2:5 B2 F3, 4/20/1897.
＊45　2:5 B2 F3, 5/1/1897.
＊46　2:5 B2 F3, 5/6/1897.
＊47　2:5 B2 F3, 8/8/1897.〔5/8/1897 か？〕
＊48　2:5 B3 F11, Expedition into the Jurassic of Wyoming.
＊49　2:5 B2 F3, 6/14/1897.
＊50　2:5 B3 F11, Expedition into the Jurassic of Wyoming.
＊51　2:5 B3 F11, Expedition into the Jurassic of Wyoming.
＊52　2:5 B2 F3, 8/15/1897.
＊53　2:5 B3 F11, Expedition into the Jurassic of Wyoming.
＊54　2:5 B1 F1, Barnum Brown: Additional Information.
＊55　Bird 1985: 213.
＊56　2:5 B1 F1, オズボーンからディーン・R・S・ウッドワード宛と思われる書簡 4/30/1898.
＊57　2:5 B2 F3, 8/15/1897.

第 4 章　地の果て

＊1　Colbert 1992: 4–10.
＊2　Colbert 1992: 5.
＊3　Colbert 1992: 22–30.
＊4　Colbert 1992: 9.
＊5　Colbert 1992: 42.
＊6　Colbert 1992: 44–47.
＊7　Rainger 1991: 63, 88.
＊8　2:5 B3 F11, Report of Museum Expedition of 1898 into Kansas, Nebraska, and Colorado.
＊9　Rainger 1991: 91.
＊10　Regal 2002: 31.
＊11　Regal 2002: xv.
＊12　Colbert 1992: 182–183.
＊13　Rainger 1991: 76.
＊14　2:5 B3 F11, Report of Museum Expedition of 1898 into Kansas, Nebraska, and Colorado.
＊15　2:5 B2 F3, 8/18/1898.
＊16　2:5 B2 F3, 9/19/1898.
＊17　2:5 B2 F3, 9/19/1898.
＊18　2:5 B3 F11, Osborn Report, 1898.
＊19　Rainger 1991: 92–93.
＊20　Rainger 1991: 93. 南米が他の大陸から分離したときに孤立して進化を遂げた南米の奇妙な新生代哺乳類相や、南米からオーストラリアにいたる南半球の大陸に分布する有袋類には、昔も今も大きな興味が持たれている。古哺乳類学者として、オズボーンもマシューもこれらの種のコレクションを研究用および展示用に手に入れたいと強く思っていた。
＊21　Rainger 1991: 75.
＊22　Rainger 1991: 81.
＊23　www.peabody.yale.edu/archives/ypmbios/hatcher.html; Rea 2001: 22.
＊24　6:2 B1 F8, B. Brown notebook. ニューヨークからプンタアレナスへの航海の日付に関して、「パタゴニア ―― 地の果て」（Patagonia, Land's End）という公刊しなかったと思われる一般向けの記事の草稿では出発と到着は 1898 年 12 月 8 日および 1899 年 1 月 10 日とされている。一方、フランシス・ブラウンの『彼をバーナムと呼ぼう』（*Let's Call Him Barnum*）では 1898 年 12 月 7 日および 1899 年 1 月 5 日になっている。本書では、ブラウンのノートにある航海日誌の日付を用いた。航海中に記録されたものと考えられるためである。
＊25　2:6 B4 F2, "Patagonia, Land's End": 3.
＊26　2:6 B4 F2, "On the Straits of Magellan."
＊27　2:6 B4 F2, "Patagonia, Land's End": 3.
＊28　Darwin 1909: chap. 5
＊29　2:6 B4 F2, "Patagonia, Land's End": 3.
＊30　2:5 B3 F11, Brown Report, Expedition to Patagonia: 1–2; 2:6 B2 F2, map of route.
＊31　2:6 B4 F2, "Patagonia, Land's End": 4.
＊32　2:6 B4 F2, "Patagonia, Land's End": 4.
＊33　2:5 B3 F11, Brown Report, Expedition to Patagonia: 2.

＊34　2:6 B4 F2, “Patagonia, Land's End”: 5.
＊35　2:5 B3 F11, Brown Report, Expedition to Patagonia: 2–3.
＊36　2:6 B4 F2, “Patagonia, Land's End”: 5.
＊37　2:5 B3 F11, Brown Report, Expedition to Patagonia: 3.
＊38　www.peabody.yale.edu/archives/ypmbios/hatcher.html.
＊39　2:6 B4 F2, “Patagonia, Land's End”: 2–3.
＊40　www.peabody.yale.edu/archives/ypmbios/hatcher.html.
＊41　2:5 B2 F3, 8/15/1899.
＊42　2:5 B2 F3, Brown Patagonian contract.
＊43　2:5 B2 F3, 8/15/1899.
＊44　Rainger 1991: 77–79.
＊45　2:5 B2 F3, 8/15/1899.
＊46　Brown 1903.
＊47　2:5 B2 F3, 11/25/1899.
＊48　2:5 B3 F11, Brown Report, Expedition to Patagonia: 3.
＊49　2:6 B4 F2, “Patagonia, Land's End”: 7.
＊50　2:5 B2 F3, 11/25/1899.
＊51　2:5 B2 F3, 12/29/1899.
＊52　2:6 B4 F2, “Patagonia, Land's End”: 8.
＊53　2:6 B4 F2, “Patagonia, Land's End”: 6.
＊54　2:6 B4 F2, “Patagonia, Land's End”: 10.
＊55　2:6 B4 F2, “Patagonia, Land's End”: 10–11.
＊56　2:6 B4 F2, “Patagonia, Land's End”: 8–9.
＊57　2:5 B2 F3, 2/15/1900.
＊58　2:6 B4 F2, “Patagonia, Land's End”: 13.
＊59　2:6 B4 F2, “Patagonia, Land's End”: 13–14.
＊60　2:6 B4 F2, Genevieve: 1.
＊61　ブラウンがソルトピアとともにホーン岬周辺を航海したのがいつだったのかは正確にはわからない。この遠征をまとめた「パタゴニア――地の果て」でも『彼をバーナムと呼ぼう』(F. Brown 1986) でも、サンタクルーズでのフィールドワークをすべて終えた遠征の最後の方の出来事としている。ところが、「スパニアード港付近での難破」(2:6 B4 F2) と書かれたメモでは、遠征の最初のほうであることをほのめかしている。というのは、ブラウンはこのとき2週間後にプンタアレナスで合流するとハッチャーに伝えたとされているのだ。きっとアンデス山脈への旅をはじめるためであろう。ただ、この記述は脈絡なく断片的なものであるので、われわれは前者の二つの文書を総合して信頼することにした。またブラウンのフィールドノートの記録 (6:2 B1 F8) がはじまるのが1900年2月28日であることも考慮した。
＊62　2:5 B4 F2, Genevieve.
＊63　この3人目の乗組員が誰なのかは不明。「スパニアード港付近での難破」(2:6 B4 F2) では、片腕の船長スミスは港までしか操舵できないと同行を拒否し、船長の相棒なら同行してもいいと言ったとされる。一方、「パタゴニア――地の果て」(14) では、ソルトピアの船を盗んだ片腕の船長は、捕まったことに「それほど動揺せず、われわれと一緒に行く」と言ったとある。さらに、「パタゴニア　ソルトピアと難破船」には別の記述がある。これはブラウンが購入したがったらしいジェネビーブという口述録音装置を使って録音した記録だが、それには、また別の乗組員が同行することになったとある。われわれはこの「パタゴニア　ソルトピアと難破船」の記述を採用することにしたが、実際のところはわからない。
＊64　2:6 B4 F2, “Patagonia, Land's End”: 15.
＊65　2:6 B4 F2, “Patagonia, Land's End”: 15; 2:6 B4 F2, Genevieve: 1–2.
＊66　2:6 B4 F2, “Patagonia, Land's End”: 16.
＊67　2:6 B4 F2, “Patagonia, Land's End”: 17.
＊68　2:6 B4 F2, “Patagonia, Land's End”: 19.
＊69　F. Brown 1987: 22.

第5章　ヘルクリークの奥へ

＊1　2:6 B4 F2, “Patagonia, Land's End”: 19.
＊2　1:1 Dept. Vertebrate Paleontology, Ann. Report 1900.
＊3　2:3 B1 F10, 7/7/1900.
＊4　Rainger 1991: 21.
＊5　Rainger 1991: 97; www.carnegiemnh.org/vp/history.html; Colbert 1984: 164.
＊6　www.carnegiemnh.org/vp/history.html.
＊7　www.fieldmuseum.org/research_collections/geology/history.htm.
＊8　2:3 B1 F10, 6/29/1900.
＊9　2:3 B1 F10, 8/9/1900.

＊10　1:1 Dept. Vertebrate Paleontology, Ann. Report 1900.
＊11　2:3 B1 F10, 9/1/1900.
＊12　2:3 B1 F10, 10/4/1900.
＊13　2:3 B1 F10, 10/17/1900.
＊14　Berger 2004; 1:1 Admin./Ann. Report, 1900, Field Notes (for collecting in Westin County, Wyoming).
＊15　2:3 B1 F10, 12/1/1900.
＊16　2:3 B1 F10, 12/10/1900.
＊17　2:3 B1 F10, 12/26/1900.
＊18　2:3 B1 F10, 12/10/1900.
＊19　2:3 B1 F10, 1/25/1901.
＊20　1:1 Dept. Vertebrate Paleontology, Ann. Report 1900.
＊21　2:3 B2 F3, 5/20/1901.
＊22　2:3 B2 F3, 7/13/1901.
＊23　2:3 B2 F3, 7/22/1901.
＊24　2:3 B2 F3, 8/4/1901.
＊25　2:3 B2 F3, 8/31/1901.
＊26　Hornaday 1925: 5–6.
＊27　Hornaday 1925: 47–51.
＊28　Lepley and Lepley 1992: 84.
＊29　Hornaday 1925: 79–80.
＊30　Colbert 1984: 82–83.
＊31　Colbert 1984: 84–85.
＊32　2:3 B2 F6, 5/29/1902.
＊33　http://lib.montana.edu/collect/spcoll/montana1900/montana1900.html.
＊34　2:3 B2 F6, 6/17/1902.
＊35　2:3 B2 F6, 6/19/1902.
＊36　2:3 B2 F6, 6/19/1902.
＊37　2:3 B2 F6, 7/7/1902.
＊38　Jordan 2003: 139–140.
＊39　2:3 B2 F6, 7/12/1902.
＊40　2:3 B2 F6, 7/25/1902.
＊41　2:3 B2 F6, 7/19/1902.
＊42　2:3 B2 F6, 8/2/1902.
＊43　2:3 B2 F6, 8/12/1902.
＊44　2:3 B2 F6, 8/12/1902.
＊45　2:3 B2 F6, 9/3/1902.〔9/5/1902 か？〕
＊46　Berger 2004.
＊47　2:3 B2 F6, 10/13/1902.
＊48　2:3 B2 F13, 5/8/1903.
＊49　1:1 Dept. Vertebrate Paleontology, Ann. Report 1903.
＊50　2:3 B2 F13, 6/7/1903.
＊51　2:3 B2 F13, 6/11/1903.
＊52　2:3 B2 F13, 5/24/1903.
＊53　2:3 B2 F13, 5/31/1903.
＊54　2:3 B2 F13, 7/3/1903.
＊55　Colbert 1984: 234.
＊56　2:3 B2 F13, 7/29/1903.
＊57　2:3 B2 F13, 7/23/1903.
＊58　1:1 Dept. Vertebrate Paleontology, Ann. Report 1903: 120–121.
＊59　オズボーンのこの手紙にブラウンは1903年9月23日に返信しているが（2:3 B2 F13）、オズボーンの手紙自体は見つかっていない。
＊60　1:1 Dept. Vertebrate Paleontology, Ann. Report 1903: 121–123.

第6章　愛する者

＊1　2:5 B1 F2, Scattered Notes: 3.
＊2　F. Brown 1987: 23–24.
＊3　F. Brown 1987: 23–24.
＊4　2:6 B7 F1, M. R. Brown, 1904, Log Book of the Bug Hunters: 1.
＊5　Rainger 1991: 71.
＊6　2:3 B2 F14, 6/10/04.
＊7　1:1 Dept. Vertebrate Paleontology, Ann. Report 1904.
＊8　2:6 B7 F1, M. R. Brown, 1904, Log Book of the Bug Hunters: 4.
＊9　2:6 B7 F1, M. R. Brown, 1904, Log Book of the Bug Hunters: 6.
＊10　2:6 B7 F1, M. R. Brown, 1904, Log Book of the Bug Hunters: 6.
＊11　2:6 B7 F1, M. R. Brown, 1904, Log Book of the Bug Hunters: 14.
＊12　2:6 B7 F1, M. R. Brown, 1904, Log Book of the Bug Hunters: 16–17.
＊13　2:6 B7 F1, M. R. Brown, 1904, Log Book of the Bug Hunters: 20.
＊14　2:6 B7 F1, B. Brown notes for Log Book of the Bug Hunters: 5（マリオンの記述の末尾に10ページの補足が付されている）.
＊15　2:6 B7 F1, M. R. Brown, 1904, Log Book of the Bug Hunters: 23; 1:1 Dept. Vertebrate Paleontology, Ann. Report 1904.
＊16　2:6 B7 F1, M. R. Brown, 1904, Log Book

of the Bug Hunters: 24–25.

＊17　2:6 B7 F1, M. R. Brown, 1904, Log Book of the Bug Hunters: 26.

＊18　2:6 B7 F1, B. Brown notes for Log Book of the Bug Hunters: 1.

＊19　2:6 B7 F1, M. R. Brown, 1904, Log Book of the Bug Hunters: 27, 28.

＊20　2:6 B7 F1, M. R. Brown, 1904, Log Book of the Bug Hunters: 30.

＊21　1:1 Dept. Vertebrate Paleontology, Ann. Report 1904.

＊22　2:6 B7 F1, M. R. Brown, 1904, Log Book of the Bug Hunters: 31.

＊23　2:6 B7 F1, M. R. Brown, 1904, Log Book of the Bug Hunters: 33.

＊24　2:6 B7 F1, M. R. Brown, 1904, Log Book of the Bug Hunters: 35–36.

＊25　2:6 B7 F1, M. R. Brown, 1904, Log Book of the Bug Hunters: 41, 44; 2:6 B7 F1, B. Brown notes for Log Book of the Bug Hunters: 5.

＊26　Brown 1910.

＊27　1:1 Dept. Vertebrate Paleontology, Ann. Report 1904.

＊28　2:6 B7 F1, B. Brown notes for Log Book of the Bug Hunters: 8.

＊29　F. Brown 1987: 25.

＊30　2:6 B7 F1, B. Brown notes for Log Book of the Bug Hunters: 9.

＊31　2:6 B7 F1, B. Brown notes for Log Book of the Bug Hunters: 10.

＊32　2:6 B7 F1, B. Brown notes for Log Book of the Bug Hunters: 10.

＊33　Osborn 1905: 477; 1906: 281.

＊34　Osborn 1905: 477.

＊35　Osborn 1905.

＊36　2:3 B2 F16, 6/5/1905.

＊37　1:1 Dept. Vertebrate Paleontology, Ann. Report 1905.

＊38　2:3 B2 F16, 6/24/1905.

＊39　2:3 B2 F16, 6/24/1905.

＊40　2:3 B2 F16, 7/6/1905.

＊41　2:3 B2 F16, 7/2/1905.

＊42　2:3 B2 F16, 7/2/1905.

＊43　1:1 Dept. Vertebrate Paleontology, Ann. Report 1905.

＊44　2:3 B2 F16, 7/2/1905.

＊45　2:3 B2 F16, 7/15/1905.

＊46　2:3 B2 F16, 7/25/1905.

＊47　2:3 B2 F16, 8/8/1905.

＊48　2:3 B2 F16, 8/22/1905.

＊49　2:3 B2 F16, 9/22/1905.

＊50　2:3 B2 F16, 9/22/1905.

＊51　2:3 B2 F15, 10/14/1905.

＊52　Osborn 1906: 281.

＊53　2:3 B2 F16, 9/22/1905.

第7章　喪　失

＊1　2:3 B3 F1, 6/28/1906.

＊2　1:1 Dept. Vertebrate Paleontology, Ann. Report 1906.

＊3　2:3 B3 F1, 7/17/1906.

＊4　2:3 B3 F1, 8/23/1906.

＊5　1:1 Dept. Vertebrate Paleontology, Ann. Report 1906.

＊6　Osborn 1906: 281.

＊7　Osborn 1906: 290–291.

＊8　Osborn 1906: 281.

＊9　Osborn 1906: 296.

＊10　2:3 B3 F1, 10/10/1906.

＊11　1:1 Dept. Vertebrate Paleontology, Ann. Report 1907.

＊12　1:1 Dept. Vertebrate Paleontology, Ann. Report 1907; Brown 1907.

＊13　Alvarez et al. 1980.

＊14　Dingus and Rowe 1997.

＊15　6:2 B3 E4, B. Brown 1908 field notebook, 6/21/1908.

＊16　6:2 B3 E4, B. Brown 1908 field notebook, 7/1/1908.

＊17　6:2 B3 E4, B. Brown 1908 field notebook, 7/3/1908.

＊18　Norell et al. 1995: 190.

＊19　6:2 B3 E4, B. Brown 1908 field notebook, 7/4/1908.

＊20　2:3 B3 F4, 7/8/1908.

＊21　2:3 B3 F4, 7/8/1908.

＊22　2:3 B3 F4, 7/15/1908.

＊23　2:3 B3 F4, 7/30/1908.

＊24　6:2 B3 E4, B. Brown 1908 field notebook, 7/21/1908.

＊25　2:3 B3 F4, 8/1/1908.

＊26　2:3 B3 F4, 8/10/1908.

＊27　2:3 B3 F4, 8/10/1908.
＊28　6:2 B3 E4, B. Brown 1908 field notebook, 10/8/1908, 10/10/08.
＊29　1:1 Dept. Vertebrate Paleontology, Ann. Report 1908.
＊30　Osborn 1912.
＊31　Rainger 1991: 70.
＊32　Berger 2004; Osborn 1916: 761–762.
＊33　Berger 2004.
＊34　Brown 1915: 322.
＊35　AMNH Central Archives, 1209, 1941–1949: 7/7/1941.
＊36　2:5 B2 F4, Memoirs of Barnum Brown: Discovery, Excavation, and Preparation of the Type Specimen *Tyrannosaurus rex* (AMNH No. 973).
＊37　1:1 Dept. Vertebrate Paleontology, Ann. Report 1909.
＊38　1:1 Dept. Vertebrate Paleontology, Ann. Report 1909.
＊39　2:3 B3 F5, 8/15/1909.
＊40　1:1 Dept. Vertebrate Paleontology, Ann. Report 1909; 2:3 B3 F5, 9/27/1909.
＊41　F. Brown 1987: 25–26.
＊42　AMNH Central Archives, Osborn, B3 F26, 5/11/1910.
＊43　F. Brown 1987: 24–25.

第8章　カナダの恐竜ボーンラッシュ

＊1　F. Brown 1987: 27.
＊2　Colbert 1984: 178–179.
＊3　Colbert 1984: 181–182.
＊4　Osborn 1902; Lambe 1902.
＊5　Eberth 1997a,b; Eberth 2005.
＊6　1:1 Dept. Vertebrate Paleontology, Ann. Report 1910.
＊7　2:3 B3 F6, 7/24/1910.
＊8　特に指定のないかぎり、これ以降の遠征に関する引用や詳細は、すべて1910年の年報（1:1 古脊椎動物学部門）に拠る。
＊9　2:6 B4 F1, P. Kaisen Diary, 1910–1916: 5.
＊10　2:3 B3 F6, 8/1/1910.
＊11　2:3 B3 F6, 8/6/1910.
＊12　2:3 B3 F6, 7/31/1910.
＊13　2:3 B3 F6, 8/6/1910.
＊14　Quoted in Colbert 1984: 188.
＊15　ダレン・タンケとの私信。
＊16　1:1 Dept. Vertebrate Paleontology, Ann. Report 1910.
＊17　2:6 B4 F1, P. Kaisen Diary, 1910–1916: 9.
＊18　2:3 B3 F6, 9/12/1910.
＊19　2:3 B3 F6, 9/22/1910.
＊20　1:1 Dept. Vertebrate Paleontology, Ann. Report 1910.
＊21　2:3 B3 F6, 10/25/1910.
＊22　1:1 Dept. Vertebrate Paleontology, Ann. Report 1911.
＊23　1:1 Dept. Vertebrate Paleontology, Ann. Report 1911.
＊24　1:1 Dept. Vertebrate Paleontology, Ann. Report 1911; Brown 1913: 227.
＊25　2:6 B4 F1, P. Kaisen Diary, 1910–1916: 21.
＊26　1:1 Dept. Vertebrate Paleontology, Ann. Report 1911.
＊27　2:6 B4 F1, P. Kaisen Diary, 1910–1916: 24.
＊28　2:3 B3 F8, 9/3/1911.
＊29　1:1 Dept. Vertebrate Paleontology, Ann. Report 1911.
＊30　2:5 B1 F4, B. Brown notes.
＊31　1:1 Dept. Vertebrate Paleontology, Ann. Report 1911.
＊32　1:1 Dept. Vertebrate Paleontology, Ann. Report 1911.
＊33　2:6 B4 F1, P. Kaisen Diary, 1910–1916: 28.
＊34　2:3 B3 F10, 7/28/1912.
＊35　Colbert 1984: 190.
＊36　Dingus and Norell 2008: 24.
＊37　2:3 B3 F10, 7/9–12/1912; Spalding 2001.
＊38　2:6 B4 F1, P. Kaisen Diary, 1910–1916: 30; http://research.amnh.org/paleontology/reports/1912.html.
＊39　2:6 B4 F1, P. Kaisen Diary, 1910–1916: 32.
＊40　2:3 B3 F10, 9/22/1912.
＊41　2:6 B4 F1, P. Kaisen Diary, 1910–1916: 34.
＊42　1:1 Dept. Vertebrate Paleontology, Ann. Report 1912.
＊43　2:3 B3 F10, 7/28/1912; ダレン・タンケとの私信。
＊44　1:1 Dept. Vertebrate Paleontology, Ann. Report 1912.
＊45　2:3 B3 F10, 8/11/1912.

＊46　2:3 B3 F10, 9/22/1912.
＊47　2:6 B4 F1, P. Kaisen Diary, 1910–1916: 37.
＊48　2:3 B3 F10, 8/11/1912.
＊49　1:1 Dept. Vertebrate Paleontology, Ann. Report 1912.
＊50　2:6 B4 F1, P. Kaisen Diary, 1910–1916: 41.
＊51　2:3 B3 F10, 9/5/1912.
＊52　2:3 B3 F10, 9/17/1912.
＊53　1:1 Dept. Vertebrate Paleontology, Ann. Report 1912.
＊54　Chiappe and Dingus 2001.
＊55　1:1 Dept. Vertebrate Paleontology, Ann. Report 1912.
＊56　2:3 B3 F10, 10/23/1912.
＊57　2:3 B4 F2, 6/22/1913.
＊58　1:1 Dept. Vertebrate Paleontology, Ann. Report 1913.
＊59　2:3 B3 F2, 7/6/1913.
＊60　2:6 B4 F1, P. Kaisen Diary, 1910–1916: 48.
＊61　2:3 B3 F2, 7/6/1913.
＊62　2:3 B4 F2, 7/14/1913.
＊63　2:3 B4 F2, 7/14/1913.
＊64　2:3 B4 F2, 7/21/1913.
＊65　2:3 B4 F2, 8/3/1913.
＊66　2:3 B4 F2, 7/23/1913.
＊67　2:3 B4 F2, 8/3/1913.
＊68　2:3 B4 F2, 7/23/1913.
＊69　2:6 B4 F1, P. Kaisen Diary, 1910–1916: 49.
＊70　1:1 Dept. Vertebrate Paleontology, Ann. Report 1913.
＊71　1:1 Dept. Vertebrate Paleontology, Ann. Report 1913.
＊72　2:3 B4 F2, 9/2/1913.
＊73　2:3 B4 F2, 9/23/1913.
＊74　1:1 Dept. Vertebrate Paleontology, Ann. Report 1914.
＊75　2:6 B4 F1, P. Kaisen Diary, 1910–1916: 57.
＊76　2:3 B4 F3, 7/3/1914.
＊77　2:3 B4 F3, 7/3/1914.〔この引用の日付は誤りか？〕
＊78　2:5 B1 F4, B. Brown, Red Deer River Work 1914.
＊79　2:3 B4 F3, 7/3/1914.
＊80　2:3 B4 F3, 8/5/1914.
＊81　2:3 B4 F3, 7/3/1914.〔この引用の日付は誤りか？〕
＊82　2:3 B4 F3, 8/10/1914.
＊83　2:3 B4 F3, 9/7/1914.
＊84　2:3 B4 F3, 9/13/1914; ダレン・タンケとの私信。
＊85　1:1 Dept. Vertebrate Paleontology, Ann. Report 1914.
＊86　1:1 Dept. Vertebrate Paleontology, Ann. Report 1915.
＊87　1:1 Dept. Vertebrate Paleontology, Ann. Report 1915.
＊88　2:3 B4 F4, 8/26/1915.
＊89　2:3 B4 F4, 7/25/1915.
＊90　2:3 B4 F4, 10/25/1915.
＊91　1:1 Dept. Vertebrate Paleontology, Ann. Report 1915; 2:3 B4 F4, 10/25/1915.
＊92　Brown 1919: 427.
＊93　Rainger 1991: 95.
＊94　Currie 2005: 5–7; Brown, Russell, and Ryan 2009; Sampson, Ryan, and Tanke 1997; ダレン・タンケとの私信。
＊95　Tanke 2005; ダレン・タンケとの私信。

第９章　キューバ、アビシニア、そして秘密の活動

＊1　2:3 B4 F5, 7/27/1916.
＊2　2:3 B4 F5, 7/27/1916.
＊3　2:3 B4 F5, 7/27/1916.
＊4　2:3 B4 F5, 8/15/1916 と 8/18/1916.
＊5　Eberth 1997b: 380.
＊6　2:3 B4 F5, 7/27/1916.
＊7　1:1 Dept. Vertebrate Paleontology, Ann. Report 1917.
＊8　F. Brown 1987: 27.
＊9　2:5 B1 F1, 2:5 B1 F4, B. Brown dossier and field trip records.
＊10　1:1 Dept. Vertebrate Paleontology, Ann. Report 1918.
＊11　2:3 B4 F7, 4/30/1918.
＊12　2:3 B4 F7, 6/1/1918.
＊13　2:5 B2 F4, 4/20/1918.
＊14　1:1 Dept. Vertebrate Paleontology, Ann. Report 1918.
＊15　2:3 B4 F7, 6/14/1918.
＊16　2:5 B1 F4, 10/17–22/1918.
＊17　2:5 B1 F4, 10/17–22/1918.
＊18　2:5 B4 F4, 12/3/1918.

＊19　2:3 B4 F9, 6/18/1919.
＊20　2:3 B4 F9, 5/24/1919.
＊21　2:5 B2 F4, 12/28/1919.
＊22　2:5 B2 F4, Matthew to Brown, 1/6/1920.
＊23　2:5 B2 F4, Matthew to Osborn, 1/6/1920.
＊24　Carter 2003; www.exxonmobil.com/Europe-English/about_who_history_europe.aspx.
＊25　www.digitalhistory.uh.edu/historyonline/oil.cfm.
＊26　5:3 B1 F2, Capt. H. F. Moon's Diary, 1920 Dudley Expedition: 72.
＊27　Brown 1925b: 607.
＊28　F. Brown 1987: 31–32.
＊29　Brown 1925b: 607.
＊30　5:3 B1 F2, Capt. H. F. Moon's Diary, 1920 Dudley Expedition: 72.
＊31　5:3 B1 F2, Capt. H. F. Moon's Diary, 1920 Dudley Expedition: 74.
＊32　5:3 B1 F2, Capt. H. F. Moon's Diary, 1920 Dudley Expedition: 78.
＊33　5:3 B1 F2, Capt. H. F. Moon's Diary, 1920 Dudley Expedition: 80.
＊34　5:3 B1 F2, Capt. H. F. Moon's Diary, 1920 Dudley Expedition: 81.
＊35　Brown 1925b: 609.
＊36　www.onwar.com/aced/data/mike/madmullah1899.htm; www.chakoten.dk/mad_mullah.html.
＊37　5:3 B1 F2, Capt. H. F. Moon's Diary, 1920 Dudley Expedition: 82.
＊38　5:3 B1 F2, Capt. H. F. Moon's Diary, 1920 Dudley Expedition: 85.
＊39　5:3 B1 F2, Capt. H. F. Moon's Diary, 1920 Dudley Expedition: 89.
＊40　5:3 B1 F2, Capt. H. F. Moon's Diary, 1920 Dudley Expedition: 92.
＊41　Brown 1925b: 609–612.
＊42　5:3 B1 F2, B. Brown's Journal of Camel Caravans, Abyssinia, 1921–1922: 32–33.
＊43　5:3 B1 F2, B. Brown's Journal of Camel Caravans, Abyssinia, 1921–1922: 38.
＊44　5:3 B1 F2, B. Brown's Journal of Camel Caravans, Abyssinia, 1921–1922: 46.
＊45　5:3 B1 F2, B. Brown's Journal of Camel Caravans, Abyssinia, 1921–1922: 47.
＊46　2:5 B1 F4, Dossier of Barnum Brown, Issa Somalis.
＊47　5:3 B1 F2, B. Brown's Journal of Camel Caravans, Abyssinia, 1921–1922: 51.
＊48　Josephson 1952.
＊49　F. Brown 1987: 35.
＊50　2:6 B7 F3, 12/31/1920.
＊51　2:6 B7 F3, 1/8/1921.
＊52　2:6 B7 F3, 1/18/1921.
＊53　2:6 B7 F3, 2/18/1921.
＊54　2:3 B4 F11, 5/18/1921.
＊55　2:3 B4 F11, 5/20/1921.
＊56　F. Brown 1987: 33.
＊57　2:3 B4 F11, 5/23/1921.
＊58　2:3 B4 F11, 6/6/1921.
＊59　2:5 B2 F4, 6/3/1921.
＊60　2:5 B2 F4, 9/1/1921.
＊61　Barton 1941: 310.
＊62　2:6 B7 F3, 6/30/1921.

第10章　東洋の宝物

＊1　2:5 B2 F5, 5/14/1922.
＊2　Colbert 1935: iii.
＊3　www.wku.edu/~smithch/chronob/PILG1875.htm.
＊4　Eldredge and Gould 1972.
＊5　Kennedy and Ciochon 1999.
＊6　Hartwig 2002: 369.
＊7　Hartwig 2002: 369.
＊8　Regal 2002: xi.
＊9　Lewin 1987: 53–55.
＊10　Lewin 1987: 56.
＊11　2:6 B7 F4, 12/25/1921.
＊12　2:6 B7 F4, 12/25/1921.
＊13　2:6 B7 F4, 1/1/1922.
＊14　2:6 B7 F4, 1/4/1922.
＊15　Lindsay et al. 1980.
＊16　Barry 1995; Pilbeam et al. 1996; Barry et al. 2002; Behrensmeyer and Barry 2005; L・J・フリン、J・C・バリーとの私信。
＊17　2:5 B2 F5, 1/10/1922.
＊18　2:5 B2 F5, 1/25/1922.
＊19　2:5 B2 F5, 1/27/1922.
＊20　2:5 B2 F5, 1/27/1922.
＊21　2:5 B2 F5, 2/9/1922.
＊22　2:5 B2 F5, 2/23/1922; L・J・フリン、J・C・バリーとの私信 ; Tassy 1983: 337.

＊23　2:6 B7 F4, 2/14/1922.
＊24　2:5 B2 F5, 2/23/1922.
＊25　2:6 B7 F4, 2/25/1922.
＊26　2:5 B2 F5, 3/7/1922.
＊27　2:6 B7 F4, 3/31/1922.
＊28　2:6 B7 F4, 4/1–3/1922.
＊29　2:5 B2 F5, 4/23/1922.
＊30　2:5 B2 F5, 4/23/1922.
＊31　2:6 B7 F4, 4/24/1922.
＊32　2:5 B2 F5, 5/14/1922.
＊33　2:5 B2 F5, 6/1/1922.
＊34　2:5 B2 F5, 6/15/1922.
＊35　Regal 2002: 154–162.
＊36　2:5 B2 F5, 6/21/1922.
＊37　AMNH Central Archives, Osborn, B3 F26, 6/17/1922.
＊38　2:6 B7 F4, 6/30/1922.
＊39　2:5 B2 F5, 7/13/1922.
＊40　2:5 B2 F5, 7/14/1922 and 8/1/1922.
＊41　2:6 B7 F4, 7/22/1922.
＊42　2:6 B7 F4, 7/22/1922.
＊43　2:5 B F5, 8/5/1922.
＊44　2:5 B2 F5, 8/8/1922.
＊45　2:5 B2 F5, 8/11/1922.
＊46　2:6 B7 F4, 8/14/1922.
＊47　2:6 B7 F4, 8/14/1922.
＊48　2:5 B2 F5, 10/10/1922.
＊49　2:6 B7 F4, 10/17/1922.
＊50　2:6 B7 F4, 10/17/1922.
＊51　2:5 B2 F4, 10/19/1922.
＊52　2:5 B2 F5, 10/20/1922.
＊53　2:5 B2 F5, 11/3/1922.
＊54　2:6 B7 F4, 11/21/1922.
＊55　2:5 B2 F5, 12/1/1922.
＊56　2:5 B2 F5, 12/7/1922.
＊57　2:5 B2 F5, 12/8/1922.
＊58　2:5 B2 F5, 12/15/1922.
＊59　Rainger 1991: 102.
＊60　2:5 B2 F5, 12/28/1922.
＊61　Matthew 1929; Colbert 1992: 202–205.
＊62　Colbert 1935: iii, 70–320; Pilgrim 1937; Tassy 1983; J・C・バリー、L・J・フリンとの私信。シワリク層のブラウンのホロタイプ標本は以下の通り。*Rhizomys punjabiensis =Rhizomyides punjabiensis* AMNH 19762 (Colbert 1935: 70); *Sivacanthion complicatus* AMNH 19626 (Colbert 1935: 73); *Martes lydekkeri* AMNH 19407 (Colbert 1935: 94); *Amphiorycteropus browni* (Colbert 1933) AMNH 29997 (Colbert 1935: 128); *Gaindatherium browni* AMNH 1940 9 (Colbert 1935: 183); *Pecarichoerus orientalis* AMNH 29955 (Colbert 1935: 214); *Cervus punjabiensis* AMNH 19911 (Colbert 1935: 320)。タシーの論文 (1983) では、AMNH の標本に基づき少なくとも以下の 4 つの長鼻目のホロタイプ標本が挙げられている。*Zygolophodon metachinjiensis* (AMNH 19414); *Protanancus chinjiensis* (AMNH 19421); *Gomphotherium browni* (AMNH 19417); *Paratetralophodon hasnotensis* (AMNH 19838)。さらにピルグリムの論文 (1937) では、AMNH のホロタイプ標本として以下のウシ科を挙げられている。*Selenoportax vexillarius* (AMNH 19748); *Helicoportax praecox* (AMNH 19476); *Strepsiportax gluten* (AMNH 19746); *Strepsiportax chinjiensis* (AMNH 19450); *Tragoportax salmontanus* (AMNH 19467); *Tragocerus browni* (AMNH 19662); *Sivaceros gradiens* (AMNH 19448) のニルガイ亜科、*Gazella lydekkeri* (AMNH 19663); *Antilope subtorta* (AMNH 19989) のガゼル亜科。
＊63　2:6 B7 F4, 2/2/1923.
＊64　2:5 B2 F6, 1/15/1923.
＊65　2:6 B7 F4, 2/2/1923.
＊66　2:6 B7 F4, 1/2/1923.
＊67　2:6 B7 F4, 2/2/1923.
＊68　F. Brown 1987: 37.
＊69　2:6 B7 F4, 2/2/1923.
＊70　2:6 B7 F4, 2/2/1923.

第 11 章　イラワジ川のお宝と命の危機

＊1　Ciochon and Gunnell 2002: 157.
＊2　Ciochon 1985.
＊3　2:5 B2 F6, 2/3/1923.
＊4　2:6 B7 F8, 2/23/1923.
＊5　2:6 B7 F8, 2/23/1923.
＊6　2:6 B7 F8, 2/23/1923.
＊7　Brown 1925a: 295–296.
＊8　2:5 B2 F6, 3/5/1923.
＊9　2:5 B2 F6, 3/28/1923 と 3/31/1923.
＊10　L. Brown 1950: 179.
＊11　L. Brown 1950: 215–218.
＊12　L. Brown 1950: 228.

＊13　2:5 B2 F6, 4/28/1923.
＊14　Ciochon 1985.
＊15　Colbert 1937; Pilgrim 1927.
＊16　2:5 B2 F6, 6/1/1923.
＊17　F. Brown 1987: 36–37.
＊18　L. Brown 1950: 252–258.
＊19　2:5 B2 F6, 6/1/1923.
＊20　2:6 B7 F8, 7/4/1923.
＊21　2:5 B2 F6, 6/1/1923.
＊22　2:5 B2 F6, 6/1/1923.
＊23　2:5 B2 F6, 6/16/1923.
＊24　2:6 B7 F8, 7/4/1923.
＊25　2:5 B2 F6, 7/31/1923.
＊26　2:5 B2 F6, 8/1/1923.
＊27　Ciochon 1985: 34.
＊28　2:5 B2 F6, 8/1/1923.

第12章　密謀の島、サモス

＊1　Solounias and Mayor 2004; Solounias and Ring 2007.
＊2　Solounias and Ring 2007.
＊3　Matthew 1915; Colbert 1992: 177.
＊4　Solounias and Ring 2007; Solounias et al. 1999.
＊5　2:5 B2 F6, 8/26/1923.
＊6　2:5 B2 F6, 8/26/1923.
＊7　2:6 B8 F2, 8/23/1923.
＊8　2:5 B2 F6, 8/26/1923.
＊9　2:5 B2 F6, 8/26/1923.
＊10　2:6 B8 F2, 9/2/1923.
＊11　2:5 B2 F6, 9/10/1923.
＊12　2:5 B2 F6, Request for Permission to Excavate Fossils [in Greece].
＊13　2:5 B2 F6, 9/16/1923.
＊14　2:5 B2 F6, 9/19/1923.
＊15　2:5 B2 F6, 9/28/1923.
＊16　Rainger 1991: 70–71.
＊17　Rainger 1991: 217–226, 230–231.
＊18　Rainger 1991: 239.
＊19　2:5 B2 F6, 9/28/1923.
＊20　2:6 B8 F2, 10/10/1923.
＊21　Brown 1927: 30.
＊22　L. Brown 1951: 49.
＊23　2:5 B2 F6, 10/17/1923.
＊24　2:5 B2 F6, 10/25/1923.
＊25　2:5 B2 F6, 11/8/1923.
＊26　2:5 B2 F6, 11/10/1923.
＊27　2:5 B2 F6, 11/24/1923.
＊28　2:5 B2 F6, 12/4/1923.
＊29　Bernor et al. 1996; Kostopoulos et al. 2003.
＊30　Solounias and Ring 2007.
＊31　2:5 B2 F6, 12/4/1923.
＊32　2:5 B2 F6, 12/8/1923.
＊33　2:6 B8 F2, 12/25/1923.
＊34　2:6 B8 F2, 1/21/1924.
＊35　2:5 B2 F7, 1/24/1924.
＊36　2:5 B2 F7, 1/24/1924.
＊37　2:6 B8 F2, 2/13/1924.
＊38　2:6 B8 F2, 2/16/1924.
＊39　2:5 B2 F7, 2/14/1924.
＊40　2:5 B2 F7, 2/14/1924.
＊41　2:5 B2 F7, 2/29/1924.
＊42　2:6 B8 F2, 3/5/1924.
＊43　2:5 B2 F7, 3/12/1924.
＊44　2:5 B2 F7, 3/15/1924.
＊45　2:6 B8 F2, 3/23/1924.
＊46　2:5 B2 F7, 4/4/1924.
＊47　2:6 B8 F2, 4/4/1924.
＊48　2:5 B2 F7, 4/17/1924.
＊49　2:5 B2 F7, 5/15/1924.
＊50　2:6 B8 F2, 5/30/1924.
＊51　2:6 B8 F2, 6/17/1924.
＊52　2:5 B2 F7, 7/1/1924.
＊53　2:5 B2 F7, 7/1/1924.
＊54　2:6 B8 F2, 8/7/1924.
＊55　2:5 B2 F7, 8/13/1924.
＊56　2:5 B2 F7, 9/10/1924.
＊57　2:5 B2 F7, 8/29/1924.
＊58　2:5 B2 F7, 9/1/1924.
＊59　F. Brown 1987: 48.
＊60　2:5 B2 F7, 9/10/1924.
＊61　2:6 B8 F2, 10/2/1924.
＊62　2:6 B8 F2, 10/23/1924.
＊63　2:6 B8 F2, 11/9/1924.
＊64　2:6 B8 F2, 11/12/1924.
＊65　2:5 B2 F7, 10/3/1924.
＊66　2:5 B2 F7, 11/15/1924.
＊67　Solounias and Ring 2007.
＊68　2:5 B2 F7, 11/15/1924.
＊69　2:6 B8 F2, 11/9/1924.
＊70　2:6 B8 F2, 11/9/1924.〔11/20/1924の誤りか？〕

＊71　L. Brown 1950: 261–268.
＊72　L. Brown 1950: 263.
＊73　L. Brown 1950: 267.

第13章　古代のアメリカの人々はバイソン狩りをしていたか？　鳥は恐竜か？

＊1　2:5 B1 F5, B. Brown, List of field projects.
＊2　2:5 B2 F7, 5/23/1925.
＊3　1:1 Dept. Vertebrate Paleontology, Ann. Report 1925.
＊4　Wolf and Mellett 1985.
＊5　Regal 2002: 146.
＊6　Osborn 1922a: 2.
＊7　Regal 2002: 148.
＊8　Osborn 1922b: 246.
＊9　Regal 2002: 148.
＊10　Osborn 1922b: 245–246.
＊11　Gregory and Hellman 1923a: 14.
＊12　Gregory and Hellman 1923b: 518.
＊13　2:3 B5 F8, 6/4/1925.
＊14　2:3 B5 F8, 6/14/1925.
＊15　2:3 B5 F8, 6/15/1925.
＊16　2:3 B5 F8, 6/23/1925.
＊17　2:3 B5 F8, 7/3/1925.
＊18　2:3 B5 F8, Accounting documents.
＊19　2:3 B5 F8, 8/25/1925.
＊20　Wolf and Mellett 1985.
＊21　2:3 B5 F8, 8/27/1925.
＊22　2:3 B5 F8, 8/31/1925.
＊23　Regal 2002: 149.
＊24　Gregory 1927.
＊25　1:1 Dept. Vertebrate Paleontology, Ann. Report 1927.
＊26　Wolf and Mellett 1985; Matthew and Cook 1909: 390.
＊27　Colbert 1992: 216.
＊28　2:5 B2 F7, 9/21/1927.
＊29　Ostrom 1970: 12–13 (fig.3); Darton 1904.
＊30　Meltzer 2006: 24–50.
＊31　Cook 1925.
＊32　Meltzer 2006: 30.
＊33　Meltzer 2006: 34.
＊34　Meltzer 2006: 36.
＊35　Cook 1927; Figgins 1927.
＊36　Brown to Hrdlička, 3/16/28, AH/NAA, in Meltzer 2006: 39.
＊37　Meltzer 2006: 39.
＊38　1:1 Dept. Vertebrate Paleontology, Ann. Report 1927.
＊39　1:1 Dept. Vertebrate Paleontology, Ann. Report 1928.
＊40　1:1 Dept. Vertebrate Paleontology, Ann. Report 1928. この場所の年代に関しては Meltzer 2006: 151 を参照のこと。
＊41　1:1 Dept. Vertebrate Paleontology, Ann. Report 1928.
＊42　1:1 Admin./Ann. Report 1929; 2:4 B6 F5, Walter Herring Endowment Expedition, 1929.
＊43　1:1 Dept. Vertebrate Paleontology, Ann. Report 1929.
＊44　2:4 B6 F5, 7/9/1929.
＊45　Meltzer 2006.
＊46　2:4 B6 F5, 7/19/1929.
＊47　2:4 B6 F8, Mother "Neo's" Bequest, 10/13/1930.
＊48　2:4 B6 F8, Mother "Neo's" Bequest, 10/13/1930.
＊49　2:4 B6 F8, Colgate-Arizona Expedition Report, 1930.
＊50　2:4 B6 F8, Colgate-Arizona Expedition Report, 1930.
＊51　1:1 Dept. Vertebrate Paleontology, Ann. Report 1930. 現在、プロトスクスは初期ジュラ紀のモエナベ層またはカイエンタ層から採集されたことが知られている〔これは＊53の註か？〕。
＊52　2:4 B6 F10, 1931 Reports.
＊53　2:4 B6 F10, 1931 Reports; 2:4 B6 F10, 6/9/1931.
＊54　2:4 B6 F10, 7/6/1931.
＊55　2:4 B6 F10, 1931 Reports.
＊56　2:4 B6 F10, 7/6/31.
＊57　2:4 B6 F10, 7/31/1931.
＊58　2:4 B6 F10, 1931 Report, Expedition to Montana, New Mexico, and Arizona, 1931.
＊59　Ostrom 1970: 11–50; Moberly 1960.
＊60　Peck and Craig 1962; Ostrom 1970: 142–144.
＊61　Maxwell 1997; Chen and Lubin 1997; Burton et al. 2006.
＊62　2:4 B6 F10, 7/31/1931.
＊63　2:4 B6 F10, 8/4/1931.

＊64　2:4 B6 F10, 1931 Report, Expedition to Montana, New Mexico, and Arizona, 1931.
＊65　2:4 B6 F10, 1931 Report, Expedition to Montana, New Mexico, and Arizona, 1931.
＊66　Ostrom 1969.
＊67　Huxley 1870.
＊68　J・S・マッキントッシュの私信 11/8/2006.
＊69　ノレルと故ボブ・シェーファーとの会話。シェーファーは 1930 年代に（コロンビア大学を通して）博物館で博士号を取得した人物である。
＊70　Ostrom 1969, 1970.

第 14 章　恐竜の発掘、そして空から

＊1　2:4 B6 F12, 8/2/1932.
＊2　2:5 B2 F7, 1932 memorandum.
＊3　2:4 B6 F12, Financial Statement for 1932 Expedition.
＊4　2:4 B6 F12, 8/2/1932.
＊5　2:4 B6 F12, 8/6/1932.
＊6　2:4 B6 F12, 8/7/1932.
＊7　2:4 B6 F12, 8/8/1932 and 8/11/1932.
＊8　2:4 B6 F12, 9/10/1932.
＊9　Regal 2002: 179.
＊10　AMNH Central Archives, Osborn, B3 F26.
＊11　Regal 2002: 180.
＊12　2:4 B6 F10, 9/28/1932.
＊13　2:4 B6 F10, 9/28/1932.
＊14　2:4 B6 F10, 9/28/1932.
＊15　2:4 B6 F10, 10/27/1932.
＊16　2:4 B6 F10, 10/27/1932.
＊17　Brown 1933.
＊18　2:4 B6 F10, 9/28/1932.
＊19　2:4 B7 F1, Financial Statement: Expedition to Lower Cretaceous of Montana, 1933.
＊20　2:4 B7 F1, 8/7/1933.
＊21　"Hidden Motors Give Life to Prehistoric Monsters," Popular Science, June 1933; http://blog.modernmechanix.com/category/robots/page/2 で参照できる。
＊22　2:4 B7 F1, 8/17/1933.
＊23　2:4 B7 F1, 8/17/1933.
＊24　2:4 B6 F12, Howe vs. Brown Case No. 4458; 2:4 B7 F1, Report of Dinosaur Expedition 1933.
＊25　2:4 B7 F1, 9/5/1933.
＊26　2:4 B7 F1, 9/18/1933.
＊27　2:4 B7 F1, 9/18/1933.
＊28　1:1 Dept. Vertebrate Paleontology, Ann. Report 1933.
＊29　Makovicky and Sues 1998.
＊30　2:4 B7 F1, Report of Dinosaur Expedition 1933.
＊31　F. Brown 1987: 59.
＊32　2:4 B7 F3, Financial Statement 1934 American Museum-Sinclair Expedition, 7/31/1936.
＊33　2:4 B7 F3, 5/26/1934.
＊34　2:4 B7 F3, 6/4/1934.
＊35　2:4 B7 F3, 6/11/1934.
＊36　2:4 B7 F3, 5/31/1934.
＊37　2:4 B7 F3, 6/4/1934.
＊38　2:4 B7 F3, 6/7/1934.
＊39　Bird 1985: 17.
＊40　Bird 1985: 20.
＊41　Bird 1985: 34.
＊42　Bird 1985: 35.
＊43　Bird 1985: 54; E・S・ギャフニーとの私信。
＊44　Bird 1985: 41–45.
＊45　Bird 1985: 47.
＊46　2:4 B7 F3, 6/10/1934.
＊47　2:4 B7 F3, 6/10/1934.
＊48　F. Brown 1987: 59.
＊49　2:4 B7 F3, 6/15/1934.
＊50　2:4 B7 F3, 6/15/1934.
＊51　2:4 B7 F3, 6/20/1934.
＊52　2:4 B7 F3, 7/3/1934 と 7/12/1934.
＊53　2:4 B7 F3, 7/26/1934.
＊54　Bird 1985: 62.
＊55　L. Brown 1936: 139.
＊56　L. Brown 1936: 141.
＊57　Brown 1935a: 4.
＊58　2:4 B6 F12, Howe vs. Brown Case No. 4458.
＊59　Brown 1935b: 95.
＊60　Brown 1935b: 95.
＊61　Brown 1935b: 96.
＊62　Brown 1935b: 96.
＊63　2:4 B7F3, Air Log.
＊64　Brown 1935b: 96.

＊65　Brown 1935b: 97.
＊66　Brown 1935b: 98.
＊67　Brown 1935b: 98.
＊68　ブラウンは「どこではじまりどこまで続くのかわからない、細くて長い道」と表現するこの地形をアナサジ族と関連づけている。それは「プエブロボニートに近いチャコキャニオン」に隣接しているからで、「明らかに儀式あるいはレースに使った道」だと彼は結論づけた（Brown 1935b: 115）。
＊69　2:4 B7 F3, Report 1/25/35 と航空日誌。
＊70　2:4 B7 F3, 9/20/1934.
＊71　2:4 B7 F3, 10/6/1934.
＊72　L. Brown 1936: 142.
＊73　2:4 B7 F3, 10/11/1934.
＊74　Bird 1985: 54.
＊75　2:4 B7 F3, 11/12/1934.
＊76　2:4 B7 F3, Report 1/25/35.
＊77　2:4 B7 F3, 11/20/1934.
＊78　2:4 B7 F3, 12/17/1934.
＊79　2:4 B6 F12, Howe vs. Brown Case No. 4458.
＊80　2:4 B7 F3, 7/31/1936.
＊81　古脊椎動物学部門の研究室長リチャード・テッドフォードに宛てたメモ。

第15章　退職に向かって

＊1　Regal 2002: 187–188.
＊2　2:4 B7 F4, Report 10/29–11/18/1935.
＊3　1:1 Dept. Vertebrate Paleontology, Ann. Report 1936.
＊4　Bird 1985: 95.
＊5　1:1 Dept. Vertebrate Paleontology, Ann. Report 1937.
＊6　2:4 B7 F7, 12/17/1936.
＊7　1:1 Dept. Vertebrate Paleontology, Ann. Report 1937, "Expedition to Hell Creek and Judith River 6–10, 1937."
＊8　2:4 B7 F7, 5/22/1937.
＊9　2:4 B7 F7, 6/2/1937; 2:4 B7 F7, 6/3/1937; 2:4 B7 F7, Permit, 7/3/1937.
＊10　2:4 B7 F7, 7/10/1937, アダムソン宛のブラウン書簡。
＊11　2:4 B7 F7, 7/10/1937, グレンジャー宛のブラウン書簡。
＊12　2:4 B7 F7, "The Mystery Dinosaur: An Account of the American Museum-Sinclair Expedition of 1937."
＊13　2:4 B7 F7, 7/16/1937.
＊14　2:4 B7 F7, 7/23/1937.
＊15　2:4 B7 F7, 8/7/1937.
＊16　詳細な説明と楽しく読めるものとして、Bird 1985: 96–109 を参照のこと。
＊17　2:4 B7 F7, "The Mystery Dinosaur: An Account of the American Museum-Sinclair Expedition of 1937."
＊18　2:4 B7 F7, "The Mystery Dinosaur: An Account of the American Museum-Sinclair Expedition of 1937."
＊19　2:4 B7 F7, "The Mystery Dinosaur: An Account of the American Museum-Sinclair Expedition of 1937."
＊20　2:4 B7 F7, "The Mystery Dinosaur: An Account of the American Museum-Sinclair Expedition of 1937."
＊21　2:4 B7 F7, 11/1/1937.
＊22　2:4 B7 F7, 8/2/1937.
＊23　2:4 B7 F7, 8/18/1937 と 8/23/1937.
＊24　2:4 B7 F7, 8/25/1937.
＊25　2:4 B7 F7, 9/4/1937.
＊26　2:4 B7 F7, 8/23/1937.
＊27　2:4 B7 F7, 8/23/1937.
＊28　2:4 B7 F7, 9/4/1937.
＊29　2:4 B7 F7, 9/7/1937.
＊30　2:4 B7 F7, 9/10/1937.
＊31　2:4 B7 F7, 9/23/1937 と 10/21/1937.
＊32　2:4 B7 F7, 10/2/1937.
＊33　2:4 B7 F7, Union Pacific freighting bill.
＊34　2:4 B7 F7, press release and New Horizons summary, 11/8/37.
＊35　2:4 B7 F7, Expenditures American Museum - Sinclair 1937 Expedition.
＊36　2:4 B7 F7, 4/26/1938.
＊37　2:4 B7 F9, 4/5/1938.
＊38　2:4 B7 F9, 4/22/1938.
＊39　2:4 B7 F9, 8/9/1938 と 8/10/1938.
＊40　2:4 B7 F9, 8/21/1938.
＊41　2:4 B7 F9, 8/4/1938 と 8/26/1938.
＊42　2:4 B7 F9, 9/9/1938.
＊43　2:4 B7 F9, 9/12/1938.
＊44　2:4 B7 F9, 9/16/1938.
＊45　2:4 B7 F9, 9/19/1938.

＊46　2:4 B7 F9, 9/21/1938.
＊47　2:4 B7 F9, 10/2/1938.
＊48　2:4 B7 F9, 10/29/1938.
＊49　2:4 B7 F9, 11/20/1938.
＊50　2:4 B7 F9, Thanksgiving, 1938. この話はBird 1985 にも触れられている。
＊51　2:4 B7 F9, 11/30/1938.
＊52　2:4 B7 F9, 11/29/1938.
＊53　Morris 1980.
＊54　2:4 B7 F9, Dept. Vertebrate Paleontology, Ann. Report 1938.
＊55　1:1 Dept. Vertebrate Paleontology, Ann. Report 1939.
＊56　1:1 Dept. Vertebrate Paleontology, Ann. Report 1940.
＊57　1:1 Dept. Vertebrate Paleontology, Ann. Report 1940, "Report for 1940 by Roland T. Bird."
＊58　Lockley 1991.
＊59　1:1 Dept. Vertebrate Paleontology, Ann. Report 1940.
＊60　1:1 Dept. Vertebrate Paleontology, Ann. Report 1940.
＊61　1:1 Dept. Vertebrate Paleontology, Ann. Report 1940.
＊62　2:5 B1 F6, 3/1/1940.
＊63　Stucker 1951: 467–468.
＊64　*Los Angeles Times*, 2/17/1940.
＊65　1:1 Dept. Vertebrate Paleontology, Ann. Report 1941.
＊66　1:1 Dept. Vertebrate Paleontology, Ann. Report 1941, "Field Activities of Barnum Brown."
＊67　1:1 Dept. Vertebrate Paleontology, Ann. Report 1941, "Field Activities of Barnum Brown."
＊68　1:1 Dept. Vertebrate Paleontology, Ann. Report 1941, "Field Activities of Barnum Brown."
＊69　1:1 Dept. Vertebrate Paleontology, Ann. Report 1941, "Field Activities of Barnum Brown."
＊70　1:1 Dept. Vertebrate Paleontology, Ann. Report 1941.
＊71　2:4 B3 F3, 12/18/1941.
＊72　2:4 B3 F1, 1/12/1942.
＊73　2:4 B3 F1, 1/12/1942.
＊74　2:4 B8 F3, 1/19/1942.
＊75　1:1 Dept. Vertebrate Paleontology, Ann. Report 1942.
＊76　1:1 Dept. Vertebrate Paleontology, Ann. Report 1942.

第16章　スパイ活動、映画の監修、万博での興行

＊1　2/5 B1 F1, 4/28/1941.
＊2　1:1 Dept. Vertebrate Paleontology, Ann. Report 1942; F. Brown 1987: 61.
＊3　F. Brown 1987: 61.
＊4　F. Brown 1987: 61.
＊5　F. Brown 1987: 62.
＊6　F. Brown 1987: 62.
＊7　F. Brown 1987: 60; 2:5 B1 F1, Dossier of B. Brown.
＊8　F. Brown 1987: 60.
＊9　2:5 B1 F1, Dossier of B. Brown.
＊10　F. Brown 1987: 62.
＊11　F. Brown 1987: 64.
＊12　2:5 B1 F1, Dossier of B. Brown.
＊13　2:5 B1 F1, Dossier of B. Brown.
＊14　L. Brown 1956: 56–65.
＊15　F. Brown 1987: 66.
＊16　F. Brown 1987: 74.
＊17　F. Brown 1987: 77.
＊18　2:5 B1 F1, B. Brown Fieldwork summary; F. Brown 1987: 77.
＊19　2:6 B8 F6, 10/25/1955.
＊20　2:6 B8 F6, Shea telegram, 10/29/1955.
＊21　F. Brown 1987: 77.
＊22　F. Brown 1987: 78.
＊23　Brown 1941: 100–101.
＊24　www.imdb.com/title/tt0032455/awards; www.youtube.com/results?search_query= fantasia +dinosaurs&search_type=&aq=0&oq= fantasia+ dinos. =
＊25　F. Brown 1987: 79.
＊26　2:5 B1 F1, 1/31/1963.
＊27　F. Brown 1987: 79.
＊28　2:5 B1 F1, 4, 5, B. Brown Field Activities, 1894–1960.
＊29　2/6 B8 F7, 2/27/1967.
＊30　2/6 B8 F7, 2/6/1964.

エピローグ

＊1　F. Brown 1987: 6.
＊2　2:1 B1 F5, Autobiographical notes, "My

Most Unforgettable Character."

* 3 Lewis 1964.

* 4 Brown and Schlaikjer 1940.

* 5 1:1 Dept. Vertebrate Paleontology, Ann. Report 1942.

* 6 L. Brown 1950: x–xi.

参考文献

Alvarez, L., et al. 1980. Extraterrestrial cause for the Cretaceous-Tertiary extinction. *Science* 208: 1095–1108.

Barbour, E. H. 1892. Notes on a new order of gigantic fossils. *University Studies* 1 (4): 301–313.

———. 1895. Is *Daemonelix* a burrow? *American Naturalist* 29: 517–527.

Barry, J. C. 1995. Faunal turnover and diversity in the terrestrial Neogene of Pakistan. In E. S. Vrba, G. H. Denton, T. C. Partridge, and L. H. Burckle, eds., *Paleoclimate and Evolution with Emphasis on Human Origins*, 115–134. New Haven: Yale University Press.

Barry, J. C., et al. 2002. Faunal and environmental change in the Late Miocene Siwaliks of northern Pakistan. *Paleobiology* 28, mem. 3: 1–71.

Barton, D. R. 1941. Father of the dinosaurs. *Natural History* 47: 308–312.

Behrensmeyer, A. K., and J. C. Barry. 2005. Biostratigraphic surveys in the Siwaliks of Pakistan: A method for standardized surface sampling of the vertebrate fossil record. *Palaeontologia Electronica* 8 (1); at http://palaeo-electronica.org/paleo/2005_1/behrens15/issue1_05.htm.

Berger, B. 2004. "*Tyrannosaurus rex*." Published on the AMNH Vertebrate Paleontology website, now decommissioned with copy filed under author's name in Osborn Library, AMNH.

Bernor, R. L., N. Solounias, C. C. Swisher III, and J. Van Couvering. 1996. The correlation of three classical "Pikermian" faunas—Maragha, Samos and Pikermi—with the European MN unit system. In R. L. Bernor, R. L. V. Fahlbusch, and H. W. Mittman, eds., *The Evolution of Western Eurasian Neogene Mammal Faunas*, 137–156. New York: Columbia University Press.

Bird, R. T. 1985. *Bones for Barnum Brown: Adventures of a Dinosaur Hunter*. Fort Worth: Texas Christian University Press.

Brown, Barnum. 1903. A new species of fossil edentate from the Santa Cruz Formation of Patagonia. *Bulletin of the American Museum of Natural History* 19: 453–457.

———. 1907. The Hell Creek beds of the Upper Cretaceous of Montana. *Bulletin of the American Museum of Natural History* 23: 823–845.

———. 1910. The Cretaceous Ojo Alamo beds of New Mexico, with description of the new dinosaur genus *Kritosaurus*. *Bulletin of the American Museum of Natural History* 28: 267–274.

———. 1913. Some Cuban fossils. *American Museum Journal* 13: 221–228.

———. 1915. *Tyrannosaurus*, a Cretaceous carnivorous dinosaur. *Scientific American* 113: 322–323.

———. 1919. Hunting big game of other days: A boating expedition in search of fossils in Alberta, Canada. *National Geographic* 35: 407–429.

———. 1925a. Byways and highways in Burma. *Natural History* 25: 295–308.

———. 1925b. Through the land of Sheba. *Natural History* 25: 602–617.

———. 1927. Samos, romantic isle of the Aegean. *Natural History* 27: 19–32.

———. 1933. Stratigraphy and fauna of the Fuson-Cloverly Formation in Montana, Wyoming, and South Dakota. *Bulletin of the Geological Society of America* 44: 74.

———. 1935a. Sinclair dinosaur expedition, 1934. *Natural History* 36: 3–15.

———. 1935b. Flying for dinosaurs. *Natural History* 36: 95–116.

———. 1941. The methods of Walt Disney Productions. *Transactions of the New York Academy of Sciences*, ser. 2, 3 (4): 100–105.

Brown, B., and E. M. Schlaikjer. 1940. The structure and relationships of *Protoceratops*. *Annals of the New York Academy of Sciences* 40: 133–266.

Brown, C. M., A. P. Russell, and M. J. Ryan. 2009. Pattern and transition of surficial bone texture of the centrosaurine frill and their ontogenetic and taxonomic implications. *Journal of Vertebrate Paleontology* 29: 132–141.

Brown, F. R. 1987. *Let's Call Him Barnum*. New York: Vantage Press.

Brown, L. 1936. On safari in America. *Natural History* 37: 139–148.

———. 1950. *I Married a Dinosaur*. New York: Dodd, Mead.

———. 1951. *Cleopatra Slept Here*. New York: Dodd, Mead.

———. 1956. *Bring 'Em Back Petrified*. New York: Dodd, Mead.

Burton, D., et al. 2006. New radiometric ages from the Cedar Mountain Formation, Utah, and the Cloverly Formation, Wyoming: Implications for contained dinosaur faunas. *Geological Society of America Abstracts with Programs* 38 (7): 52.

Carter, P. D. 2003. Petrotyranny—the present day. *Island Tides* 15 (5).

Chen, Z.-Q, and S. Lubin. 1997. A fission track study of the terrigenous sedimentary sequences of the Morrison and Cloverly Formations in northeastern Bighorn Basin, Wyoming. *Mountain Geologist* 34: 51–62.

Chiappe, L. M., and L. Dingus. 2001. *Walking on Eggs*. New York: Scribner.

Ciochon, R. L. 1985. Fossil ancestors of Burma. *Natural History* 94: 26–36.

Ciochon, R. L., and G. F. Gunnell. 2002. Eocene primates from Myanmar: His torical perspectives on the origin of Anthropoidea. *Evolutionary Anthropology* 11: 156–168.

Colbert, E. H. 1933. The presence of tubulidentates in the Middle Siwalik beds of northern India. *American Museum Novitates*, no. 604: 1–10.

———. 1935. Siwalik mammals in the American Museum of Natural History. *Transactions of the American Philosophical Society*, n.s., 26: i–401.

———. 1937. A new primate from the Upper Eocene Pondaung Formation of Burma. *American Museum Novitates*, no. 951: 1–18.

———. 1984. *The Great Dinosaur Hunters and Their Discoveries*. New York: Dover.

———. 1992. *William Diller Matthew: Paleontologist. The Splendid Drama Observed*. New York: Columbia University Press.

Cook, H. J. 1925. Definite evidence of human artifacts in the American Pleistocene. *Science* 62: 459–460.

———. 1927. New geological and paleontological evidence bearing on the antiquity of mankind in America. *Naural History* 27: 240–247.

Currie, P. J. 2005. History of research. In P. J. Currie and E. B. Koppelhus, eds., *Dinosaur Provincial Park: A Spectacular Ancient Ecosystem Revealed*, 3–33. Bloomington: Indiana University Press.

Darton, N. H. 1904. Comparison of the stratigraphy of the Black Hills, Bighorn Mountains, and Rocky Mountain Front Range. Bulletin of *the Geological Society of America* 15: 379–448.

Darwin, C. R. 1871. *The Descent of Man, and Selection in Relation to Sex*. 2 vols., 1st ed. London: John Murray.

———. 1909 [1839]. *The Voyage of the Beagle*. The Harvard Classics, vol. 29. New York: Collier.

Dingus, L., and M. Norell. 2008. *The Dinosaur Hunters*. London: Carlton.

Dingus, L., and T. Rowe. 1997. *The Mistaken Extinction: Dinosaur Evolution and the Origin of Birds*. New York: W. H. Freeman.

Eberth, D. A. 1997a. Edmonton Group. In P. J. Currie and K. Padian, eds., *Encyclopedia of Dinosaurs*, 199–204. San Diego: Academic Press.

———. 1997b. Judith River wedge. In P. J. Currie and K. Padian, eds., *Encyclopedia of Dinosaurs*, 379–385. San Diego: Academic Press.

———. 2005. The geology. In P. J. Currie and E. B. Koppelhus, eds., *Dinosaur Provincial Park: A Spectacular Ancient Ecosystem Revealed*, 54–82. Bloomington: Indiana University Press.

Eldredge, N., and S. J. Gould. 1972. Punctuated equilibria: An alternative to phyletic gradualism. In T. J. M. Schopf, ed., *Models in Paleobiology*, 82–115. San Francisco: Freeman Cooper.

Figgins, J. D. 1927. The antiquity of man in America. *Natural History* 27: 229–239.

Gregory, W. K. 1927. *Hesperopithecus* apparently not an ape nor a man. *Science*, n.s., 66: 579–581.

Gregory, W. K., and M. Hellman. 1923a. Notes on the type of *Hesperopithecus haroldcookii* Osborn. *American Museum Novitates*, no. 53: 1–16.

———. 1923b. Further notes on the molars of *Hesperopithecus and of Pithecanthropus. Bulletin of the American Museum of Natural History* 48: 509 –530.

Hartwig, W. C., ed. 2002. *The Primate Fossil Record*. Cambridge Studies in Biological and Evolutionary Anthropology, no. 33. Cambridge: Cambridge University Press.

Hatcher, J. B. 1903. *Reports of the Princeton University Expeditions to Patagonia, 1896–1899*. Vol. 1: *Narrative of the Expeditions. Geography of Southern Patagonia*. Princeton: Princeton University Press.

Hornaday, W. T. 1925. *A Wild Animal Round-Up*. New York: Scribner.

Huxley, T. H. 1870. Further evidence of the affinity between the dinosaurian reptiles and birds. *Quarterly Journal of the Geological Society of London* 26: 12–31.

Jaffe, M. 2000. *The Gilded Dinosaur: The Fossil War between E. D. Cope and O. C. Marsh and the Rise of American Science*. New York: Crown.

Jordan, A. J. 2003. *Jordan*. Missoula, Mont.: Mountain Press.

Josephson, E. M. 1952. *Rockefeller "Internationalist": The Man Who Misrules the World*. New York: Chedney Press.

Kennedy, K. A. R., and R. L. Ciochon. 1999. A canine tooth from the Siwáliks: First recorded discovery of a fossil ape? *Journal of Human Evolution* 14: 231 –253.

Kohl, M. F., L. D. Martin, and P. Brinkman. 2004. *A Triceratops Hunt in Pioneer Wyoming*. Glendo, Wyo.: High Plains Press.

Kostopoulos, D. S., S. Sen, and G. D. Koufus. 2003. Magnetostratigraphy and revised chronology of the late Miocene mammal localities of Samos, Greece. *International Journal of Earth Sciences* 92: 779–794.

Lambe, L. M. 1902. On Vertebrata of the Mid-Cretaceous of the North West Territory, part 2: New genera and species from the Belly River Series (Mid-Cretaceous). *Geological Survey of Canada, Contributions to Paleontology* 3: 23–81.

Lepley, J. G., and S. Lepley. 1992. *The Vanishing West: Hornaday's Buffalo, the Last of the Wild Herds*. Fort Benton, Mont.: River and Plains Society.

Lewin, R. 1987. *Bones of Contention: Controversies in the Search for Human Origins*. New York: Touchstone.

Lewis, G. E. 1964. Memorial to Barnum Brown (1873–1963). *Bulletin of the Geological Society of America* 75: 19–25.

Lindsay, E. H, N. M. Johnson, and N. D. Opdyke. 1980. Correlation of Siwalik faunas. In L. L. Jacobs, ed., *Aspects of Vertebrate History: Essays in Honor of Edwin H. Colbert*, 309–319. Flagstaff: Museum of Northern Arizona Press.

Lockley, M. 1991. *Tracking Dinosaurs*. Cambridge: Cambridge University Press.

Makovicky, P., and H.-D. Sues. 1998. Anatomy and phylogenetic relationships of the theropod dinosaur *Microvenator celer* from the Lower Cretaceous of Montana. *American Museum Novitates*, no. 3240: 1–27.

Matthew, W. D. 1915. Climate and evolution. *Annals of the New York Academy of Sciences* 24: 171–318.

———. 1929. Critical observations upon Siwalik mammals (exclusive of Proboscidea). *Bulletin of the American Museum of Natural History* 56: 437 –560.

Matthew, W. D., and Harold J. Cook. 1909. A Pliocene fauna from western Nebraska. *Bulletin of the American Museum of Natural History* 26: 361–414.

Maxwell, W. D. 1997. Cloverly Formation. In P. J. Currie and K. Padian, eds., *Encyclopedia of Dinosaurs*, 128. San Diego: Academic Press.

Meltzer, J. J. 2006. *Folsom*. Berkeley: University of California Press.

Moberly, R., Jr. 1960. Morrison, Cloverly, and Sykes Mountain formations, northern Bighorn Basin, Wyoming and Montana. *Bulletin of the Geological Society of America* 71: 1137–1176.

Morris, J. 1980. *Tracking Those Incredible Dinosaurs*. San Diego: CLP Publishers. Norell, M. A., E. S. Gaffney, and L. Dingus. 1995. *Discovering*

Dinosaurs in the American Museum of Natural History. New York: Knopf.

Osborn, H. F. 1902. On Vertebrata of the Mid-Cretaceous of the North West Territory, part 1: Distinctive characters of the Mid-Cretaceous fauna. *Geological Survey of Canada, Contributions to Paleontology* 3: 5–21.

———. 1905. *Tyrannosaurus* and other Cretaceous carnivorous dinosaurs. *Bulletin of the American Museum of Natural History* 21: 475–479.

———. 1906. *Tyrannosaurus*, Upper Cretaceous carnivorous dinosaur (second communication). *Bulletin of the American Museum of Natural History* 22: 281–296.

———. 1912. Crania of *Tyrannosaurus* and *Allosaurus*. *Memoirs, American Museum of Natural History*, n.s., 1: 1–30.

———. 1913. *Tyrannosaurus* restoration and model of skeleton. *Bulletin of the American Museum of Natural History* 32: 91–92.

———. 1916. Skeletal adaptations of *Ornitholestes, Struthiomimus, Tyrannosaurus*. *Bulletin of the American Museum of Natural History* 35: 733–771.

———. 1922a. *Hesperopithecus*, the first anthropoid primate found in America. *American Museum Novitates*, no. 37: 1–5.

———. 1922b. *Hesperopithecus*, the first anthropoid primate found in America. *Proceedings of the National Academy of Sciences* 8: 245–246.

Ostrom, J. H. 1969. Osteology of *Deinonychus antirrhopus*, an unusual theropod from the Lower Cretaceous of Montana. *Bulletin of the Peabody Museum of Natural History*, no. 30: 1–165.

———. 1970. Stratigraphy and paleontology of the Cloverly Formation (Lower Cretaceous) of the Bighorn Basin area, Wyoming and Montana. *Bulletin of the Peabody Museum of Natural History*, no. 35: 1–234.

Peck, R. E., and W. W. Craig. 1962. Lower Cretaceous nonmarine ostracods and charophytes of Wyoming and adjacent areas. Guidebook, Wyoming Geological Association, Seventeenth Annual Field Conference, 33–43.

Pilbeam, D., M. Morgan, J. C. Barry, and L. Flynn. 1996. European MN units and the Siwalik faunal sequence in Pakistan. In R. L. Bernor, V. Fahlbusch, and H.-W. Mittman, eds., *The Evolution of Western Eurasian Neogene Mammal Faunas*, 96–105. New York: Columbia University Press.

Pilgrim, G. E. 1927. A *Sivapithecus* palate and other primate fossils from India. *Memoirs of the Geological Survey of India (Palaeontologica Indica)* 14: 1–26.

———. 1937. Siwalik antelopes and oxen in the American Museum of Natural History. *Bulletin of the American Museum of Natural History* 72: 729–874.

Preston, D. J. 1984. Barnum Brown's bones. *Natural History* 10: 101–105.

Rainger, R. 1991. *An Agenda for Antiquity: Henry Fairfield Osborn and Vertebrate Paleontology at the American Museum of Natural History, 1890–1935*. Tuscaloosa: University of Alabama Press.

Rea, T. 2001. *Bone Wars: The Excavation and Celebrity of Andrew Carnegie's Dinosaur*. Pittsburgh: University of Pittsburgh Press.

Regal, B. 2002. *Henry Fairfield Osborn: Race and the Search for the Origins of Man*. Burlington, Vt.: Ashgate.

Sampson, S. D., M. J. Ryan, and D. H. Tanke. 1997. Craniofacial ontogeny in centrosaurine dinosaurs (Ornithischia: Ceratopsidae): Taxonomic and behavioral implications. *Zoological Journal of the Linnean Society* 121: 293–337.

Schuchert, C., and C. M. LeVene. 1940. *O. C. Marsh: Pioneer in Paleontology*. New Haven: Yale University Press.

Snell, M. E., and R. Metzler. 1972. *Carbondale, Kansas, Centennial*. Carbondale: Centennial Association, Inc.

Solounias, N., and A. Mayor. 2004. Ancient references to the fossils from the land of Pythagoras. *Earth Sciences History* 23: 283–296.

Solounias, N., and U. Ring. 2007. Samos Island, part II: Ancient history of the Samos fossils and the record of earthquakes. In G. Lister, M. Forster, and U. Ring, eds., *Inside the Aegean Metamorphic Core Complexes, Journal of the Virtual Explorer*, electronic ed., vol. 27, paper 6.

Solounias, N., M. Plavcan, J. Quade, and L. Witmer. 1999. The Pikermian Biome and the savanna myth. In J. Agusti, P. Andrews, and L. Rook,

eds., *Evolution of the Neogene Terrestrial Ecosystems in Europe*, 427–444. Cambridge: Cambridge University Press.

Spalding, D. A. E. 2001. Bones of contention: Charles H. Sternberg's lost dinosaurs. In D. H. Tanke and K. Carpenter, eds., *Mesozoic Vertebrate Life*, 481–503. Bloomington: Indiana University Press.

Stucker, G. 1951. Harvester of the past. *Nature*, November, 467–470.

Tanke, D. H. 2005. Identifying lost quarries. In P. J. Currie and E. B. Koppelhus, eds., *Dinosaur Provincial Park: A Spectacular Ancient Ecosystem Revealed*, 34–53. Bloomington: Indiana University Press.

Tassy, P. 1983. Les Elephantoidea miocènes du plateau du Portwar, groupe de Siwailik, Pakistan [The Miocene Elephantoidea of the Potwar Plateau, Siwalik Group, Pakistan]. *Annales de Paléontologie* 69 (2): 99–136; 69 (3): 235–297; 69 (4): 317–354.

Wolf, J., and S. Mellett. 1985. The role of "Nebraska man" in the creation-evolution debate. *Creation/Evolution* (National Center for Science Education) 16: 31–43.

図版出典

図 1　AMNH Vertebrate Paleontology Archive 2:5 B1 F1
図 2　University Archives, University of Kansas Library, P/ Brown, Barnum
図 3　University Archives, University of Kansas Library, 33/0 1895
図 4　17753, American Museum of Natural History Library
図 5　AMNH Vertebrate Paleontology Archive 7:2 B1 S36
図 6　17808, American Museum of Natural History Library
図 7　AMNH Vertebrate Paleontology Archive; 7:2 B1. S66
図 8　AMNH Vertebrate Paleontology Archive. J. B. Hatcher, *Reports of the Princeton University Expedition to Patagonia, vol. 1: Narrative of the Expeditions. Geography of Southern Patagonia* (Princeton: Princeton University Press, 1903), fig. 31
図 9　AMNH Vertebrate Paleontology Archive. J. B. Hatcher, *Reports of the Princeton University Expedition to Patagonia, vol. 1: Narrative of the Expeditions. Geography of Southern Patagonia* (Princeton: Princeton University Press, 1903), fig. 21
図 10　18029, American Museum of Natural History Library
図 11　AMNH Vertebrate Paleontology Archive, 7:2 B3 S4
図 12　18172, American Museum of Natural History Library
図 13　AMNH Vertebrate Paleontology Archive, 7:2 B3 S36
図 14　AMNH Vertebrate Paleontology Archive, 8:1 Brown Album
図 15　AMNH Vertebrate Paleontology Archive, 7:2 B3 S45
図 16　Wells College Archives, Long Library, Aurora, New York
図 17　5:3 B2, American Museum of Natural History Library
図 18　AMNH Vertebrate Paleontology Archive, 7:3 B4 S34, and American Museum of Natural History Library
図 19　AMNH Vertebrate Paleontology Archive, 7:3 B4 S39
図 20　18341, American Museum of Natural History Library
図 21　18547, American Museum of Natural History Library
図 22　18542, American Museum of Natural History Library
図 23　18552, American Museum of Natural History Library
図 24　18493, American Museum of Natural History Library
図 25　AMNH Vertebrate Paleontology Archive, 8:2 B7 S26
図 26　5:4 B11, American Museum of Natural History Library
図 27　5:4 B10, American Museum of Natural History Library
図 28　5:4 B10, American Museum of Natural History Library
図 29　5:4 B10, American Museum of Natural History Library
図 30　AMNH Vertebrate Paleontology Archive, 2:6 B7 F2
図 31　5:4 B10, American Museum of Natural History Library
図 32　AMNH Vertebrate Paleontology Archive, 8:2 B9 S1
図 33　AMNH Vertebrate Paleontology Archive;

Meltzer 2006, fig. 2.12
図 34　AMNH Vertebrate Paleontology Archive; Osborn Library; from Brown 1935a: 9
図 35　2A25671, American Museum of Natural History Library
図 36　132803, American Museum of Natural History Library
図 37　131845, American Museum of Natural History Library
図 38　128434, American Museum of Natural History Library
図 39　318634, American Museum of Natural History Library
図 40　19508, American Museum of Natural History Library
図 41　AMNH Vertebrate Paleontology Archive, 5:6 Portrait box
図 42　Courtesy of Carl Mehlingd

付　録

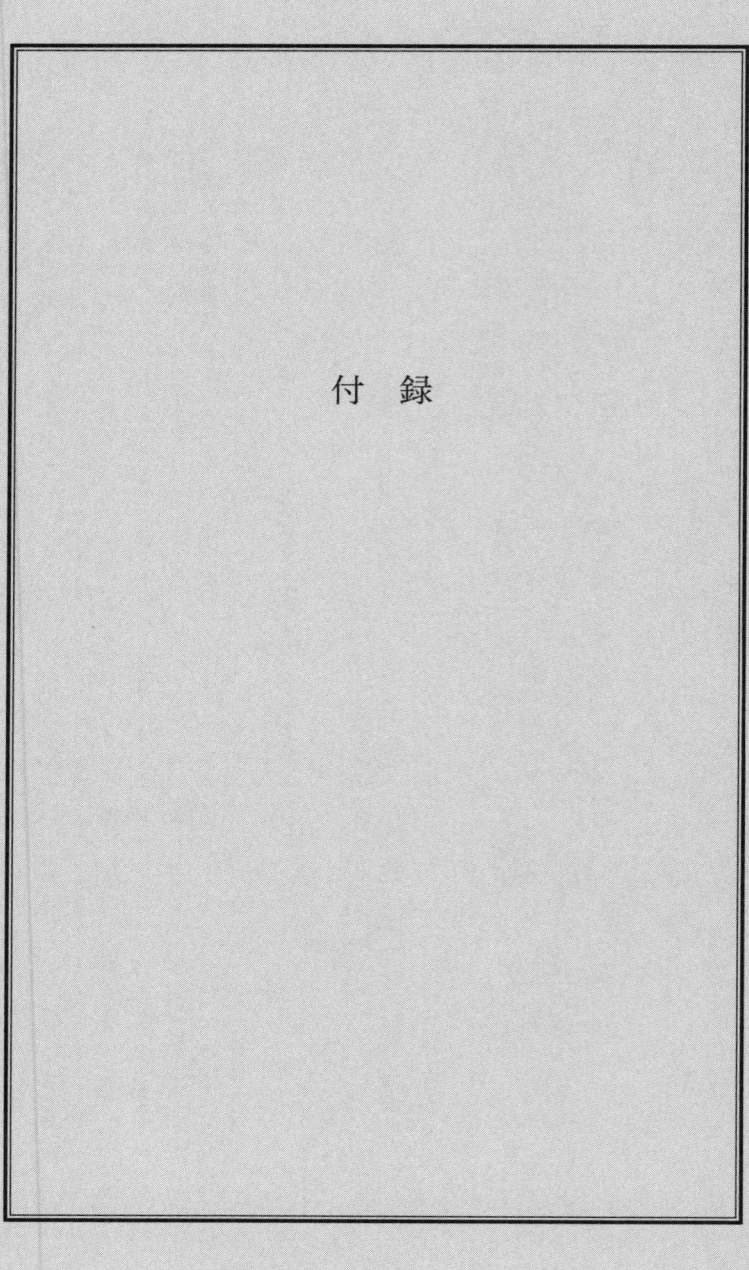

〈付録 1〉
アメリカ自然史博物館の化石ホールに展示されている
バーナム・ブラウンが採集した主な標本

学名	標本番号	内容	地質年代	地層名	年	産地
			オリエンテーションセンター（合計 1 点）			
cf. Barosaurus	AMNH 7535	skull and neck of juvenile	Late Jurassic	Morrison Fm.	1934	Howe Quarry, WY
			脊椎動物の起源ホール（合計 7 点）			
Buettneria perfecta	AMNH 6759	skull	Late Triassic	Chinle Fm.	1929	Outside of Cameron, AZ
Champsosaurus laramiensis	AMNH 982	skull	Late Cretaceous	Hell Creek Fm.	1902	near Jordan, MT
Gavialis browni	AMNH 6279	skull	Miocene	Middle Siwaliks	1922	near Nathot, India
Teleorhinus robustus	AMNH 5850	skull and mandibles	Early Cretaceous	Cloverly Fm.	1904	Beauvais Creek, MT
Protosuchus richardsoni	AMNH 3024	skeleton (cast)	Late Triassic	Moenave Fm.	1931	near Cameron, AZ
Machaeroprosopus gregorii	AMNH 3060	skull and mandibles	Late Triassic	?Chinle Fm.	1936	near Cameron, AZ
Geochelone atlas	AMNH 6332	free-standing skeleton	Miocene	Upper Siwaliks	1922	near Chandigarh, India

竜盤類恐竜ホール（合計 6 点）

Albertosaurus libratus	AMNH 5458	skeletal plaque mount	Late Cretaceous	Dinosaur Park Fm.	1914	Red Deer River, Canada
Tyrannosaurus rex	AMNH 5027	free-standing skeleton with skull	Late Cretaceous	Hell Creek Fm.	1908	north of Jordan, MT
Deinonychus antirrhopus	AMNH 3015	free-hanging skeleton	Early Cretaceous	Cloverly Fm.	1931	Beauvais Creek, MT
Struthiomimus altus	AMNH 5339	skeletal plaque	Late Cretaceous	Dinosaur Park Fm.	1914	Red Deer River, Canada
Struthiomimus altus	AMNH 5421	skeletal plaque	Late Cretaceous	Dinosaur Park Fm.	1913	Red Deer River, Canada
Psilopterus australis	AMNH 9157	skull and mandibles	Miocene	Santa Cruz Fm.	1899	Argentina

鳥盤類恐竜ホール（合計 28 点）

Sauropelta edwardsi	AMNH 3032	caudal series	Early Cretaceous	Cloverly Fm.	1932	Beauvais Creek, MT
Sauropelta edwardsi	AMNH 3036	skeleton with scutes	Early Cretaceous	Cloverly Fm.	1932	Beauvais Creek, MT
Ankylosaurus magniventris	AMNH 5214	skull and tail club	Late Cretaceous	Horseshoe Cyn. Fm.	1910–11	Red Deer River, Alberta
Edmontonia rugosidens	AMNH 3076	sectioned skull	Late Cretaceous	Aguja Fm.	1940	Brewster Co., TX
Euoplocephalus tutus	AMNH 5404	skull	Late Cretaceous	Dinosaur Park Fm.	1913	Red Deer River, Alberta
Euoplocephalus tutus	AMNH 5337	pelvis	Late Cretaceous	Dinosaur Park Fm.	1914	Red Deer River, Alberta
Tenontosaurus tilletti	AMNH 3034	free-standing skeleton	Early Cretaceous	Cloverly Fm.	1932	Mott Creek, MT
Saurolophus osborni	AMNH 5220	skeletal plaque	Late Cretaceous	Horseshoe Cyn. Fm.	1911	Red Deer River, Alberta
hadrosaur	AMNH 5350	mandible	Late Cretaceous	Dinosaur Park Fm.	1914	Red Deer River, Alberta
Prosaurolophus maximus	AMNH 5386	skull	Late Cretaceous	Dinosaur Park Fm.	1915	Red Deer River, Alberta
Kritosaurus navajovius	AMNH 5799	skull	Late Cretaceous	Ojo Alamo Fm.	1904	AZ
Lambeosaurus lambei	AMNH 5353	skull	Late Cretaceous	Dinosaur Park Fm.	1914	Red Deer River, Alberta
Lambeosaurus lambei	AMNH 5373	skull	Late Cretaceous	Dinosaur Park Fm.	1915	Red Deer River, Alberta

学名	標本番号	内容	地質年代	地層名	産地
Corythosaurus casuarius	AMNH 5348	skull crest	Late Cretaceous	Dinosaur Park Fm.	1914 Red Deer River, Alberta
Corythosaurus casuarius	AMNH 5240	skeletal plaque with skin	Late Cretaceous	Dinosaur Park Fm.	1912 Red Deer River, Alberta
Corythosaurus casuarius	AMNH 5360	skin patch	Late Cretaceous	Dinosaur Park Fm.	1914 Red Deer River, Alberta
Corythosaurus casuarius	AMNH 5338	skeletal plaque	Late Cretaceous	Dinosaur Park Fm.	1914 Red Deer River, Alberta
Anatotitan copei	AMNH 5886	free-standing skeleton	Late Cretaceous	Hell Creek Fm.	1902 Crooked Creek, MT
Corythosaurus /Lambeosaurus	AMNH 5340	juvenile skeletal plaques	Late Cretaceous	Dinosaur Park Fm.	1914 Red Deer River, Alberta
Centrosaurus apertus	AMNH 5239	skull	Late Cretaceous	Dinosaur Park Fm.	1912 Red Deer River, Alberta
Centrosaurus apertus	AMNH 5351	skeletal plaque	Late Cretaceous	Dinosaur Park Fm.	1914 Red Deer River, Alberta
Monoclonius cutleri (=?*Centrosaurus*)	AMNH 5427	partial skeleton with skin	Late Cretaceous	Dinosaur Park Fm .	1913 Red Deer River, Alberta
Chasmosaurus kaiseni	AMNH 5401	skull and mandibles	Late Cretaceous	Dinosaur Park Fm.	1913 Red Deer River, Alberta
Chasmosaurus belli	AMNH 5402	skull and mandibles	Late Cretaceous	Dinosaur Park Fm.	1913 Red Deer River, Alberta
Styracosaurus albertensis	AMNH 5372	skeletal plaque	Late Cretaceous	Dinosaur Park Fm.	1915 Red Deer River, Alberta
Triceratops horridus	AMNH 5033	free-standing partial skeleton	Late Cretaceous	Hell Creek Fm.	1909 Sand Creek, MT
Triceratops serratus	AMNH 970	skull	Late Cretaceous	Hell Creek Fm.	1902 Hell Creek, MT
Hadrosaur	AMNH 3650	trackway of "Mystery Dinosaur"	Early Cretaceous	Mesaverde Fm.	1937 States Mine, CO

哺乳類・絶滅近縁種ホール（合計 3 点）

Propalaehoplophorus minor	AMNH 9197	skull and carapace	Miocene	Santa Cruz Fm.	1899 Monte Leon, Argentina

Hapalops ruetimeyeri	AMNH 9250	free-standing skeleton	Miocene	Santa Cruz Fm.	1899	Río Gallegos, Argentina
Megalocnus rodens	AMNH 16876	free-standing skeleton	Pleistocene	?	1911	Cienfuegos, Cuba

さらに進化した哺乳類ホール（合計 12 点）

Hystrix primigenia	AMNH 20551	skull	Miocene	Mytilini Fm.	1923	Samos, Greece
Ictitherium viverrinum	AMNH 20695	skull and lower jaws	Miocene	Mytilini Fm.	1924	Samos, Greece
Ramoceros osborni	AMNH 9476	free-standing skeleton	Miocene	Pawnee Ck. Fm.	1901	Cedar Creek, CO
Prostrepsiceros houtumschindeleri	AMNH 20575	skull cap with horns	Miocene	Mytilini Fm.	1924	Samos, Greece
Hypohippus osborni	AMNH 9407	free-standing skeleton	Miocene	Loup Fork Beds	1901	Pawnee Buttes, CO
Diadiaphorus majusculus	AMNH 9291	skull and lower jaws	Miocene	Santa Cruz Fm.	1899	Santa Cruz, Argentina
Diadiaphorus majusculus	AMNH 9196	hind foot	Miocene	Santa Cruz Fm.	1899	Santa Cruz, Argentina
Thoatherium minisculum	AMNH 9167	hind foot	Miocene	Santa Cruz Fm.	1899	Argentina
Nesodon imbricatus	AMNH 9234	skull and lower jaws	Miocene	Santa Cruz Fm.	1899	Halliday Estancia, Argentina
Mammuthus sp.	AMNH 1922	sectioned molar	Pliocene	Siwaliks	1922	Chandigarh, India
Mammuthus sp.	AMNH 19821	sectioned molar	Pliocene	Upper Siwaliks	1922	Chandigarh, India
Bison bison antiquus	Anthro 20.2 /5865	lower jaw, partial hind limb, point	Pleistocene	Folsom Fm.	1927 –28	Folsom, NM

※アメリカ州の略記＿AZ：アリゾナ州、CO：コロラド州、MT：モンタナ州、NM：ニューメキシコ州、TX：テキサス州

〈付録 2〉
バーナム・ブラウンの回想録

✺

ティラノサウルス・レックスのタイプ標本（AMNH973）の
発見・発掘・プレパレーション作業
発見 1902 年、発掘完了 1905 年

肢骨のキャスト〔石膏の型取り標本〕を作ったあとで、この標本は 1941 年にカーネギー自然史博物館に実費［7000 ドル］で売却された。この売買がおこなわれたのは、［アメリカ自然史］博物館がドイツ軍の飛行船によって空爆され、現在展示している 2 番目のティラノサウルス・レックスの骨格標本［AMNH5027］とともに破壊されてしまうことを恐れたからだ。こうすることで、第一次世界大戦［実際は第二次世界大戦］のなかにあって、少なくともひとつの標本は守られると考えた。

1902 年当時、私はアメリカ自然史博物館の爬虫類化石のアシスタントキュレーターだった。私と、イェール大学のリチャード・スワン・ラル博士とフィリップ・ブルックス［ボランティア］の 3 人はモンタナ州東部に派遣された。ランス層最上部に対応する白亜紀最末期のヘルクリーク層で恐竜化石を探すためだった。

装備を整え食料を補給する拠点は、モンタナ州マイルズシティだった。鉄道が通っている町だが、われわれの目的地であるモンタナ州ジョーダン付近の「バッドランド」からは 208 キロほど離れていた。

無数の羊たち、そして牛たちが点々とする波打つ草原を、5 日間ひたすら荷馬車に乗って進み、ジョーダンにある小さな丸太小屋の郵便局までたどり着いた。この町には酒場もあった。酒場を経営していたのはニガー・ボブと

いう男で、黒人ではないのだが日焼けして顔が黒い。この酒場にはビールしかないが、それでもこのあたりの牛飼いたちの「メッカ」だった。というのも、ボブが出すビールは酒場の地下にある涼しい貯蔵庫で保管されているので、生ぬるい川の水とは大違いなのだ。ボブの妹がレストランをやっていて美味しい料理を出してくれる。彼女は牛飼いたちが取引でやってくる日曜日に、牧場主の子どもたちのために日曜学校を開いている。

マックス・シーバーの古い家のそばでキャンプを張った。シーバーはバッファローハンターで、自分の家の周囲約16キロに人が住みはじめると、混んできたといって引っ越してしまうような人物だった。

この家のそばに、シーバ山という砂岩の高い丘があり、その麓に小川［ヘルクリーク］が流れていた。ここがわれわれのキャンプ地で、食事の準備の声がかかるより先に、私は山肌から小川に向かって化石が落ちているのを発見した。私は丘を登り、この化石がどこからはじまっているのかを探った。

この地点からさらに数キロ進み、ミズーリ川の小さな支流の源流付近まで行くと、大草原の風景ががらりと変わり、見わたすかぎり見事な「バッドランド」となる。さまざまな形をした崖やドームが深い渓谷になっていて、ところどころにマツやネズの木が生えている。また、もう少し広い谷間の山腹には、コットンウッドが川の流れに沿って生えている。秋で葉が黄色く色づくと、その美しさに、私の乗る馬が立ち止まり見入ってしまうほどだった。

むきだしの土が続く単調な風景は、明るい色の粘土が同じ高さで何キロも続いて帯をなすことで和らげられている。さまざまな大きさの硬いノジュールが、砂岩層の中に点在しており、丘の斜面にかたまって散乱していた。

シーバ山の化石のところに戻り、鋤《すき》とスクレーパーを使って中腹の発掘作業にかかったが、砂岩が硬くて鋤は役に立たないことがすぐにわかった。そこでマイルズシティにダイナマイトをとりにいき、化石層の上の一帯を吹きとばした。化石からだいたい20センチ離れていればダイナマイトを使うことができるのだ。

この発掘が完了するのに2シーズンかかった。日差しが避けられないところでは正午に43℃までいく、暑く汗と泥まみれの作業だった。ゆえに、ジョ

ーダンで息抜きに飲む冷たいビールは格別だった。3本も飲めばほろ酔いで、遠くの山々の頂にビール瓶の蜃気楼が見えた。

化石が入ったブロックのなかにはとてつもない大きさのものもあった。骨盤を含むブロックは、花崗岩のように硬い余分な部分を取り除いたあとでも約1880キロの重さがあった。それを箱に入れてマイルズシティまで運ぶには4頭の馬が必要だった。

酷暑のなかでの厳しい作業がすべて完了したとき、われわれはシーバ山に縦横約9メートル、深さ約7.5メートルの穴を残した。これだけの努力をする価値があったのだ。なぜならこの化石がティラノサウルス・レックスのタイプ標本であることが判明したのだから。

この標本が博物館に着いてからのプレパレーション作業のことを私はよく覚えている。助手のピーター・カイゼンと私で作業場に降りていって、化石の周りや骨盤の間隙にある花崗岩のように硬い岩を削り取っていった。ほとんど粉々に割っているような状態だったが、すべての骨をとっておき、母岩を取り除いたあとに再び組み立てられるようにしておいた。

すると、研究室長のアダム・ハーマンがわれわれが作業しているところにやってきて、「そんなことをしたら標本が台無しになってしまう」と叫んだ。「オズボーン教授に言って、この作業を中止してもらう」。私は「ここに呼んできてくれますか」と答えた。

オズボーン教授が降りてきた。骨盤のすべての断片を保存し、母岩をとり除いたところで組み立て直したい。そうすれば、教授もこの化石を研究し、スケッチし、記載できるでしょう。そのためには、ブロックをいったん粉々にする必要がある、と私は説明した。すぐにオズボーン教授はわれわれのプレパレーション方法を理解してくれた。こうして、この標本のすべての部分の母岩を取り除くことができた。

発掘より、標本のプレパレーション作業のほうがはるかに困難だったが、ついに完了した。そして、その後、私がモンタナ州ビッグドライクリーク沿いのジョン・ウィリス牧場付近で発見し、現在アメリカ自然史博物館に展示されている2番目の標本［AMNH5027］によって、オズボーン教授はこの恐竜

の特徴を完全に記載することができたのだ。

ティラノサウルス・レックスは、トカゲやワニや鳥類と遠い親戚関係にある巨大な爬虫類である。後肢の形は鳥類によく似ていて、骨は中空である。屈強な恐竜で、スピードが要求される場面では素早い動きができたはずだ。同時代のどんな生き物をも倒すことができ、まさにこの時代の王であり、恐竜の帝王であった。

ティラノサウルス・レックスは、高さ約 5.6 メートル、全長約 13.7 メートルで、縦横約 90 センチの後ろの足で立つ。そして、同時代のいかなる生き物も捕食できる力強い首と鋭いナイフのような歯を持つ。現在は博物館の〈白亜紀ホール〉に堂々たる姿を見せ、子どもたちは口を開けながらこれをながめている。将来この子どもたちが大人になって恐竜探しをはじめるようになるだろう。どんな探検でも、かならずや新しい恐竜や、より完全な骨格の化石が見つかるのだから。

〈付録 3〉

バーナム・ブラウンとアメリカ自然史博物館による化石採集の概要

年	産地	木箱数	重量（ポンド）	遠征費（ドル）	遠征費（現在のドル換算）
1896	NM, WY	11	?	1,672	38,000
1897	WY	60 or 80	?	1,192	27,700
1898	CO	27	3,451	?	
1899	パタゴニア	14	9,000	823（£169）	18,700
1900	SD, WY	31	40,000	801	18,200
1901	AZ, CO	?	?	?	
1902	MT	21	12,500	1,345	30,500
1903	SD, MT, AR	29	?	1,448	31,500
1904	SD, MT, NM	26	?	?	
1905	MT	21	?	1,557	33,800
1906	MT	33	?	1,610	34,300
1907	フィールドワークなし				
1908	MT	15	?	1,187	24,700
1909	MT	21	?	1,067	22,700
1910	MT, アルバータ州	42	6,500	1,506	30,700
1911	キューバ	?	?	900	18,400
	アルバータ州	22	7,300	924	18,900
1912	アルバータ州	20	?	4,671	93,400
1913	アルバータ州	80	30,000	3,562	72,700
1914	アルバータ州	83	?	3,363	67,200
1915	アルバータ州	65	?	2,870	57,400
1916	MT	28+	?	?	
1917	フィールドワークなし（第一次世界大戦）				
1918	キューバ	16	?	?	
1919	OK, TX	?	?	?	

1920	アビシニア	10	?	?	
1921–23	インド	83+ or 42	?	11,890	143,300
1923	ビルマ	3	?	4,930	58,000
1923–24	サモス島、ギリシャ	60	?	?	
1925	NE	?	?	?	
1926	フィールドワークなし				
1927	MT to NM	2	?	?	
1928	NM	37	?	?	
1929	CO, NM, AZ	?	?	1,324	15,600
1930	AZ	1	?	2,739	33,000
1931	AZ, UT, MT	7	?	4,000	53,300
1932	WY, MT	24	?	2,282	33,600
1933	WY, MT, SD	1	?	1,322	20,700
1934	WY	145	?	7,438	112,700
1935	TX, OK	?	?	271	4,000
1936	AZ, IN	?	?	300	4,300
1937	WY, CO	61	25,000	7,733	109,000
1938	MT, TX	3+	?	400	5,700
1939	MT, アルバータ州	?	?	?	
1940	TX	150	44,000	2,000	29,000
1941	MT	4	?	496	6,800
1942	退職				
合計		1,215+		$76,800+ £169	1,267,800

※ドルの現在の貨幣価値への換算は R. Sahr, Consumer Price Index (CPI) conversion factors 1800 to estimated 2016 to convert to dollars of 2006, Political Science Department, Oregon State University, 2006 に基づく。またこの表に記載されている数値は以下を除き、年次報告書（1:1 Administration/Annual Reports）に拠る。

1897：木箱の総数として、年次報告書には 60 箱と 80 箱という 2 つの数字が記載されている。80 箱はこのシーズンのアメリカ自然史博物館の 4 つの遠征すべての数字。60 箱はコモブラフ遠征時のものと思われ、これについては貨車 2 台分ともある（2:5 B2 F3）。われわれは合計 60 箱のほうを採用した。

1900: 1899 年頃のレートは 1 ポンド＝ 4.87 ドル（http://eh.net/atp/answers/0789.php）。

1904: 2:3 B2 F14 に 26 箱とあるが、アーカンソー州コナードフィッシャーでの化石は含まれていないようである。

1916: 木箱の数は 1916 年 8 月 28 日の書簡（2:3 B4 F5）に記載されているが、10 月 3 日の書簡に拠ると、その後いくつか追加で採集されている。

1920: 脊椎動物の化石は発見されなかったが、無脊椎動物化石と現生生物が採集された（2:3 B4 F10, 3/9/1921）。

1921–23：インド遠征での木箱の数はまぎらわしい。ブラウンは 1922 年 8 月 5 日の書簡（2:5 B2 F5）で、遠征の途中で 83 箱を保管したとしている。しかし、1923 年 2 月 3 日の書簡では 42 箱を発送したとしている。おそらく標本を詰め替えたのであろう。われわれは合計 42 箱を採用した。

1923: 1923 年 8 月 1 日の書簡（2:5 B2 F6）で、ブラウンはビルマから 3 箱発送したと記載している。

1923–24：木箱数は 1924 年 10 月 3 日の書簡（2:5 B2 F7）に拠る。

1930: アリゾナ遠征に関するブラウンの報告書（2:4 B6 F1）に拠る。

1931: 遠征費は 1932 年 6 月 11 日のメモ（2:5 B2 F7）に拠る。

1932: 木箱数は 1932 年 10 月 27 日の書簡に拠る（2:4 B6 F10）。

1933: 木箱数と標本数はブラウンの報告書（2:4 B7 F1）に記載されたものに拠る。

1938: 木箱数は 1938 年 9 月 21 日の書簡（2:4 B7 F9）に拠る。

1940: 木箱数は Bird (1985: 195) からの推定で、デイノスクス化石の入った箱は 150 番であった。遠征費は 1941 年 7 月 11 日の書簡（2:4 B8 F2）に拠る。

1941: 遠征費は決算報告書（2:4 B8 F3）に拠る。

※アメリカ州の略記＿AR：アーカンソー州、AZ：アリゾナ州、CO：コロラド州、IN：インディアナ州、MT：モンタナ州、NE：ネブラスカ州、NM：ニューメキシコ州、OK：オクラホマ州、SD：サウスダコタ州、TX：テキサス州、UT：ユタ州、WY：ワイオミング州

ローウェル・ディンガス

Lowell Dingus

1983年カリフォルニア大学バークレー校にて古生物学の博士号取得。アメリカ自然史博物館、ロサンゼルス郡立自然博物館の元研究員。数々の重要な古生物の展覧会を監修し、古生物関連の著書も多数。邦訳に『恐竜ハンター』(M・ノレル共著、SBクリエイティブ)、『恐竜の博物館』(E・S・ギャフニー、M・ノレル共著、青土社)。

マーク A. ノレル

Mark A. Norell

アメリカ自然史博物館古生物学部門名誉学芸員。ロイ・チャップマン・アンドリュースの後継者として1990年以来モンゴル・ゴビ砂漠での調査を開始し多数の新種記載のみならず、獣脚類の最初の胚の発見をはじめとし、恐竜が巣で抱卵することを初めて示唆したことで知られる。また恐竜で柔らかい殻をもつ卵の発見など古生物学史に残る数々の研究を指揮した。なお、彼がアメリカ自然史博物館で愛用している机はバーナム・ブラウンが使っていたもの。邦訳に『アメリカ自然史博物館 恐竜大図鑑』(化学同人)、『恐竜ハンター』(L・ディンガス共著、SBクリエイティブ)、『恐竜の博物館』(E・S・ギャフニー、L・ディンガス共著、青土社)。

松本隆光

まつもと・たかみつ

1960年愛知県生まれ。京都大学文学部言語学科を卒業後、愛知県の県立高校教諭として英語を教える一方、被爆体験手記集『原爆忘れまじ』の英訳に携わる。退職後の現在は、日本語学校の講師を務める。

坂田智佐子

さかた・ちさこ

国立科学博物館技術補佐員。

ティラノサウルスを発見《はっけん》した男《おとこ》
バーナム・ブラウン

2024年4月25日　初版第1刷発行

著者　ローウェル・ディンガス、マーク・A・ノレル
訳者　松本隆光
監訳者　坂田智佐子
発行者　佐藤今朝夫
発行所　株式会社国書刊行会
〒174-0056 東京都板橋区志村 1-13-15
Tel.03-5970-7421　Fax.03-5970-7427
https://www.kokusho.co.jp
印刷所　中央精版印刷株式会社
製本所　株式会社ブックアート
装幀　コバヤシタケシ

ISBN978-4-336-07582-6